INSTITUTO INTERNACIONAL DE
LITERATURA IBEROAMERICANA

Índice

de la

Revista Iberoamericana

NÚMEROS

1-200

1939-2002

LUCIANO MARTÍNEZ
Coordinador

© INSTITUTO INTERNACIONAL DE LITERATURA IBEROAMERICANA
University of Pittsburgh
1312 Cathedral of Learning
Pittsburgh, PA 15260
(412) 624-5246 • (412) 624-0829 FAX
iili@pitt.edu

REVISTA IBEROAMERICANA

Órgano del
Instituto Internacional de Literatura Iberoamericana

1939-2002   Índice   **Núms. 1-200**

PATROCINADA POR LA UNIVERSIDAD DE PITTSBURGH

Miembro (CELJ) Council of Editors of Learned Journals
Organización afiliada al Modern Language Association

DIRECTORA DE PUBLICACIONES
Mabel Moraña, *University of Pittsburgh*

SECRETARIO TESORERO
Bobby Chamberlain, *University of Pittsburgh*

DIRECTOR DE RESEÑAS
Daniel Balderston, *University of Iowa*

COORDINADOR
Luciano Martínez, *University of Pittsburgh*

COLABORADORES
Ana Miramontes, *University of Pittsburgh*
Alicia Ortega, *University of Pittsburgh*
Ignacio Sánchez-Prado, *University of Pittsburgh*
Nicolás Vivalda, *University of Pittsburgh*
Mariana Zinni, *University of Pittsburgh*

COMPOSICIÓN Y DISEÑO GRÁFICO
Erika Braga

TAPA Y CONTRATAPA
Rosalía Bermúdez

©Copyright, 2002
Instituto Internacional de Literatura Iberoamericana

INTRODUCCIÓN	7
ÍNDICE ALFABÉTICO POR AUTORES	11
ÍNDICE TEMÁTICO	275
NÚMEROS ESPECIALES DE *REVISTA IBEROAMERICANA*	391

INTRODUCCIÓN

LA HISTORIA DEL *ÍNDICE* DE LA *REVISTA IBEROAMERICANA*

La aparición del número doscientos de *Revista Iberoamericana* representa un acontecimiento digno de celebrarse debido a la continuidad y permanencia de un proyecto editorial que convirtió a esta publicación en una de las más importantes dentro de su campo.

Los numerosos artículos y trabajos publicados a lo largo de más de sesenta años transformaron la *Revista Iberoamericana* en una fuente de consulta y referencia obligada. Sin embargo, la copiosa cantidad de artículos publicados en ella, amenazaron con convertirla en una inmensa biblioteca de Babel, lo cual habría dificultado el trabajo de investigación bibliográfica.

En consecuencia, el profesor Gerald Martín, actual Presidente del IILI, y la profesora Mabel Moraña, Directora de Publicaciones, vieron que era importante conmemorar los doscientos números de la *Revista Iberoamericana* y, al mismo tiempo, ofrecer con la actualización del índice de esta publicación una herramienta imprescindible de consulta y referencia para los investigadores.

Este *Índice* recoge dos importantes trabajos realizados con anterioridad. En primer lugar, el índice realizado por la Unión Panamericana en 1953, que abarca los trabajos publicados en los primeros cuarenta números de *Revista Iberoamericana* y, en segundo lugar, el índice publicado en 1994, que va desde el número 41 al 161.

Este último trabajo surgió de la iniciativa de Alfredo Roggiano unos años antes de su muerte, e incluye los ciento trece números publicados bajo su dirección, más cinco números publicados luego de su desaparición en 1991. El sistema de computación y la revisión de los números 41-154, fueron realizados por Ricardo Kaliman, entonces estudiante de la Universidad de Pittsburgh y ahora profesor de la Universidad de Tucumán. Los números 155-161 fueron procesados por Bladimir Ruiz, también alumno de Pittsburgh y actual profesor en Trinity College. Erika Braga, Secretaria Administrativa del IILI, realizó una revisión total del formato del *Índice* con la colaboración de Margarita Leño.

El índice de 1954 fue una contribución significativa pero tuvo una circulación reducida y dejaba de lado reseñas y bibliografías publicadas en esos cuarenta números.

Este nuevo *Índice* incorpora el de 1994 y sigue sus mismos criterios. Asimismo, recoge por primera vez la información correspondiente a los números 162-200 como así también los números 1-40, indizados ahora en forma completa y exhaustiva.

Por otra parte, incluimos la lista completa de los números especiales de *Revista Iberoamericana* que será de gran utilidad para quienes deseen profundizar un tema específico.

Este arduo trabajo, producto de muchas horas de recolección de información, lectura y computación de datos hubiera sido imposible sin el esfuerzo de numerosas personas pero sería injusto no destacar, de manera especial, el abnegado y paciente trabajo de Erika Braga quien, una vez más, emprendió la difícil tarea de organizar todos los datos y crear el diseño gráfico, trabajando contrarreloj para cumplir con los plazos de edición previstos.

Estamos seguros de que este *Índice* contribuirá a la divulgación de los múltiples trabajos publicados a lo largo de la historia de la *Revista* y se convertirá en una valiosa fuente de consulta bibliográfica en el campo de los estudios literarios y culturales latinoamericanos.

CLAVES PARA EL USO DEL *ÍNDICE*

El *Índice* incluye todos los estudios, notas, entrevistas, reseñas y bibliografías publicados desde 1939 hasta 2002. Las entradas se organizan en dos secciones: un *Índice alfabético por autores* y un *Índice temático*.

El *Índice alfabético* contiene todos los datos necesarios para ubicar los artículos como así también para citarlos en escritos académicos. Ha sido ordenado alfabéticamente según el apellido del autor y los artículos se identifican por el orden numérico que les corresponde dentro de la secuencia de cada letra. Asimismo, se incluye la categorización de cada artículo como: estudio, nota, reseña, bibliografía, de acuerdo a las distintas secciones de la *Revista*. Por ejemplo, [**R190**] identifica al artículo número 190 dentro de la letra **R**, que corresponde a "Roggiano, Alfredo A.". En este caso, el indicador [**R190**] señala que hay 189 entradas en la letra **R** anteriores a Roggiano. La entrada aparece de la siguiente manera:

ROGGIANO, ALFREDO A.

[R190] "Julio J. Casal". (Estudio)
RI XX/40 (septiembre 1955): 235-242

Así, la sigla *RI* designa a la *Revista Iberoamericana*; los números romanos al volumen y los arábigos al número de edición. Entre paréntesis se encuentra la fecha de publicación y luego las páginas en las que se encuentra dicho trabajo. El título de cada artículo está citado entre comillas dobles; se ha utilizado la cursiva para identificar los títulos de textos y comillas simples para designar cuentos, poesías, etc., que forman parte de un texto mayor:

[A125] "El telar de una novela histórica: *Enriquillo* de Galván" (Estudio)
RI XV/30 (enero 1950): 213-231

[G12] "El tiempo en 'Las ruinas circulares' de Jorge Luis Borges" (Estudio)
RI XXXVI/73 (octubre-diciembre 1970): 559-578

Por consiguiente, la referencia bibliográfica completa de cada artículo aparece una sola vez y siempre en el índice alfabético por autores. Cabe aclarar que en los casos de autores cuyos nombres presentan varias opciones hemos seguidos los criterios del *MLA Style Manual and Guide to Scholarly Publishing*. Así, en apellidos compuestos hemos empleado el nombre final para la entrada (Cruz, Sor Juana Inés de la; Vega, Inca Garcilaso de la; Parra, Teresa de la).

El *Índice temático* se organiza bajo tres tipos principales de entradas:

a) por autores estudiados;
b) por países (subclafisicaciones: por períodos, criterios estéticos e históricos, por géneros y por tópicos [ver ejemplos más abajo]);
c) por géneros, períodos y otros tópicos.

La clasificación dentro de cada autor incluye subclasificaciones cuando el artículo da cuenta de una obra específica. Las referencias que se incluyen bajo el nombre del autor aluden a cuestiones generales sobre el mismo. Así, por ejemplo, en la entrada "Martí, José" aparece el indicador [C127] que remite al estudio "Martí en las revistas del modernismo antes de su muerte" de Boyd G. Carter. En cambio, los artículos que toman un texto o un aspecto particular de la obra de Martí son entrados bajo subdivisiones más precisas como: *prosa, ensayo, poesía, crónicas*, etc.

Dentro de las entradas por países, hay una primera subclasificación por períodos, que sigue los criterios de periodización utlizados por los autores de los artículos. Así aparecen subdivisiones cronológicas (*Siglo XIX, Siglo XX. Contemporánea*[1]), estéticas (*barroco, romanticismo, modernismo, vanguardismo*) e históricas (*precolombina, colonial, conquista, Revolución Mexicana*). Dentro de cada una de estas divisiones y para la entrada primaria se establecen nuevas delimitaciones para hacer más precisa la clasificación (—Autoras, —Neoindigenismo, —Gauchesca), sin cursiva e indicadas por un guión.

Los artículos que tienen un carácter más general o que no se encuadran en ninguna de las subdivisiones establecidas aparecen, en forma directa, bajo la denominación del país o autor. Por otra parte, los artículos cuyo alcance histórico es más abarcador y continental aparecen bajo el ítem *Latinoamérica, Hispanoamérica* e *Iberoamérica*, como así también bajo especificaciones regionales: *Sudamérica, Centroamérica, Caribe*; o culturales: *Afroamérica, Indoamérica*.

Es importante señalar que categorías como *modernismo, barroco, colonia* y *vanguardismo*, figuran como tema bajo distintos países y regiones, pero también como entradas independientes. Recomendamos al usuario la consulta preliminar de la entrada por *Latinoamérica* (y las distintas variantes *Hispanoamérica, Iberoamérica*) y por país, para luego acudir a las entradas independientes que recogen artículos más específicos.

Ejemplos del empleo del *Índice*:

Si el usuario busca "Indigenismo" encontrará entradas bajo países individuales (Bolivia, Chile, México y Perú, entre otros) y también bajo *Hispanoamérica* y como entrada independiente.

Si busca "escritoras", el usuario debería consultar "Autoras" en forma independiente y también buscar esta misma entrada bajo el nombre de los distintos países, *Latinoamérica, Hispanoamérica, Iberoamérica*, etc.

Hemos intentado que el *Índice* responda a las exigencias actuales de los investigadores de acuerdo al estado actual de los estudios literarios y culturales. En consecuencia, se han incorporado nuevas entradas: *estudios culturales, hibridez, género, globalización, heterogeneidad, homosexualidad, judaísmo, latinoamericanismo, nación, poscolonialismo, sexualidad, subalterno*, entre otras.

Luciano Martínez, University of Pittsburgh
Coordinador del Índice de *Revista Iberoamericana*

---

[1] La presente edición sigue los criterios adoptados en el *Índice, Números 41-161* (1956-1992) donde *Contemporánea* comprende el período posterior a 1940. *Siglo XX*, en cambio, incluye los artículos que se dedican a las décadas anteriores y no caen bajo ningún rubro estético como *vanguardismo* o *posmodernismo*. También se incluye bajo la categoría *Siglo XX* los artículos que generalizan en torno a un período amplio de ese siglo, aunque incluya el abarcado por *Contemporánea*.

ÍNDICE ALFABÉTICO POR AUTORES

A

ABREU GÓMEZ, EMILIO

[A1] "José Muñoz Cota: *Cielo sin ancla*" (Reseña)
RI V/9 (mayo 1942): 131-132

[A2] "Miguel Ángel Menéndez: *Nayar*" (Reseña)
RI IV/8 (febrero 1942): 427-429

[A3] "Franco Monterde: *El terror de Hernán Cortés y otras narraciones*" (Reseña)
RI VII/13 (noviembre 1943): 423-424

ABELLA, ROSA

[A4] "Bibliografía de la novela publicada en Cuba, y en el extranjero por cubanos, desde 1959 hasta 1965" (Bibliografía)
RI XXXII/62 (julio-diciembre 1966): 307-311

[A5] "Bibliografía de la novela reimpresa en Cuba desde 1959 hasta 1965" (Bibliografía)
RI XXXII/62 (julio-diciembre 1966): 313-318

ACEVEDO, RAMÓN LUIS

[A6] "El dictador y la dictadura en *Las fieras del trópico* de Rafael Arévalo Martínez" (Estudio)
RI LV/146-147 (enero-junio 1989): 475-491

[A7] "Lucía Guerra Cunningham: *Texto e ideología en la narrativa chilena*" (Reseña)
RI LVII/154 (enero-marzo 1991): 373-378

ACEVEDO, RUBÉN

[A8] "Napoleón Baccino Ponce de León: *Maluco. La novela de los descubridores*" (Reseña)
RI LVIII/160-161 (julio-diciembre 1992): 1187-1190

ACEVEDO ESCOBEDO, ANTONIO

[A9] "Antonio Castro Leal: *Las cien mejores poesías mexicanas modernas. (De Manuel Gutiérrez Nájera a nuestros días)*" (Reseña)
RI I/1 (mayo-noviembre 1939): 223-224

[A10] "Una serie de libros mexicanos: *El libro del consejo. El Popol Vuh. Crónicas de la Conquista.* Francisco Cervantes de Salazar: *México en 1554. Autos y coloquios del siglo XVI.* Juan Ruiz de Alarcón: *Los pechos privilegiados.* Juan Ruiz de Alarcón: *Las paredes oyen.* Fr. Manuel Navarrete: *Poesías profanas.* Lucas Alemán: *Semblanzas e ideario*; Ángel de Campo: *Pueblo y canto*; Justo Sierra: *Prosas*" (Reseña)
RI II/3 (abril 1940): 203-208

[A11] "Agustín Yáñez: *Archipiélago de mujeres*" (Reseña)
RI IX/17 (febrero 1945): 85-87

[A12] "Sor Juana Inés de la Cruz: *Sainetes*" (Reseña)
RI X/20 (marzo 1946): 345-346

[A13] "Héctor Pérez Martínez: *Juárez (el impasible)*" (Reseña)
RI XI/22 (octubre 1946): 333-337

ACHUGAR, HUGO

[A14] "Marilyn R. Frankenthaler: *J. C. Onetti: la salvación por la forma*" (Reseña)
RI XLV/108-109 (julio-diciembre 1979): 671-673

[A15] "Modernización, europeización, cuestionamiento. El lirismo social en Uruguay entre 1895 y 1911" (Estudio)
RI XLVII/114-115 (enero-junio 1981): 7-32

[A16] "Eduardo Galeano: *Días y noches de amor y de guerra*" (Reseña)
RI LI/130-131 (enero-junio 1985): 357-358

[A17] "*El fardo* de Rubén Darío: receptor armonioso y receptor heterogéneo" (Estudio)
RI LII/137 (octubre-diciembre 1986): 857-874

[A18] "Hugo J. Verani: *Las vanguardias literarias en Hispanoamérica (Manifiestos, proclamas y otros escritos)*" (Reseña)
RI LIV/144-145 (julio-diciembre 1988): 1027-1029

[A19] "Repensando la heterogeneidad latinoamericana (a propósito de paisajes, lugares y territorios)" (Estudio)
RI LXII/176-177 (julio-diciembre 1996): 845-863

[A20] "Parnasos fundacionales: letra, nación y Estado en el siglo XIX" (Estudio)
RI LXIII/ 178-179 (enero-junio 1997): 13-32

[A21] "Leones, cazadores e historiadores, a propósito de las políticas de la memoria y del conocimiento" (Estudio)
RI LXIII/180 (julio-septiembre 1997): 379-388

ACOSTA CRUZ, MARÍA I.

[A22] "Historia y escritura femenina en Olga Nolla, Magalí García Ramís, Rosario Ferré y Ana Lydia Vega" (Estudio)
RI LIX/162-163 (enero-junio 1993): 265-277

ACOSTA DE SAMPER, SOLEDAD

[A23] "Una pesadilla. Bogotá en el año 2000 (edición y notas por Monserrat Ordoñez)" (Documento)
RI LXVII/194-195 (enero-junio 2001): 295-304

ACUÑA M., MARÍA EUGENIA

[A24] "Carlos Gagini y el romanticismo en Costa Rica" (Estudio)
RI LIII/138-139 (enero-junio 1987): 121-137

ADAMS, NICHOLSON B.

[A25] "Estanislao del Campo: *Faust*" (Reseña)
RI VIII/15 (mayo 1944): 135-137

ADDIS, MARY KATHRYN

[A26] "Iris M. Zavala: *Nocturna mas no funesta*" (Reseña)
RI 162-163 (enero-junio 1993): 363-365

ADORNO, ROLENA

[A27] "Bartolomé de Las Casas y Domingo de Santo Tomás en la obra de Felipe Waman Puma" (Nota)
RI XLVIII/120-121 (julio-diciembre 1982): 673-679
RI LXVIII/200 (julio-septiembre 2002): 769-774

[A28] "La soledad común de Waman Puma de Ayala y José María Arguedas" (Estudio)
RI XLIX/122 (enero-marzo 1983): 143-148

[A29] "La estatua de Gonzalo Guerrero en Akumal: íconos coloniales y la reactualización del pasado colonial" (Estudio)
RI LXII/ 176-177 (julio-diciembre 1996): 905-924

AFOLABI, NIYI

[A30] "Machado de Assis, uma teorização de ambiguedade" (Estudio)
RI LXVI/190 (enero-marzo 2000): 121-138

AGOSÍN, MARJORIE

[A31] "Lucía Fox: *Ayer es nunca jamás (colección de dramas)*" (Reseña)
RI XLVIII/120-121 (julio-diciembre 1982): 743-744

[A32] "Agujas que hablan: Las arpilleristas chilenas" (Estudio)
RI LI/132-133 (julio-diciembre 1985): 523-529

[A33] "Para un retrato de Yolanda Bedregal" (Nota)
RI LII/134 (enero-marzo 1986): 267-270

[A34] "Ramón Vinyes: *Entre sambas y bananas*" (Reseña)
RI LIII/140 (julio-septiembre 1987): 689-690

AGRAIT, GUSTAVO F.

[A35] "F. Hernández Vargas: *Brazos*" (Reseña)
RI III/6 (mayo de 1941): 425

[A36] "Emilio Romero: *Nuestra Tierra*" (Reseña)
RI IV/7 (noviembre de 1941): 177

[A43] "Proceso transformacional del personaje del amo en *Concierto barroco*" (Estudio)
RI LVII/154 (enero-marzo 1991): 161-170

[A44] "Hacia una teorización del absurdo en el teatro de Myrna Casas" (Estudio)
RI LIX/162-163 (enero-junio 1993): 169-176

AGUADO-ANDREUT, S.

[A37] "Análisis de un soneto de Darío: Hombre y poeta" (Nota)
RI XXV/49 (enero-junio 1960): 135-139

AGUINAGA, RAÚL DE

[A45] "Mary A. Calleiro: *Teatro*" (Reseña)
RI LVI/152-153 (julio-diciembre 1990): 1373-1374

AGÜERA, VICTORIO G.

[A38] "El discurso de lo imaginario en *Tiene los cabellos rojizos y se llama Sabina*, de Julieta Campos" (Estudio)
RI LI/132-133 (julio-diciembre 1985): 531-537

AGUIRRE, ELVIRA

[A46] "Horizonte mágico-mítico en la obra de José María Arguedas" (Nota)
RI LII/135-136 (abril-septiembre 1986): 537-546

AGUIRRE, J. M.

[A47] "Pies/Palomas: Casal, Vielé-Griffin, Valéry, Pemán" (Nota)
RI XLI/91 (abril-junio 1975): 257-261

AGUILAR-MELANTZON, RICARDO

[A39] "Efraín Huerta en la poesía mexicana" (Estudio)
RI LVI/151 (abril-junio 1990): 419-430

AGUIRRE, RAÚL GUSTAVO

[A48] "*Demencia el camino más alto y más desierto ...* Jacobo Fijman: el gran olvidado" (Nota)
RI XXXVII/75 (abril-junio 1971): 429-436

AGUILERA, NÉSTOR Y CARLOS GAZZERA

[A40] "Cine y representación. Políticas de la versión cinematográfica. Cine/Realidad/Literatura. (El caso del policial literario en el cine argentino)" (Estudio)
RI LXVIII/199 (abril-junio 2002): 393-417

AHERN, MAUREEN

[A49] "La relación como glosa, guía y memoria: Nuevo México 1581-1582" (Estudio)
RI LXI/170-171 (enero-junio 1995): 41-55

AGUILERA-MALTA, DEMETRIO

[A41] "Agustín Yáñez: *Las tierras flacas*" (Reseña)
RI XXIX/55 (enero-junio 1963): 191-193

[A50] "James Lockhart: *Nahuas and Spaniards. Postconquest Central Mexican History and Philology*" (Reseña)
RI LXI/170-171 (enero-junio 1995): 296-300

AGUILÚ DE MURPHY, RAQUEL

[A42] "Soledad e incomunicabilidad en la obra teatral de Iván García" (Estudio)
RI LIV/142 (enero-marzo 1988): 259-269

AINSA, FERNANDO

[A51] "Las *tensiones* de Carlos Martínez Moreno (Estudio)
RI XXXVII/76-77 (julio-diciembre 1971): 677-688

[A52] "Las dos orillas de Julio Cortázar" (Estudio)
RI XXXIX/84-85 (julio-diciembre 1973): 425-456

[A53] "Los símbolos *naturalizados* de *Los tres gauchos orientales*" (Estudio)
RI XL/87-88 (abril-septiembre 1974): 409-432

[A54] "Imagen y la posibilidad de la utopía en *Paradiso* de Lezama Lima" (Estudio)
RI XLIX/123-124 (abril-septiembre 1983): 263-277

[A55] "Catarsis liberadora y tradición resumida: las nuevas fronteras de la realidad en la narrativa uruguaya contemporánea" (Estudio)
RI LVIII/160-161 (julio-diciembre 1992): 807-825

AIZENBERG, EDNA

[A56] "Cansinos-Assens y Borges: en busca del vínculo judaico" (Nota)
RI XLVI/112-113 (julio-diciembre 1980): 533-544

[A57] "El *Bildungsroman* fracasado en Latinoamérica: el caso de *Ifigenia* de Teresa de la Parra" (Estudio)
RI LI/132-133 (julio-diciembre 1985): 539-546

[A58] "Las madres de la Calle Pasteur: la lucha por el pluralismo en la Argentina" (Estudio)
RI LXVI/191 (abril-junio 2000): 339-346

ALARCÓN, ABEL

[A59] "Recuerdos de Nueva Orleáns" (Nota)
RI VII/13 (noviembre 1943): 15-18

ALAVA, ALEX DE

[A60] "Revisión de revistas" (Estudio)
RI LVIII/160-161 (julio-diciembre 1992): 877-889

ALAZRAKI, JAIME

[A61] "Las crónicas de Don Bustos Domecq" (Nota)
RI XXXVI/70 (enero-marzo 1970): 87-93

[A62] "Poética de la penumbra en la poesía más reciente de P. Neruda" (Estudio)
RI XXXIX/82-83 (enero-junio 1973): 263-291

[A63] "Homo Sapiens vs. Homo Ludens en tres cuentos de Cortázar" (Estudio)
RI XXXIX/84-85 (julio-diciembre 1973): 611-624

[A64] "El género literario del *Martín Fierro*" (Estudio)
RI XL/87-88 (abril-septiembre 1974): 433-458

[A65] "Borges o el difícil oficio de la intimidad: reflexiones sobre su poesía más reciente" (Estudio)
RI XLIII/100-101 (julio-diciembre 1977): 449-463

[A66] "Cortázar en la década de 1940: 42 textos desconocidos" (Nota)
RI XLVI/110-111 (enero-junio 1980): 259-267

[A67] "*62, modelo para armar*: novela caleidoscopio" (Estudio)
RI XLVII/116-117 (julio-diciembre 1981): 155-163

[A68] "Tres formas del ensayo contemporáneo: Borges, Paz, Cortázar" (Estudio)
RI XLVIII/118-119 (enero-junio 1982): 9-20

[A69] "Génesis de un estilo: *Historia universal de la infamia*" (Estudio)
RI XLIX/123-124 (abril-septiembre 1983): 247-261

[A70] "Los últimos cuentos de Julio Cortázar" (Estudio)
RI LI/130-131 (enero-junio 1985): 21-46

ALBALA, ELIANA

[A71] "Juan José Arreola: fragmentos para el rompecabezas de un mundo que se perdió como las piedras" (Entrevista)
RI LV/148-149 (julio-diciembre 1989): 675-683

ALBÁN, LAUREANO

[A72] "Eunice Odio: una mujer contra las máscaras (*Los elementos terrestres* ante *Máscaras mexicanas*)" (Estudio)
RI LIII/138-139 (enero-junio 1987): 325-330

ALBERTO, AMADOR

[A73] "A. Fabra Ribas: *La cooperación. Su porvenir en las Américas*" (Reseña)
RI V/10 (octubre 1942): 387-388

ALBISTUR, JORGE

[A74] "Emilio Oribe, o la hoguera hecha estatua" (Nota)
RI LVIII/160-161 (julio-diciembre 1992): 1001-1013

ALBÓNICO, ALDO

[A75] "Roa Bastos y el *Napoleón del Plata*. Una fascinación novelesca en tres etapas" (Estudio)
RI LXIII/180 (julio-septiembre 1997): 469-485

ALEGRÍA, FERNANDO

[A76] "Walt Whitman en Hispanoamérica" (Estudio)
RI VIII/16 (noviembre 1944): 343-355

[A77] "Luis Merino Reyes: *Murcila y otros cuentos*" (Reseña)
RI XIX/37 (octubre 1953-marzo 1954): 171-173

[A78] "Héctor Mendoza: *Las cosas simples*" (Reseña)
RI XIX/38 (abril-septiembre 1954): 363-364

[A79] "Chile o una loca geografía" (Estudio)
RI V/9 (mayo 1942): 109-114

[A80] "Ernesto Morales, ed. *Antología de poetas americanos*" (Reseña)
RI V/10 (octubre 1942): 389-390

[A81] "Un viaje por América" (Estudio)
RI XVII/33 (julio 1951): 91-96

[A82] "Juan Antonio Ayala: *Lydia Nogales, un suceso en la historia literaria de El Salvador*" (Reseña)
RI XXII/44 (julio-diciembre 1957): 365-366

[A83] "Nicanor Parra: *La cueca larga*" (Reseña)
RI XXIV/47 (enero-junio 1959): 183-186

[A84] "Introducción a los cuentos de Baldomero Lillo" (Estudio)
RI XXIV/48 (julio-diciembre 1959): 247-263

[A85] "Alberto Zum Felde: *Indice crítico de la literatura hispanoamericana. La narrativa*" (Reseña)
RI XXV/50 (julio-diciembre 1960): 337-340

[A86] "Homero Castillo y Raúl Silva Castro: *Historia bibliográfica de la novela chilena*" (Reseña)
RI XXVI/51 (enero-junio 1961): 181-182

[A87] "Seymour Menton: *Historia crítica de la novela guatemalteca*" (Reseña)
RI XXVII/52 (julio-diciembre 1961): 367-368

[A88] "*Rayuela*: o el orden del caos" (Estudio)
RI XXXV/69 (septiembre-diciembre 1969): 459-472

[A89] "Rómulo Gallegos" (Nota)
RI XXXVI/70 (enero-marzo 1970): 61-63
RI LXVIII/200 (julio-septiembre 2002): 635-638

[A90] "*La barcarola*: Barca de la vida" (Estudio)
RI XXXIX/82-83 (enero-junio 1973): 73-98

[A91] "*Tres inmensas novelas*: La parodia como antiestructura" (Nota)
RI XLV/106-107 (enero-junio 1979): 301-307

ALLEN, MARTHA E.

[A92] "La personalidad literaria de Carlos Reyes" (Estudio)
RI XIII/25 (octubre 1947): 91-116

[A93] "Nicolás Guillén, poeta del pueblo" (Estudio)
RI XV/29 (julio 1949): 29-44

[A94] "Dos estilos de novela: Marta Brunet y María Luisa Bombal" (Estudio)
RI XVIII/35 (diciembre 1952): 63-92

ALLENDE, ISABEL

[A95] "La magia de las palabras" (Ensayo)
RI LI/132-133 (julio-diciembre 1985): 447-452

ALONSO CRESPO, EDUARDO

[A96] "Julio S. Storni: *El Tucma indígena. San Miguel de Tucumán tierra de promisión*" (Reseña)
RI V/9 (mayo 1942): 140-141

ALONSO DE SANTIAGO, BELÉN

[A97] "Agustín Yáñez, coord.: *Al filo del agua. Edición crítica*" (Reseña)
RI LIX/164-165 (julio-diciembre 1993): 781-784

ALVAREZ, NICOLÁS EMILIO

[A98] "Borges y Tzinacán" (Estudio)
RI L/127 (abril-junio 1984): 459-473

[A99] "Esther Mocega González: *Hispanoamérica: El círculo perpetuo*" (Reseña)
RI LVI/152-153 (julio-diciembre 1990): 1374-1376

[A100] "Lectura y re-escritura: la mitopoiesis de 'La casa de Asterión' de Borges" (Estudio)
RI LVII/155-156 (abril-septiembre 1991): 507-518

[A101] "La metaficcionalidad de la historia y del discurso narrativo de 'El muerto' de Borges" (Estudio)
RI LXII/174 (enero-marzo 1996): 131-148

ALVAREZ, JUAN

[A102] "Antonio Gómez Restrepo: *Poesías*" (Reseña)
RI III/6 (mayo de 1941): 425-427

ALVAREZ-BORLAND, ISABEL

[A103] "Identidad cíclica de *Tres tristes tigres*" (Estudio)
RI LVII/154 (enero-marzo 1991): 215-233

ÁLVAREZ MORALES, MANUEL

[A104] "Nicolás Guillén: *Sóngoro Cosongo y otros poemas*" (Reseña)
RI VII/13 (noviembre 1943): 187-188

ÁLVAREZ-RUBIO, PILAR

[A105] "Una conversación con Isabel Allende" (Entrevista)
RI LX/168-169 (Julio-Diciembre 1994): 1063-1071

ALVES PEREIRA, TERESINHA

[A106] "Clarice Lispector: *Água Viva*" (Reseña)
RI XLI/90 (enero-marzo 1975): 166-167

[A107] "Benito Barreto: *Mutirão para Matar*" (Reseña)
RI XLI/91 (abril-junio 1975): 369-370

AMAR SÁNCHEZ, ANA MARÍA

[A108] "Juan José Hernández: La constitución de un nuevo referente" (Estudio)
RI XLIX/125 (octubre-diciembre 1983): 919-927

[A109] "La propuesta de una escritura (En homenaje a Rodolfo Walsh)" (Estudio)
RI LII/135-136 (abril-septiembre 1986): 431-445

[A110] "La ficción del testimonio" (Estudio)
RI LVI/151 (abril-junio 1990): 447-461

AMARAL, PEDRO V.

[A111] "Borges, Babel y las matemáticas" (Nota)
RI XXXVII/75 (abril-junio 1971): 421-428

AMÍCOLA, JOSÉ

[A112] "La literatura argentina desde 1980. Nuevos proyectos narrativos después de la desaparición de Cortázar, Borges y Puig" (Estudio)
RI LXII/175 (abril-junio 1996): 427-438

[A113] "'La noche boca arriba' como encrucijada literaria" (Estudio)
RI LXIII/180 (julio-septiembre 1997): 459-468

[A114] "Michael Rossner: *Lateinamerikanische Literaturgeschichte*" (Reseña)
RI LXIV/184-185 (julio-diciembre 1998): 662-664

[A115] "Guadalupe Martí-Peña: *Manuel Puig ante la crítica. Bibliografía analítica y comentada (1968-1996)*" (Reseña)
RI LXV/186 (enero-marzo 1999): 203-205

[A116] "Victoria Martínez: *The Semiotics of a Bourgeois Society: An Analysis of the 'Aguafuertes Porteñas' by Roberto Arlt*" (Reseña)
RI LXV/186 (enero-marzo 1999): 209-211

[A117] "El hilo de Arachné y la toma de distancia" (Estudio)
RI LXVI/190 (enero-marzo 2000): 163-174

AMORÓS, AMPARO

[A118] "Una metafísica del mito originario: la poesía de Laureano Albán" (Nota)
RI LIII/138-139 (enero-junio 1987): 353-361

AMOROSO LIMA, ALCEU

[A119] "O modernismo brasileiro" (Estudio)
RI XXIII/46 (julio-diciembre 1958): 353-373

AMÓRTEGUI, OCTAVIO

[A120] "B. de Sánchez Montenegro: *Diafanidad*" (Reseña)
RI I/1 (mayo-noviembre 1939): 196-197

ANADÓN, JOSÉ

[A121] "Tres notas sobre Pineda y Bascuñán" (Nota)
RI XL/86 (enero-marzo 1974): 111-118

[A122] "Entrevista a Carlos Fuentes (1980)" (Entrevista)
RI XLIX/123-124 (abril-septiembre 1983): 621-630

ANDERMANN, JENS

[A123] "Antropofagia: testimonios y silencios" (Estudio)
RI LXVIII/198 (enero-marzo 2002): 79-90

ANDERSON, ROBERT ROLAND

[A124] "*La nueva cristiada* de Juan Manuel de Berriozabal (Refundición romántica de la epopeya de Fray Diego de Hojeda)" (Estudio)
RI XLII/96-97 (julio-diciembre 1976): 329-348

ANDERSON IMBERT, ENRIQUE

[A125] "El telar de una novela histórica: *Enriquillo* de Galván" (Estudio)
RI XV/30 (enero 1950): 213-231

[A126] "La procacidad de Ricardo Palma" (Estudio)
RI XVIII/36 (marzo 1953): 269-272

[A127] "Omar del Carlo: *Proserpina y el extranjero. El jardín de ceniza*" (Reseña)
RI XXII/44 (julio-diciembre 1957): 367-368

[A128] "Julio Cortázar: *Final del juego*" (Reseña)
RI XXIII/45 (enero-junio 1958): 173-175

[A129] "Ezequiel Martínez Estrada: *Tres dramas*" (Reseña)
RI XXIV/48 (julio-diciembre 1959): 367-368

[A130] "Un cuento de Borges: 'La casa de Asterión'" (Estudio)
RI XXV/49 (enero-junio 1960): 33-43

[A131] "Análisis de *El Señor Presidente*" (Estudio)
RI XXXV/67 (enero-abril 1969): 53-57

[A132] "Filosofía del escenario" (Estudio)
RI XXXVIII/78 (enero-marzo 1972): 47-55

[A133] "La filosofía del tiempo en Andrés Bello" (Nota)
RI XLIV/104-105 (julio-diciembre 1978): 535-543

[A134] "Alejandro Korn y el positivismo" (Nota)
RI XLVIII/118-119 (enero-junio 1982): 369-376

ANDERSSON, THEODORE

[A135] "Domingo Melfi Demarco: *Estudios de la literatura chilena*" (Reseña)
RI III/5 (febrero 1941): 195-199

ANDINO, ALBERTO

[A136] "José Batres Montúfar, romántico travieso, y sus *Tradiciones de Guatemala*" (Nota)
RI XXXIV/66 (julio-diciembre 1968): 339-349

ANDRADE, ANA LUIZA

[A137] "Crítica e criação: Síntese do trajeto ficcional de Osman Lins" (Estudio)
RI L/126 (enero-marzo 1984): 113-127

[A138] "Da casa do romance ao xadrez das casas: formas industriais/texturas culturais" (Estudio)
RI LXIV/182-183 (enero-junio 1998): 195-208

ANDRADE COELLO, ALEJANDRO

[A139] "Maximilian von Loewenthal: *Bolívar. Unidad del pensamiento americano*" (Reseña)
RI VI/12 (mayo-1943): 493-495

ANDREA, PEDRO F. DE

[A140] "Miguel Ángel Asturias. Anticipo bibliográfico" (Bibliografía)
RI XXXV/67 (enero-abril 1969): 133-269

ANDREU, ALICIA G.

[A141] "El folletín: de Galdós a Manuel Puig" (Nota)
RI XLIX/123-124 (abril-septiembre 1983): 541-546

ANDREU, JEAN L.

[A142] "*Hijo de hombre* de A. Roa Bastos: fragmentación y unidad" (Estudio)
RI XLII/96-97 (julio-diciembre 1976): 473-483

[A143] "El hombre y el agua en la obra de Augusto Roa Bastos" (Estudio)
RI XLVI/110-111 (enero-junio 1980): 97-121

ÁNGEL, ALBALUCÍA

[A144] "Una autobiografía a vuelo de pájara" (Ensayo)
RI LI/132-133 (julio-diciembre 1985): 453-456

ANÓNIMO

[A145] "Editorial" (Nota)
RI I/2 (noviembre 1939): 257-276

[A146] "Editorial" (Nota)
RI 2/4 (noviembre 1940): 309-313

[A147] "Editorial" (Nota)
RI III/5 (febrero 1941): 9-11

[A148] "Editorial" (Nota)
RI 4/7 (noviembre 1941): 11-13

[A149] "Editorial" (Nota)
RI 4/8 (febrero 1942): 249-251

[A150] "El Instituto Internacional de Literatura Iberoamericana y sus publicaciones" (Nota)
RI V/9 (mayo 1942): 9-14
RI LXVIII/200 (julio-septiembre 2002): 559-562

[A151] "Prospectos de nuevas publicaciones" (Nota)
RI VI/12 (mayo 1943): 267-269

[A152] "La biblioteca de clásicos de América" (Nota)
RI VII/13 (noviembre 1943): 9-12

[A153] "A Joaquín García Monge" (Nota)
RI VIII/16 (noviembre 1944): 245

[A154] "Nuevas publicaciones del Instituto. *The Latin American Classics*" (Editorial)
RI VIII/16 (noviembre 1944): 247-251

[A155] "Alcides Arguedas" (Necrológica)
RI XI/22 (octubre 1946): 407-108

[A156] "Roberto Brenes Mesén; Enrique D. Tovar; Norberto Pinilla y Pedro Emilio Coll" (Necrológicas)
RI XII/24 (junio 1947): 401-402

[A157] "Significación de Sanín Cano" (Nota)
RI XIII/26 (febrero 1948): 215-223

Antelo, Raúl

[A158] "Veredas de enfrente: martinfierrismo, ultraísmo, modernismo" (Estudio)
RI LVIII/160-161 (julio-diciembre 1992): 853-876

[A159] "Leer aféresis" (Estudio)
RI LXII/176-177 (julio-diciembre 1996): 893-904

[A160] "Uma literatura centáurica" (Estudio)
RI LXIV/182-183 (enero-junio 1998): 81-94

[A161] "Política del Archivo" (Estudio)
RI LXVII/197 (octubre-diciembre 2001): 709-720

Antezana, Luis H.

[A162] "Rasgos discursivos de la narrativa minera boliviana" (Estudio)
RI LII/134 (enero-marzo 1986): 111-126

[A163] "Panorama de la narrativa y poesía bolivianas" (Estudio)
RI LIX/164-165 (julio-diciembre 1993): 577-591

Anton-Pacheco, José A.

[A164] "La religiosidad de Jorge Luis Borges a propósito de Swedenborg" (Nota)
RI LVI/151 (abril-junio 1990): 513-517

Antuña, José G.

[A165] "Semblanza de Pérez Petit" (Estudio)
RI X/19 (noviembre 1945): 119-124

Anzalaz, Fermín A.

[A166] "La poesía de Gastón Figueira" (Estudio)
RI XI/22 (octubre 1946): 311-324

Aparicio, Frances

[A167] "Música y poesía en *La barcarola* de Pablo Neruda" (Estudio)
RI LIII/141 (octubre-diciembre 1987): 767-786

[A168] "Entre la guaracha y el bolero: Un ciclo de intertextos musicales en la nueva narrativa puertorriqueña" (Estudio)
RI LIX/162-163 (enero-junio 1993): 73-89

Aponte-Ramos, Dolores

[A169] "Hacia una nueva geografía del color: los afroiberoamericanos" (Nota)
RI LXV/188-189 (julio-diciembre 1999): 479-480

[A170] "Cuando la Pampa se colorea: los negros en la Argentina decimonónica" (Estudio)
RI LXV/188-189 (julio-diciembre 1999): 733-740

APRATTO, ROBERTO

[A171] "Casaravilla: la práctica de los sentidos" (Nota)
RI LVIII/160-161 (julio-diciembre 1992): 947-952

ARA, GUILLERMO

[A172] "Eduardo Gutiérrez: *Croquis y otras siluetas militares. Escenas contemporáneas de nuestros campamentos*" (Reseña)
RI XXIII/45 (enero-junio 1958): 175-178

[A173] "Pastor S. Obligado: *Tradiciones argentinas*. Selección y estudio preliminar de Antonio Pagés Larraya" (Reseña)
RI XXIII/45 (enero-junio 1958): 179-182

[A174] "Las ediciones de *Facundo*" (Estudio)
RI XXIII/46 (julio-diciembre 1958): 375-394

[A175] "Robert G. Mead: *Temas hispanoamericanos*" (Reseña)
RI XXV/49 (enero-junio 1960): 163-165

[A176] "S. Samuel Trifilo: *La Argentina vista por viajeros ingleses: 1810-1860*" (Reseña)
RI XXV/49 (enero-junio 1960): 165-168

[A177] "Gutiérrez Girardot: *Jorge Luis Borges*" (Reseña)
RI XXVI/51 (enero-junio 1961): 182-184

[A178] "Sarmiento y Hernández: divergencia y conciliación" (Estudio)
RI XL/87-88 (abril-septiembre 1974): 245-257

ARANGO FERRER, JAVIER

[A179] "Germán Pardo García o el poeta de la desolación" (Estudio)
RI IX/17 (febrero 1945): 33-44

ARAÚJO, HELENA

[A180] "Algunas post-nadaístas" (Estudio)
RI L/128-129 (julio-diciembre 1984): 821-837

[A181] "Yo escribo, yo me escribo ..." (Ensayo)
RI LI/132-133 (julio-diciembre 1985): 457-460

[A182] "Armando Romero: *Las palabras están en situación*" (Reseña)
RI LII/135-136 (abril-septiembre 1986): 743-745

ARAÚJO, NARA

[A183] "Constantes ideotemáticas en la Avellaneda" (Nota)
RI LVI/152-153 (julio-diciembre 1990): 715-722

ARAYA S., SEIDY

[A184] "La enajenación social de la mujer en *A ras del suelo*, de Luisa González" (Estudio)
RI LIII/138-139 (enero-junio 1987): 419-434

ARCE, MAGDA

[A185] "Mariano Latorre, novelista chileno contemporáneo" (Nota)
RI V/9 (mayo 1942): 121-128

[A186] "Latorre, novelista chileno contemporáneo (II)" (Nota)
RI V/10 (octubre 1942): 359-382

[A187] "Latorre, novelista chileno contemporáneo (III)" (Nota)
RI VI/11 (febrero 1943): 103-119

[A188] "Latorre, novelista chileno contemporáneo (IV)" (Nota)
RI VI/12 (mayo 1943): 303-334

[A189] "La poesía de Juan Guzmán Cruchaga" (Estudio)
RI X/20 (marzo 1946): 341-343

ARCINIEGAS, GERMÁN

[A190] "Sanín Cano" (Estudio)
RI XIII/26 (febrero 1948): 223-236

[A191] "Los cuadros de costumbres y las malas costumbres" (Estudio)
RI XXI/41-42 (enero-diciembre 1956): 245-259

[A192] "Sarmiento" (Estudio)
RI XXIII/46 (julio-diciembre 1958): 395-415

ARCOS, JORGE LUIS

[A193] "Obra y pensamiento poético en Fina García Marruz" (Nota)
RI LVI/152-153 (julio-diciembre 1990): 1195-1202

AREA, LELIA

[A194] "El periódico *Album de señoritas* de Juana Manso (1854): una voz doméstica en la fundación de una nación" (Estudio)
RI LXIII/178-179 (enero-junio 1997) 149-172

[A195] "Geografías imaginarias: el *Facundo* y la *Campaña en el Ejército Grande* de Domingo Faustino Sarmiento" (Estudio)
RI LXVII/194-195 (enero-junio 2001): 91-104

ARELLANO, AMÉRICO

[A196] "Oralidad y transculturación en la poesía de Ramón Palomares" (Estudio)
RI LX/166-167 (enero-junio 1994): 233-248

ARELLANO, JESÚS

[A197] "Antonio Magaña Esquivel y Ruth S. Lamb: *Breve historia del teatro mexicano*" (Reseña)
RI XXIV/47 (enero-junio 1959): 186-188

ARELLANO, JORGE EDUARDO

[A198] "Nota preliminar" (Nota)
RI LVII/157 (octubre-diciembre 1991): 839-840

[A199] "Desarrollo del cuento en Nicaragua" (Nota)
RI LVII/157 (octubre-diciembre 1991): 999-1017

ARENAS, REINALDO

[A200] "Meza, el precursor" (Nota)
RI LVI/152-153 (julio-diciembre 1990): 777-779

ARÉVALO MARTÍNEZ, RAFAEL

[A201] "35 poemas" (Colección literaria)
RI VIII/15 (mayo 1944): 201-237

ARGÜELLO, SANTIAGO

[A202] "Su poesía y él" (Colección literaria)
RI VIII/15 (mayo 1944): 193-200

ARIAS, ARTURO

[A203] "Miguel Ángel Asturias, París 1924-1933: periodismo y creación literaria" (Reseña)
RI LVIII/160-161 (julio-diciembre 1992): 693-696

[A204] "Claudia Ferman, ed.: *The Postmodern in Latin and Latino American Cultural Narratives*" (Reseña)
RI LXV/184-185 (julio-diciembre 1999): 658-660

[A205] "Judy Berry-Bravo y Romelia Alarcón Folgar: *Palabra y poesía de Guatemala*" (Reseña)
RI LXV/184-185 (julio-diciembre 1999): 660-662

ARIAS, AUGUSTO

[A206] "Horacio Quiroga: *Sus mejores cuentos*" (Reseña)
RI IX/17 (febrero 1945): 87-88

[A207] "José Asunción Silva: *Prosas y versos*" (Reseña)
RI VII/13 (noviembre 1943): 190-191

[A208] "Porfirio Barba Jacob: *15 poemas*" (Reseña)
RI VII/13 (noviembre 1943): 189-190

[A209] "Alberto Guillén, el buscador" (Estudio)
RI V/9 (mayo 1942): 39-58

[A210] "Los problemas económicos-sociales y su expresión literaria en América" (Estudio)
RI VII/13 (noviembre 1943): 143-152

ARIAS-LARRETA, ABRAHAM

[A211] "El Perú Sur" (Estudio)
RI XI/21 (junio 1946): 75-80

[A212] "Panorama de la literatura peruana. Itinerario espiritual" (Estudio)
RI XIV/27 (junio 1948): 97-108

[A213] "El Hombre: personaje y autor en la literatura peruana" (Estudio)
RI XVI/31 (julio 1950): 123-146

[A214] "La naturaleza y su expresión en la literatura peruana" (Estudio)
RI XVI/32 (enero 1951): 285-344

[A215] "Realidad lírica peruana" (Estudio)
RI IV/7 (noviembre 1941): 53-87

ARMAS, EMILIO DE

[A216] "Julián del Casal y el modernismo" (Nota)
RI LVI/152-153 (julio-diciembre 1990): 781-791

ARNADE, CHARLES W.

[A217] "Sverker Arnoldsson: *La conquista española en América según el juicio de la posteridad. Vestigios de la leyenda negra*" (Reseña)
RI XXVI/51 (enero-junio 1961): 184-185

ARNONI PRADO, ANTÔNIO

[A218] "Maria Luisa Nunes: *Lima Barreto. Bibliography and Translations*" (Reseña)
RI L/126 (enero-marzo 1984): 307-309

ARONNE-AMESTOY, LIDA

[A219] "El mito contra el mito: Narración e ideografía en *El otoño del patriarca*" (Nota)
RI LII/135-136 (abril-septiembre 1986): 521-530

[A220] "Fernando Burgos: *La novela moderna hispanoamericana*" (Reseña)
RI LIII/140 (julio-septiembre 1987): 690-691

[A221] "Terry J. Peavler: *Julio Cortázar*" (Reseña)
RI LVII/155-156 (abril-septiembre 1991): 739-741

ARNÁIZ Y FREG, ARTURO

[A222] "El primer centenario de la muerte de Heredia" (Nota)
RI I/1 (mayo 1939): 117-120

ARRÁIZ LUCCA, RAFAEL

[A223] "Liscano, el pez, el topo" (Nota)
RI LX/166-167 (enero-junio 1994): 457-459

ARRIETA, RAFAEL ALBERTO

[A224] "Pedro Henríquez Ureña, profesor en la Argentina" (Nota)
RI XXI/41-42 (enero-diciembre 1956): 85-98

ARROM, JOSÉ JUAN

[A225] "Sobre la primera generación criolla en Hispanoamérica (1564-1594)" (Nota)
RI XXVII/52 (julio-diciembre 1961): 313-321

[A226] "Lo tradicional cubano en el mundo novelístico de José Lezama Lima" (Nota)
RI XLI/92-93 (julio-diciembre 1975): 469-477

[A227] "Precursores coloniales de la narrativa hispanoamericana: *José de Acosta o la ficción como biografía*" (Estudio)
RI XLIV/104-105 (julio-diciembre 1978): 369-383

[A228] "Una desconocida comedia mexicana del siglo XVII" (Estudio)
RI XIX/37 (octubre 1953): 79-104

[A229] "El teatro de José Antonio Ramos" (Estudio)
RI XII/24 (junio 1947): 263-272

[A230] "La poesía afrocubana" (Estudio)
RI IV/8 (febrero 1942): 379-412

ARROYO, ANITA

[A231] "La mexicanidad en el estilo de Sor Juana" (Estudio)
RI XVII/33 (julio 1951): 53-60
RI LXVIII/200 (julio-septiembre 2001): 597-602

ARROYO, JOSSIANNA

[A232] "Exilio y tránsitos entre la Norzagaray y Christopher Street: acercamientos a una poética del deseo homosexual de Manuel Ramos Otero" (Estudio)
RI LXVII/194-195 (enero-junio 2001): 31-54

ARRUFAT, ANTON

[A233] "El nacimiento de la novela en Cuba" (Nota)
RI LVI/152-153 (julio-diciembre 1990): 747-757

ARTALEJO, LUCRECIA

[A234] "Creación y subversión: la narrativa histórica de Antonio Benítez Rojo" (Estudio)
RI LVI/152-153 (julio-diciembre 1990): 1027-1038

ASENJO, F. G.

[A235] "Francisco Romero: *Theory of Man*" (Reseña)
RI XXXI/60 (julio-diciembre 1965): 303-304

ASHHURST, ANNA WAYNE

[A236] "*Las primeras letras de Leopoldo Lugones. Reproducción facsimilar de sus primeros trabajos literarios escritos entre sus dieciocho y veinticinco años*" (Reseña)
RI XXX/58 (julio-diciembre 1964): 325-327

[A237] "Manuel García Blanco: *América y Unamuno*" (Reseña)
RI XXXI/59 (enero-junio 1965): 123-126

[A238] "Nilita Vientós Gastón: *Índice cultural Tomo II. 1957-1958*" (Reseña)
RI XXXI/60 (julio-diciembre 1965): 304-305

[A239] "Hanne Gabriele Reck: *Horacio Quiroga, biografía y crítica*" (Reseña)
RI XXXIV/66 (julio-diciembre 1968): 365-366

[A240] "Betty Tyree Osiek: *José Asunción Silva; estudio estilístico de su poesía*" (Reseña)
RI XXXV/68 (mayo-agosto 1969): 401-403

[A241] "David William Foster: *The Myth of Paraguay in the Fiction of Augusto Roa Bastos*" (Reseña)
RI XXXVI/73 (octubre-diciembre 1970): 657-658

[A242] "Julio César Chaves: *Unamuno y América*" (Nota)
RI XXXVI/73 (octubre-diciembre 1970): 658-659

[A243] "Bárbara Bockus Aponte: *Alfonso Reyes and Spain*" (Reseña)
RI XL/89 (octubre-diciembre 1974): 707-708

ASTURIAS, MIGUEL ÁNGEL

[A244] "Un mano a mano de Nobel a Nobel. Pablo Neruda visto por Miguel Angel Asturias" (Testimonio)
RI XXXIX/82-83 (enero-junio 1973): 15-20

ASTUTI, ADRIANA Y SANDRA CONTRERAS

[A245] "Editoriales independientes, pequeñas... Micropolíticas culturales en la literatura argentina actual" (Estudio)
RI LXVII/197 (octubre-diciembre 2001): 767-781

AUBRUN, CHARLES V.

[A246] "Poesía épica y novela: El episodio de Glaura en *La Araucana* de Ercilla" (Estudio)
RI XXI/41-42 (enero-diciembre 1956): 261-273

AUGIER, ANGEL

[A247] "José María Heredia: novela y realidad de América Latina" (Nota)
RI LVI/152-153 (julio-diciembre 1990): 733-746

AVELLANEDA, ANDRÉS O.

[A248] "Ariel Dorfman: *Imaginación y violencia en América*" (Reseña)
RI XXXVII/75 (abril-junio 1971): 459-461

[A249] "Estela Dos Santos: *Las despedidas*" (Reseña)
RI XXXVIII/80 (julio-septiembre 1972): 549-551

[A250] "'Best-seller' y código represivo en la narrativa argentina del ochenta: el caso Asís" (Estudio)
RI XLIX/125 (octubre-diciembre 1983): 983-996

[A251] "Daniel Balderston: *El precursor velado: R. L. Stevenson en la obra de Borges*" (Reseña)
RI LII/135-136 (abril-septiembre 1986): 745-747

[A252] "Francine Masiello: *Lenguaje e ideología. Las escuelas argentinas de vanguardia*" (Reseña)
RI LIV/144-145 (julio-diciembre 1988): 1029-1031

AVILA, AFFONSO

[A253] "Do Barroco ao Modernismo: O desenvolvimento cíclico do projeto literário brasileiro" (Nota)
RI XLIII/98-99 (enero-junio 1977): 27-38

AVILA, HERMANA MARY, C.S.J.

[A254] "Principios cristianos en los cuentos de Rubén Darío" (Estudio)
RI XXIV/47 (enero-junio 1959): 29-39

AVILA, PABLO

[A255] "Influencias del romanticismo europeo en *Ana Bolena* de Fernando Calderón" (Estudio)
RI XIII/25 (octubre 1947): 123-134

[A256] "*La Cisma de Ingalaterra y Ana Bolena*" (Estudio)
RI XIV/27 (junio 1948): 91-96

[A257] "*Hernán o la vuelta del cruzado* de Fernando Calderón" (Estudio)
RI XIV/28 (octubre 1948): 262-272

[A258] "Influjo de escritores europeos en la comedia de Fernando Calderón *A ninguna de las tres*" (Estudio)
RI XV/29 (julio 1949): 63-70

[A259] "Fuentes del drama romántico *El torero* de Fernando Calderón" (Estudio)
RI XV/30 (enero 1950): 253-275

[A260] "Una oda desconocida de Fernando Calderón" (Documentos)
RI XXIX/56 (julio-diciembre 1963): 321-324

AYRES, MIRIAM

[A261] "Reflejos de la mística del Siglo de Oro español en el Brasil moderno: una lectura de la poesía de la Madre María José de Jesús" (Estudio)
RI LXIV/182-183 (enero-junio 1998): 255-270

AZEVEDO, SILVIA MARIA

[A262] "João Alexandre Barbosa: *A biblioteca imaginária*" (Reseña)
RI LXIV/182-183 (enero-junio 1998): 315-318

AZEVES, ÁNGEL HÉCTOR

[A263] "John F. Garganigo y Walter Rela: *Antología de la literatura gauchesca y criollista*" (Reseña)
RI XXXV/68 (mayo-agosto 1969): 403-404

[A264] "José Hernández: *Los otros poemas*" (Reseña)
RI XXXV/68 (mayo-agosto 1969): 404-405

B

BABÍN, MARÍA TERESA

[B1] "Francisco Manríquez Cabrera: *Historia de la literatura puertorriqueña*" (Reseña)
RI XXII/43 (enero-junio 1957): 178-179

[B2] "Expresión de Puerto Rico en la literatura contemporánea (1934-1956)" (Nota)
RI XXII/44 (julio-diciembre 1957): 353-358

[B3] "Concha Meléndez: *Figuración de Puerto Rico y otros estudios*" (Reseña)
RI XXV/49 (enero-junio 1960): 168-169

BACARISSE, PAMELA

[B4] "Manuel Puig (1932-1990)" (Necrológica)
RI LVI/152-153 (julio-diciembre 1990): 1365-1370

[B5] "*Sangre de amor correspondido* de Manuel Puig: subjetividad, identidad y paranoia" (Estudio)
RI LVII/155-156 (abril-septiembre 1991): 469-479

[B6] "Clarice Lispector: *A Paixão Segundo G. H*" (Reseña)
RI LVIII/160-161 (julio-diciembre 1992): 696-700

[B7] "Lucille Kerr: *Reclaiming the Author. Figures and Fictions in Spanish America*" (Reseña)
RI LIX/ 162-163 (Enero-Junio 1993): 365-368

BACARISSE, SALVADOR

[B8] "La filosofía de la historia del compilador de *Yo, el supremo* de Augusto Roa Bastos" (Nota)
RI LI/130-131 (enero-junio 1985): 249-259

BACH, CALEB

[B9] "Un existencialista argentino sondea la tenebrosidad de la naturaleza humana" (Ensayo)
RI LVIII/158 (enero-marzo 1992): 45-51

BAEZA FLORES, ALBERTO

[B10] "Notas marginales a los poetas dominicanos de la generación de 1965, ampliadas" (Estudio)
RI LIV/142 (enero-marzo 1988): 153-170

BAGBY, ALBERTO I., JR.

[B11] "Earl W. Thomas: *The Syntax of Spoken Brazilian Portuguese*" (Reseña)
RI XXXVI/72 (julio-septiembre 1970): 509-510

[B12] "Eduardo Barrios: *Brother Asno*, trad. de Edmundo García Girón" (Reseña)
RI XXXVII/75 (abril-junio 1971): 461-464

BAK, JOLANTA K.

[B13] "La distancia artística en *La Habana para un infante difunto*" (Nota)
RI LVII/154 (enero-marzo 1991): 245-255

BAKER, ARMAND F.

[B14] "La visión del mundo en los cuentos de Enrique Anderson Imbert" (Estudio)
RI XLII/96-97 (julio-diciembre 1976): 497-516

[B15] "Enrique Anderson Imbert: *La botella de Klein*" (Reseña)
RI XLII/96-97 (julio-diciembre 1976): 621-622

[B16] "El tiempo y el proceso de individuación en *La última niebla*" (Estudio)
RI LII/135-136 (abril-septiembre 1986): 393-415

BALDERSTON, DANIEL

[B17] "Los cuentos crueles de Silvina Ocampo y Juan Rodolfo Wilcock" (Estudio)
RI XLIX/125 (octubre-diciembre 1983): 743-752

[B18] "La literatura antiperonista de J. R. Wilcock" (Nota)
RI LII/135-136 (abril-septiembre 1986): 573-581

[B19] "Ramona Lagos: *Jorge Luis Borges, 1923-1980: Laberintos del espíritu, interjecciones del cuerpo*" (Reseña)
RI LIII/140 (julio-septiembre 1987): 691-694

[B20] "Christopher Towne Leland: *The Last Happy Men: The Generation of 1922, Fiction, and the Argentine Reality*" (Reseña)
RI LIII/141 (octubre-diciembre 1987): 1037-1038

[B21] "María Eugenia Mudrovcic: *Mundo Nuevo: Cultura y Guerra fría en la década del 60*" (Reseña)
RI LXIII/181 (octubre-diciembre 1997): 713-714

[B22] "Introducción" (Nota)
RI LXV/187 (abril-junio 1999): 263-264
RI LXVIII/200 (julio-septiembre 2002): 875-876

[B23] "Introducción: Sexualidad y nación (2000)" (Nota)
RI LXVIII/200 (julio-septiembre 2002): 877-878

BALLADARES, JOSÉ EMILIO

[B24] "Pablo Antonio Cuadra, peregrino de la esperanza" (Estudio)
RI LVII/157 (octubre-diciembre 1991): 971-985

BALLESTEROS, ISOLINA

[B25] "La función de las máscaras en *Tres novelitas burguesas* de José Donoso" (Estudio)
RI LX/168-169 (julio-diciembre 1994): 981-992

BALSEIRO, JOSÉ A.

[B26] "Crítica y estilos literarios en Eugenio María de Hostos" (Estudio)
RI I/1 (mayo 1939): 17-28

[B27] "Alfonso Hernández Catá" (Estudio)
RI IV/7 (noviembre 1941): 27-48.

BALZA, JOSÉ

[B28] "Algunos cuentos de Rossi" (Nota)
RI LX/166-167 (enero-junio 1994): 533-535

BANNER, J. WORTH

[B29] "Ildefonso Antonio Bermejo. Iniciador del teatro en el Paraguay" (Estudio)
RI XVII/33 (julio 1951): 97-108

BANNURA-SPIGA, MARIA GRAZIA

[B30] "La obra narrativa de G. Cabrera Infante en sus rupturas: el libro como poética del cuerpo" (Estudio)
RI LVII/154 (enero-marzo 1991): 195-201.

BAQUERO, GASTÓN

[B31] "Armando Álvarez Pedroso: *Cristóbal Colon. Biografía del descubridor*" (Reseña)
RI IX/18 (mayo 1945): 357-359

BARABINO, AMÉRICO

[B32] "Dora Isella Russel: *El canto irremediable*" (Reseña)
RI XII/23 (febrero 1947): 143

[B33] "Carlos Rodríguez Pinto: *Canto de amor*" (Reseña)
RI XII/25 (octubre 1947): 155-156

BARALT, LUIS A.

[B34] "Manuel Pedro González y Iván A. Schulman: *José Martí. Esquema ideológico*" (Reseña)
RI XXVIII/53 (enero-junio 1962): 215-216

BARBOSA, JOÃO ALEXANDRE

[B35] "O curso do discurso: Leitura de *O cão sem plumas* de João Cabral de Melo Neto" (Ensayo)
RI XLIII/98-99 (enero-junio 1977): 149-167

BAREIRO SAGUIER, RUBÉN

[B36] "El criterio generacional en la literatura paraguaya" (Estudio)
RI XXX/58 (julio-diciembre 1964): 293-303

[B37] "Hugo Rodríguez-Alcalá: *La literatura paraguaya*" (Reseña)
RI XXXVI/72 (julio-septiembre 1970): 510-511

[B38] "Octavio Paz y Francia" (Estudio)
RI XXXVII/74 (enero-marzo 1971): 251-264

BARJA, CÉSAR

[B39] "Descartes...a distancia" (Nota)
RI II/3 (abril 1940): 103-120

[B40] "Alejandro Korn" (Estudio)
RI II/4 (noviembre 1940): 359-382.

BARQUET, JESÚS J.

[B41] "Función del mito en los *Viajes de Penélope* de Juana Rosa Pita" (Estudio)
RI LVI/152-153 (julio-diciembre 1990): 1269-1283

BARRADAS, EFRAÍN

[B42] "Álvaro de Villa y José Sánchez-Boudy: *Lezama Lima: peregrino inmóvil ('Paradiso' al desnudo). Un estudio crítico de 'Paradiso'*" (Reseña)
RI XLII/94 (enero-marzo 1976): 135-136

[B43] "Luis Rafael Sánchez: *La guaracha del Macho Camacho*"(Reseña)
RI XLIV/102-103 (enero-junio 1978): 231-234

[B44] "José Luis González: *Balada de otro tiempo*" (Reseña)
RI XLV/108-109 (julio-diciembre 1979): 673-675

[B45] "Charles Pilditch: *René Marqués: A Study of his Fiction*. Eleanor J. Martin: *René Marqués*" (Reseña)
RI XLVI/110-111 (enero-junio 1980): 301-303

[B46] "Manuel Ramos Otero: *El cuento de la mujer del mar*" (Reseña)
RI XLVIII/118-119 (enero-junio 1982): 427-428

[B47] "Aurora de Albornoz y Julio Rodríguez Luis: *Sensemayá: La poesía negra en el mundo hispanohablante*" (Reseña)
RI XLVIII/120-121 (julio-diciembre 1982): 745-746

[B48] "La necesaria innovación de Ana Lydia Vega: preámbulo para lectores vírgenes" (Estudio)
RI LI/132-133 (julio-diciembre 1985): 547-556

[B49] "La seducción de las máscaras: José Alcántara Almánzar, Juan Bosch y la joven narrativa dominicana" (Estudio)
RI LIV/142 (enero-marzo 1988): 11-25

BARREDA, PEDRO M.

[B50] "Patriarcado, poeta, poesía: la lírica de Emilio Ballagas" (Estudio)
RI LVI/152-153 (julio-diciembre 1990): 1153-1170

BARRENECHEA, ANA MARÍA

[B51] "Notas al estilo de Sarmiento" (Estudio)
RI XXI/41-42 (enero-diciembre 1956): 275-294

[B52] "Ensayo de una tipología de la literatura fantástica (A propósito de la literatura hispanoamericana)" (Estudio)
RI XXXVIII/80 (julio-septiembre 1972): 391-403

[B53] "Borges y los símbolos" (Nota)
RI XLIII/100-101 (julio-diciembre 1977): 601-608

[B54] "En memoria de Raimundo Lida" (Necrológica)
RI XLVI/112-113 (julio-diciembre 1980): 517-521

[B55] "La crisis del contrato mimético en los textos contemporáneos" (Nota)
RI XLVIII/118-119 (enero-junio 1982): 377-381
RI LXVIII/200 (julio-septiembre 2002): 765-769

[B56] "Los dobles en el proceso de escritura de *Rayuela*" (Estudio)
RI XLIX/125 (octubre-diciembre 1983): 809-828

[B57] "Sarmiento y el binomio 'Buenos Aires/ Córdoba'" (Estudio)
RI LIV/143 (abril-junio 1988): 449-459

BARRERA, ERNESTO M.

[B58] "Frank Dauster: *Ensayos sobre teatro hispanoamericano*" (Reseña)
RI XLII/95 (abril-junio 1976): 315-316

BARRERA, ISAAC J.

[B59] "C. García-Prada: *La personalidad histórica de Colombia*" (Reseña)
RI I/1 (mayo-noviembre 1939): 226-227

BARRERA, TRINIDAD

[B60] "Adolfo Bioy Casares, la aventura de vivir" (Estudio)
RI LVIII/159 (abril-junio 1992): 343-355

BARRERA LINARES, LUIS

[B61] "Oswaldo Trejo: pautas para una propuesta de la (in)comunicación literaria" (Estudio)
RI LX/166-167 (enero-junio 1994): 199-218

BARRET, L. L.

[B62] "Angélica Palma: *La sombra alucinante*" (Reseña)
RI II/3 (abril 1940): 208-210

BARSY, KALMAN JORGE

[B63] Notas sobre la estructura de "Memórias póstumas de Brás Cubas" (Estudio)
RI XXXVIII/80 (julio-septiembre 1972): 463-476

BARY, DAVID

[B64] "Vicente Huidobro: *Comienzos de una vocación poética*" (Estudio)
RI XXIII/45 (enero-junio 1958): 9-42

[B65] "Antonio de Undurraga: *Poesía y prosa de Vicente Huidobro*. Antología precedida del ensayo 'Teoría del creacionismo'" (Reseña)
RI XXIV/48 (julio-diciembre 1959): 368-370

[B66] "Perspectiva europea del creacionismo" (Estudio)
RI XXVI/51 (enero-junio 1961): 127-136

[B67] "Vicente Huidobro: el poeta contra su doctrina" (Estudio)
RI XXVII/52 (julio-diciembre 1961): 301-312

[B68] "Vicente Huidobro: el estilo *Nord-Sud*" (Estudio)
RI XXVIII/53 (enero-junio 1962): 87-101

[B69] "El *Altazor* de Huidobro según un texto inédito de Juan Larrea" (Documento)
RI XLIV/102-103 (enero-junio 1978): 165-182

[B70] "Sobre los orígenes de *Altazor*" (Nota)
RI XLV/106-107 (enero-junio 1979): 111-116

[B71] "Poesía y narración en cuatro novelas mexicanas" (Estudio)
RI LV/148-149 (julio-diciembre 1989): 903-914

BASTOS, MARÍA LUISA

[B72] "Literalidad y trasposición: 'Las repercusiones incalculables de lo verbal'" (Estudio)
RI XLIII/100-101 (julio-diciembre 1977): 535-547

[B73] "'De Borges, sobre Borges'. Edgardo Cozarinsky: *Borges y el cine*; J. M. Cohen: *Jorge Luis Borges*; Jorge Luis Borges: *Prólogos*" (Reseña)
RI XLIII/100-101 (julio-diciembre 1977): 750-755

[B74] "Clichés lingüísticos y ambigüedad en *Pedro Páramo*" (Estudio)
RI XLIV/102-103 (enero-junio 1978): 31-44

[B75] "Violeta Peralta y Liliana Befumo Boschi: *Rulfo. La soledad creadora*" (Reseña)
RI XLIV/102-103 (enero-junio 1978): 235-237

[B76] "Nila Gutiérrez Marrone: *El estilo de Juan Rulfo: estudio lingüístico*" (Reseña)
RI XLV/108-109 (julio-diciembre 1979): 675-680

[B77] "Escrituras ajenas, expresión propia: *Sur* y los *Testimonios* de Victoria Ocampo" (Estudio)
RI XLVI/110-111 (enero-junio 1980): 123-137

[B78] "Roberto Echavarren: *El espacio de la verdad. Práctica del texto en Felisberto Hernández*" (Reseña)
RI XLIX/123-124 (abril-septiembre 1983): 633-635

[B79] "Habla popular/discurso unificador: *El sueño de los héroes*, de Adolfo Bioy Casares" (Estudio)
RI XLIX/125 (octubre-diciembre 1983): 753-766

[B80] "Relectura de *La última niebla*, de María Luisa Bombal (Estudio)
RI LI/132-133 (julio-diciembre 1985): 557-564

[B81] "Mireya Camurati" *Bioy Casares y el alegre trabajo de la inteligencia*" (Reseña)
RI LVIII/158 (enero-marzo 1992): 263-265

BATCHELOR, C. MALCOLM

[B82] "Arthur Azevedo e a *Comédia carioca*" (Estudio)
RI XXII/43 (enero-junio 1957): 61-69

BATTICUORE, GRACIELA

[B83] "Sarmiento: lector de imágenes, escritor de prodigios" (Estudio)
RI LXVIII/198 (enero-marzo 2002): 137-152

BAYONA POSADA, NICOLÁS

[B84] "Rafael Pombo" (Estudio)
RI IX/18 (mayo 1945): 217-242

BEANE, CAROL

[B85] "*Un día insomne; una fiesta original*: África en un discurso musical de la identidad en *Matalaché* de Enrique López Albújar" (Estudio)
RI LXV/188-189 (julio-diciembre 1999): 613-632

BEARD, LAURA

[B86] "La subjetividad femenina en la metaficción feminista latinoamericana" (Estudio)
RI LXV/182-183 (enero-junio 1998): 299-312

BEAUPIED, AIDA

[B87] "El 98 cubano y la herencia de una visión romántica" (Estudio)
RI LXIV/184-185 (julio-diciembre 1998): 381-396

BECCO, HORACIO JORGE

[B88] "David Viñas: *Los años despiadados*" (Reseña)
RI XXII/43 (enero-junio 1957): 170-171

[B89] "Luis Mario Lozzia: *Domingo sin fútbol*" (Reseña)
RI XXII/43 (enero-junio 1957): 190-191

[B90] "Bibliografía de Ricardo Rojas" (Bibliografía)
RI XXIII/46 (julio-diciembre 1958): 335-350

BECK, VERA F.

[B91] "Observaciones sobre el teatro argentino contemporáneo" (Estudio)
RI XVII/34 (enero 1952): 339-342

[B92] "Xavier Villaurrutia, dramaturgo moderno" (Estudio)
RI XVIII/35 (diciembre 1952): 27-40

[B93] "La fuerza motriz en la obra dramática de Rodolfo Usigli" (Estudio)
RI XVIII/36 (marzo 1953): 369-384

BECKJORD, SARAH H.

[B94] "Con sal y ají y tomates: las redes textuales de Bernal Díaz en el caso de Cholula" (Estudio)
RI LXI/170-171 (enero-junio 1995): 147-160

BEER, GABRIELLA DE

[B95] "Ramón Rubín y *El callado dolor de los tzotziles*" (Nota)
RI L/127 (abril-junio 1984): 559-568

[B96] "Octavio G. Barreda. *Obras: poesía, narrativa, ensayo*. Recopilación, edición, introducción, notas e índices de María de Lourdes Franco Bagnouls" (Reseña)
RI LIII/141 (octubre-diciembre 1987): 1038-1039

[B97] "El Ateneo y los ateneístas: un examen retrospectivo" (Estudio)
RI LV/148-149 (julio-diciembre 1989): 737-749

[B98] "Emilio Carilla: *Pedro Henríquez Ureña, Signo de América*" Reseña)
RI LVII/154 (enero-marzo 1991): 378-379

[B99] "Pedro Henríquez Ureña: *Memorias-Diario*" (Reseña)
RI LVII/154 (enero-marzo 1991): 380-382

[B100] "Alfredo A. Roggiano, *Pedro Henríquez Ureña en México*" (Reseña)
RI LVII/155-156 (abril-septiembre 1991): 742-744

BÉJAR, EDUARDO C.

[B101] "Harlem todos los días: el exilio del nombre/el nombre del exilio" (Estudio)
RI LIX/162-163 (enero-junio 1993): 329-343

BELLI, CARLOS GERMÁN

[B102] "En torno a Vallejo" (Estudio)
RI XXXVI/71 (abril-junio 1970): 159-164
RI LXVIII/200 (julio-septiembre 2002): 639-644

BELLINI, GIUSEPPE

[B103] "Miguel Ángel Asturias en Italia" (Estudio)
RI XXXV/67 (enero-abril 1969): 105-115

[B104] "*Fin de mundo*: Neruda entre la angustia y la esperanza" (Estudio)
RI XXXIX/82-83 (enero-junio 1973): 293-300

BELLVER SAEZ, PILAR

[B105] "Delia Poey y Virgil Suárez, ed.: *Iguana Dreams: New Latino Fiction*. Marc Zimmerman: *US Latino Literature: An Essay and Anotated Bibliography*. Harold Augenbraum e Ilán Stavans, ed.: *Growing Up Latino: Memoirs and Stories*" (Reseña)
RI LIX/ 164-165 (julio-diciembre 1993): 763-767

BENAVIDES, ROSAMEL

[B106] "Juan Armando Epple: *El arte de recordar, ensayos sobre la memoria cultural de Chile*" (Reseña)
RI LXII/175 (abril-junio 1996): 620-622

BENÍTEZ, HILDA O. Y ANTONIO BENÍTEZ ROJO

[B107] "Eréndira liberada: La subversión del mito del macho occidental" (Estudio)
RI L/128-129 (julio-diciembre 1984): 1057-1075

BENÍTEZ, RUBÉN

[B108] "Una posible fuente española del *Fausto* de Estanislao del Campo" (Estudio)
RI XXXI/60 (julio-diciembre 1965): 151-171

[B109] "Schopenhauer en 'Lo fatal' de Rubén Darío" (Nota)
RI XXXVIII/80 (julio-septiembre 1972): 507-512

[B110] "Cortázar: que supo abrir la puerta para ir a jugar'" (Estudio)
RI XXXIX/84-85 (julio-diciembre 1973): 483-501

[B111] "La condición humana en el *Martín Fierro*" (Estudio)
RI XL/87-88 (abril-septiembre 1974): 259-277

BENÍTEZ, SUSANA

[B112] "José Pedro Díaz: *Tratados y ejercicios*" (Reseña)
RI LVIII/160-161 (julio-diciembre 1992): 1190-1191

BENÍTEZ ROJO, ANTONIO

[B113] "*El camino de Santiago*, de Alejo Carpentier, y el *Canon Perpetuus*, de Juan Sebastián Bach: paralelismo estructural" (Estudio)
RI XLIX/123-124 (abril-septiembre 1983): 293-322

[B114] "Edward J. Mullen, ed.: *The Life and Poems of a Cuban Slave. Juan Francisco Manzano. 1797-1854*" (Reseña)
RI XLIX/123-124 (abril-septiembre 1983): 635-639

[B115] "Cirilo Villaverde, fundador" (Nota)
RI LVI/152-153 (julio-diciembre 1990): 769-776

[B116] "Lorraine Elena Roses: *Voices of the Storyteller. Cuba's Lino Novás Calvo*" (Reseña)
RI LVI/152-153 (julio-diciembre 1990): 1376-1378

BENVENUTO MURRIETA, PEDRO M.

[B117] "Miguel Ángel Ugarte: *Arequipeñismos*" (Reseña)
RI VII/13 (noviembre 1943): 192-195

[B118] "Juan Donaire Vizarreta: *Campiña iqueña*" (Reseña)
RI VII/13 (noviembre 1943): 195-196

BERGARA, EUGENIO P.

[B119] "*La Epopeya de América* por Edgardo Ubaldo Genta" (Nota)
RI IV/7 (noviembre 1941): 146-162

BERGERO, ADRIANA

[B120] "La descentralización textual en *Polvo y ceniza* de Eliecer Cárdenas" (Estudio)
RI LIV/144-145 (julio-diciembre 1988): 933-958

BERRIEN, WILLIAM

[B121] "Dudley Fitts, ed.: *Anthology of Contemporary Latin-American Poetry*" (Reseña)
RI VIII/16 (noviembre 1944): 357-361

[B122] "H. R. Hays ed." *12 Spanish American Poets*" (Reseña)
RI VIII/16 (noviembre 1944): 361-363

BERLER, BEATRICE

[B123] "Azuela y la veracidad histórica" (Documento)
RI XXXII/62 (julio-diciembre 1966): 289-305

BERMÚDEZ-GALLEGOS, MARTA

[B124] "*The Little School* por Alicia Partnoy. El testimonio en la Argentina" (Estudio)
RI LVI/151 (abril-junio 1990): 463-476

BERNAL, ALFREDO ALEJANDRO

[B125] "*La Araucana* de Alonso de Ercilla y Zúñiga y *Comentarios Reales de los Incas* del Inca Garcilaso de la Vega" (Estudio)
RI XLVIII/120-121 (julio-diciembre 1982): 549-562

[B126] "Super-hombre 'versus' super-mujer: tiranía y sexo en *Pubis angelical*, de Manuel Puig" (Nota)
RI LII/137 (octubre-diciembre 1986): 991-997

BERNAL CEPEDA, LUIS NIRAY

[B127] "Tomás Carrasquilla y Manuel González Zeledón"
RI LIII/138-139 (enero-junio 1987): 41-58

BERNUCCI, LEOPOLDO M.

[B128] "Vargas Llosa y la tradición bíblica: *La guerra del fin del mundo*" (Nota)
RI LIII/141 (octubre-diciembre 1987): 965-977

[B129] "Vera Mascarenhas de Campos: *Borges & Guimarães (na esquina rosada do grande sertão)*" (Reseña)
RI LVII/154 (enero-marzo 1991): 382-383

[B130] "Os pecados do lado debaixo do equador: notas sobre a épica sacra na América Latina" (Estudio)
RI LXIV/182-183 (enero-junio 1998): 107-116

BERNUCCI, LEOPOLDO M. Y LÚCIA HELENA COSTIGAN

[B131] "Introdução" (Nota)
RI LXIV/182-183 (enero-junio 1998): 11-13
RI LXVIII/200 (julio-septiembre 2002): 871-874

BERRIZBEITIA, JOSEFINA

[B132] "José Balza, la escritura como medio de conocimiento" (Estudio)
RI LX/ 166-167 (enero-junio 1994): 307-319

BERROA, REI

[B133] "José Alcántara Almánzar: *Estudios de poesía dominicana*" (Reseña)
RI XLVIII/118-119 (enero-junio 1982): 429-430

[B134] "Laureano Albán: un poeta con duende" (Nota)
RI XLIX/123-124 (abril-septiembre 1983): 577-588

[B135] "Santiago Mutis Durán y Roberto Burgos Cantor: *La novia enamorada del cielo*. Santiago Mutis Durán: *Tú también eres de lluvia*" (Reseña)
RI L/128-129 (julio-diciembre 1984): 1095-1097

[B136] "Recordar para vivir: historia, alegoría y dialéctica en la crónica de Pedro Mir" (Estudio)
RI LIV/142 (enero-marzo 1988): 27-51

BESSO, HENRY V.

[B137] "Bibliografía de Georges Alfred Cirot" (Bibliografía)
RI XVII/33 (febrero-julio 1951): 145-202

BETANCUR ARIAS, CARLOS

[B138] "Pablo H. Vela Eguez: *El árbol que canta*" (Reseña)
RI IX/18 (mayo 1945): 359-360

BEVERLEY, JOHN

[B139] "Literatura e ideología: en torno a un libro de Hernán Vidal" (Estudio)
RI XLIV/102-103 (enero-junio 1978): 77-88

[B140] "Richard L. Jackson: *The Black Image in Latin American Literature*" (Reseña)
RI XLIV/102-103 (enero-junio 1978): 237-240

[B141] "Fernando Ainsa: *Los buscadores de la utopía. La significación novelesca del espacio latinoamericano*" (Reseña)
RI XLV/108-109 (julio-diciembre 1979): 680-683

[B142] "Hugo Achugar: *Ideología y estructuras narrativas en José Donoso (1950-1970)*" (Reseña)
RI XLVI/110-111 (enero-junio 1980): 303-307

[B143] "Sobre Góngora y el gongorismo colonial" (Estudio)
RI XLVII/114-115 (enero-junio 1981): 33-44

[B144] "Luis Iñigo Madrigal coord.: *Historia de la literatura hispanoamericana. Tomo I. 'Época Colonial'*" (Reseña)
RI LI/130-131 (enero-junio 1985): 359-362

[B145] "Julio Ramos: *Desencuentros de la modernidad en América Latina. Literatura y política en el siglo XIX*" (Reseña)
RI LVII/155-156 (abril-septiembre 1991): 745-749

[B146] "El testimonio en la encrucijada" (Estudio)
RI LX/164-165 (julio-diciembre 1993): 485-495

[B147] "Respuesta a Mario Cesáreo" (Nota)
RI LXII/174 (enero-marzo 1996): 225-234

[B148] "Ileana Rodríguez: *House/Garden/Nation: Space, Gender and Ethnicity in Postcolonial Latin American Literatures by Women* y *Women, Guerrillas and Love. Understanding War in Central America*" (Reseña)
RI LXIII/180 (julio-septiembre 1997): 554-557

BIAGGI, ZELMIRA

[B149] "Humberto Salvador: *Noviembre y trabajadores. Recuerdos de un muchacho desvalido*" (Reseña)
RI III/5 (febrero 1941): 203-204

BIANCHI, SOLEDAD

[B150] "*La traición de Rita Hayworth*, una novela dialógica" (Estudio)
RI LIII/141 (octubre-diciembre 1987): 837-859

BIEDER, MARYELLEN

[B151] "De *Señas de identidad* a *Makbara*: estrategia narrativa en las novelas de Juan Goytisolo" (Estudio)
RI XLVII/116-117 (julio-diciembre 1981): 89-96

BLANCO-GONZÁLEZ, BERNARDO

[B152] "Manuel Gálvez (1882-1963)" (Necrológica)
RI XXIX/56 (julio-diciembre 1963): 311-315

BLASI, ALBERTO

[B153] "Mito y escritura en *Don Segundo Sombra*" (Nota)
RI XLIV/102-103 (enero-junio 1978): 125-132.

[B154] "Una biografía literaria: estrategia y sentido" (Nota)
RI XLVI/110-111 (enero-junio 1980): 177-187

[B155] "Vanguardismo en el Río de la Plata: un *Diario* y una *Exposición*" (Estudio)
RI XLVIII/118-119 (enero-junio 1982): 21-36

[B156] "Bella Jozef: *O jogo mágico*" (Reseña)
RI XLIX/123-124 (abril-septiembre 1983): 639-641

[B157] "Eugenio Cambaceres: *En la sangre*" (Reseña)
RI LII/137 (octubre-diciembre 1986): 1063-1064

[B158] "Carlos Cortínez: *Abba*" (Reseña)
RI LII/137 (octubre-diciembre 1986): 1064-1066

[B159] "Gustav Siebenmann: *Ensayos de literatura hispanoamericana*" (Reseña)
RI LV/146-147 (enero-junio 1989): 509-511.

[B160] "José Hernández: *Martín Fierro. Testo originale con traduzione, commenti e note* di Giovanni Meo Zilio" (Reseña)
RI LVI/150 (enero-marzo 1990): 291-293

[B161] "Alfonso Rangel Guerra: *Las ideas literarias de Alfonso Reyes*" (Reseña)
RI LVII/155-156 (abril-septiembre 1991): 749-751

BLOCK DE BEHAR, LISA

[B162] "Noemí Ulla: *Aventuras de la imaginación: De la vida y los libros de Adolfo Bioy Casares. Conversasiones con Noemí Ulla*" (Reseña)
RI LVII/155-156 (abril-septiembre 1991): 751-754

[B163] "Nota preliminar" (Nota)
RI LVIII/160-161 (julio-diciembre 1992): 759-765

BLÜHER, KARL ALFRED

[B164] "La crítica literaria en Valery y Borges" (Estudio)
RI LII/135-136 (abril-septiembre 1986): 447-461

BOCKUS APONTE, BÁRBARA

[B165] "La creación del espacio literario en *El recurso del método*" (Nota)
RI XLII/96-97 (julio-diciembre 1976): 567-572

BOHORQUEZ, DOUGLAS

[B166] "Del amor y la melancolía en la escritura de Teresa de la Parra" (Estudio)
RI LX/166-167 (enero-junio 1994): 15-30

BOLAÑO E ISLA, AMANCIO

[B167] "Fray Alonso de la Vera Cruz" (Estudio)
RI XII/23 (febrero 1947): 55-74

BOLAÑOS, ÁLVARO FELIX

[B168] "Antropofagia y diferencia cultural: construcción retórica del caníbal del Nuevo Reino de Granada" (Estudio)
RI LXIV/170-171 (enero-junio 1995): 81-93

[B169] "Karen Stolley: *El lazarillo de ciegos caminantes: un itinerario crítico*" (Reseña)
RI LXIV/172-173 (julio-Diciembre 1995): 716-718

[B170] "Aldo Albónico: *El Inca Garcilaso revisitado. Estudios y antología de las dos partes de los Comentarios reales*"(Reseña)
RI LXIII/180 (julio-septiembre 1997): 545-548

[B171] "Verónica Salles Reese: *From Virachocha to the Virgin of Copacabana. Representations of the Sacred at Lake Titicaca*" (Reseña)
RI LXV/188-189 (julio-diciembre 1999): 751-755

[B172] "Carlos M. de López" *Los Popol Wuj y sus epistemologías: Las diferencias, el conocimiento y los ciclos del infinito*" (Reseña)
RI LXVI/193 (octubre-diciembre 2000): 902-904

BONATTI, MARÍA

[B173] "Dante en la lectura de Borges" (Nota)
RI XLIII/100-101 (julio-diciembre 1977): 737-744

[B174] "*Juan Moreira* en un contexto modernista" (Nota)
RI XLIV/104-105 (julio-diciembre 1978): 557-567

BONILLA, MANUEL ANTONIO

[B175] "Don Antonio Gómez Restrepo y su obra literaria"(Estudio)
RI IV/8 (febrero 1942): 267-284

BORELLO, RODOLFO A.

[B176] "Hernández y Ascasubi" (Estudio)
RI XL/87-88 (abril-septiembre 1974): 393-408

[B177] "Bibliografía sobre Adolfo Bioy Casares (Algunas nuevas fichas)" (Bibliografía)
RI XLI/91 (abril-junio 1975): 367-368

[B178] "El Evangelio según Borges" (Estudio)
RI XLIII/100-101 (julio-diciembre 1977): 503-516

BORGESON, PAUL W.

[B179] "Ernesto Cardenal: respuesta a las preguntas de los estudiantes de letras" (Entrevista)
RI XLV/108-109 (julio-diciembre 1979): 627-638

[B180] "Bibliografía de y sobre Ernesto Cardenal" (Bibliografía)
RI XLV/108-109 (julio-diciembre 1979): 641-650

[B181] "José Luis González-Balado: *Ernesto Cardenal: poeta, revolucionario, monje*" (Reseña)
RI XLVI/112-113 (julio-diciembre 1980): 651-652

[B182] "Lenguaje hablado/lenguaje poético: Parra, Cardenal y la antipoesía" (Nota)
RI XLVIII/118-119 (enero-junio 1982): 383-389

[B183] "Juan Rulfo: *'El gallo de oro'* y otros textos para cine" (Reseña)
RI XLVIII/120-121 (julio-diciembre 1982): 747-749

[B184] "'La Espiga Amotinada' y la poesía mexicana" (Estudio)
RI LV/148-149 (julio-diciembre 1989): 1177-1190

[B185] "Ernesto Cardenal: *Canto Cósmico*" (Reseña)
RI LVII/157 (octubre-diciembre 1991): 1077-1080

[B186] "Juan Calzadilla y el surrealismo en la poesía venezolana del '58" (Nota)
RI LX/166-167 (enero-junio 1994): 513-522

BORINSKY, ALICIA

[B187] "Correspondencia de Macedonio Fernández a Gómez de la Serna" (Documento)
RI XXXVI/70 (enero-marzo 1970): 101-123

[B188] "Néstor Sánchez: *El amor, los Orsinis y la muerte*" (Reseña)
RI XXXVIII/78 (enero-marzo 1972): 151-151

[B189] "Macedonio y el humor de Cortázar" (Estudio)
RI XXXIX/84-85 (julio-diciembre 1973): 521-535

[B190] "*Altazor*: entierros y comienzos" (Nota)
RI XL/86 (enero-marzo 1974): 125-128

[B191] "¿Qué leemos cuando leemos?" (Nota)
RI XL/89 (octubre-diciembre 1974): 659-667

[B192] "Castración y lujos: la escritura de Manuel Puig" (Estudio)
RI XLI/90 (enero-marzo 1975): 29-45.

[B193] "Lecturas y traducción: *Dormir al sol* de Adolfo Bioy Casares" (Nota)
RI XLI/91 (abril-junio 1975): 249-251

[B194] "Re-escribir y escribir: Arenas, Menard, Borges, Cervantes, Fray Servando" (Estudio)
RI XLI/92-93 (julio-diciembre 1975): 605-616

[B195] "Borges en nuestra biblioteca" (Nota)
RI XLIII/100-101 (julio-diciembre 1977): 609-613
RI LXVIII/200 (julio-septiembre 2002): 723-728

[B196] "Macedonio Fernández: *Manera de una psique sin cuerpo*" (Reseña)
RI XLIV/102-103 (enero-junio 1978): 241-242

[B197] "Ana María Barrenechea: *Textos hispanoamericanos de Sarmiento a Sarduy*" (Reseña)
RI XLVI/110-111 (enero-junio 1980): 307-309

[B198] "Interlocución y aporía. Notas a propósito de Alberto Girri y Juan Gelman" (Estudio)
RI XLIX/125 (octubre-diciembre 1983): 879-887

[B199] "José Emilio Pacheco: relecturas e historia" (Nota)
RI LVI/150 (enero-marzo 1990): 267-273

[B200] "José Donoso: el otro coloquio de los perros" (Estudio)
RI LX/168-169 (julio-diciembre 1994): 993-1004

[B201] "Memoria en el vacío: una nota personal en torno a la escritura y las raíces judías" (Nota)
RI LXVI/191 (abril-junio 2000): 409-412

BOSCO, EDUARDO JOSÉ

[B202] "Orestes di Lulio: *Cancionero popular de Santiago del Estero*" (Reseña)
RI V/9 (mayo 1942): 133-135

BOTERO, EBEL

[B203] "Eduardo Blanco Amor: *La catedral y el niño*, nueva edición" (Reseña)
RI XXII/44 (julio-diciembre 1957): 368-371

BOTERO ZEA, JUAN CARLOS

[B204] "La lucidez salvadora de Ernesto Sábato" (Estudio)
RI LVIII/158 (enero-marzo 1992): 61-67

BOURGEOIS, LOUIS C.

[B205] "Enrique Espinosa, comp.: *El Hermano Errante. Antología de Augusto d'Halmar*" (Reseña)
RI XXX/58 (julio-diciembre 1964): 327-329

[B206] "Ricardo Navas Ruiz: *Literatura y compromiso: ensayos sobre la novela política hispanoamericana*" (Reseña)
RI XXX/57 (enero-junio 1964): 189-192

BRANCHE, JEROME

[B207] "Negrismo: hibridez cultural, autoridad y la cuestión de la nación" (Estudio)
RI LXV/188-189 (julio-diciembre 1999): 483-504

BRAÑAS, CÉSAR

[B208] "No repitamos a Europa, americanos" (Estudio)
RI VII/14 (febrero 1944): 347-358

[B209] "Gregorio Castaneda Aragon: *Mástiles al sol*" (Reseña)
RI III/5 (febrero 1941): 204-206

[B210] "Augusto Morales Pino: *Los de en medio*" (Reseña)
RI III/5 (febrero 1941): 206-207

[B211] "Adrián Resinos: *Poesías de José Batres Montúfar*" (Reseña)
RI III/6 (mayo de 1941): 427-429

[B212] "José Arzu: *Pepe Batres íntimo. Su familia, su correspondencia. Sus papeles*" (Reseña)
RI III/6 (mayo de 1941): 429-431

[B213] "Juan José Arévalo: *La filosofía de los valores en la pedagogía*" (Reseña)
RI III/6 (mayo de 1941): 433-435

[B214] "Juan M. de Mendoza: *Enrique Gómez Carrillo*" (Reseña)
RI III/6 (mayo de 1941): 431-433

[B215] "Luis Cardoza y Aragón: *La nube y el reloj*" (Reseña)
RI III/6 (mayo de 1941): 435-437

[B216] "Jorge Rojas: *La forma de su huida*". (Reseña)
RI IV/8 (febrero 1942): 429-433

BRATOSEVICH, NICOLÁS

[B217] "Análisis rítmico de *Oda con un lamento*" (Estudio)
RI XXXIX/82-83 (enero-junio 1973): 227-243

[B218] "El desplazamiento como metáfora en tres textos de Jorge Luis Borges" (Estudio)
RI XLIII/100-101 (julio-diciembre 1977): 549-560

BRAVO, VÍCTOR

[B219] "Fundación y tradición de la modernidad literaria en Venezuela" (Estudio)
RI LX/166-167 (enero-junio 1994): 97-108

[B220] "Salvador Garmendia: la expresión de lo fantástico" (Nota)
RI LX/166-167 (enero-junio 1994): 495-501

Bravo-Elizondo, Pedro

[B221] "Instituto de Investigaciones Humanísticas: *Gabriela Mistral*. Introducción de Mirella Servodidio y Marcelo Coddou" (Reseña)
RI XLVIII/118-119 (enero-junio 1982): 430-432

Brayner, Sonia

[B222] Jorge de Lima e a *Invenção de Orfeu*" (Nota)
RI L/126 (enero-marzo 1984): 175-187

Brenes Mesen, Roberto

[B223] "Editorial. Leopoldo Lugones. Alfonsina Storni" (Nota)
RI I/1 (mayo 1939): 7-16
RI LXVIII/200 (julio-septiembre 2002): 521-523

[B224] "Alberto Zum Felde: *Alción. Misterio en tres actos*" (Reseña)
RI I/1 (mayo-noviembre 1939): 171-175

[B225] "Artemio Moreno: *Parábola del tiempo*" (Reseña)
RI I/1 (mayo-noviembre 1939): 181-185

[B226] "Francisco Romero: *Filosofía de la persona*" (Reseña)
RI I/1 (mayo-noviembre 1939): 176-181

[B227] "Guillermo Francovich: *Os Idolos de Bacon*" (Reseña)
RI I/1 (mayo-noviembre 1939): 165-171

[B228] "Julián Marchena: *Alas en fuga*" (Reseña)
RI V/9 (mayo 1942): 136-137

Brescia, Pablo A. J.

[B229] "Peter Frölicher y Georges Güntert, eds.: *Teoría e interpretación del cuento*" (Reseña)
RI LXIV/184-185 (julio-diciembre 1998): 639-641

[B230] "El relato breve en las letras hispánicas actuales" (Reseña)
RI LXV/187 (abril-junio 1997): 437-439

[B231] "De aflicciones, travesías y deseos: conversación con Noé Jitrik" (Entrevista)
RI LXVIII/198 (enero-marzo 2002): 187-194

Britto García, Luis

[B232] "Alfredo Armas Alfonzo: las armas del ángel" (Nota)
RI LX/166-167 (enero-junio 1994): 503-512

Brody, Robert

[B233] "*Mascaró, el cazador americano* en la trayectoria novelística de Haroldo Conti" (Estudio)
RI XLV/108-109 (julio-diciembre 1979): 537-552

Brown, Gordon

[B234] "Benjamín Subercaseaux: *From West to East*" (Reseña)
RI IV/8 (febrero 1942): 433-435

Browning, John D.

[B235] "*El cristiano errante* de Antonio José de Irisarri: Su génesis, su acogida y sus 'páginas perdidas'" (Estudio)
RI XXXVI/73 (octubre-diciembre 1970): 613-627

Brownlow, Jeanne P.

[B236] "La ironía estética de Darío: humor y discrepancia en los cuentos de *Azul*" (Estudio)
RI LV/146-147 (enero-junio 1989): 377-393

Brushwood, John S.

[B237] "Gerardo Sáenz: *Luis G. Urbina, vida y obra*" (Reseña)
RI XXVIII/54 (julio-diciembre 1962): 383-384

[B238] "La arquitectura de las novelas de Agustín Yáñez" (Estudio)
RI XXXVI/72 (julio-septiembre 1970): 437-451

[B239] "Sobre el referente y la transformación narrativa en las novelas de Carlos Fuentes y Gustavo Sainz" (Nota)
RI XLVII/116-117 (julio-diciembre 1981): 49-54

BRYANT, WILLIAM C.

[B240] "La *Relación de un ciego*, pieza dramática de la época colonial" (Documento)
RI XLIV/104-105 (julio-diciembre 1978): 569-575

BUCELLI, MARÍA ELENA

[B241] "María del Carmen Prosdomici de Rivera: *La poesía de Freddy Gatón Arce. Una interpretación*" (Reseña)
RI LIV/142 (enero-marzo 1988): 361-362

BUCHANAN, RHONDA L.

[B242] "Álvaro Pineda Botero: *Trasplante a Nueva York*" (Reseña)
RI L/128-129 (julio-diciembre 1984): 1097-1098

BUENO, EVA PAULINO

[B243] "Richard L. Jackson: *Black Literature and Humanism in Latin America*" (Reseña)
RI LVI/151 (abril-junio 1990): 601-604

[B244] "Robert E. Diantonio: *Brazilian Fiction; Aspects and Evolution of the Contemporary Narrative*" (Reseña)
RI LVI/151 (abril-junio 1990): 604-606

[B245] "Helena Parente Cunha: *Woman Between Mirrors*" (Reseña)
RI LVII/154 (enero-marzo 1991): 384-386

[B246] "Richard L. Jackson: *The Afro-Spanish American Author II: The 1980's. An Annotated Bibliography of Recent Criticism*" (Reseña)
RI LVII/154 (enero-marzo 1991): 386-387

[B247] "Lúcio Cardoso: *Crônica da Cassa Assassinada*. Edição crítica. Mario Carelli, coord." (Reseña)
RI LIX/164-165 (julio-diciembre 1993): 785-787

[B248] "Maternidade, mito e ideologia na ficção de Lya Luft" (Estudio)
RI LXVI/192 (julio-septiembre 2000): 601-616

BUENO, MÓNICA L.

[B249] "Juan Manuel Marcos: *Poemas y canciones*" (Reseña)
RI LIV/144-145 (julio-diciembre 1988): 1031-1033

BUENO, SALVADOR

[B250] "Itinerario de Alfonso Hernández Catá (1885-1940)" (Estudio)
RI LVI/152-153 (julio-diciembre 1990): 933-950

BURGUEÑO, MARÍA CRISTINA

[B251] "*O Caramuru y Caramurú*: sus relaciones en la formación de un protoimaginario nacional uruguayo" (Estudio)
RI LXIV/182-183 (enero-marzo 1998): 117-128

BURRELL, BERNA DE

[B252] "Lo mítico y lo simbólico imbricado en la realidad: la ilusión ficcional de *El ahogado*" (Estudio)
RI LXVII/196 (julio-septiembre 2001): 409-418

BUSTAMANTE, CECILIA

[B253] "Una evocación de José María Arguedas" (Nota)
RI XLIX/122 (enero-marzo 1983): 183-191

[B254] "En busca de espacio" (Ensayo)
RI LI/132-133 (julio-diciembre 1985): 461-466

BUSTILLO, CARMEN

[B255] "Personaje y tiempo en *La tragedia del generalísimo* de Denzil Romero" (Estudio)
RI LX/166-167 (enero-junio 1994): 289-305

Busto Ogden, Estrella

[B256] "Una entrevista con Gonzalo Rojas"
(Entrevista)
RI LII/135-136 (abril-septiembre 1986): 677-688

CAILLET-BOIS, JULIO

[C8] "Bernal Díaz del Castillo, o de la verdad de la historia" (Estudio)
RI XXV/50 (julio-diciembre 1960): 199-228

CAISSO, CLAUDIA

[C9] "Anthony Stanton: *Correspondencia Alfonso Reyes/Octavio Paz (1939-1959)*" (Reseña)
RI LXVIII/198 (enero-marzo 2002): 207-210

[C10] "Anthony Stanton: *Inventores de tradición: ensayo sobre poesía mexicana moderna*" (Reseña)
RI LXVIII/198 (enero-marzo 2002): 210-211

CABALLÉ, ANNA

[C1] "Las fronteras del lenguaje en *La tregua*, de Benedetti" (Estudio)
RI LVIII/159 (abril-junio 1992): 357-366

CABALLERO WANGÜEMERT, MARÍA M.

[C2] "Rodríguez Juliá: una ojeada sobre Puerto Rico, entre la burla y la compasión" (Estudio)
RI LVIII/159 (abril-junio 1992): 367-378

[C3] "Discurso histórico y carnavalización de la historia: *El juramento* de René Marqués" (Estudio)
RI LIX/162-163 (enero-junio 1993): 145-156

CALASANS RODRIGUES, SELMA

[C11] "*Arena conta Tiradentes*: Uma experiência de teatro político" (Nota)
RI L/126 (enero-marzo 1984): 221-228

CABRERA, VICENTE

[C4] "La destrucción de la creación de *Tres tristes tigres*" (Nota)
RI XLII/96-97 (julio-diciembre 1976): 553-559

CALDWELL, WENDY

[C12] "El laberinto del discurso: reflejos de la huida-búsqueda en *Novela negra con argentinos* de Luisa Valenzuela" (Estudio)
RI LXII/175 (abril-junio 1996): 439-446

[C5] "Las visiones poéticas de *Seis veces la muerte* (Soria Gamarra y la nueva ficción boliviana)" (Nota)
RI XLV/108-109 (julio-diciembre 1979): 595-601

CALLAN, RICHARD J.

[C13] "Gloria Durán: *La magia y las brujas en la obra de Carlos Fuentes*" (Reseña)
RI XLIV/102-103 (enero-junio 1978): 242-245

CACHÁN, MANUEL

[C6] "Presencia del movimiento mesiánico en la literatura dominicana" (Nota)
RI LIV/142 (enero-marzo 1988): 53-62

[C14] "El misterio femenino en *Los perros* de Elena Garro" (Nota)
RI XLVI/110-111 (enero-junio 1980): 231-235

[C7] "En cuerpo de camisa de Luis Rafael Sánchez: La antiliteratura alegórica del otro puertorriqueño" (Estudio)
RI LIX/162-163 (enero-junio 1993): 177-186

CALLEJO, ALFONSO

[C15] "Literatura e irregularidad en *Cambio de armas*, de Luisa Valenzuela" (Estudio)
RI LI/132-133 (julio-diciembre 1985): 575-580

CALTOFEN SEGURA, R.

[C16] "Ferreira de Castro y su visión del Brasil" (Estudio)
RI XV/29 (julio 1949): 91-96

CALVO, YADIRA

[C17] "Lilia Ramos, escritora y maestra" (Nota)
RI LIII/138-139 (enero-junio 1987): 265-279

CALZADILLA, JUAN

[C18] "Armando Romero: *La casa de los vespertilios*" (Reseña)
RI XLIX/123-124 (abril-septiembre 1983): 641-641

CAMACHO, JORGE LUIS

[C19] "Los límites de la transgresión: la virilización de la mujer y la feminización del poeta en José Martí" (Estudio)
RI LXVII/194-195 (enero-junio 2001): 69-78

CAMACHO-GINGERICH, ALINA L.

[C20] "Vicente Huidobro y William Carlos Williams" (Estudio)
RI XLII/94 (enero-marzo 1976): 61-70

[C21] "Margarita Junco Fazzolari: *'Paradiso' y el sistema poético de Lezama Lima*" (Reseña)
RI XLIX/123-124 (abril-septiembre 1983): 642-645

[C22] "Los parámetros del sistema poético lezamiano" (Estudio)
RI LI/130-131 (enero-junio 1985): 47-72

CAMACHO-GINGERICH, ALINA L. Y WILLARD P. GINGERICH

[C23] "Entrevista con Rogelio Sinán" (Entrevista)
RI LII/137 (octubre-diciembre 1986): 911-927

CAMACHO R., JORGE ANDRÉS

[C24] "Aproximaciones críticas a un estudio de la metáfora en la poesía costarricense. Indicación metodológica" (Estudio)
RI LIII/138-139 (enero-junio 1987): 363-376

CÁMARA, ISABEL

[C25] "Literatura o la política del juego en Alejandra Pizarnik" (Estudio)
RI LI/132-133 (julio-diciembre 1985): 581-589

CAMARGOS WALTY, IVETE LARA

[C26] "O diálogo Brasil/América Hispánica na crítica de Silviano Santiago e Octavio Paz" (Estudio)
RI LXIV/182-183 (enero-junio 1996): 229-240

CAMARINHA DA SILVA, MARIO

[C27] "Sobre a poesía romántica no Brasil" (Estudio)
RI XIV/27 (junio 1948): 117-124

CAMPA, A. L.

[C28] "V. S. Pritchett: *The Spanish Temper*" (Reseña)
RI XIX/38 (abril-septiembre de 1954): 364-367

CAMPA, ANTONIO R. DE LA

[C29] "José Olivio Jiménez: *Antología crítica de la poesía modernista hispanoamericana*" (Reseña)
RI LII/135-136 (abril-septiembre 1986): 747-749

CAMPA, ROMÁN DE LA

[C30] "Memorias del subdesarrollo. Novela/Texto/Discurso"
RI LVI/152-153 (julio-diciembre 1990): 1039-1054

[C31] "Latinoamérica y sus nuevos cartógrafos: discurso poscolonial, diásporas intelectuales y enunciación fronteriza" (Estudio)
RI LXII/176-177 (julio-diciembre 1996): 697-718

[C32] "Norteamérica y sus mundos latinos: ontologías, globalización, diásporas" (Estudio)
RI LXVI/193 (octubre-diciembre 2000): 753-770
RI LXVIII/200 (julio-septiembre 2002): 879-896

CAMPBELL, FEDERICO

[C33] "Ibargüengoitia: la sátira histórico-política"
RI LV/148-149 (julio-diciembre 1989): 1047-1055

CAMPODÓNICO, MIGUEL ÁNGEL

[C34] "Una entrevista más, una entrevista menos" (Entrevista)
RI LVIII/160-161 (julio-diciembre 1992): 1179-1183

CAMPOS, HAROLDO DE

[C35] "Livro de Ensaios: Galáxias" (Textos)
RI XLIII/98-99 (enero-junio 1977): 39-49
RI LXVIII/200 (julio-septiembre 2002): 695-704

CAMPOS, JAVIER F.

[C36] "Lírica chilena de fin de siglo y (post) modernidad neoliberal en América Latina" (Estudio)
RI LX/168-169 (julio-diciembre 1994): 891-912

CAMPOS, JULIETA

[C37] "Mi vocación literaria" (Ensayo)
RI LI/132-133 (julio-diciembre 1985): 467-470

CAMPOS BRUNETI, ALMIR DE

[C38] "*Abdias do Nascimento - Negro de alma branca*" (Nota)
RI L/126 (enero-marzo 1984): 203-209

CAMPRA, ROSALBA

[C39] "Las técnicas del sentido en los cuentos de Gabriel García Márquez" (Estudio)
RI L/128-129 (julio-diciembre 1984): 937-955

[C40] "Emilio Sosa López: *Mundo de dobles*" (Reseña)
RI LVI/151 (abril-junio 1990): 607-609

[C41] "Un recuerdo de Darío Puccini" (Necrológica)
RI LXIII/180 (julio-septiembre 1997): 503-506

CAMURATI, MIREYA

[C42] "Función literaria del cuento intercalado en *Don Segundo Sombra*, *La vorágine* y *Cantaclaro*" (Estudio)
RI XXXVII/75 (abril-junio 1971): 403-417

[C43] "E. Caracciolo Trejo: *La poesía de Vicente Huidobro y la vanguardia*" (Reseña)
RI XLI/91 (abril-junio 1975): 370-371

[C44] "Bioy Casares y el lenguaje de los argentinos" (Estudio)
RI XLIX/123-124 (abril-septiembre 1983): 419-432

[C45] "René de Costa: *En pos de Huidobro: Siete ensayos de aproximación*" (Reseña)
RI XLIX/123-124 (abril-septiembre 1983): 645-647

[C46] "Borges, Dunne y la regresión infinita" (Nota)
RI LIII/141 (octubre-diciembre 1987): 925-931

[C47] "Lelia Madrid: *Cervantes y Borges: La inversión de los signos*" (Reseña)
RI LIV/144-145 (julio-diciembre 1988): 1033-1036

[C48] "Dos cantos al centenario en el marco histórico-social del modernismo en la Argentina"
RI LV/146-147 (enero-junio 1989): 103-127

[C49] "Gerald Martin: *Journeys through the Labyrinth: Latin American Fiction in the Twentieth Century*" (Reseña)
RI LVII/155-156 (abril-septiembre 1991): 755-757

[C50] "Amelia S. Simpson: *Detective Fiction from Latin America*" (Reseña)
RI LVII/155-156 (abril-septiembre 1991): 757-760

CANAL-FEIJÓO, BERNARDO

[C51] "Sobre el americanismo de Ricardo Rojas" (Estudio)
RI XXIII/46 (julio-diciembre 1958): 221-226

CANCIO ISLA, WILFREDO

[C52] "Un asunto de decadencia (Presentando una crónica de Carpentier sobre el travestismo)" (Estudio)
RI LXV/187 (abril-junio 1999): 349-358

CANDELIER, BRUNO ROSARIO

[C53] "Historia y mito en *Compadre Mon*" (Estudio)
RI LIV/142 (enero-marzo 1988): 229-256

CANDIDO, ANTONIO

[C54] "A literatura brasileira em 1972" (Perspectivas)
RI XLIII/98-99 (enero-junio 1977): 5-16

CANFIELD, D. LINCOLN

[C55] "Robe, Stanley L.: *The Spanish of Rural Panama: Major Dialectal Features*" (Reseña)
RI XXVI/51 (enero-junio 1961): 185-187

CANFIELD, MARTHA L.

[C56] "El patriarca de García Márquez: padre, poeta y tirano" (Estudio)
RI L/128-129 (julio-diciembre 1984): 1017-1056

[C57] "Dos enfoques de *Pedro Páramo*" (Estudio)
RI LV/148-149 (julio-diciembre 1989): 965-988

CANO, CARLOS J.

[C58] "José R. Brene: *Fray Sabino*" (Reseña)
RI XLI/92-93 (julio-diciembre 1975): 667-669

[C59] "Épica y misoginia en *Los hombres de a caballo*" (Nota)
RI XLII/96-97 (julio-diciembre 1976): 561-565

CÁNOVAS, RODRIGO

[C60] "Hugo Méndez Ramírez: *Neruda's Ekphrastic Experience. Mural Art and Canto General*" (Estudio)
RI LXVII/194-195 (enero-junio 2001): 333-335

CANTELLA, BARBARA DIANNE

[C61] "Del modernismo a la vanguardia: la estética del Haikú" (Estudio)
RI XL/89 (octubre-diciembre 1974): 639-649

CANTÓN, WILBERTO L.

[C62] "Alfonso Reyes: *El deslinde. Prolegómenos a la teoría literaria*" (Reseña)
RI IX/18 (mayo 1945): 363-364

[C63] "Juan Larrea: *El surrealismo entre el Viejo y Nuevo Mundo*" (Reseña)
RI IX/18 (mayo 1945): 360-363

CAPDEVILA, ARTURO

[C64] "La gran familia de los Efraines y Marías" (Nota)
RI I/1 (mayo 1939): 137-144

[C65] "Nuevo mundo y nueva Clío" (Estudio)
RI XXI/41-42 (enero-diciembre 1956): 295-307

CAPELLÁN, ÁNGEL

[C66] "Octavio Paz: *Early Poems 1935-1955. Configurations*" (Reseña)
RI XL/89 (octubre-diciembre 1974): 709-710

[C67] "Kessel Schwartz: *A New History of Spanish American Fiction: (I, 'From Colonial Times to the Mexican Revolution and Beyond'. II, 'Social Concerns, Universalism and the New Novel')*" (Reseña)
RI XLI/90 (enero-marzo 1975): 154-156

CAPTAIN-HIDALGO, YVONNE

[C68] "El espíritu de la risa en el cuento de Ana Lydia Vega" (Estudio)
RI LIX/162-163 (enero-junio 1993): 301-308

CARACCIOLO TREJO, ENRIQUE

[C69] "Poesía amorosa de Borges" (Estudio)
RI XLIII/100-101 (julio-diciembre 1977): 561-573

[C70] "Lectura del 'Himno a la luna' de Lugones" (Nota)
RI XLIV/102-103 (enero-junio 1978): 111-117

[C71] "Huidobro y el futurismo" (Nota)
RI XLV/106-107 (enero-junio 1979): 159-164

[C72] "Regreso a *Don Segundo Sombra*" (Nota)
RI XLVII/116-117 (julio-diciembre 1981): 139-143

CARBAJAL, MIGUEL

[C73] "María de Montserrat: *El caballo azul*" (Reseña)
RI LVIII/160-161 (julio-diciembre 1992): 1191-1193

CARBALLIDO, EMILIO

[C74] "Griselda Gambaro o modos de hacernos pensar en la manzana"(Nota)
RI XXXVI/73 (octubre-diciembre 1970): 629-634

[C75] "Crónica de un estreno remoto"(Estudio)
RI XXXVII/74 (enero-marzo 1971): 233-237

CARBALLO, EMMANUEL

[C76] "Entrevista a José Luis Martínez (Fragmentos)" (Entrevista)
RI LV/148-149 (julio-diciembre 1989): 665-674

CARBALLO, MARÍA ELENA

[C77] "Padre e hijo en *Ceremonia de casta*: el mundo de la bastardía" (Estudio)
RI LIII/138-139 (enero-junio 1987): 435-453

CÁRCAMO-HUECHANTE, LUIS E.

[C78] "Daniel Balderston: *El deseo, enorme cicatriz luminosa*" (Reseña)
RI LXVII/194-195 (enero-junio 2001): 318-321

CARDOZO, LUBIO

[C79] "Nelson Osorio Tejeda: *La formación de la vanguardia literaria en Venezuela (Antecedentes y documentos)*" (Reseña)
RI LII/135-136 (abril-septiembre 1986): 749-753

[C80] "El laberinto y la paradoja en la poesía de Juan Calzadilla" (Estudio)
RI LX/166-167 (enero-junio 1994): 249-266

CARILLA, EMILIO

[C81] "Sobre *El barroco literario hispánico*" (Polémica)
RI XXXVIII/78 (enero-marzo 1972): 143-149

[C82] "Trayectoria de Fernández Moreno" (Estudio)
RI XXXVIII/81 (octubre-diciembre 1972): 641-652

[C83] "Solórzano Pereira, defensor de los pobres" (Estudio)
RI XLIV/104-105 (julio-diciembre 1978): 435-449

[C84] "La lírica rococó en Hispanoamérica" (Nota)
RI XLVIII/120-121 (julio-diciembre 1982): 727-738

CARLOS, ALBERTO J.

[C85] "*René, Werther* y *La Nouvelle Héloïse* en la primera novela de la Avellaneda" (Estudio)
RI XXXI/60 (julio-diciembre 1965): 223-238

CARPIO, CAMPIO

[C86] "Misión de América en cuanto al porvenir de la libertad en el mundo" (Estudio)
RI VII/13 (noviembre 1943): 129-142

[C87] "Genio y figura en la obra de Álvaro Yunque" (Estudio)
RI VII/14 (febrero 1944): 271-292

[C88] "Ideas estéticas en las Antologías de Carlos García Prada" (Estudio)
RI IX/18 (mayo 1945): 209-216

[C89] "Influencia de la historia y el paisaje en la vida y obra de Fabio Luz"(Estudio)
RI XI/22 (octubre 1946): 279-294

[C90] "Mensaje postrero de César Vallejo" (Estudio)
RI XVIII/35 (diciembre 1952): 113-130

[C91] "Ámbito de literatura americana" (Estudio)
RI XIX/37 (octubre 1953): 105-111

[C92] "Néstor Carbonell: *Martí, carne y espíritu*" (Reseña)
RI XVIII/35 (febrero-diciembre de 1952): 163-165

[C93] "Félix Lizaso: *José Martí, recuento de centenario*" (Reseña)
RI XIX/37 (octubre de 1953-marzo de 1954): 172-174

[C94] "*Poesía de América*" (Reseña)
RI XIX/37 (octubre de 1953-marzo de 1954): 174-176

[C95] "Juan Felipe Toruño: *Poesía negra*" (Reseña)
RI XIX/38 (abril-septiembre de 1954): 367-372

[C96] "Poetas brasileños contemporáneos" (Colección literaria)
RI VIII/16 (noviembre 1949): 451-454

CARRANZA, EDUARDO

[C97] "Alfredo Gómez Jaime: *Blasones*" (Reseña)
RI III/5 (febrero 1941): 207-208

CARRANZA, JOSÉ MARÍA

[C98] "Julio Cortázar: *62. Modelo para armar*" (Reseña)
RI XXXV/69 (septiembre-diciembre 1969): 557-559

[C99] "Luis Lorenzo-Rivero: *Larra y Sarmiento, paralelismos históricos y literarios*" (Reseña)
RI XXXVI/73 (octubre-diciembre 1970): 660-663

[C100] "Manuel Puig: *La traición de Rita Hayworth*" (Reseña)
RI XXXVIII/78 (enero-marzo 1972): 152-153

[C101] "Ned Davison: *Eduardo Barrios*" (Reseña)
RI XXXVIII/78 (enero-marzo 1972): 153-155

[C102] "La crítica social en las fábulas de Marco Denevi" (Estudio)
RI XXXVIII/80 (julio-septiembre 1972): 477-494

[C103] "*El fuego interrumpido* de Daniel Moyano" (Nota)
RI XL/86 (enero-marzo 1974): 129-134

CARRANZA, MARÍA MERCEDES

[C104] "Poesía post-nadaísta" (Estudio)
RI L/128-129 (julio-diciembre 1984): 799-819

CARREÑO, ANTONIO

[C105] "*Naufragios*, de Alvar Núñez Cabeza de Vaca: una retórica de la crónica colonial" (Estudio)
RI LIII/140 (julio-septiembre 1987): 499-516

CARRERA, GUSTAVO LUIS

[C106] "*Cubagua* y la fundación de la novela venezolana estéticamente contemporánea" (Estudio)
RI LX/166-167 (enero-junio 1994): 451-456

CARRERA, JULIETA

[C107] "Claudia Lars" (Estudio)
RI III/5 (febrero 1941): 85-94

[C108] "Tres poetisas argentinas" (Estudio)
RI VIII/15 (mayo 1944): 31-48

CARRERA ANDRADE, JORGE

[C109] "Destino de la poesía ecuatoriana de nuestro tiempo" (Estudio)
RI V/10 (octubre 1942): 275-284

[C110] "El americano nuevo y su actitud poética" (Estudio)
RI VII/14 (febrero 1944): 401-421
RI LXVIII/200 (julio-septiembre 2002): 567-582

[C111] "Poesía y sociedad en Hispanoamérica" (Estudio)
RI XXXVIII/78 (enero-marzo 1972): 31-45

CARRERA STAMPA, MANUEL

[C112] "Una obra mexicana del siglo XVII (1601) desconocida" (Estudio)
RI XIV/27 (junio 1948): 109-116

CARRIER, WARREN

[C113] "Baudelaire y Silva" (Estudio)
RI VII/13 (noviembre 1943): 39-48

CARRILO, CARMEN VIRGINIA

[C114] "Karl Kohut: literatura venezolana hoy, historia nacional y presente urbano" (Estudio)
RI LXVII/194-195 (enero-junio 2001): 336-338

CARRILLO, GERMÁN DARÍO

[C115] "Eduardo Mallea: *Todo verdor perecerá*" (Reseña)
RI XXXV/69 (septiembre-diciembre 1969): 559-560

[C116] "Alberto Duque López: *Mateo el flautista*" (Reseña)
RI XXXVI/73 (octubre-diciembre 1970): 663-666

[C117] "Gabriel García Márquez: *Crónica de una muerte anunciada*" (Reseña)
RI XLIX/123-124 (abril-septiembre 1983): 647-648

[C118] "La dialéctica de la antipatía: Colón, Bolívar y Santander en la obra de García Márquez" (Estudio)
RI LXII/175 (abril-junio 1996): 477-486

CARRILLO, GERMÁN DARÍO Y BARRY STULTS

[C119] "*Cien años de soledad* y el concepto de la 'caída afortunada'" (Estudio)
RI XXXVIII/79 (abril-junio 1972): 237-262

CARRIÓ MENDIA, RAQUEL

[C120] "Estudio en blanco y negro: teatro de Virgilio Piñera" (Nota)
RI LVI/152-153 (julio-diciembre 1990): 871-880

CARRUTHERS, BEN FREDERIC

[C121] "H. R. Hays: *Twelve Spanish American Poets*" (Reseña)
RI VII/13 (noviembre 1943): 224-227

CARTER, BOYD G.

[C122] "Margarita Gutiérrez Nájera: *Reflejo*. Biografía anecdótica de Manuel Gutiérrez Nájera" (Reseña)
RI XXVI/50 (enero-junio 1961): 190-191

[C123] "Iván A. Schulman: *Símbolo y color en la obra de José Martí*" (Reseña)
RI XXVIII/53 (enero-junio 1962): 216-221

[C124] "Gutiérrez Nájera y Martí como iniciadores del modernismo" (Estudio)
RI XXXVIII/54 (julio-diciembre 1962): 295-310

[C125] "Héctor René Lafeur, Sergio D. Provenzano, Fernando Pedro Alonso: *Las revistas literarias argentinas (1893-1960)*. Nélida Salvador: *Revistas argentinas de vanguardia*" (Reseña)
RI XXIX/56 (julio-diciembre 1963): 341-344

[C126] "Clemente Palma en *Prisma*: sobre Darío y el modernismo" (Estudio)
RI XXXV/69 (septiembre-diciembre 1969): 473-490

[C127] "Martí en las revistas del modernismo antes de su muerte" (Estudio)
RI XXXVI/73 (octubre-diciembre 1970): 547-558

[C128] "Traducciones francesas de José María Heredia en *La Revue Des Deux Mondes*" (Estudio)
RI XVII/34 (enero 1952): 315-330

CASANOVA, ILIA

[C129] "Lorna Valerie Williams: *The Representation of Slavery in Cuban Fiction*" (Reseña)
RI LXIII/178-179 (enero-junio 1997): 289-290

CASTAGNINO, RAÚL H.

[C130] "El teatro en la obra de Ricardo Rojas" (Estudio)
RI XXIII/46 (julio-diciembre 1958): 227-238

[C131] "Dos narraciones de César Vallejo" (Estudio)
RI XXXVI/71 (abril-junio 1970): 321-339

[C132] "Lo gauchesco en el teatro argentino, antes y después de *Martín Fierro*" (Estudio)
RI XL/87-88 (abril-septiembre 1974): 491-508

CASTELLANO-GIRÓN, HERNÁN

[C133] "La Antología del nuevo cuento chileno de Miguel Serrano. Notas de relectura" (Estudio)
RI LX/168-169 (julio-diciembre 1994): 961-980

CASTIEL, DIONISIO

[C134] "Juan José Arrom: *Hispanoamérica: Panorama Contemporáneo de su Cultura*" (Reseña)
RI XXXVI/73 (octubre-diciembre 1970): 659-660

[C135] "Víctor M. Valenzuela: *Chilean Society as Seen Through the Novelistic World of Alberto Blest Gana*" (Reseña)
RI XL/89 (octubre-diciembre 1974): 710-711

[C136] "Carlos Rangel: *Del buen salvaje al buen revolucionario*" (Reseña)
RI XLIV/102-103 (enero-junio 1978): 245-246

CASTILLO, HOMERO

[C137] "Benavente e Hispanoamérica" (Estudio)
RI XX/39 (marzo 1955): 153-168

[C138] "Tributo a Mariano Latorre" (Estudio)
RI XXII/43 (enero-junio 1957): 83-94

[C139] "Baroja e Hispanoamérica" (Nota)
RI XXIII/45 (enero-junio 1958): 129-139

[C140] "Marta Brunet: *María Nadie*" (Reseña)
RI XXIII/45 (enero-junio 1958): 182-186

[C141] "Raúl Silva Castro: *Rubén Darío a los veinte años*" (Reseña)
RI XXIII/45 (enero-junio 1958): 186-189

[C142] "Gabriela Mistral (1889-1957)" (Necrológica)
RI XXIII/46 (julio-diciembre 1958): 449-451

[C143] "Francisco Santana: *Mariano Latorre*" (Reseña)
RI XXIII/46 (julio-diciembre 1958): 451-453

[C144] "Unión Panamericana: *Diccionario de la literatura latinoamericana -Chile*" (Reseña)
RI XXIV/48 (julio-diciembre 1959): 370-373

[C145] "Kurt L. Levy: *Vida y obras de Tomás Carrasquilla - Genitor del regionalismo en la literatura hispano-americana*" (Reseña)
RI XXIV/48 (julio-diciembre 1959): 374-375

[C146] "Oscar Castro Z. Perfil criollista de sus cuentos" (Estudio)
RI XXV/49 (enero-junio 1960): 95-106

[C147] "Raúl Silva Castro: *Antología general de la poesía chilena*" (Reseña)
RI XXV/49 (enero-junio 1960): 169-171

[C148] "Arturo Torres-Rioseco: *Madurez de la muerte*" (Reseña)
RI XXV/50 (julio-diciembre 1960): 340-341

[C149] "Víctor M. Valenzuela: *Hombres y temas de Iberoamérica*" (Reseña)
RI XXV/50 (julio-diciembre 1960): 341-343

[C150] "Julio Durán Cerda: *Panorama del teatro chileno*" (Reseña)
RI XXVI/51 (enero-junio 1961): 187-189

[C151] "Víctor Valenzuela: *Cuatro escritores chilenos*" (Reseña)
RI XXVI/51 (enero-junio 1961): 189-190

[C152] "Aída Cometta Manzoni: *El indio en la novela de América*" (Reseña)
RI XXVII/52 (julio-diciembre 1961): 368-370

[C153] "Raúl Silva Castro: *Panorama literario de Chile*" (Reseña)
RI XXVIII/53 (enero-junio 1962): 221-222

[C154] "Yerko Moretic: *El relato de la pampa salitrera*" (Reseña)
RI XXVIII/54 (julio-diciembre 1962): 384-386

[C155] "Julio Durán Cerda: *Repertorio del teatro chileno*" (Reseña)
RI XXIX/56 (julio-diciembre 1963): 193-194

[C156] "Alone: *Los cuatro grandes de la literatura chilena*" (Reseña)
RI XXIX/56 (julio-diciembre 1963): 344-346

[C157] "John P. Dyson: *La evolución de la crítica literaria en Chile. Ensayo y bibliografía*" (Reseña)
RI XXXII/62 (julio-diciembre 1966): 319-321

[C158] "Ernesto Montenegro: *Mis contemporáneos*" (Reseña)
RI XXXV/68 (mayo-agosto 1969): 410-411

[C159] "Caupolicán en el modernismo de Darío" (Estudio)
RI XIX/37 (octubre 1953): 111-118

CASTILLO, JORGE LUIS

[C160] "De la guerra a las sombras: Sobre los pasos de *Peregrinación* de René Marqués" (Estudio)
RI LIX/162-163 (enero-junio 1993): 157-167

CASTILLO SANDOVAL, ROBERTO

[C161] "¿*Una misma cosa con la vuestra*? Ercilla, Pedro de Oña y la apropiación post-colonial de la patria araucana" (Estudio)
RI LXI/170-171 (enero-junio 1995): 232-247

CASTILLO ZAPATA, RAFAEL

[C162] "La otra voz: persona y personaje en cuatro generaciones de poetas venezolanos" (Estudio)
RI LX/166-167 (enero-junio 1994): 365-380

CASTRO, AMÉRICO

[C163] "Sobre la relación entre ambas Américas" (Estudio)
RI II/3 (abril 1940): 25-34
RI LXVIII/200 (julio-septiembre 2002): 539-544

CASTRO, VÍCTOR

[C164] "César Lavín Toro: *Alguien golpeó a mi puerta*" (Reseña)
RI IX/17 (febrero 1945): 88-90

CASTRO GÓMEZ, SANTIAGO

[C165] "La filosofía de los Calibanes o ¿qué significa una 'crítica de la razón latinoamericana'?" (Nota)
RI LXIII/180 (julio-septiembre 1997): 537-542

[C166] "Althusser, los estudios culturales y el concepto de ideología" (Estudio)
RI LXVI/193 (octubre-diciembre 2000): 737-752

CASTRO-KLARÉN, SARA

[C167] "Huamán Poma y el espacio de la pureza" (Estudio)
RI XLVII/114-115 (enero-junio 1981): 45-67

[C168] "Crimen y castigo: Sexualidad en J. M. Arguedas" (Estudio)
RI XLIX/122 (enero-marzo 1983): 55-65

CASTRO-MITCHELL, AMANDA

[C169] "Luz María Umpierre-Herrera: *The Margarita Poems*" (Reseña)
RI LVIII/158 (enero-marzo 1992): 265-269

[C170] "Carlos René García Escobar: *La llama del retorno*" (Reseña)
RI LIX/162-163 (enero-junio 1993): 369-376

CASTRO MORALES, BELÉN

[C171] "'Os traigo los recuerdos de Altazor'. Creacionismo y poesía en *Ver y palpar*, de Vicente Huidobro"
RI LVIII/159 (abril-junio 1992): 379-392

CASTRO-URIOSTE, JOSÉ

[C172] "Iris Zavala, coord.: *Discursos sobre la 'invención' de América*" (Reseña)
RI LXI/170-171 (enero-junio 1995): 308-310

[C356] "Egon Wolff: Teatro completo" (Reseña)
RI LVIII/160-161 (julio-diciembre 1992): 760-763

CASTRO VEGA, JOSÉ

[C173] "Mauricio Rosencoff: *Teatro escogido*" (Reseña)
RI LVIII/160-161 (julio-diciembre 1992): 1193-1196

CASTRO ZÚNIGA, AMANDA

[C174] "Raúl Hernández Novas, selec.: *Tres Poetas centroamericanos*" (Reseña)
RI LIV/144-145 (julio-diciembre 1988): 1037-1039

[C175] "Roberto Sosa: *Hasta el sol de hoy (Antología)*" (Reseña)
RI LVII/154 (enero-marzo 1991): 387-388

[C176] "José Adán Castelar: *Sin olvidar la humillación*" (Reseña)
RI LVII/154 (enero-marzo 1991): 388-389

[C177] "Oscar Amaya-Armijo: *Esta Patria, Este Amor...*" (Reseña)
RI LVII/154 (enero-marzo 1991): 389-391

CATALÁ, RAFAEL

[C178] "Raymond D. Souza: *Major Cuban Novelists: Innovation and Tradition*" (Reseña)
RI XLIV/102-103 (enero-junio 1978): 246-247

[C179] "Eliana Rivero: *Cuerpos breves*" (Reseña)
RI XLIV/102-103 (enero-junio 1978): 248-249

[C180] "La trascendencia en *Primero sueño*: el incesto y el águila" (Estudio)
RI XLIV/104-105 (julio-diciembre 1978): 421-434

[C181] "Cintio Vitier: *Ese sol del mundo moral*" (Reseña)
RI XLVI/110-111 (enero-junio 1980): 309-310

[C182] "Cintio Vitier: *La fecha al pie*" (Reseña)
RI XLIX/123-124 (abril-septiembre 1983): 649-651

[C183] "La vanguardia atalayista y la obra de Clemente Soto Vélez" (Estudio)
RI LIX/162-163 (enero-junio 1993): 101-109

CAULFIELD, CARLOTA

[C184] "Canción de la verdad sencilla: Julia de Burgos y su diálogo erótico-místico con la naturaleza" (Estudio)
RI LIX/162-163 (enero-junio 1993): 119-126

CAVALLARI, HÉCTOR M.

[C185] "El *Lunario sentimental* de Leopoldo Lugones: parodia textual y configuración discursiva" (Estudio)
RI LII/137 (octubre-diciembre 1986): 895-907

CAVIGLIA, JOHN

[C186] "Un punto entre cero: el tema del tiempo en *Trilce*" (Estudio)
RI XXXVIII(80) (julio-septiembre 1972): 405-429

CERRÓN, RODOLFO

[C187] "Alberto Escobar Sambrano (1929-2000)" (Necrológica)
RI LXVII/196 (julio-septiembre 2001): 573-578

CESÁREO, MARIO

[C188] "Jerónimo Mendieta: razón barroca, delirio institucional" (Estudio)
RI LXI/172-173 (julio-diciembre 1995): 441-459

[C189] "Hermenéuticas del naufragio y los naufragios de la hermenéutica: comentarios en torno a *Against literature*" (Nota)
RI LXII/174 (enero-marzo 1995): 211-224

CERSOSIMO, EMILSE

[C190] "De los caracteres a la metafísica" (Estudio)
RI LVIII/158 (enero-marzo 1992): 193-206

CEVALLOS, FRANCISCO JAVIER

[C191] "Álvaro Félix Bolaños. Barbarie y canibalismo en la retórica colonial. Los indios Pijaos de Fray Pedro Simón" (Reseña)
RI LXI/170-171 (enero-junio 1995): 301-302

[C192] "Imitatio, Aemulatio, Elocutio: Hacia una tipología de las poéticas de la época colonial" (Estudio)
RI LXI/172-173 (julio-diciembre 1995): 501-515

CIPOLLONI, MARCO

[C193] "Ezequiel Martínez Estrada: *Radiografía de la Pampa*. Edición crítica. Leo Pollman, coord." (Reseña)
RI LIX/164-165 (julio-diciembre 1993): 787-793

CISNEROS, JOSÉ

[C194] "Lázslo Scholz: *El arte poética de Julio Cortázar*" (Reseña)
RI XLV/108-109 (julio-diciembre 1979): 683-687

[C195] "Julio Cortázar: *Territorios*" (Reseña)
RI XLVI/110-111 (enero-junio 1980): 311-315

[C196] "Julio Cortázar: *Un tal Lucas*" (Reseña)
RI XLVI/112-113 (julio-diciembre 1980): 625-655

CLARASÓ, MERCEDES

[C197] "Horacio Quiroga y el cine" (Nota)
RI XLV/108-109 (julio-diciembre 1979): 613-622

CLARKE, DOROTHY CLOTELLE

[C198] "Importancia de la versificación en Sor Juana" (Estudio)
RI XVII/33 (julio 1951): 27-32

[C199] "Resumen antológico de la obra métrica de Pedro Henríquez Ureña" (Estudio)
RI XXI/41-42 (enero-diciembre 1956): 149-158

[C200] "D. Julio Saavedra Molina (1880-1949)" (Documentos)
RI XXIV/47 (enero-junio 1959): 135-182

CLARO-MAYO, JUAN

[C201] "Dorfman, cuentista comprometido" (Reseña)
RI XLVII/114-115 (enero-junio 1981): 339-345

CLEMENTS, ROBERT J.

[C202] "La reseña como crítica literaria: Clavileño como Pegaso" (Nota)
RI XLVII/116-117 (julio-diciembre 1981): 299-306

COBO BORDA, J. G.

[C203] "*Dos poetas de Mito*: Alvaro Mutis y Fernando Charry Lara" (Estudio)
RI LI/130-131 (enero-junio 1985): 89-102

CODDOU, MARCELO

[C204] "Alfonso Calderón, Pedro Lastra, Carlos Santender: *Antología del cuento chileno* (Reseña)
RI XLII/95 (abril-junio 1976): 316-317

[C205] "Gonzalo Rojas: *Oscuro*" (Reseña)
RI XLIV/102-103 (enero-junio 1978): 249-251

[C206] "Manuel Puig: *El beso de la mujer araña*" (Reseña)
RI XLIV/102-103 (enero-junio 1978): 251-253

[C207] "Oscar Hahn: *Arte de morir*" (Reseña)
RI XLV/108-109 (julio-diciembre 1979): 687-691

[C208] "Hugo Zambelli: *De la mano del tiempo*" (Reseña)
RI XLV/108-109 (julio-diciembre 1979): 691-693

[C209] "David Turkeltaub: *Ganymedes/6. Una panorámica de la poesía chilena actual*" (Reseña)
RI XLVIII/118-119 (enero-junio 1982): 432-434

[C210] "Guido Podestá: *César Vallejo: su estética teatral*" (Reseña)
RI LII/137 (octubre-diciembre 1986): 1066-1068

[C211] "Julio Ricci: *Cuentos civilizados*" (Reseña)
RI LII/137 (octubre-diciembre 1986): 1068-1070

[C212] "Pedro Lastra: *Relecturas hispanoamericanas*" (Reseña)
RI LIV/144-145 (julio-diciembre 1988): 1039-1042

[C213] "Alejandra Basualto, Inge Corsen, Astrid Fugiellie y otras: *La mujer en la poesía chilena de los 80*" (Reseña)
RI LIV/144-145 (julio-diciembre 1988): 1042-1044

[C214] "Rosalba Campra: *América Latina: La identidad y la máscara*" (Reseña)
RI LV/146-147 (enero-junio 1989): 511-513

[C215] "José Promis: *La identidad de Hispanoamérica. Ensayo sobre la literatura colonial*" (Reseña)
RI LV/146-147 (enero-junio 1989): 513-515

[C216] "Sobre *Match Ball*. Entrevista a Antonio Skármeta" (Entrevista)
RI LVI/151 (abril-junio 1990): 579-582

[C217] "Conjunciones Octavio Paz/ Gonzalo Rojas" (Estudio)
RI LX/168-169 (julio-diciembre 1994): 803-810

COELHO, JOAQUIM FRANCISCO

[C218] "Um processo metafórico de *Dom Casmurro*" (Nota)
RI XXXVI/72 (julio-septiembre 1970): 465-472

COLECCHIA, FRANCESCA

[C219] "Emilio Carballido: *The Golden Thread and Other Plays*. Translation by Margaret Sayres Peden" (Reseña)
RI XXXVII/75 (abril-junio 1971): 464

COLEMAN, ALEXANDER

[C220] "Martí y Martínez Estrada: historia de una simbiosis espiritual" (Estudio)
RI XLI/92-93 (julio-diciembre 1975): 629-645

COLLA, FERNANDO

[C221] "Ricardo Güiraldes: *Don Segundo Sombra*. Edición crítica. Paul Verdevoye, coord." (Reseña)
RI LIX/164-165 (julio-diciembre 1993): 793-798

COLOMA GONZÁLEZ, FIDEL

[C222] "Medio siglo de ensayo nicaragüense" (Estudio)
RI LVII/157 (octubre-diciembre 1991): 863-887

COLOMBÍ-MONGUIÓ, ALICIA DE

[C223] "Las visiones de Petrarca en la América virreinal" (Estudio)
RI XLVIII/120-121 (julio-diciembre 1982): 563-586

[C224] "La mujer de mármol: Enrique Banchs-Marino-Lope de Vega" (Nota)
RI LI/130-131 (enero-junio 1985): 177-184

COLÓN ZAYAS, ELISEO R.

[C225] "René Marqués (1919-1979)" (Necrológica)
RI XLVI/110-111 (enero-junio 1980): 237-240

[C226] "Juan Flores: *Insularismo e ideología burguesa en Antonio S. Pedreira*"(Reseña)
RI XLVI/112-113 (julio-diciembre 1980): 656-657

[C227] "Ileana Rodríguez y Marc Zimmerman eds.: *Process of Unity in Caribbean Society: Ideologies and Literature*" (Reseña)
RI LI/130-131 (enero-junio 1985): 362-363

[C228] "Efraín Barradas: *Para leer en puertorriqueño: acercamiento a la obra de Luis Rafael Sánchez*" (Reseña)
RI LI/130-132 (enero-junio 1985): 363-364

[C229] "Juan Gelpí: *Enunciación y dependencia en José Gorostiza: estudio de una máscara poética*" (Reseña)
RI LII/135-136 (abril-septiembre 1986): 753-754

[C230] "La escritura ante la formación de la conciencia nacional: *La peregrinación de Bayoán*, de Eugenio María de Hostos" (Nota)
RI LIII/140 (julio-septiembre 1987): 627-634

[C231] "María M. Caballero Wangüemert: *La narrativa de René Marqués*" (Reseña)
RI LIII/141 (octubre-diciembre 1987): 1040-1041

[C232] "Félix Córdova Iturregui: *El rabo de lagartija de aquel famoso señor rector y otros cuentos de orilla*" (Reseña)
RI LIV/144-145 (julio-diciembre 1988): 1045-1047

[C233] "Luis Rafael Sánchez: *La importancia de llamarse Daniel Santos*" (Reseña)
RI LV/146-147 (enero-junio 1989): 515-516

[C234] "Presentación" (Nota)
RI LIX/162-163 (enero-junio 1993): 17-18

[C235] "Juan Gelpí: literatura y paternalismo en Puerto Rico" (Reseña)
RI LXII/174 (enero-marzo 1996): 271-275

[C236] "Hermann Herlinghaus y Monika Walter: *Posmodernidad en la periferia*" (Reseña)
RI LXII/175 (abril-junio 1996): 622-623

COMPTON, MERLIN D.

[C237] "Oswaldo Holguín Callo: *Tiempos de infancia y bohemia. Ricardo Palma (1833 1860)*" (Reseña)
RI LXII/175 (abril-junio 1996): 618-620

CONCEPCIÓN, RENÉ

[C238] "José López Heredia: *Materia e Forma Narrativa d'O Ateneu*" (Reseña)
RI L/126 (enero-marzo 1984): 309-310

CONCHA, JAIME

[C239] "Un tema de Juan Carlos Onetti" (Estudio)
RI XXXV/68 (mayo-agosto 1969): 351-363

[C240] "Los orígenes (La primera infancia de Neruda)" (Estudio)
RI XXXVI/72 (julio-septiembre 1970): 389-406

[C241] "Los orígenes" (Estudio)
RI XXXVII/75 (abril-junio 1971): 325-348

[C242] "Sexo y pobreza. Ensayo sobre la poesía de Pablo Neruda" (Estudio)
RI XXIX/82-83 (enero-junio 1973): 135-157

[C243] "D'Halmar antes de *Juana Lucero*" (Estudio)
RI XLI/90 (enero-marzo 1975): 59-67

[C244] "Huidobro: Fragmentos" (Estudio)
RI XLV/106-107 (enero-junio 1979): 29-36

[C245] "Alarcón, monstruo de Indias (*La cueva de Salamanca*)" (Estudio)
RI XLVII/114-115 (enero-junio 1981): 69-81

[C246] "*El Aleph*: Borges y la historia" (Nota)
RI XLIX/123-124 (abril-septiembre 1983): 471-485

[C247] "Beatriz Pastor: *Discursos narrativos de la conquista: mitificación y emergencia*" (Reseña)
RI LVI/150 (enero-marzo 1990): 293-397

CONNOLLY, EILEEN M.

[C248] "La centralidad del protagonista en *Al filo del agua*" (Nota)
RI XXXII/62 (julio-diciembre 1966): 275-280

CONZELMAN SIMMS, RUTH L.

[C249] "Cómo era Rubén Darío" (Estudio)
RI XVIII/36 (marzo 1953): 385-390

CORBATÓ, HERMENEGILDO

[C250] "Feijoo y los españoles americanos" (Estudio)
RI V/9 (mayo 1942): 59-70

[C251] "La emergencia de la idea de nacionalidad en el México colonial" (Estudio)
RI VI/12 (mayo 1943): 377-392

[C252] "Hernán Cortés, a través de algunos cronistas e historiadores de Indias" (Estudio)
RI XV/30 (enero 1950): 275-286

CORBATTA, JORGELINA

[C253] "Encuentros con Manuel Puig" (Entrevista)
RI XLIX/123-124 (abril-septiembre 1983): 591-620

[C254] "Malva Filer: *La novela y el diálogo de los textos. Zama de Antonio di Benedetto*" (Reseña)
RI XLIX/123-124 (abril-septiembre 1983): 651-653

CORDONES-COOK, JUANAMARÍA

[C255] "Hibridez cultural/africanía religiosa en el Uruguay" (Estudio)
RI LXV/188-189 (julio-diciembre 1999): 649-671

[C256] "Conversando con Borges" (Entrevista)
RI LXVII/194-195 (enero-junio 2001): 283-287

CORNEJO POLAR, ANTONIO

[C257] "Sobre la literatura de la emancipación en el Perú" (Estudio)
RI XLVII/114-115 (enero-junio 1981): 83-93

[C258] "Sobre el 'neoindigenismo' y las novelas de Manuel Scorza" (Nota)
RI L/127 (abril-junio 1984): 549-557

[C259] "La poesía de Antonio Cisneros: *Primera aproximación*" (Estudio)
RI LIII/140 (julio-septiembre 1987): 615-623

[C260] "Luis Iñigo Madrigal coord.: *Historia de la literatura hispanoamericana, tomo II: 'Del neoclasicismo al modernismo'*" (Reseña)
RI LIV/144-145 (julio-diciembre 1988): 1047-1050

[C261] "Adolfo Prieto: *El discurso criollista en la formación de la Argentina moderna*" (Reseña)
RI LVI/150 (enero-marzo 1990): 297-300

[C262] "Una heterogeneidad dialéctica: sujeto y discurso migrante en el Perú moderno" (Estudio)
RI LXII/176-177 (julio-diciembre 1996): 837-844

[C263] "Mestizaje e hibridez. Los riesgos de las metáforas. Apuntes" (Estudio)
RI LXIII/180 (julio-septiembre 1997): 341-344
RI LXVIII/200 (julio-septiembre 2002): 867-870

[C264] "Alfredo A. Roggiano (1919-1991) (1992)" (Necrológica)
RI LVIII/158 (enero-marzo 1992): 13-14
RI LXVIII/200 (julio-septiembre 2002): 829-830

CORONA, IGNACIO

[C265] "¿Vecinos distantes? Las agendas críticas posmodernas en Hispanoamérica y el Brasil" (Estudio)
RI LXIV/182-183 (enero-junio 1996): 17-38

CORONADO, ANTONIO Y ALFREDO A. ROGGIANO

[C266] "Francisco Monterde: *Díaz Mirón. El hombre. La obra*" (Reseña)
RI XXIII/46 (julio-diciembre 1958): 471-472

CORNEJO POLAR, JORGE

[C267] "Miguel Angel Zapata, ed.: *El pesapalabras: Germán Belli ante la crítica*" (Reseña)
RI LXII/175 (abril-junio 1995): 624-625

CORRAL, WILFRIDO H.

[C268] "Ardis L. Nelson: *Cabrera Infante in the Menippean Tradition*" (Reseña)
RI LI/130-131 (enero junio 1985): 365-367

[C269] "La recepción canónica de Palacio como problema de la modernidad y la historiografía literaria hispanoamericana" (Estudio)
RI LIV/144-145 (julio-diciembre 1988): 709-724

CORRALES PASCUAL, MANUEL

[C270] "Telmo Herrera: Novela en solitario" (Nota)
RI LIV/144-145 (julio-diciembre 1988): 903-915

CORREA DÍAZ, LUIS

[C271] "Jorge Teillier (1935-1996)" (Necrológica)
RI LXII/175 (abril-junio 1996):

CORREAL, JOSÉ

[C272] "Wolodymir T. Zyla and Wendal M. Aycock: *Ibero-American Letters in a Comparative Perspective. Proceedings of the Comparative Literature Symposium*" (Reseña)
RI XLVI/110-111 (enero-junio 1980): 315-319.

[C273] "David Buzzi ed.: *Sol de los Talleres*" (Reseña)
RI XLVI/112-113 (julio-diciembre 1980): 657-659

CORREA ARRANGO, IVÁN

[C274] "Antonio Bahamonde: *México es así*" (Reseña)
RI VI/11 (febrero 1943): 121-122

CORREAS DE ZAPATA, CELIA

[C275] "Adolfo Bioy Casares: *Historias de amor*" (Reseña)
RI XL/89 (octubre-diciembre 1974): 712-713

[C276] "*Una especie de memoria*, 'Aufzeichnungen' o 'Libro de horas' de Fernando Alegría" (Nota)
RI LI/130-131 (enero-junio 1985): 293-302

[C277] "Escritoras latinoamericanas: Sus publicaciones en el contexto de las estructuras del poder" (Estudio)
RI LI/132-133 (julio-diciembre 1985): 591-603

CORTÁZAR, AUGUSTO RAÚL

[C278] "El folklore, espejo de la vida e intérprete del más allá" (Estudio)
RI XXII/43 (enero-junio 1957): 9-25

[C279] "El paisaje en nuestra literatura (A propósito del libro de Enrique Williams Alzaga, *La pampa en la literatura argentina*)" (Reseña)
RI XXII/43 (enero-junio 1957): 172-175

CORTÁZAR, JULIO

[C280] "720 círculos" (Poemas)
RI XXXVII/74 (enero-marzo 1971): 13-15

[C281] "Carta abierta a Pablo Neruda" (Testimonio)
RI XXXIX/82-83 (enero-junio 1973): 21-26

[C282] "Un texto inédito de Cortázar. Un capítulo suprimido de *Rayuela*" (Texto)
RI XXXIX/84-85 (julio-diciembre 1973): 387-398

[C283] "Textos de Julio Cortázar" (Reseña)/(Documento)
RI XLVI/110-111 (enero-junio 1980): 268-297

CORTÉS, ENRIQUE G.

[C284] "Unión Panamericana: *El epítome de Pinelo, primera bibliografía del Nuevo Mundo*" (Reseña)
RI XXIV/47 (enero-junio 1959): 188-189

CORTÉS, JASÓN

[C285] "Buscando al otro: ética y alteridad en *Página en blanco y staccato* de Manuel Ramos Otero" (Estudio)
RI LXVIII/198 (enero-marzo 2002): 165-176

CORTÉS-COBAN, DAVID

[C286] "Pedro López-Adorno: *Las glorias de su ruina*" (Reseña)
RI LVII/155-156 (abril-septiembre 1991): 736-765

CORTIJO OCAÑA, ANTONIO

[C287] "Creación de una voz de autoridad en Bartolomé de Las Casas: estudio del 'Prólogo' de la *Historia de Indias*" (Estudio)
RI LXI/170-171 (enero-junio 1995): 219-229

[C288] "Juan Durán Luzio: *Bartolomé de Las Casas ante la Conquista de América. Las voces del historiador*" (Reseña)
RI LXI/170-171 (enero-junio 1995): 305-308

CORTÍNEZ, CARLOS

[C289] "Interpretación de *El habitante y su esperanza* de Pablo Neruda" (Estudio)
RI XXXIX/82-83 (enero-junio 1973): 159-173

[C290] "Ampliando una página de Cortázar (Notas sobre *Las babas del diablo*)" (Estudio)
RI XXXIX/84-85 (julio-diciembre 1973): 667-682

[C291] "*La salvación* de Gonzalo Rojas" (Nota)
RI XLV/106-107 (enero-junio 1979 359-367

[C292] "Jorge Edwards: *El anfitrión*" (Reseña)
RI LV/146-147 (enero-junio 1989): 516-519

[C293] "Hensley Woodbridge y David Zubatsky: *Pablo Neruda: An Annotated Bibliography of Biographical and Critical Studies. La más completa bibliografía sobre la obra de Neruda*" (Reseña)
RI LVI/150 (enero-marzo 1990): 300-304

CORTÍNEZ, VERÓNICA

[C294] "El pasado deshonroso de Isabel Allende" (Estudio)
RI LX/168-169 (julio-diciembre 1994): 1135-1141

CORVALÁN, OCTAVIO

[C295] "Presencia de Buenos Aires en *La muerte y la brújula* de Jorge Luis Borges" (Nota)
RI XXVIII/54 (julio-diciembre 1962): 359-363

[C296] "Merle E. Simmons: *A Bibliography of the 'Romance' and Related Forms in Spanish America*" (Reseña)
RI XXX/58 (julio-diciembre 1964): 329-332

COSTA, HORACIO

[C297] "Sarduy: *La escritura como épure*" (Estudio)
RI LVII/154 (enero-marzo 1991): 275-300

COSTA, MARITHELMA

[C298] "Enrique Giordano: *El mapa de Amsterdam*" (Reseña)
RI LII/135-136 (abril-septiembre 1986): 755-757

[C299] "Haroldo Alvarado Tenorio: *Libro del Extrañado*" (Reseña)
RI LII/137 (octubre-diciembre 1986): 1070-1073

COSTA, RENÉ DE

[C300] "Una carta inédita de José Enrique Rodó" (Documento)
RI XXXVI/73 (octubre-diciembre 1970): 651-655

[C301] "Vicente Huidobro: *Altazor*. Edición de Cedomil Goic" (Reseña)
RI XLII/94 (enero-marzo 1976): 141-143

[C302] "Sobre Huidobro y Neruda" (Nota)
RI XLV/106-107 (enero-junio 1979): 379-386

[C303] "Convergencias/divergencias: Brossa/Parra" (Estudio)
RI LX/168-169 (julio-diciembre 1994): 785-793

COSTA LIMA, LUIZ

[C304] "A 'antyphysis' em Jorge Luis Borges" (Estudio)
RI XLIII/100-101 (julio-diciembre 1977): 311-335

COSTIGAN, LÚCIA HELENA

[C305] "Candace Slater: *Stories on a String: The Brazilian Literatura de Cordel*" (Reseña)
RI L/126 (enero-marzo 1984): 310-311

[C306] "Irwin Stern, Editor-in-Chief: *Dictionary of Brazilian Literature*" (Reseña)
RI LV/146-147 (enero-junio 1989): 519-520

[C307] "O cristão-novo letrado como sujeito colonial no Brasil e no México seiscentista: Questões historiográficas e canónicas" (Estudio)
RI LXI/172-173 (julio-diciembre 1995): 651-661

[C308] "Julie Greer Johnson: *Satire in Colonial Spanish America: Turning the New World Upside Down*" (Reseña)
RI LXI/172-173 (julio-diciembre 1995): 713-714

[C309] "Janice Theodoro: *América barroca. Temas e variações*" (Reseña)
RI LXI(172-173) (julio-diciembre 1995): 715

[C310] "Literatura, meio-ambiente e questões sócio-antropologicas: letrados barrocos e intelectuais pós-modernos" (Estudio)
RI LXIII/181 (octubre-diciembre 1997): 607-620

[C311] "Exclusões (e inclusões) na literatura latino-americana: indios, negros e judeu" (Estudio)
RI LXIV/182-183 (enero-junio 1998): 55-80

[C312] "Regina Igel: *Imigrantes judeus/Escritores brasileiros: o componente judaico na literatura brasileira*" (Reseña)
RI LXIV/182-183 (enero-junio 1998): 332-334

[C313] "Manifestaciones del judaísmo y 'colonización de lo imaginario' en Iberoamérica durante la primera fase moderna del imperio español" (Estudio)
RI LXVI/191 (abril-junio 2000): 299-308

COTA-CÁRDENAS, MARGARITA

[C314] "Aristeo Brito: *El diablo en Texas*" (Reseña)
RI XLV/108-109 (julio-diciembre 1979): 693-695

COTTO-THORNER, GUILLERMO

[C315] "Manuel Gálvez y su trilogía de la guerra uruguaya" (Estudio)
RI XVI/31 (julio 1950): 79-90

COULSON, GRACIELA

[C316] "Instrucciones para matar hormigas en Roma o la dinámica de la palabra" (Nota)
RI XLII/95 (abril-junio 1976): 233-237

[C317] "Martha Palley de Francescato: *Bestiario y otras jaulas*" (Reseña)
RI XLV/108-109 (julio-diciembre 1979): 696-699

COUTINHO, AFRÂNIO

[C318] "*O peregrino da América*"
RI XLIII/98-99 (enero-junio 1977): 89-93

[C319] "Claude L. Hulet: *Brazilian Literature*" (Reseña)
RI XLV/108-109 (julio-diciembre 1979): 700-700

COVIELLO, ALFREDO

[C320] "Semblanza del Príncipe de las letras argentinas (o la personalidad viviente de Ricardo Rojas)" (Estudio)
RI VI/11 (febrero 1943): 41-76

COYNÉ, ANDRÉ

[C321] "Vallejo y el surrealismo"(Estudio)
RI XXXVI/71 (abril-junio 1970): 243-301

CRADDOCK, JERRY R.

[C322] "Adalbert Dessau: *Der mexicanishce Revolutionsroman*" (Reseña)
RI XXXVI/70 (enero-marzo 1970): 125-127

CRAWFORD, WILLIAM REX

[C323] "Algunos libros brasileños recientes" (Estudio)
RI VIII/16 (noviembre 1944): 335-342

[C324] "Os livros brasileiros de 1944" (Estudio)
RI X/19 (noviembre 1945): 125-130

CRESTA DE LEGUIZAMÓN, MARÍA LUISA

[C325] "Arturo Torres Rioseco: *La hebra en la aguja*" (Reseña)
RI XXXI/60 (julio-diciembre 1965): 305-307

[C326] "Enrique Anderson Imbert: *Los domingos del profesor*" (Reseña)
RI XXXI/60 (julio-diciembre 1965): 307-309

[C327] "Allen W. Phillips: *Estudios y notas sobre literatura hispanoamericana*" (Reseña)
RI XXXI/60 (julio-diciembre 1965): 309-311

CROOKS, ESTHER J.

[C328] "González del Valle: *Cronología herediana (1803-1839)*" (Reseña)
RI II/3 (abril 1940): 210-211

[C329] "Carlos García-Prada: *Luz que flota en el olvido*" (Reseña)
RI II/4 (noviembre 1940): 485-486

[C330] "F. González del Valle: *Heredia en la Habana*" (Reseña)
RI III/5 (febrero 1941): 208-209

[C331] "Maria Luiza Cordeiro: *Um olhar para a vida*" (Reseña)
RI X/20 (marzo 1946): 347-348

[C332] "Valdomiro Silveira: *Leréias, Historias contadas por êles mesmos*" (Reseña)
RI XI/21 (junio 1946): 117-118

CRÓQUER PEDRÓN, ELEONORA

[C333] "T(r)opologías: el 'caso' Delmira Agustini" (Estudio)
RI LXVI/190 (enero-marzo 2000): 13-24

CROW, JOHN A.

[C334] "La locura de Horacio Quiroga" (Estudio)
RI I/1 (mayo 1939): 33-46

[C335] "Historiografía de la literatura iberoamericana" (Nota)
RI II/4 (noviembre 1940): 471-479
RI LXVIII/200 (julio-septiembre 2002): 549-556

[C336] "Federico García Lorca en Hispanoamérica" (Estudio)
RI I/2 (noviembre 1939): 307-319

[C337] "Bibliografía hispanoamericana de Federico García Lorca" (Bibliografía)
RI I/2 (noviembre 1939): 469-473

[C338] "Adolfo Menéndez Samara: *La estética y su método dialéctico*" (Reseña)
RI II/3 (abril 1940): 212-214

CRUCHAGA, ÁNGEL S. M.

[C339] "Alejandro Reyes: *Motivos del puerto y otros poemas*" (Reseña)
RI VI/12 (mayo-1943): 495-496

CRUMLEY DE PÉREZ, LAURA LEE

[C340] "*Balún-Canán* y la construcción narrativa de una cosmovisión indígena" (Estudio)
RI L/127 (abril-junio 1984): 491-503

CRUZ LEAL, PETRA-IRAIDES

[C341] "Los horizontes de Arguedas: apuntes para una valoración crítica" (Estudio)
RI LVIII/159 (abril-junio 1992): 393-406

CRUZ MALAVÉ, ARNALDO

[C342] "Lo natural y lo histórico en *El siglo de las luces*, de Alejo Carpentier: Una segunda lectura" (Nota)
RI LI/130-131 (enero junio 1985): 221-233

[C343] "La historia y el bolero en 'Sólo cenizas hallarás' (bolero)" (Estudio)
RI LIV/142 (enero-marzo 1988): 63-72

[C344] "El destino del padre: *Künstlerroman* y falocentrismo en *Paradiso*" (Estudio)
RI LVII/154 (enero-marzo 1991): 51-64

[C345] "Para virar al macho: la autobiografía como subversión en la cuentística de Manuel Ramos Otero" (Estudio)
RI LIX/162-163 (enero-junio 1993): 239-263

CUEVA, AGUSTÍN

[C346] "Literatura y sociedad en el Ecuador: 1920-1960" (Estudio)
RI LIV/144-145 (julio-diciembre 1988): 629-647

CUERVO HEWITT, JULIA

[C347] "Crónica de un deseo: re(in)sistencia, sub-versión y re-escritura en *El mar de las lentejas* de Antonio Benítez Rojo" (Estudio)
RI LXII/175 (abril-junio 1996): 461-476

CYMERMAN, CLAUDE

[C348] "Juan León Mera: *Cumandá o un drama entre salvajes*. Estudio preliminar y edición crítica de Trinidad Barrera Sevilla" (Reseña)
RI LVI/151 (abril-junio 1990): 610-611

[C349] "Alcides Arguedas: *Raza de bronce - Wauta Waura*. Edición crítica. Coordinador: Antonio Lorente Medina" (Reseña)
RI LVI/151 (abril-junio 1990): 611-613

[C350] "La literatura hispanoamericana y el exilio" (Estudio)
RI LIX/164-165 (julio-diciembre 1993): 523-550

[C351] "Paul Verdevoye y Héctor Fernando Colla" *Léxico argentino-español-francés/Lexique argentin-espagnol-français*" (Reseña)
RI LIX/164-165 (julio-diciembre 1993): 798-800

[C352] "Ester Gimbernat González: *Aventuras del desacuerdo: novelistas argentinos de los 80*" (Reseña)
RI LXII/174 (enero-marzo 1996): 289-291

[C353] "Carmen de Mora: *Las siete ciudades de Cibola*" (Reseña)
RI LXII/174 (enero-marzo 1996): 291-292

[C354] "Fernando Aínsa: *Nuevas fronteras de la narrativa uruguaya*" (Reseña)
RI LXII/175 (abril-junio 1996): 615-616

[C355] "José Isaacson: *La industria cultural*" (Reseña)
RI LXII(175)(abril-junio 1996): 616-618

En el proceso de revisión del índice detectamos algunas entradas faltantes, para remediar esta situación incorporamos dichos textos con una nueva numeración pero sin alterar la ordenación alfabética por autor. Estas entradas se designan con el número siguiente a la última entrada dentro de esa letra. Por ejemplo, en la letra "C" el indicador [C356] señala un artículo de "Castro-Urioste, José" y su referencia bibliográfica completa aparece en la página 52, bajo dicho autor.
Estas enmiendas no alteran en absoluto el uso y rigurosidad del índice; en estos reducidos casos dejamos constancia a pie de página al final de cada letra.

CH

CHACÓN Y CALVO, JOSÉ MARÍA

[CH1] "Las constantes de la vida de Heredia" (Estudio)
RI II/3 (abril 1940): 87-98

[CH2] "Evocación del viejo Colegio" (Estudio)
RI III/5 (febrero 1941): 109-116

[CH3] "Una historia de los heterodoxos mexicanos" (Estudio)
RI XI/21 (junio 1946): 37-48

[CH4] "El maestro Sanín Cano" (Estudio)
RI XIII/26 (febrero 1948): 311-318

[CH5] "Adhesión" (Nota)
RI XIII/26 (febrero 1948): 343-345

[CH6] "Carlos García-Prada: *Luz que flota en el olvido*" (Reseña)
RI II/4 (noviembre 1940): 486

[CH7] "Emeterio S. Santovenia: *Historia de Cuba*" (Reseña)
RI III/5 (febrero 1941): 209-211

[CH8] "Ricardo Rojas: *Un titán en los Andes. Ollantay, tragedia de los Andes*. (Reseña)
RI IV/7 (noviembre de 1941): 180-183

[CH9] "Rufino José Cuervo: *Disquisiciones filosóficas*" (Reseña)
RI IV/7 (noviembre 1941): 177-180

CHALMERS, HERMAN J.

[CH10] "Elisa Hall: *Semillas de mostaza. Mostaza*". (Reseña)
RI IV/7 (noviembre de 1941): 192-194

CHAMBERLAIN, BOBBY J.

[CH11] "Rui Barbosa: *Cartas à Noiva*" (Reseña)
RI LII/135-136 (abril-septiembre 1986): 757-759

[CH12] "John Gledson: *Machado de Assis: ficção e história*" (Reseña)
RI LIII/141 (octubre-diciembre 1987): 1041-1042

[CH13] "Pós-modernidade e a ficção brasileira dos anos 70 e 80" (Estudio)
RI LIX/164-165 (julio-diciembre 1993): 594-604

[CH14] "Roberto Reis (1949-1994)" (Necrológica)
RI LXI/170-171 (enero-junio 1995): 289-290

[CH15] "Jorge Schwartz: *Vanguardias Latinoamericanas: Polémicas, Manifestos e Textos Críticos*" (Reseña)
RI LXIV/182-183 (enero-junio 1998): 330-332

[CH16] "Eneida María de Souza e Wander Melo Miranda: *Navegar é preciso*, Viver: *Escritos para Silviano Santiago*" (Reseña)
RI LXV/188-189 (julio-diciembre 1999): 758-761

[CH17] "Raúl Antelo, María Lúcia de Barros Camargo, Ana Luiza Andrade e Tereza Virgínia de Almeida: *Declinio da Arte. Ascensão da Cultura*" (Reseña)
RI LXVI/190 (enero-marzo 2000): 194-197

CHAMIE, MARIO

[CH18] "Mário de Andrade: Fato aberto e discurso carnavalesco" (Relecturas)
RI XLIII/98-99 (enero-junio 1977): 95-108

CHAMORRO GONZÁLEZ, FAUSTINO

[CH19] "Acercamientos a la obra de Roberto Brenes Mesén" (Estudio)
RI LIII/138-139 (enero-junio 1987): 95-119

CHANG-RODRÍGUEZ, EUGENIO

[CH20] "José Agustín Balseiro: *Vísperas de sombra y otros poemas*" (Reseña)
RI XXV/50 (julio-diciembre 1960): 343-346

[CH21] "Angel Flores: *The Literature of Spanish America: Vol. II, 1825-1885*" (Reseña)
RI XXXV/68 (mayo-agosto 1969): 411-413

[CH22] "Angel Flores: *The Literature of Spanish America: Vol. III, Part I, Modernismo and other trends (1895-1910) Vol. IV (1930-1967)*" (Reseña)
RI XXXVI/70 (enero-marzo 1970): 127-130

[CH23] "Luis Alberto Sánchez: *Testimonio personal: memoria de un peruano del siglo XX*" (Reseña)
RI XXXVII/75 (abril-junio 1971): 465-470

[CH24] "El ensayo de Manuel González Prada" (Nota)
RI XLII/95 (abril-junio 1976): 239-249

[CH25] "El indigenismo peruano y Mariátegui" (Estudio)
RI L/127 (abril-junio 1984): 367-393

CHANG-RODRÍGUEZ, RAQUEL

[CH26] "Phyllis White Rodríguez Peralta: *José Santos Chocano*" (Reseña)
RI XXXVIII/78 (enero-marzo 1972): 155-158

[CH27] "Enrique López Albújar: *La diestra de don Juan*" (Reseña)
RI XLI/90 (enero-marzo 1975): 145-146

[CH28] "'La endiablada', relato peruano inédito del siglo XVII" (Documento)
RI XLI/91 (abril-junio 1975): 273-276

[CH29] "Luis Loayza: *El avaro y otros textos*" (Reseña)
RI XLII/94 (enero-marzo 1976): 137-138

[CH30] "Elena Portocarrero: *La multiplicación de las viejas*" (Reseña)
RI XLII/94 (enero-marzo 1976): 138-140

[CH31] "Sobre *La canción de Rachel*, novela-testimonio" (Nota)
RI XLIV/102-103 (enero-junio 1978): 133-138

[CH32] "Luis Valle Goicochea: *Obra poética*" (Reseña)
RI XLIV/102-103 (enero-junio 1978): 253-256

[CH33] "Juan Jacobo de Lara: *Pedro Henríquez Ureña: su vida y su obra*" (Reseña)
RI XLIV/102-103 (enero-junio 1978): 256-259

[CH34] "Relectura de *Los empeños de una casa*" (Estudio)
RI XLIV/104-105 (julio-diciembre 1978): 409-419

[CH35] "Mirta Aguirre Carreras: *Del encausto a la sangre: Sor Juana Inés de la Cruz*" (Reseña)
RI XLIV(104-105) (julio-diciembre 1978): 589-591

[CH36] "Lucía Fox-Lockert: *Women Novelist in Spain and Spanish America*" (Reseña)
RI XLVIII/118-119 (enero-junio 1982): 434-436

[CH37] "Sobre los cronistas indígenas del Perú y los comienzos de una escritura hispanoamericana" (Estudio)
RI XLVIII/120-121 (julio-diciembre 1982): 533-548

[CH38] "Anna Wayne Ashhurst: *La literatura hispanoamericana en la crítica española*" (Reseña)
RI XLVIII/120-121 (julio-diciembre 1982): 749-752

[CH39] "Enrique Pupo-Walker: *La vocación literaria del pensamiento histórico en América. Desarrollo de la prosa de ficción: siglos XVI, XVII, XVIII y XIX*" (Reseña)
RI LI/130-131 (enero-junio 1985): 367-369

[CH40] "A propósito de Sor Juana y sus admiradores novocastellanos" (Estudio)
RI LI/132-133 (julio-diciembre 1985): 605-619

[CH41] "Julie Greer Johnson: *Women in Colonial Spanish American Literature. Literary Images*" (Entrevista)
RI LI/132-133 (julio-diciembre 1985): 967-968

[CH42] "Santo Tomás en los Andes" (Estudio)
RI LIII/140 (julio-septiembre 1987): 559-567

[CH43] "Antonio Cornejo-Polar (1936-1997)" (Necrológica)
RI LXIII/180 (julio-septiembre 1997): 337-338
RI LXVIII/200 (julio-septiembre 2002): 865-866

CHANG-RODRÍGUEZ, RAQUEL Y DONALD A. YATES

[CH44] "Crono-bibliografía de Irving A. Leonard" (Bibliografía)
RI XLIV/104-105 (julio-diciembre 1978): 577-587

CHAPLE, SERGIO

[CH45] "Panorama de la cuentística cubana" (Nota)
RI XLVI/110-111 (enero-junio 1980): 223-229

CHAPMAN, ARNOLD

[CH46] "Manuel Gálvez y Eduardo Mallea" (Estudio)
RI XIX/37 (octubre 1953): 71-78

[CH47] "Unos versos olvidados de José María Heredia" (Documentos)
RI XXVII/52 (julio-diciembre 1961): 357-365

CHARRY LARA, FERNANDO

[CH48] "Los poetas de *Los Nuevos*" (Estudio)
RI L/128-129 (julio-diciembre 1984): 633-681

CHASCA, EDMUNDO DE

[CH49] "El lirismo de *La vorágine*" (Estudio)
RI XIII/25 (octubre 1947): 73-90

[CH50] "'El reino interior' de Rubén Darío y 'Crimen Amoris' de Verlaine" (Estudio)
RI XXI/41-42 (enero-diciembre 1956): 309-317

CHASE, CIDA S.

[CH51] "El mundo femenino en algunos cuentos de Rima de Vallbona" (Estudio)
RI LIII/138-139 (enero-junio 1987): 403-418

CHAVES MCCLENDON, CARMEN

[CH52] "Maria Lúcia Pinheiro Sampaio: *Processos retóricos na obra de João Cabral de Melo Neto*" (Reseña)
RI L/126 (enero-marzo 1984): 320-321

[CH53] "João de Almeida: *Introdução ao estudo das perífrases verbais de infinitivo*" (Reseña)
RI L/126 (enero-marzo 1984): 320-320

CHIAMPI CORTEZ, IRLEMAR

[CH54] "Narración y metalenguaje en *Grande sertão: veredas*" (Estudio)
RI XLIII/98-99 (enero-junio 1977): 199-224

[CH55] "La reescritura de Carpentier, según Roberto González Echevarría" (Nota)
RI XLIV/102-103 (enero-junio 1978): 157-164

[CH56] "Sobre la lectura interrupta de *Paradiso*" (Nota)
RI LVII/154 (enero-marzo 1991): 65-76

CHIBAN, ALICIA

[CH57] "José Antonio Mazzotti y U. Juan Zevallos Aguilar, coords.: *Asedios a la heterogeneidad cultural. Libro de homenaje a Antonio Cornejo Polar*" (Reseña)
RI LXII/181 (octubre-diciembre 1997): 714-718

CHICA SALAS, SUSANA

[CH58] "Conversación con Borges" (Entrevista)
RI XLII/96-97 (julio-diciembre 1976): 585-591

CHINCHILLA, ROSA HELENA

[CH59] "Los estudios ortográficos de Nebrija y su influencia sobre el estudio de los idiomas indígenas de América" (Estudio)
RI LXI/170-171 (enero-junio 1995): 119-130

[CH67] "Francisco Monterde: *Moctezuma II, señor del Anáhuac*" (Reseña)
RI XII/25 (octubre 1947): 156-158

CHIRIBOGA, JULIO A.

[CH60] "Roberto Mac-Lean y Estenós: *Sociología peruana*" (Reseña)
RI VI/11 (febrero 1943): 122-125

CHOUCIÑO FERNÁNDEZ, ANA

[CH61] "Poesía mexicana 1990-1996: generación de los años cuarenta" (Estudio)
RI LXV/186 (enero-marzo 1996): 135-148

CHIRRE DANÓS, RICARDO.

[CH62] "Eduardo Mallea: *Todo verdor perecerá*" (Reseña)
RI V/9 (mayo 1942): 137-138

[CH63] "Juan Carlos Dávalos: *Estampas lugareñas*" (Reseña)
RI V/9 (mayo 1942): 139-140

[CH64] "Arturo Capdevila: *En la corte del virrey*" (Reseña)
RI X/19 (noviembre 1945): 169-170

CHRISTIAN, CHESTER

[CH65] "Alrededor de este nudo de la vida. Entrevista con José María Arguedas, 3 de agosto de 1966, Lima, Perú" (Entrevista)
RI XLIX/122 (enero-marzo 1983): 221-234

CHUMACERO, ALÍ

[CH66] "Manuel Calvillo: *Estancia en la voz*" (Reseña)
RI VI/12 (mayo-1943): 496-498

D

D'LUGO, MARVIN

[D1] "Carlos Monsiváis: escritos sobre el cine y el imaginario cinematográfico" (Estudio)
RI LXVIII/199 (abril-junio 2002): 283-302

DABOVE, JUAN PABLO

[D2] "Espejos de la ciudad letrada: el 'arrastraderito' y el juego como metáforas políticas en *El Periquillo Sarniento*" (Estudio)
RI LXV/186 (enero-marzo 1999): 31-48

[D3] "Donald L. Shaw: *The Post-Boom in Spanish American Fiction*" (Reseña)
RI LXVI/190 (enero-marzo 2000): 207-211

DAHL BUCHANAN, RHONDA

[D4] "Visiones apocalípticas en una novela argentina: *La muerte como efecto secundario* de Ana María Shua" (Estudio)
RI LXVI/192 (julio-septiembre 2000): 545-556

DANESE, SÉRGIO FRANÇA

[D5] "Irlemar Chiampi: *O realismo maravilhoso. Forma e ideologia no romance hispanoamericano*" (Reseña)
RI XLVIII/118-119 (enero-junio 1982): 442-447

DANIEL, MARY L.

[D6] "João Guimarães Rosa: Língua e estilo" (Estudio)
RI XXXII/62 (julio-diciembre 1966): 247-259

DAPAZ STROUT, LILIA

[D7] "Presencia de Huidobro en la poesía de Gonzalo Rojas" (Estudio)
RI XLV/106-107 (enero-junio 1979): 351-358

[D8] "*La miseria del hombre* como viaje de descubrimiento" (Estudio)
RI LX/168-169 (julio-diciembre 1994): 795-801

DAPIA, SILVIA

[D9] "Adam Elbanowski: *En el umbral del texto: la obra de Jorge Luis Borges*" (Reseña)
RI LXVI/192 (julio-septiembre 2000): 681

[D10] "Evelyn Fishburn: *Borges and Europe Revisited*" (Reseña)
RI LXVI/192 (julio-septiembre 2000): 687-690

[D11] "María Caballero-Wangüement: *Borges y la crítica: El nacimiento de un clásico*" (Reseña)
RI LXVI/193 (octubre-diciembre 2000): 918-920

DARÍO, RUBÉN

[D12] "*El triunfo de Calibán (1898)*. Ed. y notas de Carlos Jáuregui" (Estudio)
RI LXIV/184-185 (abril-junio 1998): 451-456

DAROQUI, MARÍA JULIA

[D13] "Escribir el sujeto anómalo. (Des)leer *El negrero* de Novás Calvo" (Estudio)
RI LXVII/194-195 (enero-junio 2001): 191-200

DAROQUI, MARÍA JULIA Y ELEONORA CRÓQUER

[D14] "Presentación" (Nota)
RI LXVII/197 (octubre-diciembre 2001) 635-637

DARST, DAVID H.

[D15] "La mexicanidad de Juan Ruiz de Alarcón" (Estudio)
RI LXI/172-173 (julio-diciembre 1995): 528-533

DA SILVEIRA, EDMUND

[D16] "José Lins do Rego: *Menino de engenho*" (Reseña)
RI III/6 (mayo de 1941): 460-461

[D17] "Federação das Academias de Letras do Brasil: *Machado de Assis*" (Reseña)
RI IV/8 (febrero 1942): 462-464

[D18] "José Lins do Rego: *Pureza*" (Reseña)
RI IV/8 (febrero 1942): 459-462

[D19] "Jorge Amado: *Mar morto*" (Reseña)
RI V/9 (mayo 1942): 171-172

[D20] "Afranio Peixoto: *Clima e saude*" (Reseña)
RI VI/12 (mayo-1943): 511-513

DAUSTER, FRANK

[D21] "La poesía de Xavier Villaurrutia" (Estudio)
RI XVIII/36 (marzo 1953): 345-360

[D22] "*Teatro mexicano del siglo XX*. Selección y prólogo de Francisco Monterde, Antonio Magaña Esquivel y Celestino Gorostiza" (Reseña)
RI XXII/44 (julio-diciembre 1957): 372-375

[D23] "Manuel Romero de Terreros: *Teatro breve*" (Reseña)
RI XXIII/45 (enero-junio 1958): 190-191

[D24] "José A. Balseiro: *Saudades de Puerto Rico. La pureza cautiva*" (Reseña)
RI XXIII/46 (julio-diciembre 1958): 453-454

[D25] "La poesía de Jaime Torres Bodet" (Estudio)
RI XXV/49 (enero-junio 1960): 73-94

[D26] "*Teatro puertorriqueño*" (Reseña)
RI XXV/49 (enero-junio 1960): 172-173

[D27] "Raúl Leiva: *Imagen de la poesía mexicana contemporánea*" (Reseña)
RI XXV/49 (enero-junio 1960): 173-177

[D28] "Notas sobre *Muerte sin fin*" (Estudio)
RI XXV/50 (julio-diciembre 1960): 273-288

[D29] "Emilio Carballido: *Teatro*" (Reseña)
RI XXV/50 (julio-diciembre 1960): 347-348

[D30] "Andrew P. Debicky: *La poesía de José Gorostiza*" (Reseña)
RI XXIX/55 (enero-junio 1963): 194-195

[D31] "Ruth S. Lamb: *Bibliografía del teatro mexicano del siglo XX*" (Reseña)
RI XXIX/55 (enero-junio 1963): 198-199

[D32] "Carlos Solórzano: *El teatro hispanoamericano contemporáneo*" (Reseña)
RI XXXI/60 (julio-diciembre 1965): 311-312

[D33] "José Gorostiza: *Poesía*" (Reseña)
RI XXXII/62 (julio-diciembre 1966): 321-322

[D34] "Wilberto Cantón: *Nosotros somos Dios*" (Reseña)
RI XXXII/62 (julio-diciembre 1966): 322-323

[D35] "Willis Knapp Jones: *Behind Spanish American Footlights*" (Reseña)
RI XXXII/62 (julio-diciembre 1966): 323-326

[D36] "Cuatro antologías de teatro hispanoamericano" (Reseña)
RI XLI/91 (abril-junio 1975): 371-373

[D37] "Alberto Baeza Flores: *Tres piezas de teatro hacia mañana*. Gilberto Pinto: *Los fantasmas de Tulemón*" (Reseña)
RI XLII/94 (enero-marzo 1976): 140-140

[D38] "*Teatro. 8 autores*" (Reseña)
RI LII/137 (octubre-diciembre 1986): 1073-1075

[D39] "Eugene L. Moretta: *Gilberto Owen en la poesía mexicana: Dos ensayos*" (Reseña)
RI LIII/140 (julio-septiembre 1987): 694-696

[D40] "Poetas mexicanos nacidos en las décadas de 1920, 1930 y 1940" (Estudio)
RI LV/148-149 (julio-diciembre 1989): 1161-1175

[D41] "Visión de la realidad en el teatro cubano" (Estudio)
RI LVI/152-153 (julio-diciembre 1990): 853-870

DÁVILA, LUIS

[D42] "Carlos Fuentes y su concepto de la novela" (Nota)
RI XLVII/116-117 (julio-diciembre 1981): 73-78

DÁVILA VÁZQUEZ, JORGE

[D43] "El Dios de César Dávila Andrade" (Estudio)
RI LIV/144-145 (julio-diciembre 1988): 779-787

DAVIS, JACK EMORY

[D44] "Algunos problemas lexicográficos en *El periquillo sarniento*" (Nota)
RI XXIII/45 (enero-junio 1958): 163-171

DAVIS, JAMES J.

[D45] "Ritmo poético, negritud y dominicanidad" (Estudio)
RI LIV/142 (enero-marzo 1988): 171-186

DAVIS, MARY E.

[D46] "*Dress Gray* y *La ciudad y los perros*: El laberinto del honor" (Estudio)
RI XLVII/116-117 (julio-diciembre 1981): 117-126

DAVIS, MICHELE S.

[D47] "Dos aspectos de la mujer en busca de sí misma y en contra de la sociedad" (Estudio)
RI LI/132-133 (julio-diciembre 1985): 621-626

DAVISON, NED

[D48] "El frío como símbolo en *Los pozos* de Amado Nervo" (Estudio)
RI XXVI/51 (enero-junio 1961): 111-126

DAY, JOHN F.

[D49] "La exploración de lo irracional en los cuentos de Manuel Gutiérrez Nájera" (Estudio)
RI LV/146-147 (enero-junio 1989): 251-272

DEBICKI, ANDREW P.

[D50] "Sobre la poética y la crítica literaria de José Gorostiza" (Nota)
RI XXVI/51 (enero-junio 1961): 147-154

[D51] "La función de la naturaleza en *Canciones para cantar en las barcas*" (Nota)
RI XXVIII/53 (enero-junio 1962): 141-153

[D52] "José Martí: El empleo artístico de la anécdota" (Estudio)
RI XXXV/69 (septiembre-diciembre 1969): 491-504

[D53] "John S. Brushwood: *Enrique González Martínez*" (Reseña)
RI XXXVI/73 (octubre-diciembre 1970): 666-668

DECKER, DONALD M.

[D54] "Bibliografía de y sobre Luis Durand" (Bibliografía)
RI XXX/58 (julio-diciembre 1964): 313-317

DECKER, KIT

[D55] "Mónica Scarno, Mónica Marione y Gabriela Tineo: *La reinvención de la memoria. Gestos, textos, imágenes en la cultura latinoamericana*" (Reseña)
RI LXV/188-189 (julio-diciembre 1999): 761-764

DEGIOVANNI, FERNANDO

[D56] "Inmigración, nacionalismo cultural, campo intelectual: el proyecto creado de Alberto Gerchunoff" (Estudio)
RI LXVI/191 (abril-junio 2000): 367-380

DEHENNIN, ELSA

[D57] "A propósito del realismo de Mario Benedetti" (Nota)
RI LVIII/160-161 (julio-diciembre 1992): 1077-1090

DEL RÍO, ANA MARÍA

[D58] "Marcelo Coddou ed.: *Los libros tienen sus propios espíritus: Estudios sobre Isabel Allende*" (Reseña)
RI LIV/144-145 (julio-diciembre 1988): 1050-1052

DELGADO, SAMUEL ROMÁN

[D59] "El atalayismo; innovación y renovación en la literatura puertorriqueña" (Estudio)
RI LIX/162-163 (enero-junio 1993): 93-100

DELGADO COSTA, JOSÉ

[D60] "Periferia de una narrativa nacional de una década" (Estudio)
RI LIX164-165 (julio-diciembre 1993): 707-712

DELGADO VIVANCO, EDMUNDO

[D61] "González Prada. Antología poética" (Estudio)
RI VI/11 (febrero 1943): 41-46

DELLEPIANE, ANGELA B.

[D62] "La novela argentina desde 1950 a 1965" (Estudio)
RI XXXIV/66 (julio-diciembre 1968): 237-282

[D63] "José Hernández: un siglo. Nota bibliográfica a dos recientes publicaciones" (Estudio)
RI XL/87-88 (abril-septiembre 1974): 509-548

[D64] "Los folletines gauchescos de Eduardo Gutiérrez" (Estudio)
RI XLIV/104-105 (julio-diciembre 1978): 487-506

[D65] "Contar Mester de Fantasía o la narrativa de Angélica Gorodischer" (Estudio)
RI LI/132-133 (julio-diciembre 1985): 627-640

[D66] "Entrevista a Ernesto Sábato en sus ochenta años" (Entrevista)
RI LVIII/158 (enero-marzo 1992): 133-144

[D67] "Ernesto Sábato o la historia de una pasión" (Estudio)
RI LVIII/158 (enero-marzo 1992): 217-222

DEMARÍA, LAURA

[D68] "Rodolfo Walsh, Ricardo Piglia, la tranquera de Macedonio y el difícil oficio de escribir" (Estudio)
RI LXVII/194-195 (enero-junio 2001): 135-144

DEN TANDT, KATHERINE

[D69] "Ineke Phaf: *Presencia criolla en el Caribe y América Latina/Creole Presence in the Caribbean and Latin America*" (Reseña)
RI LXV/188-189 (julio-diciembre 1996): 756-758

DEREDITA, JOHN F.

[D70] "El lenguaje de la desintegración: Notas sobre *El astillero* de Onetti" (Estudio)
RI XXXVII/76-77 (julio-diciembre 1971): 651-665

[D71] "Vanguardia, ideología, mito (En torno a una novelística reciente en Cuba)"
RI XLI/92-93 (julio-diciembre 1975): 617-625

DESSAU, ADALBERT

[D72] "Mito y realidad en *Los ojos de los enterrados*, de Miguel Ángel Asturias" (Estudio)
RI XXXV/67 (enero-abril 1969): 77-86

Diana, Goffredo

[D73] "Miguel Ángel Asturias: *Hombres de maíz*. Edición crítica. Gerald Martin, coord." (Reseña)
RI LIX/164-165 (julio-diciembre 1993): 800-807

[D74] "Aldo Albónico y Giuseppe Bellini, comps.: *Nuovo mondo. Gli Spagnoli*" (Reseña)
RI LXI/170-171 (enero-junio 1995): 310-313

[D75] "Silvia Spitta: *Between Two Waters: The Narratives of Transculturation in Latin America*" (Reseña)
RI LXII/176-177 (julio-diciembre 1996): 986-991

Díaz, Gwendolyn

[D76] "Escritura y palabra: *Aire tan dulce* de Elvira Orphée" (Estudio)
RI LI/132-133 (julio-diciembre 1985): 641-648

[D77] "De Hegel a Lacan: El discurso del deseo en *Cambio de armas* de Luisa Valenzuela" (Estudio)
RI LIX/164-165 (julio-diciembre 1993): 729-737

Díaz, Luis Felipe

[D78] "*En el fondo del caño hay un negrito* de José Luis González: estructura y discursos narcisistas" (Estudio)
RI LIX/162-163 (enero-junio 1993): 127-146

Díaz, Lidia

[D79] "La estética de Macedonio Fernández y la vanguardia argentina" (Nota)
RI LVI/151 (abril-junio 1990): 497-511

[D80] "Ana María del Río: *Oxido de Carmen*" (Reseña)
RI LVIII/158 (enero-marzo 1992): 269-270

Díaz Arciniega, Víctor

[D81] "1925: La revolución cierra filas" (Estudio)
RI LVI/150 (enero-marzo 1990): 19-34

Díaz Caballero, Jesús

[D82] "José Antonio Mazzotti: *Coros mestizos del Inca Garcilaso. Resonancias andinas*" (Estudio)
RI LXIII/181 (octubre-diciembre 1997): 718-720

Díaz Martínez, Manuel

[D83] "Realidad y poesía en Pablo Armando Fernández" (Nota)
RI LVI/152-153 (julio-diciembre 1990): 1211-1216

Díez, Luis A.

[D84] "Juan Carlos Onetti: *Dejemos hablar al viento*" (Reseña)
RI XLVI/112-113 (julio-diciembre 1980): 659-663

[D85] "Enrique Buenaventura: *Teatro* (Selección y notas de Francisco Garzón Céspedes)" (Reseña)
RI XLVIII/118-119 (enero-junio 1982): 437-439

Díez-Canedo, Enrique

[D86] "En el III Centenario de Ruiz de Alarcón" (Nota)
RI I/2 (noviembre 1939): 335-338

[D87] "Enrique González Martínez en su plenitud" (Estudio)
RI II/4 (noviembre 1940): 383-388

[D88] "Biblioteca del Estudiante Universitario" (Nota) *RI* IV/8 (febrero 1942): 285-292

[D89] "Arturo Torres-Rioseco: *Topics of Latin American Literature*" (Reseña)
RI VIII/15 (mayo 1944): 137-140

Diez de Medina, Fernando

[D90] "La disputa de los siglos" (Estudio)
RI II/3 (abril 1940): 39-54

[D91] "*Scopas*, tragedia literaria de Franz Tamayo" (Estudio)
RI II/4 (noviembre 1940): 427-435

[D92] "Perfil de la literatura boliviana" (Estudio)
RI III/5 (febrero 1941): 159-166

[D93] "Introducción al Ande y su habitante" (Estudio)
RI IV/7 (noviembre 1941): 109-118

[D94] "Retrato de Fausto Almara" (Estudio)
RI V/10 (octubre 1942): 267-274

[D95] "El tiempo mítico" (Estudio)
RI IX/17 (febrero 1945): 25-32

[D96] "Un novelista kolla" (Estudio)
RI XI/21 (junio 1946): 63-68

DINAMARCA, SALVADOR

[D97] "Eduardo Barrios: *Tamarugal. Una lejana historia entre dos cuentos que le pertenecen*" (Reseña)
RI X/19 (noviembre 1945): 172-176

DIXON, PAUL B.

[D98] "John Gledson: *The Deceptive Realism of Machado de Assis: A Dissenting Interpretation of Dom Casmurro*" (Reseña)
RI LII/135-136 (abril-septiembre 1986): 760-761

DOBLES, FABIÁN

[D99] "'Mamita Maura'" (Cuento)
RI XXII/43 (enero-junio 1957): 135-141

DOMÍNGUEZ ASSIAYN, S.

[D100] "Francisco Monteverde: *Proteo*" (Reseña)
RI IX/17 (febrero 1945): 90-91

DOMÍNGUEZ DE RODRÍGUEZ PASQUÉS, PETRONA

[D101] "Carta sobre una reseña de Sharon Magnarelli" (Polémica)
RI XLIV/102-103 (enero-junio 1978): 183-185.

[D102] "Enrique Pezzoni: *El texto y sus voces*" (Reseña)
RI LIII/140 (julio-septiembre 1987): 723-726

DOMÍNGUEZ MICHAEL, CHRISTOPHER

[D103] "Notas sobre mitos nacionales y novela mexicana (1955-1985)" (Estudio)
RI LV/148-149 (julio-diciembre 1989): 915-924

DOMÍNGUEZ RUBALCAVA, HÉCTOR

[D104] "Salvador Novo: *La estatua de sal*" (Reseña)
RI LXVI/193 (octubre-diciembre 2000): 925-927

DONOSO PAREJA, MIGUEL

[D105] "La literatura de protesta en el Ecuador" (Estudio)
RI LIV/144-145 (julio-diciembre 1988): 977-999

DORFMAN, ARIEL

[D106] "Entre Proust y la momia americana: Siete notas y un Epílogo sobre *El recurso del método*" (Estudio)
RI XLVII/114-115 (enero-junio 1981): 95-128

DOURADO, AUTRAN

[D107] "As seis e meia no largo do carmo" (Texto)
RI XLIII/98-99 (enero-junio 1977): 57-79

DUBATTI, JORGE A.

[D108] "Ana María Zubieta: *El discurso narrativo arltiano. Intertextualidad, grotesco y utopía*" (Reseña)
RI LVI/151 (abril-junio 1990): 613-616

DUCHESNE WINTER, JUAN

[D109] "Multitud y tradición en *El entierro de Cortijo* de Edgardo Rodríguez Juliá" (Estudio)
RI LIX/162-163 (enero-junio 1993): 221-237

DUFFEY, PATRICK

[D110] "*Un dinamismo abrasador*: la velocidad del cine mudo en la literatura iberoamericana de los años veinte y treinta" (Estudio)
RI LXVIII/199 (abril-junio 2002): 417-440

DUKE DOS SANTOS, MARÍA I.

[D111] "El celoso paranoico en ciertas historias de Machado de Assis" (Nota)
RI XXXVII/75 (abril-junio 1971): 437-445

DUMAS, JEAN-LOUIS

[D112] "Asturias en Francia" (Estudio)
RI XXXV/67 (enero-abril 1969): 117-125

DUNCAN, QUINCE

[D113] "Visión panorámica de la narrativa costarricense"(Estudio)
RI LIII/138-139 (enero-junio 1987): 79-94

DUNHAM, LOWEL

[D114] "Arturo Uslar-Pietri: *El camino de El Dorado*" (Reseña)
RI XVI/31 (febrero-julio 1950): 179-180

[D115] "Jorge Carrera Andrade: *Rostros y climas*" (Reseña)
RI XVI/32 (agosto 1950-enero 1951): 411-412

DUNN, CHRISTOPHER

[D116] "Leslie Damasceno: *Cultural Space and Theatrical Conventions in the Works of Oduvaldo Vianna Filho*" (Reseña)
RI LXIV/182-183 (enero-junio 1998): 324-327

DUNO GOTTBERG, LUIS

[D117] "Lois Parkinson Zamora, Wendy Faris B., eds.: *Magical Realism. Theory, History, Community*" (Reseña)
RI LXII/176-177 (julio-diciembre 1996): 995-997

DURÁN, GLORIA

[D118] "*El obsceno pájaro de la noche*: La dialéctica del chacal y el 'imbunche'" (Nota)
RI XLII/95 (abril-junio 1976): 251-257

DURÁN, JUAN

[D119] "Cedomil Goic: *La novela chilena. Los mitos degradados*" (Reseña)
RI XXXV/69 (septiembre-diciembre 1969): 560-563

DURÁN, MANUEL

[D120] "Julio Cortázar y su pequeño mundo de cronopios y famas" (Estudio)
RI XXXI/59 (enero-junio 1965): 33-46

[D121] "La huella del oriente en la poesía de Octavio Paz" (Estudio)
RI XXXVII/74 (enero-marzo 1971): 97-116

[D122] "La poesía mexicana de hoy" (Nota)
RI XXXVII/76-77 (julio-diciembre 1971): 741-751

[D123] "El *Martín Fierro* y sus críticos españoles" (Estudio)
RI XL/87-88 (abril-septiembre 1974): 479-489

[D124] "In Memoriam. Jaime Torres Bodet, Salvador Novo, Rosario Castellanos" (Necrológica)
RI XLI/90 (enero-marzo 1975): 79-83

[D125] "Carmen Martín Gaite, *Retahílas, El cuarto de atrás*, y el diálogo sin fin" (Nota)
RI XLVII/116-117 (julio-diciembre 1981): 233-240

[D126] "*Contemporáneos*: ¿Grupo, promoción, generación, conspiración?" (Estudio)
RI XLVIII/118-119 (enero-junio 1982): 37-46

[D127] "Las revistas *Taller* y *Tierra nueva*: Nueva generación, nuevas inquietudes" (Estudio)
RI LV/148-149 (julio-diciembre 1989): 1151-1160

DURÁN CERDA, JULIO

[D128] "Civilización y barbarie en el desarrollo del teatro nacional rioplatense" (Estudio)
RI XXIX/55 (enero-junio 1963): 89-124

[D129] "Homero Castillo: *La literatura chilena en los Estados Unidos de América*" (Reseña)
RI XXX/58 (julio-diciembre 1964): 332-334

[D130] "Ludwig Pfandl: *Sor Juana Inés de la Cruz. La Décima Musa de México. Su vida. Su poesía. Su psique*" (Reseña)
RI XXXI/59 (enero-junio 1965): 126-128

[D131] "Ricardo Latcham en la crítica de América Hispana" (Necrológica)
RI XXXI/60 (julio-diciembre 1965): 277-283

[D132] "*Arauco Domado*, poema manierista" (Nota)
RI XLIV/104-105 (julio-diciembre 1978): 515-525

[D133] "David Petreman: *La obra narrativa de Francisco Coloane*" (Reseña)
RI LV/146-147 (enero-junio 1989): 520-522

DURÁN LUZIO, JUAN

[D134] "Hacia los orígenes de una literatura colonial" (Estudio)
RI XL/89 (octubre-diciembre 1974): 651-658

[D135] "Sobre Tomás Moro en el Inca Garcilaso" (Estudio)
RI XLII/96-97 (julio-diciembre 1976): 349-361

[D136] "Lo profético como estilo en la *Brevísima relación de la destrucción de Indias*, de Bartolomé de Las Casas" (Estudio)
RI XLIV/104-105 (julio-diciembre 1978): 351-367

[D137] "Ricardo Palma, cronista de una sociedad barroca" (Estudio)
RI LIII/140 (julio-septiembre 1987): 581-593

[D138] "A propósito de una nueva edición bilingüe de la *Rusticatio Mexicana* de Rafael Landívar" (Nota)
RI LVII/155-156 (abril-septiembre 1991): 591-596

[D139] "Entre el infierno y el cielo: *Dos obras en la narrativa chilena de 1904*" (Estudio)
RI LX/168-169 (julio-diciembre 1994): 915-924

DURAND, JOSÉ

[D140] "De bibliografía indiana" (Nota)
RI XL/86 (enero-marzo 1974): 105-110

DURAND, LUIS

[D141] "Januario Espinosa: *La ciudad encantada*" (Reseña)
RI VI/12 (mayo-1943): 498-500

DUVERRÁN, CARLOS RAFAEL

[D142] "El garbo del desgaire: las *Concherías* de Aquileo Echeverría" (Estudio)
RI LIII/138-139 (enero-junio 1987): 9-26

Dwyer, John P.

[D143] "Cuates agazapados y otros temas: Unas palabras con Gustavo Sainz" (Entrevista)
RI XLI/90 (enero-marzo 1975): 85-89

[D144] "Carnaval e narrativa paralela em *Tenda dos milagres*" (Nota)
RI L/126 (enero-marzo 1984): 189-201

E

EARLE, PETER G.

[E1] "Los manifiestos de Huidobro" (Estudio)
RI XLV/106-107 (enero-junio 1979): 165-174

[E2] "El ensayo hispanoamericano, del modernismo a la modernidad" (Estudio)
RI XLVIII/118-119 (enero-junio 1982): 47-57

[E3] "Octavio Paz y España" (Nota)
RI LIII/141 (octubre-diciembre 1987): 945-953

ECHAGÜE, JUAN PABLO

[E4] "Florencio Sánchez" (Estudio)
RI IX/17 (febrero 1945): 9-24

[E5] "Poetas de Colombia" (Estudio)
RI XII/23 (febrero 1947): 49-54

ECHAVARREN, ROBERTO

[E6] "*El beso de la mujer araña* y las metáforas del sujeto" (Estudio)
RI XLIV/102-103 (enero-junio 1978): 65-75

[E7] "La estética de Macedonio Fernández" (Estudio)
RI XLV/106-107 (enero-junio 1979): 93-100

[E8] "Sylvia Molloy: *Las letras de Borges*" (Reseña)
RI XLVI/110-111 (enero-junio 1980): 319-321

[E9] "Trasposiciones: Un romance epistolar de Sor Juana" (Estudio)
RI XLVIII/120-121 (julio-diciembre 1982): 621-646

[E10] "La literariedad: *Respiración artificial*, de Ricardo Piglia" (Estudio)
RI XLIX/125 (octubre-diciembre 1983): 997-1008

[E104] "Marosa di Giorgio, última poeta del Uruguay" (Estudio)
RI LVIII/160-161 (julio-diciembre 1992): 1103-1115

ECHAVARRÍA FERRARI, ARTURO

[E11] "'Tlön, Uqbar, Orbis Tertius': Creación de un lenguaje y crítica del lenguaje" (Estudio)
RI XLIII/100-101 (julio-diciembre 1977): 399-413

ECHEVARRÍA, EVELIO

[E12] "Renato Prada Oropeza: *Los fundadores del alba*" (Reseña)
RI XXXVI/70 (enero-marzo 1970): 130-131

[E13] "Fernando Díez de Medina: *Mateo Montemayor*" (Reseña)
RI XXXVI/72 (julio-septiembre 1970): 512-513

[E14] "Adolfo Bioy Casares: *Diario de la guerra del cerdo*" (Reseña)
RI XXXVI/73 (octubre-diciembre 1970): 668-670

[E15] "Manuel del Cabral: *El escupido*" (Reseña)
RI XXXVIII/78 (enero-marzo 1972): 159-160

[E16] "Rómulo Gallegos: *Tierra bajo los pies*" (Reseña)
RI XL/86 (enero marzo 1974): 179-180

[E17] "George O. Schanzer: *Russian Literature in the Hispanic World: a bibliography/La literatura rusa en el mundo hispánico: bibliografía*" (Reseña)
RI XL/86 (enero-marzo 1974): 180-182

[E18] "Manuel Scorza: *Historia del Garabombo, el invisible*" (Reseña)
RI XL/86 (enero-marzo 1974 182-183

[E19] "Nuevo acercamiento a la estructura de *Don Segundo Sombra*" (Estudio)
RI XL/89 (octubre-diciembre 1974): 629-637

[E20] "Nicolás A. S. Bratosevich: *El estilo de Horacio Quiroga en sus cuentos*" (Reseña)
RI XLI/90 (enero-marzo 1975): 146-147

[E21] "Lon Pearson: *Nicomedes Guzmán: Proletarian Author in Chile's Literary Generation of 1938*" (Reseña)
RI XLII/96-97 (julio-diciembre 1976): 622-623

[E22] "Gonzalo Celorio: *El surrealismo y lo real-maravilloso americano*" (Reseña)
RI XLIV/102-103 (enero-junio 1978): 259-260

[E23] "Manuel Scorza: *El jinete insomne. Cantar de Agapito Robles*" (Reseña)
RI XLVI/110-111 (enero-junio 1980): 321-323

[E24] "César Vallejo: *Teatro completo*" (Reseña)
RI XLVIII/118-119 (enero-junio 1982): 439-440

[E25] "Javier Sanjinés C., ed.: *Tendencias actuales en la literatura boliviana*" (Reseña)
RI LII/137 (octubre-diciembre 1986): 1075-1076

[E26] "Jack London y Horacio Quiroga" (Nota)
RI LIII/140 (julio-septiembre 1987): 635-642

[E27] "Giuseppe Bellini: *Historia de la literatura hispanoamericana*" (Reseña)
RI LIV/144-145 (julio-diciembre 1988): 1052-1053

EDBERG, GEORGE J.

[E28] "Seymour Menton: *El cuento hispanoamericano: Antología crítico-histórica*" (Reseña)
RI XXXI/59 (enero-junio 1965): 128-131

EDWARDS, JORGE

[E29] "El joven Neruda: Los poemas del amor compartido" (Estudio)
RI LX/168-169 (julio-diciembre 1994): 731-737

EDWARDS, JORGE, CARLOS FUENTES, JUAN GOYTISOLO ET AL.

[E30] "La experiencia de los novelistas" (Mesa redonda)
RI XLVII/116-117 (julio-diciembre 1981): 309-321

ELÍAS, EDUARDO F.

[E31] "*El estrecho dudoso:* del discurso histórico a la épica contemporánea" (Estudio)
RI LVII/157 (octubre-diciembre 1991): 923-931

ELIOT, T.S.

[E32] "East Coker" (Poesía)
RI XV/29 (julio 1949): 193-200

EL JABER, LORELEI

[E33] "Juan Durán Luzio: *Entre la Espada y el falo: la mujer americana bajo el conquistador europeo*" (Reseña)
RI LXVII/197 (octubre-diciembre 2001) 812-815

[E34] "Juan Durán Luzio: *Siete ensayos sobre Andrés Bello*" (Reseña)
RI LXVII/197 (octubre-diciembre 2001) 815-818

[E35] "Mariselle Meléndez: raza, género e hibridez en *El lazarillo de ciegos caminantes*" (Reseña)
RI LXVII/197 (octubre-diciembre 2001) 818-820

EL SAFFAR, RUTH

[E36] "En busca de Edén: Consideraciones sobre la obra de Ana María Matute" (Estudio)
RI XLVII/116-117 (julio-diciembre 1981): 223-231

ELISSONDO, GUILLERMINA

[E37] "Lucía Fox: *Formas-Forms*" (Entrevista)
RI LI/132-133 (julio-diciembre 1985): 968-971

ELLIS, KEITH

[E38] "Propósito y realización en Vicente Huidobro" (Estudio)
RI XLV/106-107 (enero-junio 1979): 291-300

[E39] "Roberto Fernández Retamar: poeta y teórico literario" (Estudio)
RI LVI/152-153 (julio-diciembre 1990): 1217-1228

ELLISON, FRED P.

[E40] "La conferencia de Rubén Darío sobre Joaquim Nabuco: Introducción y texto" (Documentos)
RI XXVII/52 (julio-diciembre 1961): 329-356

[E41] "Padre Pedro Américo Maia, S.U.: *A Problemática moral no moderno romance brasileiro*. Grupo Gente Nova: *Dicionário crítico do moderno romance brasileiro*" (Reseña)
RI XXXVI/72 (julio-septiembre 1970): 513-515

ELSINGER, ALBERTO

[E42] "Juan Pablo Echagüe: *Vida literaria*" (Reseña)
RI V/9 (mayo 1942): 141-142

ELTIT, DIAMELA

[E43] "María Inés Lagos: *En Tono mayor: relatos de formación de protagonista femenina en Hispanoamérica*" (Reseña)
RI LXIII/180 (julio-septiembre 1997): 559-561

EMMI, STELLA

[E106] "Cristina Peri Rossi: *Cosmoagonías*" (Reseña)
RI LVIII/160-161 (julio-diciembre 1992): 1196-1199

ENGLEKIRK, JOHN E.

[E44] "El hispanoamericanismo y la generación del 98" (Estudio)
RI II/4 (noviembre 1940): 321-352

[E45] "Unamuno, crítico de la literatura hispanoamericana" (Estudio)
RI III/5 (febrero 1941): 19-38

[E46] "Whitman y el anti-modernismo" (Estudio)
RI XIII/25 (octubre 1947): 39-52

[E47] "A literatura norteamericana no Brasil (I)" (Estudio)
RI XIV/28 (octubre 1948): 277-292

[E48] "Bibliografia de obras norteamericanas em tradução portuguesa (I) (Bibliografía)
RI XIV/28 (octubre 1948): 307-391

[E49] "A literatura norteamericana no Brasil (II)" (Estudio)
RI XV/29 (julio 1949): 97-130

[E50] "Bibliografia de obras norteamericanas em tradução portuguesa (II)" (Bibliografía)
RI XV/29 (julio 1949): 149-190

[E51] "Franklin en el mundo hispano" (Estudio)
RI XXI/41-42 (enero-diciembre 1956): 319-371

[E52] "Swan, Cygnets, and Owl: *An Anthology of Modernist Poetry in Spanish America*, Translation by Mildred E. Johnson" (Reseña)
RI XXII/44 (julio-diciembre 1957): 375-382

[E53] "*Poesia ispano-americana del 900*. Scelta dei testi e versioni, introduzione, profili biobibliografici e bibliografia a cura di Francesco Tentori" (Reseña)
RI XXIII/46 (julio-diciembre 1958): 455-459

[E54] "La literatura y la revista literaria en Hispanoamérica" (Bibliografía)
RI XXVI/51 (enero-junio 1961): 9-79

[E55] "La literatura y la revista literaria en Hispanoamérica (Continuación del número 51)" (Bibliografía)
RI XXVII/52 (julio-diciembre 1961): 219-279

[E56] "La literatura y la revista literaria en Hispanoamérica (Continuación de los números 51 y 52)" (Bibliografía)
RI XXVIII/53 (enero-junio 1962): 9-73

[E57] "La literatura y la revista literaria en Hispanoamérica" (Bibliografía)
RI XXIX/55 (enero-junio 1963): 9-66

[E58] "Rafael Arévalo Martínez: *El mundo de los Maharachía*" (Reseña)
RI I/1 (mayo-noviembre 1939): 199-200

[E59] "Víctor M. Londoño: *Obra literaria*" (Reseña)
RI I/1 (mayo-noviembre 1939): 200-201

[E60] "Manuel Gonzáles-Prada: *Nuevas Páginas libres*" (Reseña)
RI I/1 (mayo-noviembre 1939): 201-203

[E61] "Alejandro Andrade Coello: *Perifonemas*" (Reseña)
RI II/3 (abril 1940): 216

[E62] "Félix Lizaso: *Ensayistas contemporáneos, 1900-1920*" (Reseña)
RI II/3 (abril 1940): 219-221

[E63] "Félix Lizaso: *Pasión de Martí*" (Reseña)
RI II/3 (abril 1940): 214-215

[E64] "Enrique José Varona: *Violetas y ortigas*" (Reseña)
RI II/3 (abril 1940): 217-218

[E65] "Mariano Azuela: *Avanzada*" (Reseña)
RI III/5 (febrero 1941): 212-214

[E66] "Raymond L. Grismer: Índice de doce mil autores hispanoamericanos" (Reseña)
RI III/5 (febrero 1941): 214-216

[E67] "Lidia Besouchet y Newton Freitas: *Diez escritores del Brasil*" (Reseña)
RI IV/7 (noviembre de 1941): 187-190

[E68] "Arturo Uslar Pietri: *Antología del cuento moderno venezolano (1895-1935)*" (Reseña)
RI IV/7 (noviembre de 1941): 183-187

[E69] "Rafael Arévalo Martínez: *Los Duques de Endor*" (Reseña)
RI IV/7 (noviembre de 1941): 190-192

[E70] "Rafael Heliodoro Valle: *Índice de la poesía centroamericana*" (Reseña)
RI V/10 (octubre 1942): 393-396

[E71] "A. Rolmes Barbosa: *Escritores norteamericanos e outros*" (Reseña)
RI VII/13 (noviembre 1943): 197-202

[E72] "Arturo Aldunate Philips: *Estados Unidos. Gran aventura del hombre*" (Reseña)
RI VIII/16 (noviembre 1944): 363-365

ENGUÍDANOS, MIGUEL

[E73] "Supervivencia y actualidad de la novelística esperpéntica de Valle-Inclán" (Estudio)
RI XLVII/116-117 (julio-diciembre 1981): 187-193

EPPLE, JUAN ARMANDO

[E74] "Transcribir el río de los sueños (Entrevista a Raúl Zurita)" (Entrevista)
RI LX/168-169 (julio-diciembre 1994): 873-883

[E75] "Acercamiento a la literatura testimonial de Chile" (Estudio)
RI LX/168-169 (julio-diciembre 1994): 1143-1159

[E76] "Patricio Manns: *De repente los lugares desaparecen*" (Reseña)
RI LX/168-169 (julio-diciembre 1994): 1191-1193

[E77] "Para leer la sonrisa de Monterroso" (Nota-reseña)
RI LXIV/184-185 (julio-diciembre 1998): 633-636

[E78] "De piel a piel: el erotismo como escritura en la nueva narrativa femenina de Chile" (Estudio)
RI LXV/187 (abril-junio 1999): 383-394

EPPS, BRAD

[E79] "Estados de deseo: homosexualidad y nacionalidad (Juan Goytisolo y Reinaldo Arenas a vuelapluma)" (Estudio)
RI LXII/176-177 (julio-diciembre 1996): 799-820

ERICKSON, MARTÍN E.

[E80] "Guatemala, asilo de escritores hispanoamericanos" (Nota)
RI V/9 (mayo 1942): 115-120

[E81] "Escritores modernistas de Guatemala, Carlos Wyld Ospina" (Estudio)
RI VI/12 (mayo 1943): 479-491

[E82] "Escritores modernistas de Guatemala: Flavio Herrera" (Estudio)
RI VIII/16 (noviembre 1944): 291-300

[E83] "El 'Rubén Darío criollo' de Diego Manuel Sequeira" (Estudio)
RI XI/22 (octubre 1946): 325-328

[E84] "David Vela: *Literatura Guatemalteca*" (Reseña)
RI VIII/15 (mayo 1944): 140-143

ESCAJA, TINA

[E85] "Reinscribiendo a Penélope: mujer e identidad mejicana en *Como agua para chocolate*" (Estudio)
RI LXVI/192 (julio-septiembre 2000): 571-587

ESCARPANTER, JOSÉ A.

[E86] "Tres dramaturgos del inicio revolucionario: Abelardo Estorino, Antón Arrufat y José Triana" (Estudio)
RI LVI/152-153 (julio-diciembre 1990): 881-896

ESCOBAR, ADRIANA

[E87] "Influencia y estilo en la obra de Fray Manuel de Navarrete" (Estudio)
RI XIX/38 (septiembre 1954): 273-283

ESCOBAR ARGAÑA, ARÍSTIDES

[E88] "Acerca de identidades, globalidades y fragmentos: una conversación con Fredric Jameson" (Entrevista)
RI LXII/176-177 (julio-diciembre 1996): 955-962

ESCOBAR MEZA, AUGUSTO

[E89] "El goce del verbo: la narrativa de Armando Romero"
RI LXII/175 (abril-junio 1996): 485-494

ESPADAS, ELIZABETH

[E90] "*El círculo ardiente*: el destierro en *Desterrados al fuego* y *Exilio* de Matías Montes Huidobro"
RI LVI/152-153 (julio-diciembre 1990): 1079-1090

ESPEJO, BEATRIZ

[E91] "Ramón López Velarde, un pesimista lujurioso" (Nota)
RI LV/148-149 (julio-diciembre 1989): 1071-1081

ESPEJO, OLGA

[E92] "Un poeta peruano contemporáneo: Belli ensayo bibliográfico (1958-1994)" (Estudio)
RI LXII/175 (abril-junio 1996): 545-556

[E93] "Contribución a la bibliografía de Javier Heraud" (Estudio)
RI LXIII/180 (julio-septiembre 1997): 509-524

ESPINA, EDUARDO

[E94] "Entre la isla y el cielo: la poesía socio-religiosa de Incháustegui Cabral" (Estudio)
RI LIV/142 (enero-marzo 1988): 187-197

[E95] "Julio Herrera y Reissig y la no integrada modernidad de *La torre de las esfinges*" (Nota)
RI LV/146-147 (enero-junio 1989): 451-456

[E96] "Palabra y universo en la escritura de Armando Romero" (Nota)
RI LVI/151 (abril-junio 1990): 533-540

[E105] "De la jungla de Lautréamont a Silva Márquez (Estudio)
RI LVIII/160-161 (julio-diciembre 1992): 933-945

[E97] "Poesía peruana: 1970, 1980, 1990" (Estudio)
RI LIX/164-165 (julio-diciembre 1993): 687-702

[E98] "José Gorostiza: *Poesía y Poética*. Edición crítica. Edelmira Ramírez, coord." (Reseña)
RI LIX/164-165 (julio-diciembre 1993): 808-811

[E99] "*Myesis*, Mimesis, Mathesis" (Estudio)
RI LX/166-167 (enero-junio 1994): 61-75

ESPINOSA POLIT, AURELIO

[E100] "S. J. Carta Abierta" (Nota)
RI VI/11 (febrero 1943): 21-22

ESTENOZ, ALFREDO

[E101] "Robin Lefere: *Borges y los poderes de la literatura*" (Reseña)
RI LXVI/191 (abril-junio 2000): 440-442

EZCURDIA, MANUEL DE

[E102] "Ralph E. Warner: *Bibliografía de Ignacio Manuel Altamirano*" (Reseña)
RI XXII/43 (enero-junio 1957): 200-201

[E103] "Surama Ferrer: *El girasol enfermo*" (Reseña)
RI XVIII/36 (enero-septiembre de 1953) 405-407

[E104] se encuentra en la página 77, bajo "Echavarren, Roberto".
[E 105] en la página 82 bajo "Espina, Eduardo".
[E106] en la página 79 bajo "Emmi, Stella".

FABIÁN, DONALD

[F1] "La acción novelesca de *Don Segundo Sombra*" (Nota)
RI XXIII/45 (enero-junio 1958): 147-153

FAJARDO, DIÓGENES

[F2] "La narrativa colombiana de la última década: valoración y perspectivas" (Estudio)
RI LIII/141 (octubre-diciembre 1987): 887-901

FAMA, ANTONIO

[F3] "Giuseppe Bellini: *Storia delle relazioni letterarie tra l'Italia e l'America de lingua spagnola*" (Reseña)
RI XLVI/110-111 (enero-junio 1980): 323-325

[F4] "Historia y narración en *El arpa y la sombra*, de Alejo Carpentier" (Nota)
RI LII/135-136 (abril-septiembre 1986): 547-557

[F5] "Ficción, historia y realidad: pautas para una teoría de la novela según Carpentier" (Estudio)
RI LVII/154 (enero-marzo 1991): 135-149

FARES, GUSTAVO C.

[F6] "Juan Rulfo: crítica reciente" (Nota)
RI LV/148-149 (julio-diciembre 1989): 989-1003

[F7] "Grinor Rojo: *Crítica del exilio. Ensayos sobre literatura latinoamericana actual*" (Reseña)
RI LVI/151 (abril-junio 1990): 617-620

[F8] "Myron Lichtblau: *Rayuela y la creatividad artística*" (Reseña)
RI LVI/151 (abril-junio 1990): 620-621

[F9] "Enrico Mario Santí: *Escritura y tradición. Texto, crítica y poética en la literatura hispanoamericana*" (Reseña)
RI LVII/154 (enero-marzo 1991): 396-400

[F10] "Nancy M. Kason, ed.: *Los Ensayistas. Argentina; 1955-1989*" (Reseña)
RI LVII/154 (enero-marzo 1991): 396-400

[F11] "Mabel Pagano: *Trabajo a reglamento*" (Reseña)
RI LVII/155-156 (abril-septiembre 1991): 765-767

[F12] "Sábato pintor: la mirada de la distancia" (Nota)
RI LVIII/158 (enero-marzo 1992): 253-259

[F13] "Enrique Anderson-Imbert: *Narraciones completas*" (Reseña)
RI LVIII/158 (enero-marzo 1992): 271-273

[F14] "Rosalba Campra: *Formas de la memoria*" (Reseña)
RI LVIII/158 (enero-marzo 1992): 273-275

[F15] "Roberto González Echevarría: *Myth and Archive. A Theory of Latin American Narrative*" (Reseña)
RI LVIII/158 (enero-marzo 1992): 275-279

[F16] "Alicia Rivero Potter: *Autor/lector: Huidobro, Borges, Fuentes y Sarduy*" (Reseña)
RI LIX/162-163 (enero-junio 1993): 376-379

[F17] "Marithelma Costa y Adelaida López: *Las dos caras de la escritura*" (Reseña)
RI LIX/162-163 (enero-junio 1993): 380-382

[F18] "Esther Gimbernat González: *Aventuras del desacuerdo. Novelistas argentinas de los 80*" (Reseña)
RI LX/166-167 (enero-junio 1994): 585-588

[F19] "Juan Rulfo: cuestión de fechas" (Bibliografía)
RI LXII/174 (enero-marzo 1997): 237-240

[F20] "Francine Masiello: *Between Civilization and Barbarism. Women, Nation and Literary Culture in Modern Argentina*" (Reseña)
RI LXII/174 (enero-marzo 1997): 276-278

[F21] "Daniel Balderston: *Out of Context: Historical Reference and the Representation of Reality in Borges*" (Reseña)
RI LXII/175 (abril-junio 1997): 638-639

FAY, ELIOT G.

[F22] "D.H. Lawrence en Oaxaca" (Estudio)
RI XVI/31 (julio 1950): 91-100

FEAL, CARLOS

[F23] "En torno al casticismo de Pedro: el principio y el fin de *Tiempo de silencio*" (Nota)
RI XLVII/116-117 (julio-diciembre 1981): 203-211

FEBLES, HÉCTOR

[F24] "Juan Carlos Onetti: *Cuando entonces*" (Reseña)
RI LVIII/160-161 (julio-diciembre 1992): 1199-1202

FEIJOO, GLADYS

[F25] "Notas sobre *La cabeza de la hidra*" (Nota)
RI XLVI/110-111 (enero-junio 1980): 217-222

FEIN, JOHN M.

[F26] "La estructura de *Piedra de Sol*" (Estudio)
RI XXXVIII/78 (enero-marzo 1972): 73-94

FELICIANO, WILMA

[F27] "El mundo mítico de Carlos Solórzano" (Estudio)
RI LVII/155-156 (abril-septiembre 1991): 577-588

FERNÁNDEZ, JESSE

[F28] "José Martí: *Prosa escogida*. Ed. de José Olivio Jiménez" (Reseña)
RI XLII/94 (enero-marzo 1976): 144-145

[F29] "Octavio de la Suarée, Jr.: *La obra literaria de Regino E. Botí*" (Reseña)
RI XLV/108-109 (julio-diciembre 1979): 700-702

FERNÁNDEZ, ROBERTO

[F30] "El refranero en *T.T.T.*" (Estudio)
RI LVII/154 (enero-marzo 1991): 265-272

FERNÁNDEZ, SERGIO

[F31] "*Pedro Páramo*; una sesión espiritista" (Estudio)
RI LV/148-149 (julio-diciembre 1989): 953-963

FERNÁNDEZ, TEODOSIO

[F32] "Borges y el modernismo: esbozo de una poética" (Estudio)
RI LV/146-147 (enero-junio 1989): 9-15

FERNÁNDEZ, TERESA DE JESÚS

[F33] "*Las grandes puertas* de Fayad Jamis" (Nota)
RI LVI/152-153 (julio-diciembre 1990): 1229-1234

FERNÁNDEZ ARIZA, GUADALUPE

[F34] "*El unicornio* de Manuel Mujica Láinez: tradición literaria y constantes genéricas" (Estudio)
RI LVIII/159 (abril-junio 1992): 407-421

FERNÁNDEZ BRAVO, ÁLVARO

[F35] "La frontera portátil: nación y temporalidad en Lastarria y Sarmiento" (Estudio)
RI LXIII/178-179 (enero-junio 1997): 141-148

FERNÁNDEZ FERRER, ANTONIO

[F36] "El 'disparate claro' en Cortázar y Piñera" (Estudio)
RI LVIII/159 (abril-junio 1992): 423-436

FERNÁNDEZ MACGREGOR, GENARO

[F37] "Adhesión" (Nota)
RI XIII/26 (febrero 1948): 351-353

FERNÁNDEZ MORENO, CÉSAR

[F38] "José María Arguedas en el clivaje de dos culturas" (Estudio)
RI XLIX/122 (enero-marzo 1983): 67-82

FERNÁNDEZ OLMOS, MARGARITA

[F39] "La narrativa dominicana contemporánea: en busca de una salida" (Estudio)
RI LIV/142 (enero-marzo 1988): 73-87

FERNÁNDEZ RETAMAR, ROBERTO

[F40] "Una aclaración necesaria a propósito de unas palabras de Roberto González Echevarría" (Documento)
RI LX/168-169 (julio-diciembre 1994): 1179-1181

FERRARESI, ALICIA C. DE

[F41] "La relación yo-tú en la poesía de Pablo Neruda. Del autoerotismo al panerotismo" (Estudio)
RI XXXIX/82-83 (enero-junio 1973): 205-225

FERRARI, AMÉRICO

[F42] "El concepto de indio y la cuestión racial en el Perú en los *Siete ensayos* de José Carlos Mariátegui" (Estudio)
RI L/127 (abril-junio 1984): 395-409

[F43] "Manuel González Prada, entre lo nuevo y lo viejo" (Estudio)
RI LV/146-147 (enero-junio 1989): 307-325

[F44] "Edgar O'Hara: *Lengua en pena*" (Reseña)
RI LVI/150 (enero-marzo 1990): 304-308

FERRÉ, ROSARIO

[F45] "Entre Clara y Julia (Dos poetas puertorriqueñas)" (Nota)
RI LII/137 (octubre-diciembre 1986): 999-1006

FERREIRA, ANA PAULA

[F46] "*El túnel*, de Ernesto Sábato, en busca del origen" (Estudio)
RI LVIII/158 (enero-marzo 1992): 91-103

FERREIRA PINTO, CRISTINA

[F47] "O desejo lesbiano no conto de escritoras brasileiras contemporâneas" (Estudio)
RI LXV/187 (abril-junio 1999): 405-423

[F313] "La narrativa cinematográfica de Borges" (Estudio)
RI LVII/155-156 (abril-septiembre 1991): 495-506

FERRER, JOSÉ

[F48] "Antonia Sáez: *La lectura, arte del lenguaje*" (Reseña)
RI XVI/31 (febrero-julio 1950): 180-183

FERRER CANALES, JOSÉ

[F49] "Huellas de José de Diego" (Estudio)
RI XXII/44 (julio-diciembre 1957): 323-332

[F50] "José Emilio González: *Profecía de Puerto Rico*" (Reseña)
RI XX/40 (abril-septiembre de 1955): 345-351

FERRO, HELLÉN

[F51] "Juan Carlos Ghiano: *Poesía argentina del siglo XX*" (Reseña)
RI XXIII/46 (julio-diciembre 1958): 459-461

[F52] "Juan Oscar Ponferrada: *Flor Mitológica*" (Reseña)
RI II/3 (abril 1940): 221-222

FEUSTLE, JOSEPH A.

[F53] "Juan Ramón Jiménez y la poesía mexicana" (Nota)
RI XLIX/123-124 (abril-septiembre 1983): 563-570

FIDDIAN, ROBERT WILLIAM

[F54] "Fernando del Paso y el arte de la renovación" (Estudio)
RI LVI/150 (enero-marzo 1990): 143-158

FIDDIAN, ROBIN

[F55] "Pamela Bacarisse, ed:. *Carnal Knowledge: Essays on the Flesh, Sex and Sexuality in Hispanic Letters and Film*" (Reseña)
RI LXII/174 (enero-marzo 1996): 279-281

FIGUEIRA, ESPERANZA

[F56] "Ciro Espinosa: *Indagación y crítica: novelistas cubanos*" (Reseña)
RI III/5 (febrero 1941): 177-180

[F57] "José Tarnassi: *Estudios Latinos*" (Reseña)
RI II/4 (noviembre 1940): 489-492

[F58] "Luis Emilio Soto: *Crítica y estimación*" (Reseña)
RI II/4 (noviembre 1940): 487-489

FIGUEIRA, GASTÓN

[F59] "Murillo Araújo y su lirismo purísimo" (Estudio)
RI V/10 (octubre 1942): 301-316

[F60] "Visión de la nueva poesía del Brasil" (Estudio)
RI VI/12 (mayo 1943): 335-364

[F61] "Visión de la nueva poesía del Brasil (II)" (Estudio)
RI VII/13 (noviembre 1943): 81-102

[F62] "Tres facetas de la poesía uruguaya joven" (Estudio)
RI VII/14 (febrero 1944): 373-390

[F63] "Dos poetas iberoamericanos de nuestro tiempo" (Estudio)
RI X/19 (noviembre 1945):107-118.

[F64] "Poetas y prosistas de América: Walt Whitman" (Estudio)
RI XI/21 (junio 1946): 113-116

[F65] "Poetas y prosistas americanso: I. Edwin Arlington Robinson. II. Thomas Wolfe" (Nota)
RI XI/22 (octubre 1946): 329-332

[F66] "Poetas y prosistas iberoamericanos: I. Roberto Brenes Mesén. II. Luis Fabio Xammar"(Nota)
RI XIII/25 (octubre 1947): 151-154.

[F67] "Escritoras iberoamericanas: I. María Enriqueta. II. Delmira Agustini. II. Alfonsina Storni. IV. María Alicia Domínguez. V. Ana Amelia C. De Mendonça VI. Rachel de Queiroz" (Nota)
RI XIV/27 (junio 1948): 125-137

[F68] "Tres poetisas norteamericanas: I. Edna St. Vincent Millay. II. Muna Lee. III. Genevieve Traggard" (Estudio)
RI XIV/28 (octubre 1948): 282-295

[F69] "Tres escritores norteamericanos: I. Elinor Wyle. II. Sherwood Anderson. III. T. S. Eliot" (Estudio)
RI XV/29 (julio 1949): 131-136

[F70] "Tres poetas hispanoamericanos: I. Roberto Valenti II. Luis Nieto III. Triguero de León" (Estudio)
RI XV/30 (enero 1950): 291-296

[F71] "Dos poetas norteamericanos: I. Robert Frost II. William Carlos Williams" (Estudio)
RI XVI/31 (julio 1950): 175-178

[F72] "Gabriela Mistral" (Estudio)
RI XVI/32 (enero 1951): 233-244

[F73] "Tres poetas brasileños: I. Raúl Bopp II. Antonio Castro de Alves. III. Ascendino Leite" (Estudio)
RI XVII/33 (julio 1951): 117-120

[F74] "Tres escritores de América del Sur: I. Mario Florián. II. José González Carbalho III. Guillermo Francovich" (Estudio)
RI XVII/34 (enero 1952): 345-352

[F75] "Tres grandes escritores brasileños: I. Euclides da Cunha. II. Lima Barreto. III. Graça Aranha" (Estudio)
RI XVIII/35 (diciembre 1952): 157-162

[F76] "Dos escritores norteamericanos: I. Sinclair Lewis II. Langston Hughes" (Estudio)
RI XVIII/36 (marzo 1953): 401-404

[F77] "Dos escritores brasileños: I. Erico Veríssimo II. Padua de Almeida" (Estudio)
RI XIX/37 (octubre 1953): 167-169

[F78] "Dos escritores de la América del Sur: I. Héctor José Abal. II. Felisberto Hernández" (Perfiles)
RI XIX/38 (septiembre 1954): 359-362

[F79] "Tres poetas brasileños: I. Manuel Souto Mayo. II. Augusto Meyer III. Carvalho Filho" (Estudio)
RI XX/39 (marzo 1955): 169-174

[F80] "Tres poetas argentinos: I. Osvaldo Svanascini. II. Ernesto B. Rodríguez. III. Bernardo Horrach" (Estudio)
RI XX/40 (septiembre 1955):337-342

[F81] "Arturo Vázquez Cey: *Junto a la paloma*" (Reseña)
RI IV/8 (febrero 1942): 436-437

[F82] "Juan Birghi: *Pájaros nuestros*" (Reseña)
RI IV/8 (febrero 1942): 435-436

[F83] "Alberto Córdoba: *Cuentos de la montaña*" (Reseña)
RI V/9 (mayo 1942): 144

[F84] "José Lucas: *Río de las cañas sonoras*" (Reseña)
RI V/9 (mayo 1942): 144-145

[F85] "Leopoldo Lugones: *Antología poética*" (Reseña)
RI V/9 (mayo 1942): 145-146

[F86] "Raúl Bustos Berrondo: *Sarmiento*" (Reseña)
RI V/9 (mayo 1942): 143

[F87] "Enrique Portugal: *Los centauros*" (Reseña)
RI V/9 (mayo 1942): 146-147

[F88] "J. S. Vaca Guzmán: *Antología de poetas bolivianos y americanos*" (Reseña)
RI V/10 (octubre 1942): 404-405

[F89] "Alejandro C. Arias: *Estudios lingüísticos y filosóficos*" (Reseña)
RI V/10 (octubre 1942): 397

[F90] "Aluzio Madeiros: *Trágico amanecer*" (Reseña)
RI V/10 (octubre 1942): 399-400

[F91] "De Castro e Silva: *Esse colosso, o Brasil!*" (Reseña)
RI V/10 (octubre 1942): 403-404

[F92] "Delmira Agustini: *Obras Poéticas*" (Reseña)
RI V/10 (octubre 1942):396-397

[F93] "Enrique Larreta: *Santa María del Buen Aire*" (Reseña)
RI V/10 (octubre 1942): 400-401

[F94] "Ernesto Mario Barreda: *El huerto de los naranjos*" (Reseña)
RI V/10 (octubre 1942): 397-398

[F95] "M. Inés Romero Nervegna: *Agua encendida*" (Reseña)
RI V/10 (octubre 1942): 398-399

[F96] "Selva Márquez: *El gallo que gira*" (Reseña)
RI V/10 (octubre 1942): 401-403

[F97] "Antonio Iraizoz: *Libros y autores*" (Reseña)
RI VI/11 (febrero 1943): 129-130

[F98] "Jayme Castro: *Aleijandinho*" (Reseña)
RI VI/11 (febrero 1943): 127-128

[F99] "Esther de Cáceres: *Espejo sin muerte*" (Reseña)
RI VI/11 (febrero 1943): 126-127

[F100] "Rafael Alberto Arrieta: *Antología*" (Reseña)
RI VI/11 (febrero 1943): 125-126

[F101] "Florence Hall: *Letras contemporáneas en los Estados Unidos*" (Reseña)
RI VI/11 (febrero 1943): 128-129

[F102] "Cardoso Filho: *Poemas de América*" (Reseña)
RI VI/11 (febrero 1943): 127

[F103] "Arturo Capdevila: *Primera antología de mis versos*" (Reseña)
RI VII/13 (noviembre 1943): 228-229

[F104] "Alejandro C. Arias: *Sobre la cultura*" (Reseña)
RI VII/13 (noviembre 1943): 428

[F105] "Blanca Teresa Viera: *Tiempo*" (Reseña)
RI VII/13 (noviembre 1943): 429-430

[F106] "Roberto Salgueiro Silveira: *Luna de hospital*" (Reseña)
RI VII/13 (noviembre 1943): 203-204

[F107] "Germán Berdiales: *Coplas argentinas*" (Reseña)
RI VIII/15 (mayo 1944): 143-144

[F108] "Mateo Booz: *Aquella noche de Hábeas*" (Reseña)
RI VIII/15 (mayo 1944): 144-145

[F109] "Sara de Ibáñez: *Canto a Montevideo*" (Reseña)
RI VIII/15 (mayo 1944): 145

[F110] "Horacio Quiroga: *Sus mejores cuentos*" (Reseña)
RI VIII/16 (noviembre 1944): 365-366

[F111] "Reinaldo Moura: *Mar do tempo*" (Reseña)
RI IX/17 (febrero 1945): 95

[F112] "Elia Gil Salguero: *Levedad*" (Reseña)
RI IX/17 (febrero 1945): 96-97

[F113] "Carlos Astrada: *Temporalidad*" (Reseña)
RI IX/17 (febrero 1945): 93-94

[F114] "Alejandro C. Arias: *El junco pensante*" (Reseña)
RI IX/17 (febrero 1945): 92-93

[F115] "J. Calixto Núñez: *El alma reflejada*" (Reseña)
RI IX/17 (febrero 1945): 96

[F116] "Josefina Lerena Acevedo de Blixen: *Reyles*" (Reseña)
RI IX/17 (febrero 1945): 91-92

[F117] "Martín Alberto Boneo: *Sonetos del buen amor*" (Reseña)
RI IX/17 (febrero 1945): 94-95

[F118] "Alberto Córdoba: *Don Silenio*" (Reseña)
RI IX/18 (mayo 1945): 365-366

[F119] "Menotti del Pichia: *Poemas*" (Reseña)
RI IX/18 (mayo 1945): 371-372

[F120] "Eduardo Mallea: *Rodeada está de sueño*" (Reseña)
RI IX/18 (mayo 1945): 368-369

[F121] "Gonzáles Carbalho: *Solo en el tiempo*" (Reseña)
RI IX/18 (mayo 1945): 366-367

[F122] "Víctor Pérez Petit: *El jardín de Pampinea*" (Reseña)
RI IX/18 (mayo 1945): 370

[F123] "Víctor Pérez Petit: *En la Atenas del Plata*" (Reseña)
RI IX/18 (mayo 1945): 370-371

[F124] "Víctor Pérez Petit: *Los modernistas*" (Reseña)
RI IX/18 (mayo 1945): 369

[F125] "Roberto Uballes: *Alazán viejo*" (Reseña)
RI IX/18 (mayo 1945): 373

[F126] "Mario de Andrade: *Aspectos de literatura brasileira*" (Reseña)
RI IX/18 (mayo 1945): 364-365

[F127] "Ricardo Jaimes Freyre: *Poesías completas*" (Reseña)
RI IX/18 (mayo 1945): 367-368

[F128] "Reinaldo Moura: *Intervalo pasional*" (Reseña)
RI X/19 (noviembre 1945): 183-184

[F129] "Ana Sampol de Herrero: *Cuentos ejemplares*" (Reseña)
RI X/19 (noviembre 1945): 187-188

[F130] "Carlos Astrada: *El juego metafísico*" (Reseña)
RI X/19 (noviembre 1945): 177

[F131] "Cyro Martins: *Porteira fechada*" (Reseña)
RI X/19 (noviembre 1945): 181-182

[F132] "Diogo de Melo Meneses: *Gilberto Freyre*" (Reseña)
RI X/19 (noviembre 1945): 182-183

[F133] "Eduardo de Salteraín Herrera: *El Arandú*" (Reseña)
RI X/19 (noviembre 1945): 186-187

[F134] "Josefina Lerena Acevedo de Blixen: *Poetas armenios*" (Reseña)
RI X/19 (noviembre 1945): 176-177

[F135] "Emilio Oribe: *Poesía*" (Reseña)
RI X/19 (noviembre 1945): 184-185

[F136] "Juan Pablo Echagüe: *Tradiciones, leyendas y cuentos argentinos*" (Reseña)
RI X/19 (noviembre 1945): 178

[F137] "Juana de Ibarbourou: *Chico Carlo*" (Reseña)
RI X/19 (noviembre 1945): 180

[F138] "Raúl González Tuñón: *Himno de pólvora*" (Reseña)
RI X/19 (noviembre 1945): 178-179

[F139] "Carlos Prendes Saldía: *Soledad*" (Reseña)
RI X/19 (noviembre 1945): 185-186

[F140] "Dora Gómez Bueno de Acuña: *Barro Celeste*" (Reseña)
RI X/20 (marzo 1946): 351-352

[F141] "Diego Nollare L.: *Ciénaga fecunda*" (Reseña)
RI X/20 (marzo 1946): 353

[F142] "Academia Carioca de Letras: *Cuadernos*" (Reseña)
RI X/20 (marzo 1946): 348-349

[F143] "Carlos Rene Correa: *Tierras de Curicó*" (Reseña)
RI X/20 (marzo 1946): 349-350

[F144] "Enrique Serpa y Fernando G. Campoamor: *Recordación de Hernández Cata*" (Reseña)
RI X/20 (marzo 1946): 354

[F145] "Iván Alfonseca: *Antología biográfica*" (Reseña)
RI X/20 (marzo 1946): 349

[F146] "J. M. B. Farfán: *El Quechua bibliográfico II. Una leyenda del mes de agosto, en sus versiones quechua, castellana e inglesa*" (Reseña)
RI X/20 (marzo 1946): 351

[F147] "Rafael Mauleón Castillo: *Los días oscuros de Cesar Rivero*" (Reseña)
RI X/20 (marzo 1946): 352

[F148] "J. Carvajal Quesada: *Historia de la música europea y americana*" (Reseña)
RI XI/21 (junio 1946): 120

[F149] "Juan G. Ferreira Basso: *El niño*" (Reseña)
RI XI/21 (junio 1946): 122-123

[F150] "Bouchaton, Edison: *Tres climas de poesía y un verbo augural*" (Reseña)
RI XI/21 (junio 1946): 119-120

[F151] "Manuel Benavente: *Estampas pueblerinas*" (Reseña)
RI XI/21 (junio 1946): 119

[F152] "César Tiempo: *La vida romántica y pintoresca de Berta Singerman*" (Reseña)
RI XI/21 (junio 1946): 125

[F153] "Hernán Cortés: *Segunda Carta a Carlos V*" (Reseña)
RI XI/21 (junio 1946): 120-121

[F154] "Marques Rebêlo: *Vida e obra de Manuel Antonio de Almeida*" (Reseña)
RI XI/21 (junio 1946): 123-125

[F155] "Amado Nervo: *El arquero divino*" (Reseña)
RI XI/22 (octubre 1946): 342

[F156] "Raúl Montero Bustamante: *La ciudad de los libros*" (Reseña)
RI XI/22 (octubre 1946): 341-342

[F157] "Meira Delmar: *Sitio de amor*" (Reseña)
RI XI/22 (octubre 1946): 337-338

[F158] "Lázaro Fluty: *Güiliches*" (Reseña)
RI XI/22 (octubre 1946): 339-340

[F159] "Martins Napoleao: *O prisioneiro do mundo*" (Reseña)
RI XI/22 (octubre 1946): 341

[F160] "Miguel Amado: *Precursores y rebeldes*" (Reseña)
RI XI/22 (octubre 1946): 337

[F161] "*Vida y obra de Bartolomé Hidalgo*" (Reseña)
RI XI/22 (octubre 1946): 340

[F162] "Anna Amelia de Queiroz Carneiro de Mendonça: *Dos meses entre os americanos*" (Reseña)
RI XII/23 (febrero 1947): 144

[F163] "Ida Réboli: *Espuma y júbilo*" (Reseña)
RI XII/23 (febrero 1947): 145

[F164] "José Eduardo Seri: *Mundo sin ti y sin pájaros*" (Reseña)
RI XII/23 (febrero 1947): 145-146

[F165] "A. Cruz Costa: *La filosofía no Brasil*" (Reseña)
RI XII/24 (junio 1947): 323

[F166] "Valentín García Saiz: *El narrador gaucho*" (Reseña)
RI XII/24 (junio 1947): 324-325

[F167] "Juan Cunha: *Cuaderno de nubes*" (Reseña)
RI XII/24 (junio 1947): 324

[F168] "Enrique Portugal: *Cinco horas con mi madre*" (Reseña)
RI XII/24 (junio 1947): 325

[F169] "Elysario Tavosa Filho: *José Bonifacio cientista, profesor e técnico*" (Reseña)
RI XII/24 (junio 1947): 325-326

[F170] "Fermín A. Anzalaz: *Cuentos y tradiciones de La Rioja*" (Reseña)
RI XII/25 (octubre 1947): 158

[F171] "Jorge Amado: *São Jorge dos Ilheus*" (Reseña)
RI XII/25 (octubre 1947): 158

[F172] "Pedro Leandro Ipuche: *Caminos del canto*" (Reseña)
RI XII/25 (octubre 1947): 159-160

[F173] "Tobías Rosengerg: *La serpiente en medicina y en el folklore*" (Reseña)
RI XII/26 (febrero 1948): 393

[F174] "Paulina Medeiros: *Fonda sumergida*" (Reseña)
RI XII/26 (febrero 1948): 391

[F175] "Emilio Ballagas: *Mapa de la poesía negra americana*" (Reseña)
RI XII/26 (febrero 1948): 185-186

[F176] "Ledo Ivo: *As imaginações*" (Reseña)
RI XII/26 (febrero 1948): 387-391

[F177] "José Miguel Ferrer: *La sombra nace en el cielo*" (Reseña)
RI XII/26 (febrero 1948): 386-287

[F178] "Gabriela Mistral: *Ternura*" (Reseña)
RI XII/26 (febrero 948): 392-393

[F179] "Alberto Girri: *Playa sola*" (Reseña)
RI XIV/27 (junio 1948): 141

[F180] "Eduardo Campos: *Face iluminada*" (Reseña)
RI XIV/27 (junio 1948): 140-141

[F181] "Luis Alberto Menafra: *La resurrección de Homero en el siglo XX*" (Reseña)
RI XIV/27 (junio 1948): 139-140

[F182] "Ana María Garasino: *Historia de una expresión*" (Reseña)
RI XIV/28 (octubre 1948): 299

[F183] "Carlos Salazar Herrera: *Cuentos de angustias y paisajes*" (Reseña)
RI XIV/28 (octubre 1948): 299-301

[F184] "Concepción Silva Belinzón: *El plantador de pinos*" (Reseña)
RI XV/29 (febrero-julio 1949): 138

[F185] "Lindolfo Gomes: *Contos populares brasileiros*" (Reseña)
RI XV/29 (febrero-julio 1949): 137

[F186] "Vizconde de Taunay: *Céus e terras do Brasil*" (Reseña)
RI XV/29 (febrero-julio 1949): 139-140

[F187] "Dora Isella Russell: *Oleaje*" (Reseña)
RI XV/30 (agosto 1949-enero 1950): 298-300

[F188] "Miguel Ángel Asturias: *Poesía. Sien de alondra*" (Reseña)
RI XV/30 (agosto 1949-enero 1950): 297-298

[F189] "Alina Pain: *Simão Dia*" (Reseña)
RI XVI/31 (febrero-julio 1950): 184

[F190] "Flavio Herrera: *Caos*" (Reseña)
RI XVI/31 (febrero-julio 1950): 183-184

[F191] "Manuel Bandeira: *Poesías completas*" (Reseña)
RI XVI/32 (agosto 1950-enero 1951): 414-415

[F192] "Mario Sette: *Arruar*" (Reseña)
RI XVI/32 (agosto 1950-enero 1951): 416

[F193] "Rafaela Chacón Nardi: *Viaje al sueño*" (Reseña)
RI XVI/32 (agosto 1950-enero 1951): 416-417

[F194] "Julio J. Casal: *Cuadernos de otoño*" (Reseña)
RI XVI/32 (agosto 1950-enero 1951): 412-413

[F195] "Walter Rey: *La poesía paraguaya*" (Reseña)
RI XVII/33 (febrero-julio 1951): 130-132

[F196] "Alceu Maynard Araujo: *Documentario folklórico paulista*" (Reseña)
RI XVIII/36 (enero-septiembre 1953): 407-408

[F197] "Eduardo Joubin Colombres: *Albamarina*" (Reseña)
RI XVI/32 (agosto 1950-enero 1951): 414

[F198] "Silvio Rabelo: *Euclides da Cunha*" (Reseña)
RI XVI/32 (agosto 1950-enero 1951): 415-416

[F199] "Serafín J. García: *Las aventuras de Juan el zorro*" (Reseña)
RI XVII/33 (febrero-julio 1951): 128-129

[F200] "Dirceu Quintalnilha: *A inútil espera*" (Reseña)
RI XVII/33 (febrero-julio 1951): 129-130

[F201] "André Carneira: *Anguloe face*" (Reseña)
RI XVII/33 (febrero-julio 1951): 127-128

[F202] "Dora Mellela: *Después está el mar*" (Reseña)
RI XVII/34 (agosto 1951-enero 1952): 353-354

[F203] "Geraldo Pinto Rodríguez: *Tempo inconcluso*" (Reseña)
RI XVII/34 (agosto 1951-enero 1952): 354-355

[F204] "John T. Reid: *13 ensayos sobre literatura de los Estados Unidos*. (Reseña)
RI XVIII/36 (enero-septiembre 1953) 408-409

[F205] "H. Sánchez Quell: *Triángulo de la poesía rioplatense*" (Reseña)
RI XIX/37 (octubre 1953-marzo 1954): 176-177

[F206] "José Enrique Rodó: *Parábolas. Cuentos simbólicos*" (Reseña)
RI XX/39 (octubre 1954-marzo 1955): 176-179

[F207] "Clara Silva: *La sobreviviente*" (Reseña)
RI XX/40 (abril-septiembre 1955): 351-352

[F208] "Gabriela Mistral: *Lagar*" (Reseña)
RI XX/40 (abril-septiembre 1955): 353-354

[F209] "Jorge de Lima: *Poemas*" (Reseña)
RI XX/40 (abril-septiembre 1955): 352-353

FIGUEROA AMARAL, ESPERANZA

[F210] "Apuntes sobre Julián del Casal" (Estudio)
RI VII/14 (febrero 1944): 329-336

[F211] "Julián del Casal y el modernismo" (Estudio)
RI XXXI/59 (enero-junio 1965): 47-69

[F212] "Guía para el lector de *Rayuela*" (Nota)
RI XXXII/62 (julio-diciembre 1966): 261-266

[F213] "Carlos Fuentes: *Cambio de piel*" (Reseña)
RI XXXIV/66 (julio-diciembre 1968): 366-369

[F214] "Dos libros de Cortázar" (Nota)
RI XXXV/68 (mayo-agosto 1969): 377-383

[F215] "Bibliografía cronológica de la obra de Julián del Casal" (Bibliografía)
RI XXXV/68 (mayo-agosto 1969): 385-399

[F216] "Mario Vargas Llosa: *Los cachorros*" (Reseña)
RI XXXV/68 (mayo-agosto 1969): 405-408

[F217] "Alice M. Pollin: *Concordancias de la obra poética de Eugenio Florit*" (Reseña)
RI XXXV/68 (mayo-agosto 1969): 408-409

[F218] "Forma y estilo en *Paradiso*" (Estudio)
RI XXXVI/72 (julio-septiembre 1970): 425-435

[F219] "Pablo Neruda en inglés" (Estudio)
RI XXXIX/82-83 (enero-junio 1973): 301-347

FILER, MALVA E.

[F220] "Marcelo Coddou y Mirella Servovidio ed.: *Julio Cortázar en Barnard*" (Reseña)
RI XLVIII/120-121 (julio-diciembre 1982): 755-757

[F221] "Palabra e imagen en la escritura de *Territorios*" (Estudio)
RI XLIX/123-124 (abril-septiembre 1983): 351-368

[F222] "Los mitos indígenas en la obra de Carlos Fuentes" (Estudio)
RI L/127 (abril-junio 1984): 475-489

[F223] "Ángel Rama: *La ciudad letrada*" (Reseña)
RI LI/130-131 (enero-junio 1985): 369-371

[F224] "Autorrescate e invención en *Las andariegas*, de Albalucía Angel" (Estudio)
RI LI/132-133 (julio-diciembre 1985): 649-655

[F225] "*Theory and Practice of Feminist Literary Criticism*, ed. by Gabriela Mora and Karen S. Van Hooft" (Reseña)
RI LI/132-133 (julio-diciembre 1985): 971-973

[F226] "Tomás Eloy Martínez: *La novela de Perón*" (Reseña)
RI LII/135-136 (abril-septiembre 1986): 761-762

[F227] "Gioconda Marún: *Orígenes del costumbrismo ético social. Addison y Steele: Antecedentes del artículo costumbrista español y argentino*" (Reseña)
RI LII/135-136 (abril-septiembre 1986): 762-763

[F228] "Edna Aizenberg: *The Aleph Weaver: Biblical, Kabbalistic and Judaic Elements in Borges*" (Reseña)
RI LII/135-136 (abril-septiembre 1986): 763-766

[F229] "Beatriz Sarlo: *El imperio de los sentimientos*" (Reseña)
RI LII/137 (octubre-diciembre 1986): 1076-1078

[F230] "J. Ann Duncan: *Voices, Visions, and a New Reality. Mexican Fiction Since 1970*" (Reseña)
RI LII/137 (octubre-diciembre 1986): 1078-1079

[F231] "Antonio Di Benedetto (1922-1986)" (Necrológica)
RI LIII/140 (julio-septiembre 1987): 663-665

[F232] "Juan José Barrientos: *Borges y la imaginación*" (Reseña)
RI LIII/140 (julio-septiembre 1987): 696-698

[F233] "Evelyn Picón Garfield: *Women Voices from Latin America*" (Reseña)
RI LIII/140 (julio-septiembre 1987): 698-699

[F234] "Lida Aronne-Amestoy: *Utopía, Paraíso e Historia. Inscripciones del mito en García Márquez, Rulfo y Cortázar*" (Reseña)
RI LIII/141 (octubre-diciembre 1987): 1042-1045

[F235] "Magdalena García Pinto: *Historias íntimas*" (Reseña)
RI LV/146-147 (enero-junio 1989): 522-523

[F236] "Fernando Ainsa: *Los naufragios de Malinow y otros relatos. Las palomas de Rodrigo*" (Reseña)
RI LVI/151 (abril-junio 1990): 621-623

[F237] "Julio Ortega: *El muro y la intemperie. El nuevo cuento hispanoamericano.* Selección y prólogo de Julio Ortega" (Reseña)
RI LVI/151 (abril-junio 1990): 623-624

[F238] "George O. Schanzer: *The Persistence of Human Passions. Manuel Mujica Láinez's Satirical Neo-Modernism*" (Reseña)
RI LVII/154 (enero-marzo 1991): 400-402

[F239] "Kenneth E. Hall: *Guillermo Cabrera Infante and the Cinema*" (Reseña)
RI LVII/154 (enero-marzo 1991): 402-404

FISCHER, MARÍA LUISA

[F240] "El *Canto general* de Neruda y el canto particular de Enrique Lihn: una lectura" (Estudio)
RI LVII/155-156 (abril-septiembre 1991): 569-576

FISCHER, SYBILLE MARÍA

[F241] "El desierto prodigioso y el prodigio del desierto del neogranadino Pedro Solís y Valenzuela: Los espacios de la literatura" (Estudio)
RI LXI/172-173 (julio-diciembre 1995): 485-499

FITZ, EARL F.

[F242] "Bibliografía de y sobre Clarice Lispector" (Bibliografía)
RI L/126 (enero-marzo 1984): 293-304

[F243] "Machado, Borges e Clarice: a evolução da nova narrativa latinoamericana" (Estudio)
RI LXIV/182-183 (enero-junio 1996): 129-145

FLAWIA DE FERNÁNDEZ, NILDA MARÍA

[F244] "Fernando Ainsa: *Con acento extranjero*" (Reseña)
RI LVIII/160-161 (julio-diciembre): 1202-1208

FLORES, LAURA

[F245] "Mario Levrero: *Espacios libres*" (Reseña)
RI LVIII/160-161 (julio-diciembre 1992): 1209-1212

FLORES, MIGUEL ÁNGEL

[F246] "Marco Antonio Montes de Oca: ese inmenso mar poético" (Nota)
RI LVI/150 (enero-marzo 1990): 225-233

FLORIPE, RODOLFO O.

[F247] "Rubén Darío y Jules Lemaitre: una fuente secundaria de *Azul*" (Estudio)
RI XVII/34 (enero 1952): 285-292

FLORIT, EUGENIO

[F248] "Notas sobre la poesía en Martí" (Estudio)
RI IV/8 (febrero 1942): 253-266

[F249] "María Teresa Babín: *Panorama de la cultura puertorriqueña*" (Reseña)
RI XXV/49 (enero-junio 1960): 177-178

FOGELQUIST, DONALD F.

[F250] "Eduardo Barrios en su etapa actual" (Estudio)
RI XVIII/35 (diciembre 1952): 13-26

[F251] "*Helios*, voz de un renacimiento hispánico" (Estudio)
RI XX/40 (septiembre 1955): 291-300

[F252] "Jaime Torres Bodet: *Sin tregua*" (Reseña)
RI XXIV/47 (enero-junio 1959): 189-191

[F253] "La correspondencia entre José Enrique Rodó y Juan Ramón Jiménez" (Documento)
RI XXV/50 (julio-diciembre 1960): 327-336

[F254] "Carmen Gándara: *Los espejos*" (Reseña)
RI XVII/34 (agosto 1951-enero de 1952) 355-357

FOMBONA, JACINTO

[F255] "Julián del Casal: el mal viaje a París o el gozo de su 'mal de siglo'" (Estudio)
RI LXII/175 (abril-junio 1996): 385-392

[F256] "Javier Lasarte: *Juego y nación*" (Reseña)
RI LXIII/181 (octubre-diciembre 1997): 721-723

[F257] "Beatriz González Stephan, comp:. *Cultura y Tercer Mundo: 1. Cambios en el saber académico. 2. Nuevas identidades y ciudadanías*" (Reseña)
RI LXIII/181 (octubre-diciembre 1997): 723-726

[F258] "Cuño, cuña, coño: juegos de Felisberto Hernández" (Estudio)
RI LXVI/190 (enero-marzo 2000): 25-36

FONSECA, PEDRO

[F259] "Primeiros encontros com a antropofagia amerindia: de Colombo a Pigafetta" (Estudio)
RI LXI/170-171 (enero-junio 1995): 57-79

FONT, MARÍA TERESA

[F260] "Tres manifestaciones de espacialismo poético: Federico García Lorca, Nicolás Guillén y Jorge Luis Borges" (Estudio)
RI XXXVI/73 (octubre-diciembre 1970): 601-612

FONTAINE, REMY

[F261] "Mario Benedetti: *La tregua*" (Reseña)
RI XLVI/110-111 (enero-junio 1980): 325-326

[F262] "Pedro Barreda: *The Black Protagonist in the Cuban Novel*" (Reseña)
RI XLVI/112-113 (julio-diciembre 1980): 663-665

FONTANA, HUGO

[F263] "Carlos Martínez Moreno testigo de cargo" (Nota)
RI LVIII/160-161 (julio-diciembre 1992): 1049-1057

FORCINITO, ANA M.

[F264] "Lucía Guerra: *La mujer fragmentada. Historias de un signo*" (Reseña)
RI LXII/176-177 (julio-diciembre 1996): 998-1005

FORD, ANÍBAL

[F265] "La construcción discursiva de los problemas globales. El interculturalismo: residuos, *commodities* y pseudodifusiones" (Estudio)
RI LXVII/197 (octubre-diciembre 2001): 671-686

FORD, RICHARD

[F266] "El marco narrativo de *La vorágine*" (Nota)
RI XLII (96-97 (julio-diciembre 1976): 573-580

FORNOFF, FREDERICK H. Y SCOTT O.
MCCLINTOCK

[F267] "La poética de ausencia en Laureano Albán" (Estudio)
RI LIII/138-139 (enero-junio 1987): 331-351

FORSTER, MERLIN H.

[F268] "Nota sobre unos poemas no estudiados de José Gorostiza" (Nota)
RI XXVII/52 (julio-diciembre 1961): 323-327

[F269] "Salvador Novo: *Poesías y Yocasta, o casi*" (Reseña)
RI XXVIII/54 (julio-diciembre 1962): 386-387

[F270] "Luis G. Urbina: *Ecos teatrales* (Prólogo, selección y notas de Gerardo Sáenz)" (Reseña)
RI XXX/58 (julio-diciembre 1964): 334-335

[F271] "*Ver y palpar y El ciudadano del olvido*: ¿Fórmulas gastadas o creaciones nuevas?" (Nota)
RI XLV/106-107 (enero-junio 1979): 285-290

[F272] "Nota sobre algunos primeros poemas de Vicente Huidobro traducidos al catalán" (Nota)
RI XLVIII/118-119 (enero-junio 1982): 391-396

FOSTER, DAVID WILLIAM

[F273] "Nota sobre el punto de vista narrativo en *Hijo de hombre* de Roa Bastos" (Nota)
RI XXXVI/73 (octubre-diciembre 1970): 643-650

[F274] "Hugo Rodríguez-Alcalá: *Narrativa hispanoamericana, Güiraldes-Carpentier-Roa Bastos-Rulfo (estudios sobre invención y sentido)*" (Reseña)
RI XLI/90 (enero-marzo 1975): 147-148

[F275] "Ernesto Sábato: *Abaddón, el exterminador*" (Reseña)
RI XLI/90 (enero-marzo 1975): 148-150

[F276] "Julio Ortega: *Ceremonia y otros actos*" (Reseña)
RI XLI/91 (abril-junio 1975): 373-374

[F277] "Josefina Ludmer: *'Cien años de soledad': una interpretación crítica*" (Reseña)
RI XLII/95 (abril-junio 1976): 317-321

[F278] "Noé Jitrik: *El no existente caballero*" (Reseña)
RI XLII/96-97 (julio-diciembre 1976): 623-625

[F279] "Para una caracterización de la 'escritura' en los relatos de Borges" (Estudio)
RI XLIII/100-101 (julio-diciembre 1977): 337-355

[F280] "Bibliografía literaria hispanoamericana. 1977-1978-1979" (Bibliografía)
RI XLVI/112-113 (julio-diciembre 1980): 591-604

[F281] "Bibliografía literaria hispanoamericana" (Bibliografía)
RI XLIX/122 (enero-marzo 1983): 235-241

[F282] "Bibliografía del indigenismo hispanoamericano" (Bibliografía)
RI L/127 (abril-junio 1984): 587-620

[F283] "Bibliografía literaria hispanoamericana 1982-1983-1984" (Bibliografía)
RI LI/130-131 (enero-junio 1985): 347-353

[F284] "Espejismos eróticos: *De Ausencia*, de María Luisa Mendoza" (Estudio)
RI LI/132-133 (julio-diciembre 1985): 657-663

FOSTER, DAVID WILLIAM Y HARVEY L. JOHNSON

[F285] "Bibliografía literaria hispanoamericana 1976" (Bibliografía)
RI XLIV/102-103 (enero-junio 1978): 221-229

FOUQUES, BERNARD

[F286] "El espacio órfico de la novela en *La muerte de Artemio Cruz*" (Estudio)
RI XLI/91 (abril-junio 1975): 237-248

[F287] "'*Casa tomada*' o la auto-significación del relato" (Nota)
RI XLII/96-97 (julio-diciembre 1976): 527-533

[F288] "Lelia Madrid: *El estilo del deseo: la poética de Darío, Vallejo, Borges y Paz*" (Reseña)
RI LVIII/158 (Enero-marzo 1992): 279-281

Fox-Lockert, Lucía

[F289] "Nora Jacquez Wieser: *Open to the Sun*" (Reseña)
RI XLVIII/118-119 (enero-junio 1982): 440-442

Fraga Petingi, Gabriela

[F290] "Miguel Ángel Campodónico: *Instrucciones para vivir (monólogo del sobreviviente)*" (Reseña)
RI LVIII/160-161 (julio-diciembre 1992): 1212-1214

Franco, Jean

[F291] "¡Oh mundo por poblar, hoja en blanco! El espacio y los espacios en la obra de Octavio Paz" (Estudio)
RI XXXVII/74 (enero-marzo 1971): 147-160

[F292] "Lectura de *Conversación en la catedral*" (Nota)
RI XXXVII/76-77 (julio-diciembre 1971): 763-768

[F293] "Narrador, autor, superestrella: La narrativa latinoamericana en la época de la cultura de masas" (Estudio)
RI XLVII/114-115 (enero-junio 1981): 129-148
RI LXVIII/200 (julio-septiembre 2002): 737-752

Francheri López, Eduardo

[F294] "Monteiro Lobato" (Necrológica)
RI XIV/28 (octubre 1948): 393-395

Franco Carvalhal, Tania

[F295] "*Limiares culturais: as complexas relações do Sul/Sur*" (Estudio)
RI LXIV/182-183 (enero-junio 1998): 97-106

Franco Moreira, Luiza

[F296] "A lua e o domador: símbolos literários e divisões sociais na poesía nacionalista de Cassiano Ricardo e Leopoldo Marechal" (Estudio)
RI LXIV/182-183 (enero-junio 1998): 145-158

Frank, Roslyn M. y Nancy Vosburg

[F297] "Textos y contra-textos en 'El jardín de los senderos que se bifurcan" (Estudio)
RI XLIII/100-101 (julio-diciembre 1977): 517-534

Frankenthaller, Marilyn

[F298] "Complemento a la bibliografía de y sobre Juan Carlos Onetti" (Bibliografía)
RI XLI/91 (abril-junio 1975): 355-365

Friedman, Mary Lusky

[F299] "María Inés Lagos: *H.A. Murena en sus ensayos y narraciones: de líder revisionista a marginado*" (Reseña)
RI LVI/151 (abril-junio 1990): 627-630

Frischmann, Donald H.

[F300] "El sistema patriarcal y las relaciones heterosexuales en *Balún Canán*, de Rosario Castellanos" (Estudio)
RI LI/132-133 (julio-diciembre 1985): 665-678

[F301] "Nora Eidelberg: *Teatro experimental hispanoamericano 1960-1980 (La realidad social como manipulación)*" (Reseña)
RI LII/137 (octubre-diciembre 1986): 1079-1081

Fritjof, Raven

[F302] "Max Dickmann: *Gente*" (Reseña)
RI III/6 (mayo 1941): 459-460

FUENTE, ALBERT DE LA

[F303] "La estructura de la novela de Juan Carlos Onetti: *Juntacadáveres*" (Estudio)
RI XXXVIII/79 (abril-junio 1972): 263-277

FUENTE, BIENVENIDO DE LA

[F304] "El olfato en la captación de 'la otra realidad', en algunos cuentos de Julio Cortázar" (Nota)
RI XLV/108-109 (julio-diciembre 1979): 573-582

FUENTE, JOSÉ LUIS DE LA

[F305] "Juan Pellicer: *El placer de la ironía: Leyendo a Juan García Ponce*" (Reseña)
RI LXVI/193 (abril-junio 2000): 913-916

FUENTES, CARLOS

[F306] "Seis cartas. De Carlos Fuentes a Octavio Paz" (Documento)
RI XXXVII/74 (enero-marzo 1971): 17-27

[F307] "Mugido, muerte y misterio: El mito de Rulfo" (Estudio)
RI XLVII/116-117 (julio-diciembre 1981): 11-21

FUENTES, CARLOS, JORGE EDWARDS, JUAN GOYTISOLO ET. AL.

[F308] "La experiencia de los novelistas" (Mesa redonda)
RI XLVII/116-117 (julio-diciembre 1981): 309-321

FUENZALINDA PEREYRA, JORGE

[F309] "Reinaldo Rombol: *Ranquil*" (Reseña)
RI VIII/15 (mayo 1944): 146-147

FURNESS, EDNA L.

[F310] "Carleton Velas: *Río Grande to Cape Horn*" (Reseña)
RI VIII/15 (mayo 1944): 157-158

FUSILLA, JOSEPH G.

[F311] "Tres poesías desconocidas de Martínez de la Rosa" (Estudio)
RI XIX/37 (octubre 1953): 141-146

[F312] "Una poesía panegírica de Gertrudis Gómez de Avellaneda" (Nota)
RI XXII/43 (enero-junio 1957): 144-146

[F313] está en la página 85 bajo "Ferreira Pinto, Cristina".

GALARZA SEPÚLVEDA, DENISE

[G1] "'Las mujeres son las que comúnmente mandan el mundo': la feminización de lo político en *El Carnero*" (Estudio)
RI LXVII/194-195 (enero-junio 2001): 55-68

GALEANO, JUAN CARLOS

[G2] "El nadaísmo y 'la violencia' en Colombia" (Estudio)
RI LIX/164-165 (julio-diciembre 1993): 645-658

GALICH, FRANZ

[G3] "El teatro de La Revolución (1970-1987)" (Nota)
RI LVII/157 (octubre-diciembre 1991): 1045-1058

GALLAGHER, DAVID

[G4] "Gonzalo Contreras: *La ciudad anterior*. Arturo Fontaine Talavera: *Oír su voz*. Alberto Fuguet: *Mala onda*" (Reseña)
RI LX/168-169 (julio-diciembre 1994): 1194-1197

GALLATIN, BÁRBARA

[G5] "Alfonso Junco: *Savia*" (Reseña)
RI VI/12 (mayo-1943): 500-501

GALLEGO, ISABEL

[G6] "Alfredo Bryce Echenique en el fin de siglo"(Estudio)
RI LXIV/184-185 (julio-diciembre 1998): 611-627

GALLEGOS, GERARDO

[G7] "Intelectuales de América por una América Continental" (Estudio)
RI VIII/16 (noviembre 1944): 253-256

[G8] "Marcos Carías Reyes: *La heredad*" (Reseña)
RI XI/21 (junio 1946): 126-128

[G9] "Casto Fulgencio López: *Lope de Aguirre, el peregrino*" (Reseña)
RI XVI/32 (enero 1951): 418-420

GALLEGOS, RÓMULO

[G10] "Discurso (11 abril 1949)"
RI LXVIII/200 (julio-septiembre 2002): 593-596

GALLI, CRISTINA

[G11] "Las formas de la violencia en *Recuerdos del porvenir*" (Nota)
RI LVI/150 (enero-marzo 1990): 213-224

GALLO, MARTA

[G12] "El tiempo en 'Las ruinas circulares' de Jorge Luis Borges" (Estudio)
RI XXXVI/73 (octubre-diciembre 1970): 559-578

[G13] "Asterión, o el divino Narciso" (Nota)
RI XLIII/100-101 (julio-diciembre 1977): 683-690

[G14] "Néstor Sánchez, paradoja del cómico de la lengua" (Estudio)
RI XLIX/125 (octubre-diciembre 1983): 943-954

[G15] "Semiosis y símbolo en la 'búsqueda' como función narrativa en los cuentos de Borges" (Nota)
RI LI/130-131 (enero-junio 1985): 197-207

[G16] "Las crónicas de Victoria Ocampo: Versatilidad y fidelidad de un género" (Estudio)
RI LI/132-133 (julio-diciembre 1985): 679-686

[G17] "Julio Cortázar y Ana María Barrenechea: *Cuaderno de bitácora de 'Rayuela*'" (Reseña)
RI LI/132-133 (julio-diciembre 1985): 973-976

GÁLVEZ, MANUEL

[G18] "'Esclavitud'" (Cuento)
RI XXXVIII/79 (abril-junio 1972): 318-332

GÁLVEZ-CARLISLE, GLORIA

[G19] "Si nos permiten hablar: los espacios literarios y la deconstrucción del discurso del silencio en la narrativa de Lucía Guerra" (Estudio)
RI LX (168-169) (julio-diciembre 1994): 1073-1079

GAMBARINI, ELSA K.

[G20] "Máscaras y más máscaras" (Estudio)
RI XL/87-88 (abril-septiembre 1974): 459-470

[G21] "El discurso y su transgresión: 'El almohadón de plumas' de Horacio Quiroga" (Estudio)
RI XLVI/112-113 (julio-diciembre 1980): 443-457

[G22] "La escritura como lectura: La parodia en 'El crimen del otro' de Horacio Quiroga" (Estudio)
RI LII/135-136 (abril-septiembre 1986): 475-488

GAMBARO, GRISELDA

[G23] "Algunas consideraciones sobre la mujer y la literatura" (Ensayo)
RI LI/132-133 (julio-diciembre 1985): 471-473

GÁMEZ, A. ARISTIDES

[G24] "La causa pro-indígena en la Escuela de Salamanca de Juan de Palafox y Mendoza" (Estudio)
RI LXI/170-171 (enero-junio 1995): 131-146

GÁRATE, MIRIAM

[G25] "Argirópolis, canudos y las favelas. Un ensayo de literatura comparada" (Estudio)
RI LXIII/181 (octubre-diciembre 1997): 621-630

[G26] "Atracción y repulsión. En torno a la gauchesca de gaúchos y de gauchos" (Estudio)
RI LXVI/192 (julio-septiembre 2000): 533-594

GARBUGLIO, JOSÉ CARLOS

[G27] "Guimarães Rosa: A gênese de uma obra" (Estudio)
RI XLIII/98-99 (enero-junio 1977): 183-197

GARCÍA, HÉCTOR

[G28] "Mario Delgado Aparain: *La balada de Johnny Sosa*" (Reseña)
RI LVIII/160-161 (julio-diciembre 1992): 1214-1218

GARCÍA, GUSTAVO V.

[G29] "El intertexto de la imitación en Garcilaso, Góngora y Balbuena" (Estudio)
RI LXIII/180 (octubre-diciembre 1997): 391-404

GARCÍA, IGNACIO

[G30] "Rubén Darío y Francisco Grandmontaigne en el Buenos Aires de 1898. La redefinición de los conceptos de hispanismo en América y del americanismo en España" (Estudio)
RI LXVIII/198 (enero-marzo 2002): 49-66

GARCÍA, RAQUEL

[G31] "Eduardo Galeano: *Memoria del fuego*" (Reseña)
RI LVIII/160-161 (julio-diciembre 1992): 1218-1220

GARCÍA, RUBÉN

[G32] "Donaldo Schüler: *A dramaticidade na poesia de Drummond*" (Reseña)
RI L/126 (enero-marzo 1984): 311-312

GARCÍA BARRÓN, CARLOS

[G33] "Ricardo Palma: poeta depurador" (Nota)
RI XLIV/104-105 (julio-diciembre 1978): 545-556

[G34] "Ricardo Palma: *Cien tradiciones peruanas*. Prólogo, selección y cronología de José Miguel Oviedo" (Reseña)
RI XLVI/110-111 (enero-junio 1980): 326-329

[G35] "Algunos datos poco conocidos sobre textos de José Joaquín de Olmedo" (Documentos)
RI XLVI/112-113 (julio-diciembre 1980): 581-588

GARCÍA-BEDOYA, CARLOS M.

[G36] "Apuntes fragmentarios sobre los estudios literarios latinoamericanos 1970-1992" (Estudio)
RI LIX/164-165 (julio-diciembre 1993): 509-520

[G37] "Raúl Bueno: *Escribir en Hispanoamérica: Ensayos sobre teoría y crítica literaria*" (Reseña)
RI LIX/164-165 (julio-diciembre 1993): 772-773

GARCÍA BORRERO, JUAN ANTONIO

[G38] "La dictadura de los críticos (Por una crítica imperfecta ... algunos años después)" (Estudio)
RI LXVIII/199 (abril-junio 2002): 303-317

GARCÍA CALDERÓN, MYRNA

[G39] "La escritura erótica y el poder en *Canon de alcoba* de Tununa Mercado" (Estudio)
RI LXV/187 (abril-junio 1999): 373-382

GARCÍA CASTRO, RAMÓN

[G40] "Notas sobre la pintura en tres obras de Alejo Carpentier: *Los convidados de plata, Concierto barroco* y *El recurso del método*" (Estudio)
RI XLVI/110-111 (enero-junio 1980): 67-84

[G41] "El cuerpo masculino visto por ojos latinoamericanos: *Santa materia* (1954) de Benjamín Subercaseaux y *Vida ejemplar del esclavo y el señor* (1983) de Manuel Ramos Otero" (Estudio)
RI LXII/174 (enero-marzo 1996): 149-162

[G42] "Epistemología del *closet* de José Donoso (1924-1996) en *Conjeturas sobre la memoria de mi tribu* (1996), *El jardín de al lado* (1981) y *Santelices* (1962)" (Estudio)
RI LXVIII/198 (enero-marzo 2002): 27-48

GARCÍA CORALES, GUILLERMO

[G43] "Nostalgia y melancolía en la novela detectivesca de Chile de los noventa" (Estudio)
RI LXV/186 (enero-marzo 1999): 81-87

[G44] "Rodrigo Cánovas: *Novela chilena, nuevas generaciones: el abordaje de los huérfanos*" (Reseña)
RI LXV/187 (abril-junio 1999): 432-434

GARCÍA CHUECO, HÉCTOR

[G45] "Lucas Manzano: *Caracas de mil y pico*" (Reseña)
RI IX/17 (febrero 1945): 97-98.

GARCÍA DE ALDRIDGE, ADRIANA

[G46] "La dialéctica contemporánea: 'Tiempo propio-tiempo total, en *Cumpleaños*" (Estudio)
RI XLV/108-109 (julio-diciembre 1979): 513-535

García Girón, Edmundo

[G47] "'La azul sonrisa'. Disquisición sobre la adjetivación modernista" (Estudio)
RI XX/39 (marzo 1955): 95-116

[G48] "María Hortensia Lacau: *El mundo poético de Conrado Nalé Roxlo*" (Reseña)
RI XX/39 (octubre 1954-marzo 1955) 176-179

García Hernández, Manuel

[G49] "Jacinto Fombona-Pachano: *Las torres desprevenidas*" (Reseña)
RI IV/8 (febrero 1942): 437-440

[G50] "Adolfo Salvi: *Canciones nacidas en primavera*" (Reseña)
RI V/9 (mayo 1942): 150-151

[G51] "Carlos Sabat Escasty: *Cántico desde mi muerte*" (Reseña)
RI V/9 (mayo 1942) 148-150

[G52] "Gustavo Díaz Solís: *Marejadas*" (Reseña)
RI V/9 (mayo 1942): 147-148

García Maffla, Jaime

[G53] "El movimiento poético de *Piedra y cielo*" (Estudio)
RI L/128-129 (julio-diciembre 1984): 683-688

García Monge, Joaquín

[G54] "Mi deuda con Baldomero Sanín Cano" (Estudio)
RI XIII/26 (febrero 1948): 269-272
RI LXVIII/200 (julio-septiembre 2002): 591-592

García Morales, Alfonso

[G55] "Federico de Onís y el concepto de modernismo. Una revisión" (Estudio)
RI LXIV/184-185 (julio-diciembre 1998): 485-506

García Pabón, Leonardo

[G56] "Territorio y nación: indios y mineros en *Aluvión de fuego* de Oscar Cerruto" (Estudio)
RI LII/134 (enero-marzo 1986): 93-109

[G57] "Indios criollos y fiesta barroca en la *Historia de Potosí* de Bartolomé Arzáns" (Estudio)
RI LXI/172-173 (julio-diciembre 1995): 423-439

García Pinto, Magdalena

[G58] "El bilingüismo como factor creativo en *Altazor*" (Estudio)
RI XLV/106-107 (enero-junio 1979): 117-127

[G59] "Mireya Camurati: *Poesía y poética de Vicente Huidobro*" (Reseña)
RI XLIX/123-124 (abril-septiembre 1983): 653-654

[G60] "Andrés Avellaneda: *El habla de la ideología*" (Reseña)
RI LI/130-131 (enero-junio 1985): 371-374

[G61] "La escritura de la pasión y la pasión de la escritura: *En breve cárcel* de Sylvia Molloy" (Estudio)
RI LI/132-133 (julio-diciembre 1985): 687-696

[G62] "Lucía Fox: *Formas-Forms*" (Entrevista)
RI LI/132-133 (julio-diciembre 1985): 968-971

[G63] "*The Web Stories by Argentine Women*, edited and translated by H. Ernest Lewald" (Reseña)
RI LI/132-133 (julio-diciembre 1985): 976-978

[G64] "Entrevista con Abel Posse" (Entrevista)
RI LV/146-147 (enero-junio 1989): 493-506

[G65] "Sergio Pitol: *Domar a la divina garza*" (Reseña)
RI LVII/154 (enero-marzo 1991): 404-406

[G66] "El retrato de una artista joven: la musa de Delmira Agustini" (Estudio)
RI LXIV/184-185 (julio-diciembre 1998): 559-572

GARCÍA PRADA, CARLOS

[G67] "Julio Arboleda y su *Gonzalo de Oyón*" (Estudio)
RI III/5 (febrero 1941): 39-74

[G68] "El Tercer Congreso" (Editorial)
RI V/10 (octubre 1942): 253-260

[G69] "Por las letras iberoamericanas" (Editorial)
RI X/19 (noviembre 1945): 9-11
RI LXVIII/200 (julio-septiembre 2002): 583-584

[G70] "La poesía imaginista y el Hai-kai japonés" (Estudio)
RI XXI/41-42 (enero-diciembre 1956): 373-391

[G71] "Tomás Carrasquilla, clásico antioqueño" (Estudio)
RI XXIV/47 (enero-junio 1959): 9-28

[G72] "Cynthio Vitier: *Poemas*" (Reseña)
RI I/1 (mayo-noviembre 1939): 192-193

[G73] "A. Gómez Restrepo: *Bogotá*" (Reseña)
RI I/1 (mayo-noviembre 1939): 188-189

[G74] "A. Gómez Restrepo: *Historia de la literatura colombiana*" (Reseña)
RI I/1 (mayo-noviembre 1939): 185-188

[G75] "A. Pardo García: *Presencia*" (Reseña)
RI I/1 (mayo-noviembre 1939): 189-192

[G76] "Cristóbal Benítez: *Sociología Política*" (Reseña)
RI I/2 (noviembre 1939): 401- 403

[G77] "J.M. Vargas Vila: *José Martí, apóstol y libertador*" (Reseña)
RI I/2 (noviembre 1939): 387- 388

[G78] "José Manuel Marroquín: *El moro*" (Reseña)
RI I/2 (noviembre 1939): 385- 386

[G79] "*Cuadernos de la Asociación de Escritores Venezolanos*. (Julián Padrón: *Fogata*. R. Díaz Sánchez: *Ámbito y acento*. R. Rodríguez Cárdenas: *Tambor*. Guillermo Meneses: *Tres Cuentos venezolanos*. Jesús Semprún: *Estudios Críticos*. Nelson Himiob: *Álvaro Guaica*. L. Ayala Michelena: *La respuesta del otro mundo*" (Reseña)
RI I/2 (noviembre 1939): 393- 397

[G80] "E. Avellán Ferres: *El mismo caso.... Sin caminos....*" (Reseña)
RI I/2 (noviembre 1939): 389-392

[G81] "Emeterio S. Satovenia: *Genio y acción. Sarmiento y Martí*" (Reseña)
RI I/2 (noviembre 1939): 388-389

[G82] "M. Picón-Salas: *Preguntas a Europa*. (Reseña)
RI I/2 (noviembre 1939): 399-401

[G83] R. Angarita Arvelo: *Historia y crítica de la novela en Venezuela*" (Reseña)
RI I/2 (noviembre 1939): 397-399

[G84] "Mario Carvajal: *Estampas y apologías*" (Reseña)
RI II/3 (abril 1940): 226-228

[G85] "A. Sacotto Arias: *Velorio del albañil*" (Reseña)
RI II/3 (abril 1940): 237-238

[G86] "Epifanio Mejía: *Obras completas*" (Reseña)
RI II/3 (abril 1940): 235-237

[G87] "Ismael Enrique Arciniegas: *Romancero de la conquista y la colonia*" (Reseña)
RI II/3 (abril 1940): 231-233

[G88] "Estrella Genta: *Cantos de la palabra iluminada*" (Reseña)
RI II/3 (abril 1940): 222-226

[G89] "Ángel Romeo Castillo: *Nuevo descubrimiento de Guayaquil*" (Reseña)
RI II/3 (abril 1940): 233-234

[G90] "Juan Bosch: *Mujeres en la vida de Hostos*" (Reseña)
RI II/3 (abril 1940): 235

[G91] "René Potts: *Romancero de la maestrilla: Fiesta mayor*" (Reseña)
RI II/3 (abril 1940): 239-241

[G92] "Mosquera Garcés: *La ciudad creyente*" (Reseña)
RI II/3 (abril 1940): 228-231

[G93] "Juan Marinello: *Momento español*" (Reseña)
RI II/4 (noviembre 1940): 494-496

[G94] "Gerhard Masur: *Goethe. La ley de su vida*" (Reseña)
RI II/4 (noviembre 1940): 492-494

[G95] "Mariano Picón-Salas: *Cinco discursos sobre pasado y presente de la nación venezolana*" (Reseña)
RI III/6 (mayo de 1941): 439-440

[G96] "A. Ortiz Vargas: *Las torres de Manhattan*" (Reseña)
RI III/6 (mayo de 1941): 440-442

[G97] "Benigno A. Gutiérrez: *Poemas del indio Uribe*" (Reseña)
RI III/6 (mayo de 1941): 437-438

[G98] "Percy Alvin Martín: *Who's Who in Latin America*" (Reseña)
RI III/6 (mayo de 1941): 442-443

[G99] "G. Humberto Mata: *Sumag Allpa*" (Reseña)
RI V/9 (mayo 1942): 152-154

[G100] "Luis Rodríguez Embil: *José Martí, el Santo de América*" (Reseña)
RI V/9 (mayo 1942): 155-156

[G101] "Octavio Méndez Pereira: *Núñez de Balboa. El tesoro del Debraibe*" (Reseña)
RI V/9 (mayo 1942): 154-155

[G102] "Gerardo Gallegos: *Eladio Segura*" (Reseña)
RI V/9 (mayo 1942): 151-152

[G103] "M. González Prada: *Prosa menuda*" (Reseña)
RI V/10 (octubre 1942): 405-406

[G104] "Alfredo González Prada: *Un crimen perfecto. El asesinato del Gran Mariscal don Agustín Gamarra, Presidente del Perú*" (Reseña)
RI V/10 (octubre 1942): 406-407

[G105] "Fernando Díez de Medina: *Franz Tamayo, hechicero del Ande*" (Reseña)
RI VII/13 (noviembre 1943): 430-433

[G106] "Oscar Castro: *Huellas en la tierra*" (Reseña)
RI VII/13 (noviembre 1943): 430

[G107] "Juan Pablo Echagüe (Jean Paul): *Por donde corre el zonda*" (Reseña)
RI VII/13 (noviembre 1943): 433-434

[G108] "Juan Pablo Echagüe: *Monteagudo. Una vida meteórica*" (Reseña)
RI VII/13 (noviembre 1943): 434-435

[G109] "Zurce que zurce líricos chismes" (Colección literaria)
RI VI/11 (febrero 1943): 207-212

[G110] "*Solo en el Presente, Ayer, Mañana*" (Colección literaria)
RI IX/17 (febrero 1945): 167-172

García Rodríguez, Ariadna

[G111] "Vasco Núñez de Balboa y la geopsiquis de una nación" (Estudio)
RI LXVII/196 (julio-septiembre 2001): 461-474

García Ronda, Denia

[G112] "Onelio Jorge Cardoso: Cubanía y universalidad" (Nota)
RI LVI/152-153 (julio-diciembre 1990): 993-999

García Valencia, Abel

[G113] "Juan C. García: *selección de escritos*" (Reseña)
RI VI/11 (febrero 1943): 130-131

[G114] "José Asunción Silva: *Prosas y versos*" (Reseña)
RI VIII/16 (noviembre 1944): 366-368

[G115] "Ricardo Palma: *Flor de tradiciones*" (Reseña)
RI X/19 (noviembre 1945): 188-189

GARDÓN, MARGARITA

[G116] "Jorge Luis Morales: *Obelisco: Diosa Madre Poesía*" (Reseña)
RI LIX/162-163 (enero-junio 1993): 382-385

GARGANIGO, JOHN F.

[G117] "*Tierra Nueva*: Su estética y poética" (Estudio)
RI XXXI/60 (julio-diciembre 1965): 239-250

[G118] "Sobre *Sátiro o el poder de las palabras*" (Estudio)
RI XLV/106-107 (enero-junio 1979): 315-323

GARRELS, ELIZABETH

[G119] "El *Facundo* como folletín" (Estudio)
RI LIV/143 (abril-junio 1988): 419-447

[G120] "Sobre indios, afroamericanos y los racismos de Sarmiento" (Estudio)
RI LXIII/178-179 (enero-junio 1997): 99-114

GARRIDO, ADRIANA

[G121] "Mercedes Rein: *Blues de los domingos*" (Reseña)
RI LVIII/160-161 (julio-diciembre 1992): 1221-1223

GARRIDO, FELIPE

[G122] "¿Revolución en las letras?" (Estudio)
RI LV/148-149 (julio-diciembre 1989): 841-845

GARZA CHÁVEZ, MARÍA LUISA DE LA Y MARÍA DEL MAR PAÚL ARRANZ

[G123] "Alberto Ruy Sánchez. Calígrafo del erotismo" (Estudio)
RI LXV/187 (abril-junio 1999): 359-372

GARZA CUARÓN, BEATRIZ

[G124] "La herencia filológica de Pedro Henríquez Ureña en El Colegio de México" (Estudio)
RI LIV/142 (enero-marzo 1988): 321-330

[G125] "Claridad y complejidad en *Muerte sin fin* de José Gorostiza" (Estudio)
RI LV/148-149 (julio-diciembre 1989): 1129-1149

GASPAR, CATALINA

[G126] "Metaficción y productividad en José Donoso" (Estudio)
RI LXIII/180 (julio-septiembre 1997): 437-448

GERBASI, VICENTE

[G127] "Pascual Vanegas Filardo: *Música y eco de tu ausencia*" (Reseña)
RI IV/8 (febrero 1942): 441-442

[G128] "Otto D'Sola: *De la soledad y las visiones*" (Reseña)
RI V/10 (octubre 1942): 407-408

[G129] "Enriqueta Arvelo Larriva: *Poemas de una pena*" (Reseña)
RI VI/12 (mayo-1943): 502

[G130] "Manuel F. Rugeles: *La errante melodía*". (Reseña)
RI VI/12 (mayo-1943): 502-503

[G131] "Luis Beltrán Guerrero: *Secretos en fuga*" (Reseña)
RI VI/12 (mayo-1943): 501-502

[G132] "Pedro García Lopenza: *Voces de la tierra ancha*" (Reseña)
RI VIII/16 (noviembre 1944): 368-369

[G133] "Feliz Armando Núñez: *Canciones de todos los tiempos*" (Reseña)
RI VIII/16 (noviembre 1944): 369

[G134] "Vicente Azar: *Arte de olvidar*" (Reseña)
RI VIII/16 (noviembre 1944): 368

[G135] "Héctor Guillermo Villalobos: *Jagüey*" (Reseña)
RI IX/17 (febrero 1945): 9-99

[G136] "Otto D'Sola: *El viajero mortal*" (Reseña)
RI XI/21 (junio 1946): 128-129

[G137] "Olivares Figueroa: *Libro primero de las sátiras*" (Reseña)
RI XI/21 (junio 1946): 129-130

GELPÍ, JUAN G.

[G138] "Eliseo R. Colón Zayas: *El teatro de Luis Rafael Sánchez. Códigos, ideología y lenguaje*" (Reseña)
RI LIII/140 (julio-septiembre 1987): 699-700

[G139] "Sylvia Molloy: *At Face Value: Autobiographical Writing in Spanish America*" (Reseña)
RI LVIII/158 (enero-marzo 1992): 281-283

[G140] "El clásico y la reescritura: insularismo en las páginas de *La guaracha del Macho Camacho*" (Estudio)
RI LIX/162-163 (enero-junio 1993): 55-71

GERASSI-NAVARRO, NINA

[G141] "Huarochirí: recordando las voces del pasado en los mitos de creación" (Estudio)
RI LXI/170-171 (enero-junio 1995): 95-105

[G142] "La mujer como ciudadana: desafíos de una coqueta en el siglo XIX" (Estudio)
RI LXIII/178-179 (enero-junio 1997): 129-140

GERENDAS, JUDIT

[G143] "La ficcionalización del deterioro en la narrativa venezolana" (Nota)
RI LX/166-167 (enero-junio 1994): 461-468

GERTEL, ZUNILDA

[G144] "La imagen metafísica en la poesía de Borges" (Estudio)
RI XLIII/100-101 (julio-diciembre 1977): 433-448

[G145] "Semiótica, historia y ficción en *Terra Nostra*" (Estudio)
RI XLVII/116-117 (julio-diciembre 1981): 63-72

GERVITZ, GLORIA

[G146] "Con la ventana abierta" (Ensayo)
RI LI/132-133 (julio-diciembre 1985): 697-705

GHIANO, JUAN CARLOS

[G147] "Borges, antólogo de sí mismo" (Estudio)
RI XXIX/55 (enero-junio 1963): 67-87

[G148] "El contrapunto de Fierro y el Moreno" (Estudio)
RI XL/87-88 (abril-septiembre 1974): 337-351

GIACONI, CLAUDIO

[G149] "Jesús Urzagasti: *Tirinea*" (Reseña)
RI XXXVI/73 (octubre-diciembre 1970): 671-672

[G150] "Julio Ramón Ribeyro: *Crónica de San Gabriel*" (Reseña)
RI XXXVIII/80 (julio-septiembre 1972): 551-554

GIBSON, CHARLES

[G151] "Julio V. González: *Historia argentina. Tomo I. La era colonial*" (Reseña)
RI XXIII/45 (enero-junio 1958): 191-194

[G152] "José Alcina Franch: *Floresta literaria de la América Indígena* (Antología de la literatura de los pueblos indígenas de América)" (Reseña)
RI XXV/49 (enero-junio 1960): 178-179

[G153] "Alberto M. Salas: *Tres cronistas de Indias. Pedro Mártir de Angleria. Gonzalo Fernández de Oviedo. Fray Bartolomé de Las Casas*" (Reseña)
RI XXV/49 (enero-junio 1960): 180-181

[G154] "José María Ots Capdequí: *España en América. El régimen de la tierra en la época colonial*" (Reseña)
RI XXV/49 (enero-junio 1960): 181-183

[G155] "Carlos Sanz: *La carta de Colón 15 febrero-14 marzo 1493*" (Reseña)
RI XXVIII/53 (enero-junio 1962): 222-223

[G156] "Fray Bernardino de Sahagún: *Florentine Codex. General History of the Things of New Spain*" (Reseña)
RI XXVIII/53 (enero-junio 1962): 223-225

[G157] "*Iberoamérica, sus lenguas y literaturas vistas desde los Estados Unidos*" (Reseña)
RI XXIX/55 (enero-junio 1963): 199-200

GICOVATE, BERNARDO

[G158] "El hallazgo lingüístico en José Martí" (Estudio)
RI XX/39 (marzo 1955): 13-18

[G159] "Estructura y significado en la poesía de José Asunción Silva" (Nota)
RI XXIV/48 (julio-diciembre 1959): 327-331

[G160] "Raúl Silva Castro: *Antología crítica del modernismo hispanoamericano*" (Reseña)
RI XXIX/56 (julio-diciembre 1963): 346-347

GIL, LOURDES E IRAIDA ITURRALDE

[G161] "Visión cosmográfica en la obra de Severo Sarduy" (Estudio)
RI LVII/154 (enero-marzo 1991): 337-342

GIL AMATE, VIRGINIA Y JOSÉ LUIS ROCA MARTÍNEZ

[G162] "Exilio, emigración y destierro en la obra de Daniel Moyano" (Estudio)
RI LVIII/159 (abril-junio 1992): 581-596

GILARD, JACQUES

[G163] "El grupo de Barranquilla" (Estudio)
RI L/128-129 (julio-diciembre 1984): 905-935

GIMBERNAT GONZÁLEZ, ESTER

[G164] "Arguedas: mito e ideología" (Nota)
RI XLIX/122 (enero-marzo 1983): 203-210

[G165] "Papeles de la re-inscripción: a propósito del *Poema heroico* de Hernando Domínguez Camargo" (Estudio)
RI LIII/140 (julio-septiembre 1987): 569-579

[G166] "José Lezama Lima: *Paradiso*" (Reseña)
RI LVIII/159 (abril-junio 1992): 706-711

[G167] "Gino Lofredo: *Tráfico de identidades*" (Reseña)
RI LX/166-167 (enero-junio 1994): 588-590

GIMELFARB, NORBERTO

[G168] "Las novelas de Sábato y la situación argentina de 1948 a 1974" (Nota)
RI LII/137 (octubre-diciembre 1986): 951-956

GINGERICH, WILLARD P.

[G169] "Arthur J. Anderson: *Rules of the Aztec Language*: 'A Translation, With Modifications, of Francis Xavier Clavijero's *Reglas de la lengua mexicana*. J. Richard Andrews: *Introduction to Classical Nahuatl*" (Reseña)
RI XLII/96-97 (julio-diciembre 1976): 625-628

GIORDANO, CARLOS

[G170] "Entre el 40 y el 50 en la poesía argentina" (Estudio)
RI XLIX/125 (octubre-diciembre 1983): 783-796

GIORDANO, JAIME

[G171] "Unidad estructural en Alejo Carpentier" (Estudio)
RI XXXVII/75 (abril-junio 1971): 391-401

[G172] "Forma y sentido de 'La escritura del dios'" (Estudio)
RI XXXVIII/78 (enero-marzo 1972): 105-115

[G173] "*Finis Britannia* o el poder de abstracción de Huidobro" (Nota)
RI XLV/106-107 (enero-junio 1979): 199-203

[G174] "Tomás Harris: Macrorrelato con carrozas" (Estudio)
RI LX/168-169 (julio-diciembre 1994): 885-890

GIORGI, GABRIEL

[G175] "José Amícola, comp.: *Manuel Puig. Materiales iniciales para La traición de Rita Hayworth*" (Reseña)
RI LXIII/ 180 (enero-marzo 1997): 557-559

[G176] "David William Foster y Roberto Reis, eds.: *Bodies and Biases: Sexuality in Hispanic Cultures and Literatures*" (Reseña)
RI LXIV/184-185 (julio-diciembre 1997): 642-644

GIUSTI, ROBERTO F.

[G177] "Un humanista moderno" (Estudio)
RI XIII/26 (febrero 1948): 263-269

[G178] "Texto de Roberto F. Giusti" (Nota)
RI XXII/44 (julio-diciembre 1957): 284-300

[G179] "Semblanza intelectual y moral de Ricardo Rojas" (Estudio)
RI XXIII/46 (julio-diciembre 1958): 239-253

GLANTZ, MARGO

[G180] "Fantasmas y jardines: *Una familia lejana*" (Nota)
RI XLVIII/118-119 (enero-junio 1982): 397-402

[G181] "Mi escritura tiene ..." (Ensayo)
RI LI/132-133 (julio-diciembre 1985): 475-478
RI LXVIII/200 (julio-septiembre 2002): 781-784

[G182] "La novela de la revolución mexicana y la sombra del caudillo" (Estudio)
RI LV/148-149 (julio-diciembre 1989): 869-878

[G183] "Eduardo Subirats. El continente vacío" (Reseña)
RI LXI/172-173 (julio-diciembre 1995): 730-734

[G184] "*Astucia* de Luis G. Inclán, ¿novela 'nacional' mexicana?" (Estudio)
RI LXIII/178-179 (enero-junio 1997): 87-98

[G185] "Isaac Goldemberg. El gran libro judío de América" (Nota)
RI LXVI/191 (abril-junio 2000): 425-427

GLICKMAN, NORA

[G186] "*Andando se hacen los caminos* de Alicia Dujovne Ortiz" (Estudio)
RI LXVI/191 (abril-junio 2000): 381-392

GLIDDEN, HOPE

[G187] "Frank Lestringant: *Cannibals: The Discovery and Representation of the Cannibal from Columbus to Jules Verne*" (Reseña)
RI LXV/187 (abril-junio 1999): 425-427

GNUTZMANN, RITA

[G188] "Juan José Saer: *Glosa*" (Reseña)
RI LIII/141 (octubre-diciembre 1987): 1045-1046

[G189] "Cristina Peri Rossi: *Solitario de amor*" (Reseña)
RI LVI/150 (enero-marzo 1990): 308-310

[G190] "Homenaje a Arlt, Borges y Onetti de Ricardo Piglia" (Estudio)
RI LVIII/159 (abril-junio 1992): 437-448

GODOY GALLARDO, EDUARDO

[G191] "Enrique Lafourcade: *Invención a dos voces*" (Reseña)
RI XXX/58 (julio-diciembre 1964): 335-340

[G192] "Enrique Lafourcade: *Frecuencia modulada*" (Reseña)
RI XXXVI/72 (julio-septiembre 1970): 515-518

GOETZINGER, JUDITH

[G193] "Evolución de un poema: Tres versiones de '*Bajo tu clara sombra*'" (Estudio)
RI XXXVII/74 (enero-marzo 1971): 203-232

GOIC, CEDOMIL

[G194] "La comparación creacionista: Canto III de *Altazor*" (Estudio)
RI XLV/106-107 (enero-junio 1979): 129-139

[G195] "*Cima*, de Gabriela Mistral" (Estudio)
RI XLVIII/118-119 (enero-junio 1982): 59-72

[G196] "Vicente Huidobro, poesía de dos tiempos: *Perit ut vivat*" (Estudio)
RI LX/168-169 (julio-Diciembre 1994): 715-722

GOLDBERG, FLORINDA F.

[G197] "Literatura judía latinoamericana: modelos para armar" (Estudio)
RI LXVI/191 (abril-junio 2000): 309-324

GOLDCHLUK, GRACIELA

[G198] "Suzanne Sill-Levine: *Manuel Puig and the Spider Woman: His life and his fictions*" (Reseña)
RI LXVII/196 (julio-septiembre 2001): 581-584

GOLLNICK, BRIAN

[G199] "Román de la Campa: *Latin Americanism*" (Reseña)
RI LXVI/192 (julio-septiembre 2000): 679-680

GOLOBOFF, GERARDO MARIO

[G200] "'Ser hombre' (Exploración) del tema del 'otro' en un soneto de Jorge Luis Borges" (Estudio)
RI XLIII/100-101 (julio-diciembre 1977): 575-587

[G201] "Georges Baudot: *Utopie et histoire au Mexique. Les premiers chroniqueurs de la civilisation mexicaine (1520-1569)*" (Reseña)
RI XLVI/110-111 (enero-junio 1980): 330-333

[G202] "El uso sabio de la ausencia en la aventura intelectual de Macedonio Fernández" (Nota)
RI LI/130-131 (enero-junio 1985): 167-175

[G203] "Carlos Altamirano y Beatriz Sarlo: *Literatura/Sociedad*" (Reseña)
RI LI/130-131 (enero-junio 1985): 374-377

GOMES, MIGUEL

[G204] "Para una teoría de los géneros en Venezuela: el caso de la novela y el ensayo" (Estudio)
RI LX/166-167 (enero-junio 1994): 155-168

[G205] "Enrique Lihn, cuentista" (Estudio)
RI LX/168-169 (julio-diciembre 1994): 1015-1024

[G206] "Juan Gelman en la historia de la poesía hispanoamericana reciente: neorromanticismo y neoexpresionismo" (Estudio)
RI LXIII/181 (octubre-diciembre 1997): 649-664

[G207] "Modernidad y retórica: el motivo de la copa en dos textos martianos" (Estudio)
RI LXIV/184-185 (julio-diciembre 1998): 457-470

[G208] "El desengaño de las alegorías y la escritura de la nación: el caso de Ana Lydia Vega" (Estudio)
RI LXVII/194-195 (enero-junio 2001): 201-217

[G209] "Oscar Hahn: Vicente Huidobro o el atentado celeste" (Reseña)
RI LXVII/194-195 (enero-junio 2001): 324-427

[G210] "Vivian Schelling: *Through the Kaleidoscope: The Experience of Modernity in Latin America*" (Reseña)
RI LXVIII/198 (enero-marzo 2002): 201-203

GÓMEZ, FRANCISCO VICENTE

[G211] "Pedro Emilio Coll: *Modernismo y estética. Cuaderno inédito*" (Reseña)
RI LXVII/194-195 (enero-junio 2001): 324-427

GÓMEZ LANCE, BETTY RITA

[G212] "El indio y la naturaleza en los cuentos de López Albújar" (Nota)
RI XXV/49 (enero-junio 1960): 141-145

[G213] "¿Existe una 'promoción del cuarenta' en el cuento portorriqueño?" (Estudio)
RI XXX/58 (julio-diciembre 1964): 283-292

GÓMEZ-MARTÍNEZ, JOSÉ LUIS

[G214] "Bolivia: 1900-1932: Hacia una toma de conciencia" (Estudio)
RI LII/134 (enero-marzo 1986): 75-92

[G215] "Guillermo Francovich: Una faceta de su pensamiento y un apéndice bibliográfico" (Bibliografía)
RI LII/134 (enero-marzo 1986): 293-309

[G216] "Clara Rey de Guido: *Contribución al estudio del ensayo en Hispanoamérica*" (Reseña)
RI LII/137 (octubre-diciembre 1986): 1081-1082

GÓMEZ OCAMPO, GILBERTO Y FERNANDO REATI

[G217] "Académicos y gringos malos: la universidad norteamericana y la barbarie cultural en la novela latinoamericana reciente" (Estudio)
RI LXIV/184-185 (julio-diciembre 1998): 587-610

GÓMEZ RAMÍREZ, JOHN

[G218] "Fernando Arias Ramírez: *Tierra*" (Reseña)
RI VI/12 (mayo-1943): 503

GÓMEZ RESTREPO, ANTONIO

[G219] "Memorias de un abanderado"(Nota)
RI II/3 (abril 1940): 99-102

[G220] "Carta abierta" (Nota)
RI VII/13 (noviembre 1943): 19-20

GONÇALVEZ, ADELTO

[G221] "Nicolás Guillén: O itinerario de um poeta" (Estudio)
RI LVI/152-153 (julio-diciembre 1990): 1171-1185

GONZÁLEZ, ANÍBAL

[G222] "'Vida' y 'Sueño' en 'Ariosto y los árabes' de Jorge Luis Borges" (Estudio)
RI XLVI/110-111 (enero-junio 1980): 85-96

[G223] "Eleanor J. Martin: *René Marqués*" (Reseña)
RI XLVI/110-111 (enero-junio 1980): 329-330

[G224] "Una alegoría de la cultura puertorriqueña: *La noche oscura del Niño Avilés* de Edgardo Rodríguez Juliá" (Nota)
RI LII/135-136 (abril-septiembre 1986): 583-590

[G225] "Estómago y cerebro: de sobremesa, el Simposio de Platón y la indigestión cultural" (Estudio)
RI LXIII/178-179 (enero-junio 1997): 233-248

[G226] "Ana Lydia Pluravega: unidad y multiplicidad caribeñas en la obra de Ana Lydia Vega" (Estudio)
RI LIX/162-163 (enero-junio 1993): 289-300

[G227] "Introducción 1898-1998: un remolino en el tiempo" (Nota)
RI LXIV/184-185 (julio-diciembre 1998): 373-377

GONZÁLEZ, EDUARDO G.

[G228] "*Los pasos perdidos*: El azar y la aventura" (Estudio)
RI XXXVIII/81 (octubre-diciembre 1972): 585-613

[G229] "Hacia Cortázar, a partir de Borges" (Estudio)
RI XXXIX/84-85 (julio-diciembre 1973): 503-520

[G230] "*Viaje a la semilla* y *El siglo de las luces*: Conjugación de dos textos" (Estudio)
RI XLI/92-93 (julio-diciembre 1975): 423-443

[G231] "A razón de santo: últimos lances de Fray Servando" (Estudio)
RI XLI/92-93 (julio-diciembre 1975): 593-603

[G232] "Borges marginal" (Nota)
RI XLIII/100-101 (julio-diciembre 1977): 705-711

GONZÁLEZ, FLORA M.

[G233] "De lo invisible a los espectacular en la creación de la mulata en la cultura cubana. *Cecilia Valdés* y *María Antonia*" (Estudio)
RI LXIV/184-185 (julio-diciembre 1998): 543-558

GONZÁLEZ, GALO F.

[G234] "José de la Cuadra: Nicasio Sangurima, un patriarca olvidado" (Estudio)
RI LIV/144-145 (julio-diciembre 1988): 739-751

GONZÁLEZ, JOSÉ EDUARDO

[G235] "Los nuevos letrados: posboom y posnacionalismo" (Estudio)
RI LXVII/194-195 (enero-junio 2001): 175-190

GONZÁLEZ, MANUEL PEDRO

[G236] "Apostillas en torno a dos novelas mexicanas recientes" (Estudio)
RI I/2 (noviembre 1939): 321-335

[G237] "*Hombres en soledad* de Manuel Gálvez" (Estudio)
RI II/4 (noviembre 1940): 419-426

[G238] "José Martí, epistológrafo" (Estudio)
RI XIII/25 (octubre 1947): 23-38

[G239] "Razón de este homenaje" (Nota)
RI XII/24 (junio 1947): 211-214

[G240] "Antecedentes de este homenaje" (Estudio)
RI XIII/26 (febrero 1948): 329-338

[G241] "Cien años de novela mexicana" (Estudio)
RI XIV/27 (junio 1948): 23-30

[G242] "Ficha biobibliográfica de Alfonso Reyes" (Estudio)
RI XV/29 (julio 1949): 13-28

[G243] "Glosas bibliográficas" (Estudio)
RI XVI/31 (julio 1950): 49-67

[G244] "Un notable estudio argentino sobre Julián del Casal. Glosa de aniversario" (Estudio)
RI XIX/38 (septiembre 1954): 253-260

[G245] "*Antología del cuento chileno*" (Reseña)
RI XXX/58 (julio-diciembre 1964): 340-341

[G246] "Carlos B. Quiroga: *Liriolay (poema de la montaña)*" (Reseña)
RI I/2 (noviembre 1939): 454-456

[G247] "María de Villarino: *Tiempo de angustia*" (Reseña)
RI I/2 (noviembre 1939): 450-454

[G248] "Domingo F. Sarmiento: *Facundo*" (Reseña)
RI I/2 (noviembre 1939): 445-448

[G249] "Emilio Roig de Leuchesenting: *La España de Martí*" (Reseña)
RI I/2 (noviembre 1939): 457-460

[G250] "Francisco Gonzáles del Valle: *Heredia en la Habana*" (Reseña)
RI I/2 (noviembre 1939): 448-450

[G251] "*Europa - América Latina; El paisaje y el alma argentina*" (Reseña)
RI II/4 (noviembre 1940): 499-503

[G252] "Francisco Romero: *Alejandro Korn*" (Reseña)
RI II/4 (noviembre 1940): 503-504

[G253] "José Martí: *Páginas Selectas; Nuestra América; Páginas escogidas.*" (Reseña)
RI II/4 (noviembre 1940): 496-499

[G254] "Baldomero Sanín Cano: *Letras colombianas*" (Reseña)
RI XII/24 (junio de 1947): 326-329

[G255] "Alfonso Reyes: *Cortesía*" (Reseña)
RI XV/30 (agosto 1949-enero 1950): 300-302

GONZÁLEZ ACOSTA, ALEJANDRO

[G256] "En la raíz mexicana: *Petrificada petrificante* de Octavio Paz" (Estudio)
RI LVII/155-156 (abril-septiembre 1991): 519-531

GONZÁLEZ ARAÚZO, ÁNGEL

[G257] "Rodolfo Usigli: *Teatro completo. Tomo II*" (Reseña)
RI XXXIV/66 (julio-diciembre 1968): 369-371

[G258] "Marielena Zelaya de Kolker: *Testimonios americanos de los escritores españoles transterrados de 1939*" (Reseña)
RI LII/135-136 (abril-septiembre 1986): 766-769

GONZÁLEZ BOIXO, JOSÉ CARLOS

[G259] "*El gallo de oro* y otros textos marginados de Juan Rulfo" (Estudio)
RI LII/135-136 (abril-septiembre 1986): 489-505

[G260] "Bibliografía de Juan Rulfo: Nuevas aportaciones" (Bibliografía)
RI LII/137 (octubre-diciembre 1986): 1051-1059

[G261] "Juan Rulfo: *Toda la obra*. Edición crítica. Claude Fell, coord." (Estudio)
RI LIX/164-165 (julio-diciembre 1993): 812-816

GONZÁLEZ BOLAÑOS, AIMÉE

[G262] "Félix Pita Rodríguez: El arte de la palabra" (Nota)
RI LVI/152-153 (julio-diciembre 1990): 1143-1151

GONZÁLEZ CASANOVA, HENRIQUE

[G263] "Agustín Yáñez: *La tierra pródiga*" (Reseña)
RI XXVIII/54 (julio-diciembre 1962): 387-390

GONZÁLEZ Y CONTRERAS, GILBERTO

[G264] "Geografía poética de Alberto Hidalgo" (Estudio)
RI II/4 (noviembre 1940): 441-460

[G265] "Aclaraciones a la novela social americana" (Estudio)
RI VI/12 (mayo 1943): 403-418

[G266] "J. G. Blanco Villalta: *Conquista del Río de la Plata*" (Reseña)
RI VII/13 (noviembre 1943): 435-437

[G267] "María Alicia Domínguez: *La cruz de la espada*" (Reseña)
RI VII/13 (noviembre 1943): 439-440

[G268] "Juan Filloy: *Finesse*" (Reseña)
RI VII/13 (noviembre 1943): 442-444

[G269] "Macedonio Fernández: *Una novela que comienza*" (Reseña)
RI VII/13 (noviembre 1943): 441-442

[G270] "Max Dickmann: *Los frutos amargos*" (Reseña)
RI VII/13 (noviembre 1943): 437-439

[G271] "Manuel Ugarte: *Escritores iberoamericanos de 1900*" (Reseña)
RI VIII/15 (mayo 1944): 152-154

[G272] "José Gabriel: *Entrada en la modernidad*" (Reseña)
RI VIII/15 (mayo 1944): 148-149

[G273] "Antonio de la Torre: *Coplas*" (Reseña)
RI VIII/15 (mayo 1944): 151-152

[G274] "Alberto F. Urrutia: *Música del más allá*" (Reseña)
RI VIII/15 (mayo 1944): 154-156

[G275] "Álvaro Yunque: *La literatura social en la Argentina*" (Reseña)
RI VIII/15 (mayo 1944): 156-157

[G276] "Ethel Kurlat: *Los días oscuros*" (Reseña)
RI VIII/15 (mayo 1944): 149-151

[G277] "Joaquín Edwards Bello: *En el viejo almendral*" (Reseña)
RI X/20 (marzo 1946): 354-356.

[G278] Gonzáles y Contreras, Gilberto Edwards Bello: *En el viejo almendral*" (Reseña)
RI X/20 (marzo 1946): 354-356

[G279] "Horacio Rega Molina: *Oda provincial*" (Reseña)
RI X/20 (marzo 1946): 359-361

[G280] "Oliverio Girondo: *Persuasión de los días*" (Reseña)
RI X/20 (marzo 1946): 356-359.

[G281] "Augusto Mario Delfino: *Para olvidarse de la guerra*" (Reseña)
RI XI/21 (junio 1946): 130-132

[G282] "Marcos Victoria: *De profundis*" (Reseña)
RI XI/21 (junio 1946): 132-134

[G283] "María Luisa Bombal: *La amortajada*" (Reseña)
RI XI/22 (octubre 1946): 343-345

GONZÁLEZ CRUZ, LUIS F.

[G284] "Vida y muerte en Pablo Neruda: Dos poemas del *Canto General*" (Estudio)
RI XXXVI/70 (enero-marzo 1970): 39-50

[G285] "Martín S. Stabb: *Jorge Luis Borges*" (Reseña)
RI XXXVIII/78 (enero-marzo 1972): 161

[G286] "Zenaida Gutiérrez-Vega: *José María Chacón y Calvo. Hispanista cubano*" (Reseña)
RI XXXVIII/79 (abril-junio 1972): 345-345

[G287] "Pablo Neruda: Soledad, incomunicación e individualismo en *Memorial de Isla Negra*" (Estudio)
RI XXXIX/82-83 (enero-junio 1973): 245-261

[G288] "Donald A. Yates ed.: *Latin Blood. The Best Crime and Detective Stories of South America*" (Reseña)
RI XL/86 (enero-marzo 1974): 183-187

GONZÁLEZ DE COSSÍO, FRANCISCO

[G289] "Ensayo bibliográfico de los catálogos de sujetos de la Compañía de Jesús en Nueva España (Bibliografía)
RI XI/21 (junio 1946): 145-187

GONZÁLEZ DE MENDOZA, J. M.

[G290] "Fábulas sin moraleja y finales de cuentos. Libro de Francisco Monterde" (Estudio)
RI VI/12 (mayo 1943): 365-368

[G291] "*Novelistas hispanoamericanos (Del prerromanticismo a la iniciación del realismo)*" (Reseña)
RI VIII/15 (mayo 1944): 159.

GONZÁLEZ ECHEVARRÍA, ROBERTO

[G292] "Son de La Habana: La ruta de Severo Sarduy" (Estudio)
RI XXXVII/76-77 (julio-diciembre 1971): 725-740

[G293] "Para una bibliografía de y sobre Severo Sarduy" (Bibliografía)
RI XXXVIII/79 (abril-junio 1972): 333-343

[G294] "Isla a su vuelo fugitiva: Carpentier y el realismo mágico" (Estudio)
RI XL/86 (enero-marzo 1974): 9-63

[G295] "G. P. Gallagher: *Modern Latin American Literature*" (Reseña)
RI XL/89 (octubre-diciembre 1974): 713-715

[G296] "Klaus Müller-Berg: *Alejo Carpentier: estudio biográfico-crítico*" (Reseña)
RI XLI/90 (enero-marzo 1975): 150-153

[G297] "Fray Ramón Pané: '*Relación acerca de las antigüedades de los indios*': el primer tratado escrito en América" (Reseña)
RI XLI/90 (enero-marzo 1975): 153-154

[G298] "Apetitos de Góngora y Lezama" (Estudio)
RI XLI/92-93 (julio-diciembre 1975): 479-491

[G299] "Manuel Cofiño López: *La última mujer y el próximo combate*" (Reseña)
RI XLI/92-93 (julio-diciembre 1975): 669-670

[G300] "Seymour Menton: *Prose Fiction of the Cuban Revolution*" (Reseña)
RI XLII/96-97 (julio-diciembre 1976): 628-629

[G301] "Borges, Carpentier y Ortega: Dos textos olvidados" (Documentos)
RI XLIII/100-101 (julio-diciembre 1977): 697-704

[G302] "*Terra Nostra*: Teoría y práctica" (Estudio)
RI XLVII/116-117 (julio-diciembre 1981): 289-298

[G303] "El primer relato de Severo Sarduy" (Estudio)
RI XLVIII/118-119 (enero-junio 1982): 73-90

[G304] "Redescubrimiento del mundo perdido: El *Facundo* de Sarmiento" (Estudio)
RI LIV/143 (abril-junio 1988): 385-406

[G305] "Últimos viajes del peregrino" (Estudio)
RI LVII/154 (enero-marzo 1991): 119-134

[G306] "Severo Sarduy (1937-1993)" (Necrológica)
RI LIX/164-165 (julio-diciembre 1993): 755-760

GONZÁLEZ-MONTES, YARA

[G307] "Bosquejo de la poesía cubana en el exterior" (Estudio)
RI LVI/152-153 (julio-diciembre 1990): 1105-1128

GONZÁLES PEÑA, CARLOS

[G308] "Bernal Díaz del Castillo: *Historia verdadera de la conquista de Nueva España*" (Reseña)
RI II/3 (abril 1940): 241-244

GONZÁLEZ-PÉREZ, ARMANDO

[G309] "Incursión en el maravilloso mundo mágico-religioso de la poesía afro-cubana" (Estudio)
RI LVI/152-153 (julio-diciembre 1990): 1323-1337

GONZÁLEZ RODAS, PABLO

[G310] "Ebel Botero: *5 poetas colombianos: estudios sobre Silva, Valencia, Luis Carlos López, Rivera y Maya*" (Reseña)
RI XXXI/60 (julio-diciembre 1965): 312-314

[G311] "El movimiento nadaísta en Colombia" (Estudio)
RI XXXII/62 (julio-diciembre 1966): 229-246

GONZÁLEZ RODAS, PUBLIO

[G312] "Miguel Ángel Asturias: *El espejo de Lida Sal*" (Reseña)
RI XXXIV/66 (julio-diciembre 1968): 371-375

[G313] "Jaime Torres Bodet: *Rubén Darío, Abismo y cima*" (Reseña)
RI XXXV/69 (septiembre-diciembre 1969): 563-566

[G314] "Rubén Darío y el conde de Lautréamont" (Estudio)
RI XXXVII/75 (abril-junio 1971): 375-389

[G315] "Presencia de Sarmiento en Rubén Darío" (Nota)
RI XXXVIII/79 (abril-junio 1972): 287-299

GONZÁLEZ STEPHAN, BEATRIZ

[G316] "Al filo del 900: La estética ácrata y libertaria de Pedro Emilio Coll" (Estudio)
RI LV/146-147 (enero-junio 1989): 89-101

[G317] "Escritura y modernización: la domesticación de la barbarie" (Estudio)
RI LX/166-167 (enero-junio 1994): 109-124

[G318] "Fundar el Estado/Narrar la Nación (Venezuela heroica de Eduardo Blanco)" (Estudio)
RI LXIII/178-179 (enero-junio 1997): 33-46

GORDON, SAMUEL

[G319] "Modernidad y vanguardia en la literatura mexicana: estridentistas y contemporáneos" (Estudio)
RI LV/148-149 (julio-diciembre 1989): 1083-1098

[G320] "Los poetas ya no cantan ahora hablan (Aproximaciones a la poesía de José Emilio Pacheco)" (Nota)
RI LVI/150 (enero-marzo 1990): 255-266

[G321] "Emmanuel Carballo y José Luis Martínez, comps.: *Páginas sobre la ciudad de México 1469-1987*" (Reseña)
RI LVI/150 (enero-marzo 1990): 310-313

[G322] "Myrna Solotorevsky: *Literatura-paraliteratura. Puig, Borges, Donoso, Cortázar, Vargas Llosa*" (Reseña)
RI LVI/151 (abril-junio 1990): 625-627

[G323] "Nueva edición de Lezama lima impurezas" (Nota)
RI LVII/154 (enero-marzo 1991): 109-115

[G324] "Adolfo León Caicedo: *Soliloquio de la inteligencia. La poética de Jorge Cuesta*" (Reseña)
RI LVII/155-156 (abril-septiembre 1991): 767-770

[G325] "Norma Klahn y Jesse Fernández: *Lugar de encuentro. Ensayos críticos sobre poesía mexicana actual*" (Reseña)
RI LVII/155-156 (abril-septiembre 1991): 771-775

[G326] "Seymour Menton: *Narrativa mexicana. (Desde 'Los de abajo' hasta 'Noticias del Imperio')*" (Reseña)
RI LVIII/158 (enero-marzo 1992): 283-288

[G327] "Roberto Fernández Retamar: ensayo conversado" (Entrevista)
RI LVIII/159 (abril-junio 1992): 675-690

[G328] "Julio Cortázar: *Rayuela*" (Reseña)
RI LVIII/159 (abril-junio 1992): 711-716

GORDON WING, GEORGE

[G329] "*El viudo Roman* y la niña Romelia" (Estudio)
RI LVI/150 (enero-marzo 1990): 83-98

GORODISCHER, ANGÉLICA

[G330] "Contra el silencio por la desobediencia" (Ensayo)
RI LI/132-133 (julio-diciembre 1985): 479-481

GOSTAUTAS, STASYS

[G331] "La evasión de la ciudad en las novelas de Roberto Arlt" (Estudio)
RI XXXVIII/80 (julio-septiembre 1972): 441-462

[G332] "Eduardo Gudiño Kieffer: *Guía de pecadores*" (Reseña)
RI XL/86 (enero-marzo 1974): 187-189

[G333] "Enrique Ojeda: *Jorge Carrera Andrade: Introducción al estudio de su vida y de su obra*" (Reseña)
RI XLII/95 (abril-junio 1976): 321-322

[G334] "David William Foster: *Currents in the Contemporary Argentine Novel. Arlt, Mallea, Sábato and Cortázar*" (Reseña)
RI XLIV/102-103 (enero-junio 1978): 260-262

[G335] "John Skirius: *José Vasconcelos y la cruzada de 1929*" (Reseña)
RI XLVI/112-113 (julio-diciembre 1980): 666-667

GOULD LEVINE, LINDA

[G336] "*Makbara*: Entre la espada y la pared- ¿Política marxista o política sexual?" (Estudio)
RI XLVII/116-117 (julio-diciembre 1981): 97-106

GOYENECHE Y VILLAREAL, JOSÉ

[G337] "Guillermo Díaz-Plaja y Francisco Monterde: *Historia de la Literatura Española e Historia de la Literatura Mexicana*"(Reseña)
RI XX/40 (abril-septiembre de 1955): 354-356

GOYTISOLO, JUAN

[G338] "Sobre *Conjunciones y disyunciones*" (Estudio)
RI XLI/91 (abril-junio 1975): 169-175
RI LXVIII/200 (julio-septiembre 2002): 679-686

[G339] "Lectura cervantina de *Tres tristes tigres*" (Estudio)
RI XLII/94 (enero-marzo 1976): 1-18

[G340] "La metáfora erótica: Góngora, Joaquín Belda y Lezama Lima" (Estudio)
RI XLII/95 (abril-junio 1976): 157-175

[G341] "Novela, crítica y creación" (Ensayo)
RI XLVII/116-117 (julio-diciembre 1981): 23-31

GOYTISOLO, JUAN, CARLOS FUENTES, JORGE EDWARDS ET AL.

[G342] "La experiencia de los novelistas" (Mesa redonda)
RI XLVII/116-117 (julio-diciembre 1981): 309-321

GRAEME MACNICOLL, MURRAY

[G343] "J.M. Machado de Assis: *Iaiá García*. Tradução de Albert I. Bagby" (Reseña)
RI XLV/108-109 (julio-diciembre 1979): 710-712

GRANDIS, RITA DE

[G344] "Crítica a la razón histórica: *La astucia de la razón* de José Pablo Feinmann en la Argentina contemporánea" (Estudio)
RI LXIII/180 (julio-septiembre 1997): 449-458

GRANIER, JAMES A.

[G345] "Hugo y Andrade " (Estudio)
RI V/9 (mayo 1942): 87-102

GRAÑA, MARÍA CECILIA

[G346] "Carlos Alonso ed.: *Julio Cortázar. New Readings*" (Reseña)
RI LXVI/191 (abril-junio 2000): 434-436

[G347] "Daniel Mesa Gancedo: *La apertura órfica. Hacia el sentido de la poesía de Julio Cortázar*" (Reseña)
RI LXVI/192 (julio-septiembre 2000): 691-693

GRANT, CATHERINE

[G348] "La función de 'los autores': la adaptación cinematográfica transnacional de *El lugar sin límites*" (Estudio)
RI LXVIII/199 (abril-junio 2002): 253-268

GRAS, DUNIA

[G349] "Manuel Scorza y la internacionalización del mercado literario latinoamericano: del patronato del libro peruano a la organización continental de los festivales del libro (1956-1960)" (Estudio)
RI LXVII/197 (octubre-diciembre 2001): 741-754

GRASES, PEDRO

[G350] "Don Andrés Bello y el Poema del Cid" (Estudio)
RI IX/18 (mayo 1945): 243-286

[G351] "Gabriel Méndez Plancarte: *Bello*" (Reseña)
RI IX/18 (mayo 1945): 373-376

[G352] "Norberto Pinilla: *La generación chilena de 1842*" (Reseña)
RI IX/17 (febrero 1945): 99-100

GRAZIANO, FRANK

[G353] "La lujuria de ver: la proyección fantástica en 'El acomodador', de Felisberto Hernández" (Nota)
RI LVIII/160-161 (julio-diciembre 1992): 1027-1039

[G354] "Tocar el piano, tocar la mujer" (Estudio)
RI LXII/ 174 (enero-marzo 1996): 129-136

[G355] "Entrevista a María Isabel Hernández Guerra" (Entrevista)
RI LXVI/190 (enero-marzo 2000): 63-71

GRIJALVA, JUAN CARLOS

[G356] "En torno a la crítica, la literatura, los estudios culturales y los medios masivos. Una entrevista con Françoise Perus" (Entrevista)
RI LXVI/193 (octubre-diciembre 2000): 879-889

GROPP, ARTHUR E.

[G357] "*Asociación de libreros de México. IV Centenario de la Imprenta de México, la primera de América: conferencias sustentadas en su conmemoración*" (Reseña)
RI III/6 (mayo 1941): 444-449

[G358] "*Brazil, Instituto Nacional do Livro: Suplemento ao Guia das Bibliotecas Brasileiras*" (Reseña)
RI IV/8 (febrero 1942): 449-450

[G359] "Román Zuladca Gárate: *Los Franciscanos y la imprenta en México en el Siglo XVI, estudio bio-bibliográfico*" (Reseña)
RI IV/8 (febrero 1942): 445-447

[G360] "*Brazil, Instituto Nacional do Livro: Guia das Bibliotecas Brasileiras*" (Reseña)
RI IV/8 (febrero 1942): 447-449

[G361] "Vito Alessio Robles: *La primera imprenta en las provincias internas de Oriente: Texas, Tamaulipas, Nuevo león y Coahuila*" (Reseña)
RI IV/8 (febrero 1942): 442-445

GRÜNFELD, MIHAI

[G362] "Cosmopolitismo modernista y vanguardista: Una identidad latinoamericana divergente" (Estudio)
RI LV/146-147 (enero-junio 1989): 33-41

[G363] "De viaje con los modernistas" (Estudio)
RI LXII/175 (abril-junio 1996): 351-366

GUARDIA, GLORIA

[G364] "*Alteraciones del Dariel*. Poema fundacional de una realidad nueva" (Estudio)
RI LXVII/196 (julio-septiembre 2001): 443-450

GUERRA, JOSÉ

[G365] "Rafael Maya: *Consideraciones críticas sobre la literatura colombiana*" (Reseña)
RI IX/17 (febrero 1945): 101-102

GUERRA CUNNINGHAM, LUCÍA

[G366] "Fuentes bibliográficas para el estudio de la novela chilena (1843-1960)" (Bibliografía)
RI XLII/96-97 (julio-diciembre 1976): 601-619

[G367] "Estrategias femeninas en la elaboración del sujeto romántico en la obra de Gertrudis Gómez de Avellaneda" (Estudio)
RI LI/132-133 (julio-diciembre 1985): 707-722

[G368] "Fernando Ainsa: *Identidad cultural de Iberoamérica en su narrativa*" (Reseña)
RI LIII/141 (octubre-diciembre 1987): 1047-1051

[G369] "Saúl Yurkievich ed.: *Identidad cultural de Iberoamérica en su literatura*" (Reseña)
RI LIV/144-145 (julio-diciembre 1988): 1053-1056

[G370] "Fernando Alegría y Juan Armando Epple: *Nos reconoce el tiempo y silba su tonada*" (Reseña)
RI LV/146-147 (enero-junio 1989): 523-525

GUERRERO DE LA ROSA, ROBERTO

[G371] "El 'slang' americano y la jerga mexicana" (Nota)
RI I/2 (noviembre 1939): 365-374

GUERRERO DEL RÍO, EDUARDO

[G372] "La creatividad a escena (teatro chileno de los ochenta)" (Estudio)
RI LX/168-169 (julio-diciembre 1994): 1115-1121

GUIBERT, RITA

[G373] "Octavio Paz: amor y erotismo. Una entrevista de Rita Guibert" (Entrevista)
RI XXXVII/76-77 (julio-diciembre 1971): 507-515

[G374] "Guillermo Cabrera Infante: Conversación sobre *Tres tristes tigres*. Una entrevista de Rita Guibert (Entrevista)
RI XXXVII/76-77 (julio-diciembre 1971): 537-554

[G375] "Emir Rodríguez Monegal. Una entrevista de Rita Guibert sobre Jorge Luis Borges: *A Literary Biography*" (Entrevista)
RI LII/135-136 (abril-septiembre 1986): 667-675

GUILLON BARRETT, YVONNE

[G376] "Braulio Muñoz: *Sons of the Wind, The Search for Identity in Spanish American Indian Literature*" (Reseña)
RI L/127 (abril-junio 1984): 623-624

GUIMARÃES LOPES, MARÍA ANGÉLICA

[G377] "Adelto Gonçalvez: *Os Vira-latas da Madrugada*" (Reseña)
RI LI/130-131 (enero-junio 1985): 392-394

GUITART, JORGE

[G378] "José Kozer: *Carece de causa*" (Reseña)
RI LVI/152-153 (julio-diciembre 1990): 1378-1380

GUÍZAR ALVÁREZ, EDUARDO

[G379] "*Excursión a vueltabajo*" de Cirilo Villaverde: viaje hacia la emergencia de la nación cubana" (Estudio).
RI LXVII/194-195 (enero-junio 2001): 219-238

GULLÓN, GERMÁN

[G380] "Limitaciones del ultraísmo" (Estudio)
RI XLV/106-107 (enero-junio 1979): 335-342

GULSOY, Y.

[G381] "Ulrich Leo: *Rómulo Gallegos: Estudio sobre el arte de novelar*" (Reseña)
RI XXII/44 (julio-diciembre 1957): 382-386

GULLO, ANTONIO

[G382] "Max Dickmann: *Los frutos amargos*" (Reseña)
RI VI/11 (febrero 1943): 131-133

GUSMAN, LUIS

[G383] "*Adán Buenosayres*: la saturación del procedimiento" (Estudio)
RI XLIX/125 (octubre-diciembre 1983): 731-741

GUTIÉRREZ, JOSÉ ISMAEL

[G384] "Crítica y modernidad en las revistas literarias: la Revista de América de Rubén Darío y Ricardo Jaimes Freyre o el eclecticismo modernista en las publicaciones literarias hispanoamericanas del fin de siglo" (Estudio)
RI LXII/ 175 (abril-junio 1996): 367-385

GUTIÉRREZ, MARIELA A.

[G385] "La herencia afrocaribeña de Anansí, el hermano araña, en Costa Rica" (Estudio)
RI LXV/188-189 (julio-diciembre 1999): 519-534

GUTIÉRREZ DE LA SOLANA, ALBERTO

[G386] "Rosa E. Valdés-Cruz: *La poesía negroide en América*" (Reseña)
RI XXXVI/73 (octubre-diciembre 1970): 672-674

GUTIÉRREZ DE VELASCO, LUZ ELENA

[G387] "El paso a la textualidad en *Camera lucida*" (Nota)
RI LVI/150 (enero-marzo 1990): 235-242

GUTIÉRREZ GIRARDOT, RAFAEL

[G388] "Poesía y 'crítica' literaria en Fernando Charry Lara" (Estudio)
RI L/128-129 (julio-diciembre 1984): 839-852

GUTIÉRREZ MOUAT, RICARDO

[G389] "Un personaje olvidado de *Pedro Páramo*" (Nota)
RI LI/130-131 (enero-junio 1985): 235-239

[G390] "La letra y el letrado en *El señor presidente*, de Miguel Angel Asturias" (Nota)
RI LIII/140 (julio-septiembre 1987): 643-650

GUTIÉRREZ PLAZA, ARTURO

[G391] "El alfabeto de la terredad: Estudio de la poética en la obra de Eugenio Montejo" (Estudio)
RI LX/166-167 (enero-junio 1994): 549-560

GUTIÉRREZ-VEGA, ZENAIDA

[G392] "Pedro Henríquez Ureña, maestro continental. Cartas a José María Chacón y Calvo, Francisco José Castellanos y Félix Lizaso (1914-1919, 1935)" (Documento)
RI XLII/94 (enero-marzo 1976): 103-110

[G393] "José Antonio Cubeñas: *Rubén Darío: restaurador de la conciencia de la armonía del mundo*" (Reseña)
RI XLII/95 (abril-junio 1976): 322-323

[G394] "*Estudios críticos sobre la prosa modernista hispanoamericana*. Edición de José Olivio Jiménez" (Reseña)
RI XLII/96-97 (julio-diciembre 1976): 629-631

GUZMÁN, JORGE

[G395] "Ambrosio Rabanales: *Recursos lingüísticos, en el español de Chile, de expresión de la afectividad*" (Reseña)
RI XXV/49 (enero-junio 1960): 183-184

GUZMÁN, PATRICIA

[G396] "Vicente Gerbasi, moderno, nuestro único padre es el morir" (Estudio)
RI LX/166-167 (enero-junio 1994): 47-59

GUZMÁN, RODOLFO

[G397] "Naturaleza, intimidad y viaje en *Tambores en la noche* de Jorge Artel" (Estudio)
RI LXV/188-189 (julio-diciembre 1999): 591-612

Gyurko, Lanin A.

[G398] "El yo y su imagen en *Cambio de piel* de Carlos Fuentes" (Estudio)
RI XXXVII/76-77 (julio-diciembre 1971): 689-709

[G399] "La fantasía como emancipación y como tiranía en tres cuentos de Cortázar" (Estudio)
RI XLI/91 (abril-junio 1975): 219-236

H

HADZELEK, ALEKSANDRA

[H1] "Enrique Zuleta Alvarez: *Pedro Henríquez Ureña, Memorias. Diario*" (Reseña)
RI LVIII/158 (enero-marzo 1992): 289-291

[H2] "Zenobía Camprubí: *Diario I. Cuba (1937-1939)*" (Reseña)
RI LIX/162-163 (enero-junio 1993): 385-387

[H3] "Diane E. Martin, ed.: *Escritoras de Hispanoamérica. Guía bibliográfica*" (Reseña)
RI LX/166-167 (enero-junio 1994): 590-591

HAHN, OSCAR A.

[H4] "Borges y el arte de la dedicatoria" (Nota)
RI XLIII/100-101 (julio-diciembre 1977): 691-696

[H5] "Vicente Huidobro o la voluntad inaugural" (Nota)
RI XLV/106-107 (enero-junio 1979): 19-27

[H6] "Presentación" (Nota)
RI LX/168-169 (julio-diciembre 1994): 669-670

[H7] "Vicente Huidobro, del reino mecánico al apocalipsis" (Estudio)
RI LX/168-169 (julio-diciembre 1994): 723-730

HALPERIN, MAURICE

[H8] "*The Mexican Historical Novel, 1829-1910*" (Reseña)
RI I/2 (noviembre 1939): 432-435

HALPERÍN DONGHI, TULIO

[H9] "Carlos Real de Azúa: la ávida curiosidad por el mundo" (Nota)
RI LVIII/160-161 (julio-diciembre 1992): 893-902

HAMILTON, CARLOS D.

[H10] "Gabriela de Hispanoamérica" (Estudio)
RI XXIII/45 (enero-junio 1958): 83-92

HAMMITT, GENE M.

[H11] "Función y símbolo del hijo en el *Ismaelillo* de Martí" (Estudio)
RI XXXI/59 (enero-junio 1965): 71-81.

HANDELSMAN, MICHAEL H.

[H12] "En busca de una mujer nueva: Rebelión y resistencia en *Yo vendo unos ojos negros*, de Alicia Yánez Cossío" (estudio)
RI LIV/144-145 (julio-diciembre 1988): 893-901

HANRAHAN, THOMAS, S.J.

[H13] "El tocotín expresión de identidad" (Estudio)
RI XXXVI/70 (enero-marzo 1970): 51-60

HARRISON, REGINA

[H14] "José María Arguedas: el substrato quechua" (Estudio)
RI XLIX/122 (enero-marzo 1983): 111-132

HARSS, LUIS

[H15] "Rulfo sin orillas" (Nota)
RI XLII/94 (enero-marzo 1976): 87-94
RI LXVIII/200 (julio-septiembre 2002): 687-694

[H16] "*Los ríos profundos* como retrato del artista" (Estudio)
RI XLIX/122 (enero-marzo 1983): 133-141

HARTMANN, JOAN

[H17] "La búsqueda de la figura en algunos cuentos de Cortázar" (Nota)
RI XXXV/69 (septiembre-diciembre 1969): 539-549

HAUSER, REX

[H18] "La poética de la artesanía y de las clases sociales en la obra de Martí y González Prada" (Estudio)
RI LV/146-147 (enero-junio 1989): 223-233

HAYES, F. C.

[H19] "Gregorio López y Fuentes: *Arrieros*" (Reseña)
RI I/1 (mayo-noviembre 1939): 220-223

[H20] "Max Henríquez Ureña: *La independencia efímera*" (Reseña)
RI II/3 (abril 1940): 245-246

[H21] "Octavio Méndez Pereira: *Antología del Canal (1914-1939)*" (Reseña)
RI II/3 (abril 1940): 244-245

HECKEL, ILSE

[H22] "Los sainetes de Sor Juana Inés de la Cruz" (Estudio)
RI XIII/25 (octubre 1947): 135-140

HELG, ALINE

[H23] "Esclavos y libres de color, negros y mulatos en la investigación y la historia de Colombia" (Estudio)
RI LXV/188-189 (julio-diciembre 1999): 697-712

HENRÍQUEZ UREÑA, MAX

[H24] "Las influencias francesas en la poesía hispanoamericana" (Estudio)
RI II/4 (noviembre 1940): 401-418

[H25] "Poetas cubanos de expresión francesa" (Estudio)
RI III/6 (mayo 1941): 301-344

[H26] "Evocación de José Antonio Ramos" (Estudio)
RI XII/24 (junio 1947): 251-262

[H27] "Sanín Cano, maestro del ensayo breve" (Estudio)
RI XIII/26 (febrero 1948): 288-290

[H28] "Hermano y maestro (Recuerdos de infancia y juventud)" (Estudio)
RI XXI/41-42 (enero-diciembre 1956): 19-48

HENRÍQUEZ UREÑA, PEDRO

[H29] "Cartas a José María Chacón y Calvo, Francisco José Castellanos y Félix Lizaso (1914-1919, 1935)" (Documento)
RI XLII/94 (enero-marzo 1976): 111-134

[H30] "Texto de las *Notas de viaje*" (Documentos)
RI LI/130-131 (enero-junio 1985): 323-343.

[H31] "Texto de las *Memorias*"(Documentos)
RI LIV/142 (enero-marzo 1988): 333-357

HERAS, ANTONIO

[H32] "Una misión cultural" (Estudio)
RI XII/23 (febrero 1947): 131-134

[H33] "Vizconde de Lascano: *Muchacho de San Telmo (1895)*" (Reseña)
RI XII/24 (junio 1947): 329-334

HERLINGHAUS, HERMANN

[H34] "Comprender la modernidad heterogénea: recolocar la crítica dentro de la crítica" (Estudio)
RI LXVI/193 (octubre-diciembre 1993): 771-784

HERMANN, ELIANA C.

[H35] "Aníbal González: *Journalism and the Development of Spanish American Narrative*" (Reseña)
RI LXII/174 (enero-marzo 1996): 269-271

HERNANDO, JULIO F.

[H36] "Rigoberta Menchú: *Rigoberta: la nieta de los mayas*"(Reseña)
RI LXVI/190 (enero-marzo 2000): 197-198

HERNÁNDEZ, ANA MARÍA

[H37] "Camaleonismo y vampirismo: la poética de Julio Cortázar"(Estudio)
RI XLV/108-109 (julio-diciembre 1979): 475-492

HERNÁNDEZ, LIBRADA

[H38] "Magaly Alabau: *Ras*" (Reseña)
RI LVI/152-153 (julio-diciembre 1990): 1381-1382

[H39] "Felipe Lázaro, ed.: *Poetas cubanos en Nueva York (Antología)*" (Reseña)
RI LVI/152-153 (julio-diciembre 1990): 1382-1384

[H40] "Magaly Alabau: *Hermana*" (Reseña)
RI LVI/152-153 (julio-diciembre 1990): 1384-1386

HERNÁNDEZ DE MENDOZA, CECILIA

[H41] "Gabriel Giraldo Jaramillo: *Bibliografía de bibliografías colombianas*" (Reseña)
RI XXVI/51 (enero-junio 1961): 192

[H42] "Manuel Zapata Olivella: *La calle 10*"(Reseña)
RI XXVII/52 (julio-diciembre 1961): 370-373

[H43] "Clemente Airó: *La ciudad y el viento*" (Reseña)
RI XXVIII/54 (julio-diciembre 1962): 390-393

HERNÁNDEZ MIYARES, JULIO E.

[H44] "Max Henríquez Ureña (1885-1968)" (Necrológica)
RI XXXIV/66 (julio-diciembre 1968): 351-354

[H45] "Carlos Ripoll: *La generación del 23 en Cuba y otros apuntes sobre el Vanguardismo*" (Reseña)
RI XXXVI/72 (julio-septiembre 1970): 518-520

HERNÁNDEZ NOVAS, RAÚL

[H46] "Cintio Vitier: *La mirada poética*" (Nota)
RI LVI/152-153 (julio-diciembre 1990): 1187-1194

HERRERA, FERNANDO

[H47] "René de Costa: *Huidobro: los oficios de un poeta*" (Reseña)
RI LIV/144-145 (julio-diciembre 1988): 1059-1060

HERRERA VILLALOBOS, FERNANDO

[H48] "Tradición y novedad: *Breve historia de todas las cosas*"(estudio)
RI LIII/138-139 (enero-junio 1987): 455-474

[H49] "Paul W. Borgeson, Jr.: *Hacia el hombre nuevo: poesía y pensamiento de Ernesto Cardenal*" (Reseña)
RI LIII/141 (octubre-diciembre 1987): 1051-1053

HERRERO, JAVIER

[H50] "Carlos Fuentes y las lecturas modernas del *Quijote*" (Nota)
RI XLV/108-109 (julio-diciembre 1979): 555-562

[H51] "Fin de siglo y modernismo. La virgen y la hetaira" (Estudio)
RI XLVI/110-111 (enero-junio 1980): 29-50

HESS, STEVEN

[H52] "Thomas A. Sebeok, ed.: *Current Trends in Linguistics IV: Ibero-American and Caribbean Linguistics*" (Reseña)
RI XXXVIII/78 (enero-marzo 1972): 161-164

HEY, NICHOLAS

[H53] "Bibliografía de y sobre Vicente Huidobro" (Bibliografía)
RI XLI/91 (abril-junio 1975): 293-353

[H54] "'Nonsense' en *Altazor*" (nota)
RI XLV/106-107 (enero-junio 1979): 149-156

[H55] "Adenda a la bibliografía de y sobre Vicente Huidobro" (Bibliografía)
RI XLV/106-107 (enero-junio 1979): 387-398

[H56] "Vicente Huidobro: *Obras Completas*. Edición preparada y revisada por Hugo Montes" (Reseña)
RI XLV/108-109 (julio-diciembre 1979): 702-704

HIDALGO, LAURA

[H57] "*Entre Marx y una mujer desnuda*, de Jorge Enrique Adoum" (estudio)
RI LIV/144-145 (julio-diciembre 1988): 875-892

HIGGINS, ANTHONY

[H58] "Sobre la construcción del Archivo criollo: el *Aprilis dialogus* y el proyecto de la *Bibliotheca Mexicana*" (Estudio)
RI LXI/172-173 (julio-diciembre 1995): 573-589

[H59] "Dos nuevas lecturas del barroco" (Estudio)
RI LXI/172-173 (julio-diciembre 1995): 685-700

HIGGINS, JAMES

[H60] "La orfandad del hombre en los *Poemas humanos* de César Vallejo" (Estudio)
RI XXXIV/66 (julio-diciembre 1968): 299-311

[H61] "Eugenio Florit y José Olivio Jiménez: *La poesía hispanoamericana desde el modernismo*" (Reseña)
RI XXXV/68 (mayo-agosto 1969): 413-416

[H62] "John E. Englekirk, Irving A. Leonard, John T. Reid, John A. Crow: *An Anthology of Spanish American Literature*" (Reseña)
RI XXXV/68 (mayo-agosto 1969): 416-418

[H63] "El absurdo en la poesía de César Vallejo" (Estudio)
RI XXXVI/71 (abril-junio 1970): 217-241

HILL, DIANE E.

[H64] "Integración, desintegración e intensificación en los cuentos de Juan Rulfo" (Nota)
RI XXXIV/66 (julio-diciembre 1968): 331-338

HILTON, RONALD

[H65] "Anatole France y la América Latina" (Estudio)
RI III/6 (mayo 1941): 291-300

[H66] "Una visita a Ricardo Rojas" (Estudio)
RI XXIII/46 (julio-diciembre 1958): 255-265

HIPPOLYTE, NELSON

[H67] "José Ignacio Cabrujas: la muerte de la telenovela" (Entrevista)
RI LXII/174 (enero-marzo 1996): 257-266

HOLGUÍN, ANDRÉS

[H68] "Rafael Maya: *Alabanzas del hombre y de la tierra*" (Reseña)
RI V/9 (mayo 1942): 156-157

[H69] "Eduardo Carranza: *Ellas, los días y las nubes*" (Reseña)
RI V/10 (octubre 1942): 408-410

HOLLAND, NORMAN

[H70] "Alicia Borinsky: *Intersticios: lecturas críticas de obras hispánicas*" (Reseña)
RI LIV/144-145 (julio-diciembre 1988): 1061-1062

HOLLOWAY, JAMES E.

[H71] "'Everness': Una clave para el mundo borgiano" (Nota)
RI XLIII/100-101 (julio-diciembre 1977): 627-636

HOLMES, HENRY A.

[H72] "Ildefonso Pereda Valdés y su libro *Negros esclavos y negros libres*" (Estudio)
RI VIII/15 (mayo 1944): 21-30

[H73] "Algunas obras de Sarah Bollo, poetisa uruguaya" (Estudio)
RI VIII/16 (noviembre 1944): 325-334

[H74] "Una interpretación pampeana de Goethe y Gounod" (Estudio)
RI X/20 (marzo 1946): 229-242

[H75] "Enrique Rodríguez Fabregat: *El hombre que no quiso ser rey*" (Reseña)
RI VIII/16 (noviembre 1944): 370-373

[H76] "Fernán Silva Valdéz: *Cuentos y leyendas del Río de la Plata*" (Reseña)
RI IX/17 (febrero 1945): 107-115

[H77] "Montiel Ballesteros: *Querencia*" (Reseña)
RI IX/17 (febrero 1945): 103-107

HOLSTEN, KEN

[H78] "Notas sobre el 'Tablero de dirección' en *Rayuela* de Julio Cortázar" (Nota)
RI XXXIX/84-85 (julio-diciembre 1973): 683-688

HOLZAPFEL, TAMARA

[H79] "Rudolf Grossman: *Geschichte und Probleme der lateinamerikanischen Literatur*" (Reseña)
RI XXXV/69 (septiembre-diciembre 1969): 566-568

[H80] "Angela B. Dellepiane: *Ernesto Sábato: El hombre y su obra*" (Reseña)
RI XXXVI/73 (octubre-diciembre 1970): 674-676

[H81] "Günter W. Lorenz: *Dialog mit Lateinamerika. Panorama einer Literatur der Zukunft*" (Reseña)
RI XXXVI/73 (octubre-diciembre 1970): 676-677

[H82] "El 'Informe sobre ciegos' o el optimismo de la voluntad" (Estudio)
RI XXXVIII/78 (enero-marzo 1972): 95-103

[H83] "Luis Wainerman: *Sábato y el misterio de los ciegos*" (Reseña)
RI XL/86 (enero-marzo 1974): 189-191

[H84] "Soledad y rebelión en *La vida inútil de Pito Pérez*" (Nota)
RI XL/89 (octubre-diciembre 1974): 681-687

[H85] "Tomás Carrasquilla: *Frutos de mi tierra*. Edición y estudio por Seymour Menton" (Reseña)
RI XLI/90 (enero-marzo 1975): 156-157

[H86] "Günter W. Lorentz: *Lateinamerika: Stimmen eines Kontinents*" (Reseña)
RI XLI/90 (enero-marzo 1975): 157-158

[H87] "Tomás Carrasquilla: *La marquesa de Yolombó*. Edición crítica por Kurt L. Levy" (Reseña)
RI XLII/96-97 (julio-diciembre 1976): 631-631

[H88] "Juan Villegas: *Interpretación de textos poéticos chilenos*" (Reseña)
RI XLIV/102-103 (enero-junio 1978): 262-264

[H89] "Kurt L. Levy: *Tomás Carrasquilla*" (Reseña)
RI XLVIII/120-121 (julio-diciembre 1982): 757-759

[H90] "*Sobre héroes y tumbas*: la novela del siglo" (Estudio)
RI LVIII/158 (enero-marzo 1992): 177-181

HOLZAPFEL, TAMARA Y ALFRED RODRÍGUEZ

[H91] "Apuntes para una lectura del *Quijote* de Pierre Menard" (Nota)
RI XLIII/100-101 (julio-diciembre 1977): 671-677

HOUCK, HELEN PHIPPS

[H92] "Las obras novelescas de Martín Luis Guzmán" (Estudio)
RI III/5 (febrero 1941): 129-158

HOUSE, GUILLERMO

[H93] "La difusión del libro en América" (Nota)
RI III/6 (mayo 1941): 277-281

HOUSKOVA, HANNA

[H94] "Juana Inés de la Cruz: *Nadeje do zlata tkaná*" (Reseña)
RI LVI/150 (enero-marzo 1990): 313-316

HOZVEN, ROBERTO

[H95] "Marcelo Coddou: *Poética de la poesía activa*" (Reseña)
RI LII/137 (octubre-diciembre 1986): 1082-1085

[H96] "Pedro Henríquez Ureña: el maestro viajero" (Estudio)
RI LIV/142 (enero-marzo 1988): 291-320

[H97] "Sobre la inteligencia americana de Alfonso Reyes" (Estudio)
RI LV/148-149 (julio-diciembre 1989): 803-817

[H98] "Lucía Guerra: *Frutos extraños*" (Reseña)
RI LX/168-169 (julio-diciembre 1994): 1198-1201

[H99] "Nota sobre la edición crítica de *El laberinto de la soledad* de Enrico Mario Santí" (Nota)
RI LXII/175 (abril-junio 1996): 523-544

HULET, CLAUDE L.

[H100] "Robert G. Mead, Jr.: *Breve historia del ensayo hispanoamericano*" (Reseña)
RI XXII/43 (enero-junio 1957): 202-205

[H101] "Carlos Alberto Loprete: *Carlos Guido y Spano*" (Reseña)
RI XXIX/56 (julio-diciembre 1963): 347-349

I

IANES, RAÚL

[I1] "La esfericidad del papel: Gertrudis Gómez de Avellaneda, la condesa de Merlín y la literatura de viajes" (Estudio)
RI LXIII/ 178-179 (enero-junio 1997): 209-218

IBARBOUROU, JUANA DE

[I2] "Testimonio" (Nota)
RI XIII/26 (febrero 1948): 339-340

IBARRA, JORGE

[I3] "La herencia científica de Fernando Ortiz"
RI LVI/152-153 (julio-diciembre 1990): 1339-1351

IBIETA, GABRIELA

[I4] "Funciones del doble en la narrativa de Virgilio Piñera" (Estudio)
RI LVI/152-153 (julio-diciembre 1990): 975-991

[I5] "Perla Rozencvaig: *Reinaldo Arenas: Narrativa de transgresión*"(Reseña)
RI LVI/152-153 (julio-diciembre 1990): 1386-1387

IBSEN, KRISTINE

[I6] "Cadáveres exquisitos: colecciones y colonialismo en *Noticias del Imperio*" (Estudio)
RI LXVIII/198 (enero-marzo 2002): 91-106

ICAZA, JORGE

[I7] "Relato, espíritu unificador de la generación del año 30" (Estudio)
RI XXXII/62 (julio-diciembre 1966): 211-216

IDUARTE, ANDRÉS

[I8] "Sobre Sanín Cano, maestro" (Estudio)
RI XIII/26 (febrero 1948): 319-324

[I9] "Recuerdo de don Pedro" (Estudio)
RI XXI/41-42 (enero-diciembre 1956): 167-170

IGEL, REGINA

[I10] "Escritores Judeus Brasileiros: Un Percurso em Andamento" (Estudio)
RI LXVI/191 (abril-junio 2000): 325-338

IGLESIA, CRISTINA

[I11] "Mejor se duerme en la pampa. Deseo y naturaleza en *Una excursión a los indios ranqueles* de Lucio V. Mansilla" (Estudio)
RI LXIII/178-179 (enero-junio 1997): 185-192

[I12] "Sylvia Molloy: *Acto de presencia. La escritura autobiográfica en Hispanoamérica*" (Reseña)
RI LXIII/181 (octubre-diciembre 1997): 726-729

INCLEDON, JOHN

[I13] "Una clave de Cortázar sobre *62. Modelo para armar*" (Nota)
RI XLI/91 (abril-junio 1975): 263-265

[I14] "La obra invisible de Pierre Menard" (Nota)
RI XLIII/100-101 (julio-diciembre 1977): 665-669

INFANTE, ÁNGEL GUSTAVO

[I15] "Ciudad textual: el referente urbano en tres novelas de la década de los cuarenta" (Estudio)
RI LX/166-167 (enero-junio 1994): 219-231

IRIZARRY, GUILLERMO

[I16] "El 98 en *La llegada* de José Luis González: las trampas de la historia" (Estudio)
RI LXIV/184-185 (julio-diciembre 1998): 397-412

IRVING, THOMAS B.

[I17] "San Marcos de Colón (Rastros de la niñez de Rubén Darío)" (Estudio)
RI XX/40 (septiembre 1955): 311-322

[I18] "Pepe Batres, poeta de Guatemala" (Estudio)
RI XXIII/45 (enero-junio 1958): 93-111

[I19] "Otto Olivera: *Breve historia de la literatura antillana*" (Reseña)
RI XXIII/46 (julio-diciembre 1958): 461-462

[I20] "Preceptos historiales" (Nota)
RI XXIV/48 (julio-diciembre 1959): 315-320

[I21] "Alfredo A. Roggiano: *Pedro Henríquez Ureña en los Estados Unidos*" (Reseña)
RI XXVIII/54 (julio-diciembre 1962): 393-395

IRIS OWRE, J.

[I22] "Ciro Alegría: *Broad and Alien is the World*" (Reseña)
RI VI/11 (febrero 1943): 140-143

IRWIN, ROBERT

[I23] "La homosexualidad cósmica mexicana: espejos de diferencia racial en Xavier Villaurrutia" (Estudio)
RI LXV/187 (abril-junio 1999): 293-304

ISASI ANGULO, A. CARLOS

[I24] "Función de las innovaciones estilísticas en *Rayuela*" (Estudio)
RI XXXIX/84-85 (julio-diciembre 1973): 583-592

ISAVA, LUIS MIGUEL

[I25] "*Amante: Summa poetica* de Rafael Cadenas" (Estudio)
RI LX/166-167 (enero-junio 1994): 267-287

ITURRALDE, IRAIDA Y LOURDES GIL

[I26] "Visión cosmográfica en la obra de Severo Sarduy" (Nota)
RI LVII/154 (enero-marzo 1991): 337-342

J

JACKSON, RICHARD L.

[J1] "Hacia una bibliografía de y sobre Carlos Fuentes" (Bibliografía)
RI XXXI/60 (julio-diciembre 1965): 297-301

JAEGER, FRANCES

[J2] "Novela y nación: el caso de Rosa María Britton y Gloria Guardia" (Estudio)
RI LXVII/196 (julio-septiembre 2001): 451-460

JAÉN, DIDIER

[J3] "La Victoria de Samotracia en *Al filo del agua* de Agustín Yáñez" (Estudio)
RI LV/148-149 (julio-diciembre 1989): 891-901

JAIMES, HÉCTOR

[J5] "La cuestión ideológica del americanismo en el ensayo hispanoamericano" (Estudio)
RI LXVI/192 (julio-septiembre 2000): 557-570

[J6] "Octavio Paz: el mito y la historia en *El laberinto de la soledad*" (Estudio)
RI LXVII/194-195 (enero-junio 2001): 267-280

JAIMES-FREYRE, MIREYA

[J7] "Gálvez y su laberinto" (Estudio)
RI XVIII/36 (marzo 1953): 315-338

[J8] "Guadalupe Amor y sus *Décimas a Dios*" (Estudio)
RI XIX/37 (octubre 1953): 133-140

[J9] "Primo Castrillo: *Hombre y tierra*" (Reseña)
RI XXIII/45 (enero-junio 1958): 194-196

JARAMILLO, GLADYS

[J10] "Entrevista a Julio Pazos" (Entrevista)
RI LIV/144-145 (julio-diciembre 1988): 865-873

JARAMILLO, MARÍA DOLORES

[J11] "Jorge Zalamea y *El gran Burundún-Burundá*" (Estudio)
RI LXVI/192 (julio-septiembre 2000): 587-600

[J12] "Abadón Ubidia: rostros y rastros de la ciudad" (Estudio)
RI LXVIII/198 (enero-marzo 2002): 123-136

JARAMILLO AGUDELO, DARÍO

[J13] "La poesía nadaísta" (Estudio)
RI L/128-129 (julio-diciembre 1984): 757-798

[J14] "Juan Gustavo Cobo Borda: *Poesía colombiana, 1880-1980*" (Reseña)
RI LVI/150 (enero-marzo 1990): 316-318

JARAMILLO ZULUAGA, J. EDUARDO

[J15] "Dos décadas de la novela colombiana: Los años 70 y 80" (Estudio)
RI LIX/164-165 (julio-diciembre 1993): 627-644

[J16] "Enrique Santos Molano: *El corazón del poeta. Los suceso reveladores de la vida y la verdad inesperada de José Asunción Silva*. Héctor H. Orjuela: *La búsqueda de lo imposible. Biografía de José Asunción Silva*. Ricardo Cano Gaviria: *José Asunción Silva, una vida en clave de sombra*" (Reseña)
RI LXIII/178-179 (enero-junio 1997): 291-294

[J17] "Artes de la lectura en la ciudad del águila negra: la lectura en voz alta y la recitación en Santa Fe de Bogotá a fines del siglo XIX" (Estudio)
RI LXIV/184-185 (julio-diciembre 1998): 471-484

[J18] "Peter Elmore: *La fábrica de la memoria. La crisis de la representación en la novela histórica latinoamericana*" (Reseña)
RI LXV/188-189 (julio-diciembre 1999): 766-769

JAUME, ADELA

[J19] "Máximo Sotomayor: *La niña de Guatemala*" (Reseña)
RI IX/18 (mayo 1945): 376-377

JÁUREGUI, CARLOS

[J20] "Calibán, ícono del 98. A propósito de un artículo de Rubén Darío" (Estudio)
RI LXIV/184-185 (julio-diciembre 1998): 441-450

[J21] "Candelario Obeso: entre la espada del romanticismo y la pared del proyecto nacional" (Estudio)
RI LXV/188-189 (julio-diciembre 1999): 567-590

JÁUREGUI, CARLOS Y JUANA SUÁREZ

[J22] "Profilaxis, traducción y ética: la humanidad 'desechable' en *Rodrigo D: No futuro, La vendedora de rosas* y *La virgen de los sicarios*" (Estudio)
RI LXVIII/199 (abril-junio 2002): 367-392

JIMÉNEZ, JOSÉ OLIVIO

[J23] "José Martí: *Versos*. Estudio preliminar, selección y notas de Eugenio Florit" (Reseña)
RI XXIX/56 (julio-diciembre 1963): 349-355

[J24] "Los cincuenta años de vida literaria de José Ma. Chacón y Calvo" (Estudio)
RI XXX/58 (julio-diciembre 1964): 305-312

[J25] "Oscar Fernández de la Vega y Alberto N. Pamies, eds.: *Iniciación a la poesía afrocubana*" (Reseña)
RI XLI/90 (enero-marzo 1975): 158-160

[J26] "H.A. Murena (1923-1975)" (Necrológica)
RI XLII/95 (abril-junio 1976): 275-284

[J27] "Una moral del canto: El pensamiento poético de Gonzalo Rojas" (Nota)
RI XLV/106-107 (enero-junio 1979): 369-376

[J28] "Eugenio Florit y la significación histórica de su itinerario poético"(Nota)
RI LVI/152-153 (julio-diciembre 1990): 1235-1245

JIMÉNEZ, JUAN RAMÓN

[J29] "Siluetas de hispanoamericanos" (Estudio)
RI II/4 (noviembre 1940): 353-358

JIMÉNEZ, ONILDA A.

[J30] "Dos cartas inéditas de Gabriela Mistral a Lydia Cabrera" (Documento)
RI LIII/141 (octubre-diciembre 1987): 1001-1011

JIMÉNEZ DE BÁEZ, YVETTE

[J31] "Juan Rulfo. De la escritura al sentido" (Estudio)
RI LV/148-149 (julio-diciembre 1989): 937-952

JIMÉNEZ EMÁN, GABRIEL

[J32] "Julio Garmendia, o la estética de lo inverosímil" (Nota)
RI LX/166-167 (enero-junio 1994): 435-440

JIMÉNEZ MONTELLANO, BERNARDO

[J33] "Baudelaire y Ramón López Velarde" (Estudio)
RI XI/22 (octubre 1946): 295-310

JIMÉNEZ RUEDA, JULIO

[J34] "En el tercer centenario de Juan Ruiz de Alarcón" (Nota)
RI I/1 (mayo 1939): 121-136

[J35] "Federico Gamboa" (Nota)
RI I/2 (noviembre 1939): 361-364

[J36] "El Tercer Congreso y el destino de América" (Editorial)
RI VI/11 (febrero 1943): 9-11

[J37] "Editorial"
RI X/20 (marzo 1946): 217-219

[J38] "América pierde dos de sus grandes figuras intelectuales" (Editorial)
RI XI/21 (junio 1946): 9-13

[J39] "Homenajes" (Editorial)
RI XI/22 (octubre 1946): 209-210

[J40] "El Centenario de la *Gramática* de Bello" (Editorial)
RI XII/23 (febrero 1947): 9-12

[J41] "El centenario de Cervantes" (Editorial)
RI XIII/25 (octubre 1947): 9-11

[J42] "El centenario del natalicio de Justo Sierra —Cuarto Congreso de Catedráticos de Literatura Iberoamericana" (Editorial)
RI XIV/27 (junio 1948): 9-12

[J43] "Don Justo Sierra, en el centenario de su nacimiento" (Estudio)
RI XIV/27 (junio 1948): 13-22

[J44] "El centenario de Varona" (Editorial)
RI XIV/28 (octubre 1948): 209-211

[J45] "El centenario de un americano ilustre" (Estudio)
RI XIV/28 (octubre 1948): 251-253

[J46] "La misión del poeta" (Editorial)
RI XV/29 (julio 1949): 9-12

[J47] "El Cuarto Congreso de Catedráticos de Literatura Iberoamericana" (Editorial)
RI XV/30 (enero 1950): 209-211

[J48] "Edgar Allan Poe, en Iberoamérica" (Editorial)
RI XVI/31 (julio 1950): 9-12

[J49] "El centenario de López Portillo" (Nota)
RI XVI/31 (julio 1950): 215-218

[J50] "La muerte de Augusto D'Halmar" (Necrológica)
RI XVI/31 (julio 1950): 219-220

[J51] "El pensamiento de Iberoamérica en Suecia" (Nota)
RI XVI/32 (enero 1951): 437-440

[J52] "El Quinto Congreso de Literatura Iberoamericana. III Centenario del nacimiento de Sor Juana" (Editorial)
RI XVII/33 (julio 1951): 9-11

[J53] "Sor Juana Inés de la Cruz" (Estudio)
RI XVII/33 (julio 1951): 13-26

[J54] "El centenario de Manuel Eduardo de Gorostiza" (Editorial)
RI XVII/34 (enero 1952): 221-223

[J55] "El VI Congreso de Literatura Iberoamericana en la Universidad Nacional Autónoma de México. Muerte de dos eminentes escritores mexicanos" (Editorial)
RI XVIII/35 (diciembre 1952): 9-12

[J56] "El Sexto Congreso del Instituto de Literatura Iberoamericana" (Editorial)
RI XVIII/36 (marzo 1953): 223-226

[J57] "El centenario de Don Rafael Delgado" (Editorial)
RI XIX/37 (octubre 1953): 9-11

[J58] "La cultura iberoamericana vista a través de su literatura" (Editorial)
RI XIX/38 (septiembre 1954): 209-211

[J59] "Muerte y resurrección de la Universidad de México" (Estudio)
RI XIX/38 (septiembre 1954): 217-252

[J60] "El estudio de las letras hispanoamericanas en Francia" (Editorial)
RI XX/39 (marzo 1955): 9-12

[J61] "El Séptimo Congreso Internacional de Catedráticos de Literatura Iberoamericana" (Editorial)
RI XX/40 (septiembre 1955): 209-211

[J62] "Pedro Henríquez Ureña profesor en México" (Nota)
RI XXI/41-42 (enero-diciembre 1956): 135-138

[J63] "J. Rubén Romero: *Anticipación a la muerte*" (Reseña)
RI II/3 (abril 1940): 246-247

[J64] "Pedro Henríquez Ureña: *Literary Currents in Hispanic America*" (Reseña)
RI X/20 (marzo 1946): 361-364

[J65] "José Almoina: *La biblioteca erasmista de Diego Méndez*" (Reseña)
RI XI/21 (junio 1946): 134-136

[J66] "Alberto María Carreño: *Bernal Díaz del Castillo*" (Reseña)
RI XI/21 (junio 1946): 137

[J67] "Gastón Figueira: *Juan Ramón Jiménez, poeta de lo inefable*" (Reseña)
RI XI/22 (octubre 1946): 345-346

[J68] "José A. Balseiro: *La pureza cautiva*" (Reseña)
RI XII/23 (febrero 1947): 146-147

[J69] "Francisco Monterde: *Cultura mexicana*" (Reseña)
RI XII/23 (febrero 1947): 147-148

[J70] "Agustín Yáñez: *Al filo del agua*" (Reseña)
RI XII/23 (febrero 1947): 148-149

[J71] "Agustín Loera y Chávez: *El viajero alucinado*" (Reseña)
RI XII/23 (febrero 1947): 149-150

[J72] "Francisco Monterde: *Dos comedias mexicanas: La que volvió a la vida y La careta de cristal*" (Reseña)
RI XIX/37 (octubre 1953-marzo 1954): 177-179

[J73] "Ángel María Garibay: *Historia de la literatura náhuatl*. Primera parte (etapa autónoma: de c. 1430 a 1521)" (Reseña)
RI XXII/43 (enero-junio 1957): 160-162

JITRIK, NOÉ

[J74] "Entre el corte y la continuidad. Hacia una escritura crítica" (Estudio)
RI XLIV/102-103 (enero-junio 1978): 99-109
RI LXVIII/200 (julio-septiembre 2002): 729-736

[J75] "Gerardo Mario Goloboff: *Leer Borges*" (Reseña)
RI XLVI/112-113 (julio-diciembre 1980): 667-669

[J76] "Renato Prada Oropeza: *La autonomía literaria*" (Reseña)
RI XLVI/112-113 (julio-diciembre 1980): 669-671

[J77] "Acción textual/Acción sobre los textos" (Estudio)
RI XLVII/114-115 (enero-junio 1981): 149-165

[J78] "Arguedas: reflexiones y aproximaciones" (Estudio)
RI XLIX/122 (enero-marzo 1983): 83-95

JOHNSON, ADRIANA

[J79] "Renata R. Mautner Wasserman: *Exotic Nations: Literature and Cultural Identity in the United States and Brazil, 1830-1930*" (Reseña)
RI LXIV/182-183 (enero-junio 1998): 319-323

JOHNSON, HARVEY L.

[J80] "Notas relativas a los corrales de la Ciudad de México" (Nota)
RI III/5 (febrero 1941): 133-138

[J81] "Una contrata inédita, dos programas y noticias referentes al teatro en Bogotá entre 1838 y 1840 (Estudio)
RI VII/13 (noviembre 1943): 49-68

[J82] "Loa representada en Ibagué para la Jura del Rey Fernando VI" (Estudio)
RI VII/14 (febrero 1944): 293-307

[J83] "Noticias dadas por Tomás Gage, a propósito del Teatro en España, México y Guatemala (1624-1637)" (Estudio)
RI VIII/16 (noviembre 1944): 257-274

[J84] "Disputa suscitada en la ciudad de México entre los Alcaldes del Crimen y los Ordinarios por el Auto del año de 1819 que mandó a las actrices no vestir traje de hombre en la funciones del Coliseo" (Estudio)
RI X/19 (noviembre 1945): 131-168

[J85] "El primer siglo del Teatro en Puebla de los Angeles y la oposición del Obispo Don Juan de Palafox y Mendoza" (Estudio)
RI X/20 (marzo 1946): 295-340

[J86] "Nuevos datos sobre el teatro en la ciudad de Guatemala (1789-1820)" (Estudio)
RI XVI/32 (enero 1951): 345-386

[J87] "Willis Knapp Jones: *Breve historia del teatro latinoamericano*" (Reseña)
RI XXII/44 (julio-diciembre 1957): 386-390

[J88] "Bernardo Gicovate: *Julio Herrera y Reissig and the Symbolists*" (Reseña)
RI XXIII/46 (julio-diciembre 1958): 462-465

[J89] "Eusebio Vela: *Tres comedias*" (Reseña)
RI XVII/33 (febrero-julio de 1951) 132-134

JOHNSON, HARVEY L. Y DAVID WILLIAM FOSTER

[J90] "Bibliografía literaria hispanoamericana 1976" (Bibliografía)
RI XLIV(102-103) (enero-junio 1978): 221-229

JOINER GATES, EUNICE

[J91] "Castro Alves: *Obras completas*" (Reseña)
RI III/5 (febrero 1941): 219- 220

JONES, JULIE

[J92] "Marcy Schwartz: *Writing Paris: Urban Topographies of Desire in Contemporary Latin American Fiction*" (Reseña)
RI LXVI/193 (octubre-diciembre 2000): 920-922

JOSET, JACQUES

[J93] "*Cronos devorando al otoño, su hijo descomunal*" (Nota)
RI XLII/94 (enero-marzo 1976): 95-102

[J94] "El imposible 'boom' de José Donoso" (Estudio)
RI XLVIII/118-119 (enero-junio 1982): 91-101

[J95] "José Donoso, Gabriel García Márquez: Dos cultos fracasados" (Nota)
RI LI/130-131 (enero-junio 1985): 241-247

[J96] "Edmond Cros: *Théorie et practique sociocritiques*" (Reseña)
RI LI/130-131 (enero-junio 1985): 377-380

JOUVE MARTÍN, JOSÉ R.

[J97] "Eva Stoll: *Konquistadoren als Historiographen: Diskurstraditionalle und texpragmatische Aspekte in Texten von Franciso de Jeres, Diego de Trujillo, Pedro Pizarro uns Alonso Borregan*" (Reseña)
RI LXV/187 (abril-junio 1999): 427-429

JOYCE, JAMES

[J98] "La última hoja de *Ulises*" (Documento)
RI XLIII/100-101 (julio-diciembre 1977): 727-728

JOZEF, BELLA

[J99] "Rui Mourao: *Cidade calabouço*" (Reseña)
RI XLI/91 (abril-junio 1975): 374-376

[J100] "Adonias Filho: *As Velhas*" (Reseña)
RI XLII/94 (enero-marzo 1976): 145-146

[J101] "Elisa Lispector: *A última porta*" (Reseña)
RI XLII/94 (enero-marzo 1976): 146-148

[J102] "Clarice Lispector: La transgresión como acto de libertad" (Estudio)
RI XLIII/98-99 (enero-junio 1977): 225-231
RI LXVI/200 (julio-septiembre 2002): 705-710

[J103] "Marina Colasanti: *Zooilógico*" (Reseña)
RI XLIV/102-103 (enero-junio 1978): 265-266

[J104] "Josué Montello: *Os tambores de São Luis*" (Reseña)
RI XLIV/102-103 (enero-junio 1978): 266-267.

[J105] "Carlos Nejar: *A árvore do mundo*" (Reseña)
RI XLIV/102-103 (enero-junio 1978): 267-268

[J106] "Osman Lins (1924-1978)" (Necrológica)
RI XLV/108-109 (julio-diciembre 1979): 623-624

[J107] "Maya Schärer-Nussberger: *Rómulo Gallegos: el mundo inconcluso*" (Reseña)
RI XLVI/110-111 (enero-junio 1980): 337-338

[J108] "Modernismo brasileiro: Vanguarda, carnavalização e modernidade" (Estudio)
RI XLVIII/118-119 (enero-junio 1982): 103-120

[J109] "Lygia Fagundes Telles: *Misterios*" (Reseña)
RI XLIX/123-124 (abril-septiembre 1983): 654-655

[J110] "Clarice Lispector: La recuperación de la palabra poética" (Estudio)
RI L/126 (enero-marzo 1984): 239-257

[J111] "Clarice Lispector: *Um sopro de vida*" (Reseña)
RI L/126 (enero-marzo 1984): 314-317

[J112] "Clarice Lispector: *Onde estivestes de noite*" (Reseña)
RI L/126 (enero-marzo 1984): 317-318

[J113] "Hilda Hilst: *Da morte. Odas mínimas*" (Reseña)
RI L/126 (enero-marzo 1984): 318-319

[J114] "Sonia Coutinho: *O ultimo verão de Copacabana*" (Reseña)
RI LII/137 (octubre-diciembre 1986): 1085-1086

[J115] "In memoriam: Luisa Mercedes Levinson y Beatriz Guido" (Necrológica)
RI LIV/144-145 (julio-diciembre 1988): 1021-1023

[J116] "Paz con nosotros, Paz entre nosotros" (Necrológica)
RI LXIV/184-185 (julio-diciembre 1998): 441-450

[J117] "Presencia de João Cabral de Melo Neto (1920-1999)" (Necrológica)
RI LXV/188-189 (julio-diciembre 1999): 743-746

JRADE, CATHY L.

[J118] "El significado de un vínculo textual inesperado: *Rayuela* y 'Tuércele el cuello al cisne'" (Estudio)
RI XLVII/116-117 (julio-diciembre 1981): 145-154

JUAN-NAVARRO, SANTIAGO

[J119] "Sobre dioses, héroes y novelistas: la reinvención de Quetzalcóatl y la reescritura de la conquista en 'el mundo nuevo' de Carlos Fuentes" (Estudio)
RI LXII/174 (enero-marzo 1996): 103-128

JUDICINI, JOSEPH V.

[J120] "Carlos Martín: *América en Rubén Darío: Aproximación al concepto de literatura hispanoamericana*" (Reseña)
RI XLI/90 (enero-marzo 1975): 160-163

JUZYN-AMESTOY, OLGA

[J121] "Girondo o las versiones poéticas del cambio" (Estudio)
RI LVII/155-156 (abril-septiembre 1991): 543-556

KASNER, NORBERTO M.

[K7] "Metafísica y soledad: un estudio de la novelística de Ernesto Sábato" (Estudio)
RI LVIII/158 (enero-marzo 1992): 105-113

KADIR, DJELAL

[K1] "Carlos Fuentes: Culpable inocencia y profeta del pasado" (Nota)
RI XLVII/116-117 (julio-diciembre 1981): 55-61

KALIMAN, RICARDO J.

[K2] "La carne y el mármol. Parnaso y simbolismo en la poética modernista hispanoamericana" (Estudio)
RI LV/146-147 (enero-junio 1989): 17-32

KAMINSKY, AMY

[K3] "Daniel Balderston y Donna J. Guy eds.: *Sex and Sexuality in Latin America*" (Reseña)
RI LXV/186 (enero-junio 1999): 219-222

KANTARIS, GEOFFREY

[K4] "Deseos de literatura: autores sucedáneos en dos películas de Eliseo Subiela–*Ultimas imágenes del naufragio* y *El lado oscuro del corazón*" (Estudio)
RI LXVIII/199 (abril-junio 2002): 269-282

KAPLAN, MARINA

[K5] "Diana Sorensen Goodrich: *'Facundo' and the Construction of Argentine Culture*" (Reseña)
RI LXIII/181 (octubre-diciembre 1997): 729-732

KARMAN MENDELL, OLGA

[K6] "Cuatro ficciones y una ficción: estudio del capítulo XII de *Paradiso*" (Estudio)
RI XLIX/123-124 (abril-septiembre 1983): 279-291

KATRA, WILLIAM H.

[K8] "Sarmiento frente a la generación de 1837" (Estudio)
RI LIV/143 (abril-junio 1988): 525-549

[K9] "Armando Zárate: *Facundo Quiroga. Barranca Yaco: Juicios y testimonios*" (Reseña)
RI LIV/143 (abril-junio 1988): 613-617

[K10] "*No oyes ladrar los perros*: La excepcionalidad y el fracaso" (Nota)
RI LVI/150 (enero-marzo 1990): 179-191

KEEFE UGALDE, SHARON

[K11] "Albalucía Ángel: *Misiá Señora*" (Reseña)
RI L/128-129 (julio-diciembre 1984): 1099-1101

[K12] "Veloz Maggiolo y la narrativa de dictador/dictadura: perspectivas dominicanas e innovaciones" (Estudio)
RI LIV/142 (enero-marzo 1988): 129-150

KELLER, JEAN P.

[K13] "El indígena y la tierra, en cuatro novelas recientes de Colombia" (Estudio)
RI XVII/34 (enero 1952): 301-314

KELLERMAN, OWEN L.

[K14] "Borges y 'El informe de Brodie': Juego de voces" (Nota)
RI XXXVIII/81 (octubre-diciembre 1972): 663-670

KELLY, EDITH L.

[K15] "Observaciones sobre algunas obras de la Avellaneda publicadas en México" (Bibliografía)
RI III/5 (febrero 1941): 123-132

KENT LIORET, E.

[K16] "Continuación de una bibliografía de y sobre Juan Rulfo" (Bibliografía)
RI XL/89 (octubre-diciembre 1974): 693-705

KERCHEVILLE, FRANCIS M.

[K17] "El liberalismo en Azuela" (Estudio)
RI III/6 (mayo 1941): 381-398

KERR, LUCILLE

[K18] "El individuo y el otro (*Crítica a los cuentos de Julio Cortázar*)" (Reseña)
RI XXXIX/84-85 (julio-diciembre 1973): 693-695

KERSON, ARNOLD L.

[K19] "El concepto de Utopía de Rafael Landívar en la *Rusticatio Mexicana*" (Estudio)
RI XLII/96-97 (julio-diciembre 1976): 363-379

KERSTEN, RAQUEL

[K20] "Gabriel García Márquez y el arte de lo verosímil" (Nota)
RI XLVI/110-111 (enero-junio 1980): 195-204

KIDDLE, LAWRENCE B.

[K21] "Víctor R. B. Oelschlager: *A Medieval Spanish Word-List. A Preliminary Dated Vocabulary of First Appearences up to Berceo*" (Reseña)
RI IV/7 (noviembre de 1941): 197-199

[K22] "Maxim Newmark: *Dictionary of Science and Technology in English, French, German and Spanish*" (Reseña)
RI VII/13 (noviembre 1943): 204-206

[K23] "A propósito de *Bibliograpical Guide to Materials on American Spanish* de Madelaine W. Nichols. Bibliografía adicional para la obra de la señorita Nichols"
RI VII/13 (noviembre 1943): 213-240

KIRKPATRICK, GWEN

[K24] "María Eugenia Vaz Ferreira: *Poesías completas*. Edición, introducción y notas de Hugo J. Verani" (Reseña)
RI LIV/144-145 (julio-diciembre 1988): 1056-1058

[K25] "Dos poemas narrativos de los años cincuenta: *Morte e vida severina* y *Canto general*" (Estudio)
RI LXIV/182-183 (enero-junio 1998): 159-170

[K26] "Antonio Cornejo-Polar como maestro y colega" (Nota)
RI LXVI/194-195 (enero-junio 2001): 305-308

KIRSCHENBAUM, LEO

[K27] "Fred P. Ellison: *Brazil's New Novel*" (Reseña)
RI XXII/43 (enero-junio 1957): 183-188

KLAHN, NORMA

[K28] "Un nuevo verismo: apuntes sobre la última novela mexicana" (Estudio)
RI LV/148-149 (julio-diciembre 1989): 925-935

[K29] "José Revueltas: *Los días terrenales*. Edición crítica. Evodio Escalante, coord." (Reseña)
RI LIX/164-165 (julio-diciembre 1993): 817-822

KLEIN, EVA

[K30] "*Rajatabla*: En el proceso de renovación de la narrativa venezolana de los sesenta" (Nota)
RI LX/166-167 (enero-junio 1994): 537-547

KLEIN, LINDE B.

[K31] "Ezequiel Martínez Estrada: *Martí revolucionario. La personalidad: el hombre*" (Reseña)
RI XXXIV/66 (julio-diciembre 1968): 375-379

KLINE, WALTER D.

[K32] "Luis Leal: *Antología del cuento mexicano*" (Reseña)
RI XXIII/45 (enero-junio 1958): 196-198

KNAPP JONES, WILLIS

[K33] "Victoria Ocampo: *Emily Brönte (Tierra incógnita)*" (Reseña)
RI I/2 (noviembre 1939): 419

[K34] "A. Torres-Rioseco: *La novela en la América Hispana*" (Reseña)
RI I/2 (noviembre 1939): 420- 422

[K35] "Botelho Gonsálvez: *Borrachera Verde*" (Reseña)
RI I/2 (noviembre 1939): 416- 418

[K36] "J. F. Juárez Muñoz: *El secreto de una celda*" (Reseña)
RI I/2 (noviembre 1939): 418-419

[K37] "Luis Alberto Sánchez: *Garcilaso Inca de la Vega*" (Reseña)
RI II/3 (abril 1940): 250-251

[K38] "Carlos Parra del Riego: *Sanatorio*" (Reseña)
RI II/3 (abril 1940): 248-249

[K39] "G. Pacheco B.: *Cuentos chaqueños*" (Reseña)
RI II/3 (abril 1940): 247-248

[K40] "Eugenio Gonzalez: *Destinos*" (Reseña)
RI III/5 (febrero 1941): 220-222

[K41] "Alfredo Pareja Diez Canseco: *Don Balón de Baba*" (Reseña)
RI III/6 (mayo 1941): 449-451

[K42] "Antonio R. Manzor: *Antología del cuento hispanoamericano*" (Reseña)
RI IV/7 (noviembre 1941): 194-196

[K43] "Mariano Picón-Salas: *Antología de costumbristas*" (Reseña)
RI IV/7 (noviembre 1941): 196-197

[K44] "Oscar Castro Z.: *Huellas en la tierra*" (Reseña)
RI IV/8 (febrero 1942): 450-451

[K45] "Isidro Mas de Ayala: *El loco que yo maté*" (Reseña)
RI V/10 (octubre 1942): 411-413

[K46] "Manuel Abascal Brunet: *Apuntes para la historia del teatro en Chile: La zarzuela grande*" (Reseña)
RI V/10 (octubre 1942): 410-411

KNOWLES, JOHN K. Y HARRIET S. TURNER

[K47] "Relectura crítica de *La tísica*, de Javier de Viana" (Estudio)
RI LII/135-136 (abril-septiembre 1986): 417-429

KOCH, DOLORES M.

[K48] "Jaime Alazraki: *Versiones, inversiones, reversiones: el espejo como modelo estructural del relato en los cuentos de Borges*" (Reseña)
RI XLV/108-109 (julio-diciembre 1979): 704-705

[K49] "Alicia Borinsky: *Ver/Ser visto. Notas para una analítica poética*" (Reseña)
RI XLVI/110-111 (enero-junio 1980): 333-334

[K50] "George Yúdice: *Vicente Huidobro y la motivación del lenguaje*" (Reseña)
RI XLVI/110-111 (enero-junio 1980): 335-337

[K51] "Ramón Xirau: *Poesía y conocimiento*" (Reseña)
RI XLVI/112-113 (julio-diciembre 1980): 671-673

[K52] "René de Costa: *The Poetry of Pablo Neruda*" (Reseña)
RI XLVI/112-113 (julio-diciembre 1980): 673-674

[K53] "José Olivio Jiménez: *El simbolismo*" (Reseña)
RI XLVI/112-113 (julio-diciembre 1980): 675-677

[K54] "Serge L. Zaïtzeff, ed.: *Julio Torri. Diálogo de los libros*" (Reseña)
RI XLVIII/120-121 (julio-diciembre 1982): 759-761

[K55] Humberto Díaz Casanueva: *El hierro y el hilo*" (Reseña)
RI XLVIII/120-121 (julio-diciembre 1982): 761-762

[K56] "Estrella Busto Ogden: *El creacionismo de Vicente Huidobro en sus relaciones con la estética cubista*" (Reseña)
RI LI/130-131 (enero-junio 1985): 380-382

[K57] "Raquel Chang-Rodríguez: *Violencia y subversión en la prosa colonial hispanoamericana*" (Reseña)
RI LI/130-131 (enero-junio 1985): 382-383

[K58] "Serge L. Zaïtzeff: *Rubén M. Campos. Obra literaria*" (Reseña)
RI LI/130-131 (enero-junio 1985): 383-384

[K59] "Serge I. Zaïtzeff: *El arte de Julio Torri*" (Reseña)
RI LI/130-131 (enero-junio 1985): 384-385

[K60] "Delmira, Alfonsina, Juana y Gabriela" (Estudio)
RI LI/132-133 (julio-diciembre 1985): 723-729

[K61] "Reina Roffé: *Espejo de escritores*" (Reseña)
RI LII/135-136 (abril-septiembre 1986): 770-772

[K62] "Alain Sicard, ed.: *Coloquio Internacional sobre la obra de José Lezama Lima. (I: 'Poesía'. II: 'Prosa')* (Reseña)
RI LVI/152-153 (julio-diciembre 1990): 1387-1390

[K63] "Reinaldo Arenas, con los ojos cerrados (1943-1990)" (Necrológica)
RI LVII/155-156 (abril-septiembre 1991): 685-688

[K64] "Gustavo Pellón: *José Lezama Lima's Joyful Vision*" (Reseña)
RI LVII/155-156 (abril-septiembre 1991): 775-778

KOCIANCICH, VLADY

[K65] "Jorge Edwards: *Fantasmas de carne y hueso*" (Reseña)
RI LX/168-169 (julio-diciembre 1994): 1201-1202

KOHAN, MARTÍN

[K66] "Daniel Balderston: *Borges: Realidades y simulacros*" (Reseña)
RI LXVII/196 (julio-septiembre 2001): 593-596

KOLB, GLEN L.

[K67] "Aspectos estructurales de *Doña Bárbara*" (Nota)
RI XXVIII/53 (enero-junio 1962): 131-140

KOOREMAN, THOMAS E.

[K68] "Estructura y realidad en *El llano en llamas*" (Nota)
RI XXXVIII/79 (abril-junio 1972): 301-305

KOSLOFF, ALEXANDER

[K69] "Técnica de los cuentos de Manuel Gutiérrez Nájera (I)" (Estudio)
RI XIX/38 (septiembre 1954): 333-358

[K70] "Técnica de los cuentos de Manuel Gutiérrez Nájera (II)" (Estudio)
RI XX/39 (marzo 1955): 65-94

KOZAK RIVERO, GISELA

[K71] "*Tinísima* de Elena Poniatowska: subjetividad, representación y narrativa actual latinoamericana" (Estudio)
RI LXVII/196 (julio-septiembre 2001): 557-570

[K72] "¿Adónde va la literatura? La escritura, la lectura y la crítica entre la galaxia Gutemberg y la galaxia electrónica" (Estudio)
RI LXVII/197 (octubre-diciembre 2001): 687-708

KOZER, JOSÉ

[K73] "El último de los mohicanos: un cubano judío" (Nota)
RI LXVI/191 (abril-junio 2001): 419-424

KRISTAL, EFRAÍN

[K74] "El rostro y la máscara: Entrevista con Sergio Pitol" (Entrevista)
RI LIII/141 (octubre-diciembre 1987): 981-994

KRONIK, JOHN W.

[K75] "*Nada* y el texto asfixiado: proyección de una estética" (Nota)
RI XLVII/116-117 (julio-diciembre 1981): 195-202

KUEHNE, ALYCE DE

[K76] "El egoísmo, la frustración y el castigo de la mujer mexicana en los dramas de González Caballero" (Nota)
RI XXXII/62 (julio-diciembre 1966): 281-288

[K77] "Xavier Villaurrutia, un alto exponente del espíritu de Pirandello en Hispanoamérica" (Estudio)
RI XXXIV/66 (julio-diciembre 1968): 313-322

KUHNHEIM, JILL S.

[K78] "William Rowe: Hacia una poética radical. Ensayos de hermenéutica cultural" (Reseña)
RI LXIII/180 (julio-septiembre 1997): 551-554

[K79] "María del Carmen Sillato:*Juan Gelman: las estrategias de la otredad. Heteronimia. Intertextualidad. Traducción*" (Reseña)
RI LXIII/181 (octubre-diciembre 1997): 733-736

[K80] "La promiscuidad del significado: Néstor Perlongher" (Estudio)
RI LXV/187 (abril-junio 1999): 281-292

KURFEHS-NAVARRO, JUDITH

[K81] "Alfredo Lozada: *El monismo agónico de Pablo Neruda: Estructura, significado y filiación de 'Residencia en la tierra*'" (Reseña)
RI XL/89 (octubre-diciembre 1974): 715-717

KURLAT, ETHEL

[K82] "Max Dickmann: el novelista y el hombre" (Estudio)
RI VIII/15 (mayo 1944): 49-56

KURTZ, BÁRBARA E.

[K83] "*En el país de las alegorías*: Alegorización en la poesía de Rubén Darío" (Estudio)
RI LII/137 (octubre-diciembre 1986): 875-893

KUSHIGIAN, JULIA A.

[K84] "Transgresión de la autobiografía y el 'bildungsroman' en *Hasta no verte Jesús mío*" (Nota)
RI LIII/140 (julio-septiembre 1987): 667-677

L

Labrador-Rodríguez, Sonia

[L1] "La intelectualidad negra en Cuba en el siglo XIX: el caso de Manzano" (Estudio)
RI LXII/174 (enero-marzo 1996): 13-26

[L2] "Mulatos entreblancos: José Celso Barbosa y Antonio S. Pedreira. Lo fronterizo en Puerto Rico al cambio de siglo (1986-1937)" (Estudio)
RI LXV/188-189 (julio-diciembre 1999): 713-732

Laera, Alejandra

[L3] "Sin *Olor a pueblo*: la polémica sobre el naturalismo en la literatura argentina" (Estudio)
RI LXVI/190 (enero-marzo 2000): 139-146

[L4] "Michael Aronna: '*Pueblos enfermos*'. *The Discourse of Illness in the Turn-of-the-century Spanish and Latin American Essay*" (Reseña)
RI LXVII/194-195 (enero-junio 2001): 315-318

[L5] "Benigno Trigo: *Subjects of Crisis. Race and Gender as Disease in Latin America*" (Reseña)
RI LXVII/197 (octubre-diciembre 2001): 802-805

Lafourcade, Enrique

[L6] "Othon Castillo: *Sed en el puerto*" (Reseña)
RI XXVIII/54 (julio-diciembre 1962): 395-397

Lagmanovich, David

[L7] "*Poesía Buenos Aires (1950-1960)*. Una revista argentina de vanguardia" (Estudio)
RI XXIX/56 (julio-diciembre 1963): 283-298

[L8] "H.A. Murena: *Relámpago de la duración*" (Reseña)
RI XXIX/56 (julio-diciembre 1963): 355-360

[L9] "Acotación a 'La isla a mediodía'" (Estudio)
RI XXXIX/84-85 (julio-diciembre 1973): 641-655

[L10] "Palabra y silencio en el *Martín Fierro*" (Estudio)
RI XL/87-88 (abril-septiembre 1974): 279-286

[L11] "Enrique Anderson Imbert: *Estudios sobre letras hispánicas*" (Reseña)
RI XLIV/102-103 (enero-junio 1978): 269-272

[L12] "Jorge Luis Borges: *Historia de la noche*" (Reseña)
RI XLV/108-109 (julio-diciembre 1979): 706-710

[L13] "Hugo J. Verani: *Onetti: el ritual de la impostura*" (Reseña)
RI XLIX/123-124 (abril-septiembre 1983): 655-658

[L14] "Jaime Alazraki: *En busca del unicornio: los cuentos de Julio Cortázar: elementos para una poética de lo neofantástico*" (Reseña)
RI LI/130-131 (enero-junio 1985): 388-392

Lagos-Pope, María Inés

[L15] "Sumisión y rebeldía: El doble o la representación de la alienación femenina en narraciones de Marta Brunet y Rosario Ferré" (Estudio)
RI LI/132-133 (julio-diciembre 1985): 731-749

[L16] "El testimonio creativo de *Hasta no verte, Jesús mío*" (Nota)
RI LVI/150 (enero-marzo 1990): 243-253

Lamarche, Ángel Rafael

[L17] "¿Hay una individualidad poética o artística?" (Estudio)
RI XIX/38 (septiembre 1954): 309-320

LAMB, RUTH S.

[L18] "La poesía de Salomé Ureña de Henríquez" (Nota)
RI XXII/44 (julio-diciembre 1957): 345-351

[L19] "Celestino Gorostiza y el teatro experimental de México" (Nota)
RI XXIII/45 (enero-junio 1958): 141-145

LANDA, JOSU

[L20] "Para pensar la crítica de poesía en América Latina" (Estudio)
RI LIX/164-165 (julio-diciembre 1993): 435-444

LAPESA, RAFAEL

[L21] "Sobre el ceceo y el seseo en Hispanoamérica" (Estudio)
RI XXI/41-42 (enero-diciembre 1956): 409-416

LAPIDOT, EMA

[L22] "Borges y Escher: artistas contemporáneos" (Nota)
RI LVII/155-156 (abril-septiembre 1991): 607-615

LARRAZÁBAL HENRÍQUEZ, OSVALDO

[L23] "Lope de Aguirre: Príncipe de la libertad, una novedosa novela de Miguel Otero Silva" (Nota)
RI LX/166-167 (enero-junio 1994): 469-475

LARREA, JUAN

[L24] "Vicente Huidobro en vanguardia" (Estudio)
RI XLV/106-107 (enero-junio 1979): 213-273

LARSEN, NEIL

[L25] "¿Cómo narrar el trujillato?" (Nota)
RI LIV/142 (enero-marzo 1988): 89-98

[L26] "Indigenismo y lo 'postcolonial': Mariátegui frente a la actual coyuntura teórica" (Estudio)
RI LXII/176-177 (julio-diciembre 1996): 863-874

LARSON, ROSS F.

[L27] "La evolución textual de *Huasipungo* de Jorge Icaza" (Estudio)
RI XXXI/60 (julio-diciembre 1965): 209-222

LASARTE, FRANCISCO

[L28] "Más allá del surrealismo: La poesía de Alejandra Pizarnik" (Estudio)
RI XLIX/125 (octubre-diciembre 1983): 867-877

LASARTE VALCARCEL, FRANCISCO JAVIER

[L29] "*Abrapalabra*: del mundo como escritura" (Nota)
RI LVII/155-156 (abril-septiembre 1991): 665-671

[L30] "Nacionalismo populista y desencanto. Poéticas de modernidad en la narrativa de Guillermo Meneses" (Estudio)
RI LX/166-167 (enero-junio 1994): 77-96

[L31] "Ciudadanías del costumbrismo en Venezuela" (Estudio)
RI LXIII/178-179 (enero-junio 1997): 175-184

LASSO, IGNACIO

[L32] "Ángel E. Rojas: *Banca*" (Reseña)
RI IV/8 (febrero 1942): 451-454

LASTRA, PEDRO

[L33] "Sobre la revista *Creación*" (Estudio)
RI XLV/106-107 (enero-junio 1979): 175-181

[L34] "Situación de Eduardo Anguita en la poesía chilena" (Estudio)
RI LX/168-169 (julio-diciembre 1994): 761-770

LATCHAM, RICARDO A.

[L35] "Fernando Alegría: *Caballo de copas*" (Reseña)
RI XXIV/47 (enero-junio 1959): 191-193

LAVOU, VICTORIEN

[L36] "Oscar Bonifaz: *Remembering Rosario. A Personal Glimpse into the Life and Works of Rosario Castellanos*" (Reseña)
RI LVII/155-156 (abril-septiembre 1991): 778-779

[L37] "Rosario Castellanos: *Meditation on the Threshold*" (Reseña)
RI LVII/155-156 (abril-septiembre 1991): 780-782

LAVRÍN, ASUNCIÓN

[L38] "Sor Juana Inés de la Cruz: Obediencia y autoridad en el discurso religioso" (Estudio)
RI LXI/172-173 (julio-diciembre 1995): 605-622

LAYERA, RAMÓN

[L39] "Alquimia verbal y existencial en la poesía de Cecilia Bustamante" (Nota)
RI XLVI/112-113 (julio-diciembre 1980): 571-577

[L40] "De la vanguardia al teatro nicaragüense. Valoración de Antonio Cuadra" (Nota)
RI LVII/157 (octubre-diciembre 1991): 1033-1041

LAZO, RAIMUNDO

[L41] "El sesquicentenario del *Papel Periódico* de La Habana" (Estudio)
RI III/5 (febrero 1941): 117-122

[L42] "Aurelia Castillo de González" (Nota)
RI V/10 (octubre 1942): 345-348

[L43] "Norberto Pinilla: *Bibliografía crítica sobre Gabriela Mistral*" (Reseña)
RI III/5 (febrero 1941): 224-225

[L44] "Eugenio Florit: *Cuatro poemas*" (Reseña)
RI III/5 (febrero 1941): 222-224

[L45] "Eduardo Martínez Dalmau: *La política colonial y extranjera de los Reyes españoles de la Casa de Austria y de Borbón y la toma de la Habana por los ingleses*" (Reseña)
RI VII/13 (noviembre 1943): 446-447

[L46] "Federico Córdova: *Manuel Sanguily*" (Reseña)
RI VII/13 (noviembre 1943): 447-448

[L47] "Rafael Esténger: *Cien de las mejores poesías cubanas*" (Reseña)
RI VII/13 (noviembre 1943): 444-446

LEAL, LUIS

[L48] "Pedro Henríquez Ureña en México" (Estudio)
RI XXI/41-42 (enero-diciembre 1956): 119-133

[L49] "Vicente Riva Palacio, cuentista" (Estudio)
RI XXII/44 (julio-diciembre 1957): 301-309

[L50] "Frank Dauster: *Breve historia de la poesía mexicana*" (Reseña)
RI XXIII/45 (enero-junio 1958): 198-200

[L51] "Leonardo C. de Morelos: *Luis González Obregón (1865-1938). Chronicler of Mexico City*" (Reseña)
RI XXIII/45 (enero-junio 1958): 200-202

[L52] "José María Vigil: *Nezahualcóyotl, el rey-poeta*" (Reseña)
RI XXIII/46 (julio-diciembre 1958): 465-467

[L53] "José Martínez Sotomayor: *El puente*" (Reseña)
RI XXIII/46 (julio-diciembre 1958): 467-468

[L54] "*Jicoténcal*, primera novela histórica en castellano" (Estudio)
RI XXV/49 (enero-junio 1960): 9-31

[L55] "Octavio Paz: *El laberinto de la soledad*. Segunda edición revisada y aumentada" (Reseña)
RI XXV/49 (enero-junio 1960): 184-186

[L56] "John S. Brushwood y José Rojas Garcidueñas: *Breve historia de la novela mexicana*" (Reseña)
RI XXVI/51 (enero-junio 1961): 192-195

[L57] "Carlos Hamilton: *Historia de la literatura hispanoamericana*" (Reseña)
RI XXVII/52 (julio-diciembre 1961): 373-385

[L58] "Enrique Anderson Imbert y Eugenio Florit: *Literatura hispanoamericana; antología e introducción histórica*" (Reseña)
RI XXVIII/53 (enero-junio 1962): 225-227

[L59] "Teoría y práctica del cuento en Alfonso Reyes" (Nota)
RI XXXI/59 (enero-junio 1965): 101-108

[L60] "Borges y la novela" (Estudio)
RI XXXVI/70 (enero-marzo 1970): 11-23

[L61] "Mariano Azuela: *Epistolario y archivo*. Notas y apéndices de Beatrice Berler" (Reseña)
RI XXXVI/70 (enero-marzo 1970): 131-134

[L62] "Situación de Amado Nervo" (Nota)
RI XXXVI/72 (julio-septiembre 1970): 485-494

[L63] "Aurora M. Ocampo de Gómez y Ernesto Prado Velázaquez: *Diccionario de escritores mexicanos* (con un) *Panorama de la literatura mexicana por* María del Carmen Millán" (Reseña)
RI XXXVI/72 (julio-septiembre 1970): 520-523

[L64] "Octavio Paz y la literatura nacional: Afinidades y oposiciones" (Estudio)
RI XXXVII/74 (enero-marzo 1971): 239-250

[L65] "Situación de Julio Cortázar" (Estudio)
RI XXXIX/84-85 (julio-diciembre 1973): 399-409

[L66] "Raquel Chang-Rodríguez and Donald A. Yates: *Homage to Irving A. Leonard*" (Reseña)
RI XLIV/104-105 (julio-diciembre 1978): 591-593

[L67] "Agustín Yáñez y la novela mexicana: Rescate de una teoría" (Estudio)
RI XLVIII/118-119 (enero-junio 1982): 121-129

[L68] "Fernando Alegría: *Nueva historia de la novela hispanoamericana*" (Reseña)
RI LIII/140 (julio-septiembre 1987): 700-703

[L69] "Mariano Azuela: precursor de los nuevos novelistas" (Estudio)
RI LV/148-149 (julio-diciembre 1989): 859-867

LEANTE, CÉSAR

[L70] "Martí y el destierro" (Nota)
RI LVI/152-153 (julio-diciembre 1990): 823-827

LEÁÑEZ ARISTIMUÑO, CARLOS

[L71] "Antonio López Ortega: Hacia el cuento lírico" (Estudio)
RI LX/166-167 (enero-junio 1994): 351-364

LEAVITT, STURGIS E.

[L72] "La bibliografía de Boggs" (Nota)
RI I/1 (mayo 1939): 159-160

[L73] "Augusto Guzmán: *Historia de la novela boliviana*" (Reseña)
RI I/1 (mayo-noviembre 1939): 195-196

[L74] "*Índices*" (Reseña)
RI I/1 (mayo-noviembre 1939): 193-195

[L75] "Augusto Matei Cueva: *Trabajadores de campo. Cuentos de comunidad*" (Reseña)
RI I/2 (noviembre 1939): 404-405

[L76] "Fernando Díez de Medina: *El arte nocturno de Víctor Deles*" (Reseña)
RI I/2 (noviembre 1939): 405-406

[L77] "Frederick Bliss Luquiens: *Spanish American Literature in the Yale University Library. A Bibliography*" (Reseña)
RI II/3 (abril 1940): 251-252

[L78] "Raul d'Eça: *Index to Latin American books*" (Reseña)
RI III/6 (mayo 1941): 452-452

[L79] "Arturo Torres-Rioseco: *Novelistas contemporáneos de América*" (Reseña)
RI IV/7 (noviembre 1941): 199-202

LECUNA, VICENTE

[L80] "Yendo de la cama al living: poesía venezolana (1970-1990)" (Estudio)
RI LX/166-167 (enero-junio 1994): 321-336

LE FORT, EMILIO C.

[L81] "Madaline Wallis Nichols: *The Gaucho: Cattle Hunter, Cavalryman, ideal of Romance*" (Reseña)
RI VI/11 (febrero 1943): 134-139

[L82] "Madeline W. Nichols: *Sarmiento, A Chronicle of Inter-American Friendship*" (Reseña)
RI III/6 (mayo 1941): 452-455

LEGAULT, CHRISTINE

[L83] "Enrique Lihn: *Y la ausencia se hizo verbo*" (Estudio)
RI LX/168-169 (julio-diciembre 1994): 811-834

LEGIDO, JUAN CARLOS

[L84] "Cincuenta años de teatro en el Uruguay" (Estudio)
RI LVIII/160-161 (julio-diciembre 1992): 841-851

LEGRAS, HORACIO

[L85] "Georg M. Gugelberg ed.:*The Real Thing: Testimonial Discourse in Latin America*" (Reseña)
RI LXIV/184-185 (julio-diciembre 1998): 654-658

LEIVA, RAÚL

[L86] "La poesía de Miguel Ángel Asturias" (Estudio)
RI XXXV/67 (enero-abril 1969): 87-100

LEMAÎTRE, MONIQUE J.

[L87] "Octavio Paz: *Blanco*" (Reseña)
RI XXXIV/66 (julio-diciembre 1968): 380-382

[L88] "Análisis de dos poemas espaciales de O. Paz: 'Aspa' y 'Concorde' a partir de las coordenadas del *Y Ching*" (Nota)
RI XL/89 (octubre-diciembre 1974): 669-674

[L89] "Aproximaciones a Octavio Paz" (Reseña)
RI XLI/90 (enero-marzo 1975): 101-106

[L90] "Octavio Paz: *Teatro de signos/Transparencias*" (Reseña)
RI XLI/90 (enero-marzo 1975): 163-163

[L91] "Borges ... Derrida ... Sollers ... Borges" (Nota)
RI XLIII/100-101 (julio-diciembre 1977): 679-682

[L92] "Cortázar en busca de uno de sus personajes" (Nota)
RI XLIV/102-103 (enero-junio 1978): 139-146

[L93] "Enajenación y revolución en *Todos los gatos son pardos*, de Carlos Fuentes" (Nota)
RI XLVI/112-113 (julio-diciembre 1980): 553-561

[L94] "Jesusa Palancares y la dialéctica de la emancipación femenina" (Estudio)
RI LI/132-133 (julio-diciembre 1985): 751-763

[L95] "Territorialidad y transgresión en *Gringo viejo* de C. Fuentes" (Nota)
RI LIII/141 (octubre-diciembre 1987): 955-963

[L96] "Diana Sorensen Goodrich: *The Reader and the Text: Interpretative Strategies for Latin American Literatures*" (Reseña)
RI LIV/144-145 (julio-diciembre 1988): 1063-1065

[L97] "El deseo de la muerte y la muerte del deseo en la obra de Elena Garro. Hacia una definición de la escritura femenina en su obra" (Estudio)
RI LV/148-149 (julio-diciembre 1989): 1005-1017

[L98] "Beth Miller: *Uma consciência feminista: Rosário Castellanos*" (Reseña)
RI LVI/150 (enero-marzo 1990): 318-321

[L99] "John M. Fein: *Toward Octavio Paz. A Reading of His Major Poems 1957-1976*" (Reseña)
RI LVI/150 (enero-marzo 1990): 321-326

[L100] "Jason Wilson: *Octavio Paz*" (Reseña)
RI LVI/150 (enero-marzo 1990): 326-33.

[L101] "Orlando Planchart M. *Alucinaciones paralelas*" (Reseña)
RI LX/166-167 (enero-junio 1994): 592-595

[L102] "Raúl Hernández Novás: *Sonetos a Gelsomina*" (Reseña)
RI LX/166-167 (enero-junio 1994): 596-602

[L103] "La historia oficial frente al discurso de la 'ficción' femenina en *Arráncame la vida de Ángeles Mastretta*" (Estudio)
RI LXII/174 (enero-marzo 1996): 185-198

LEO, ULRICH

[L104] "*Doña Perfecta* y *Doña Bárbara*. Un caso de ramificación literaria" (Estudio)
RI XVI/31 (julio 1950): 13-29

[L105] "Vida, caridad, existencia. Meditaciones filológicas sobre un libro nuevo" (Estudio)
RI XXIII/46 (julio-diciembre 1958): 417-432

LEÓN, OLVER GILBERTO DE

[L106] "Rubén Bareiro Saguier: *Literatura guaraní del Paraguay*" (Reseña)
RI XLVIII/120-121 (julio-diciembre 1982): 752-754

[L107] "Jacqueline Baldrán y Rubén Bareiro Saguier: *La tête dedans*" (Reseña)
RI XLVIII/120-121 (julio-diciembre 1982): 754-755

[L108] "Alejandro Losada: *La literatura en la sociedad de América Latina: modelos teóricos*" (Reseña)
RI LII/135-136 (abril-septiembre 1986): 772-774

LEÓN-PORTILLA, MIGUEL

[L109] "La palabra antigua y nueva del hombre de Mesoamérica" (Estudio)
RI L/127 (abril-junio 1984): 345-366

LERNER, ISAÍAS

[L110] "Dos notas al texto de *La Araucana*" (Nota)
RI XL/86 (enero-marzo 1974): 119-123

[L111] "María Luisa Bastos: *Borges ante la crítica argentina (1923-1960)*" (Reseña)
RI XLI/91 (abril-junio 1975): 376-378

[L112] "El texto de *La Araucana* de Alonso de Ercilla: Observaciones a la edición de José Toribio Medina" (Estudio)
RI XLII/94 (enero-marzo 1976): 51-60

LESLIE, JOHN-KENNETH

[L113] "La polémica del romanticismo en Chile. Dos artículos desconocidos" (Estudio)
RI XVI/32 (enero 1951): 245-254

[L114] "Símiles campestres en la obra de Benito Lynch" (Estudio)
RI XVII/34 (enero 1952): 331-338

LEVINE, SUZANNE JILL

[L115] "*Cien años de soledad* y la tradición de la biografía imaginaria" (Nota)
RI XXXVI/72 (julio-septiembre 1970): 453-463

[L116] "La maldición del incesto en *Cien años de soledad*" (Estudio)
RI XXXVII/76-77 (julio-diciembre 1971): 711-724

[L117] "*Zona sagrada*: Una lectura mítica" (Estudio)
RI XL/89 (octubre-diciembre 1974): 615-628

[L118] "La escritura como traducción: *Tres tristes tigres* y una *Cobra*" (Nota)
RI XLI/92-93 (julio-diciembre 1975): 557-567

[L119] "Adolfo Bioy Casares y Jorge Luis Borges: La utopía como texto" (Estudio)
RI XLIII/100-101 (julio-diciembre 1977): 415-432

[L120] "George McMurray: *Gabriel García Márquez*" (Reseña)
RI XLIV/102-103 (enero-junio 1978): 272-274

[L121] "Marjorie Agosín: *Las desterradas del paraíso, protagonistas en la narrativa de María Luisa Bombal*" (Reseña)
RI LI/132-133 (julio-diciembre 1985): 978-979

[L122] "Escritura, traducción, desplazamiento (un acercamiento a *Maitreya*" (Nota)
RI LVII/154 (enero-marzo 1991): 309-315

LEVRERO, MARIO

[L123] "Entrevista imaginaria con Mario Levrero" (Entrevista)
RI LVIII/160-161 (julio-diciembre 1992): 1167-1177

LEVY, ISAAC JACK

[L124] "Roberto M. de Agostino: *Treinta años en Tierra del Fuego*" (Reseña)
RI XXIII/45 (enero-junio 1958): 202-203

LEVY, KURT L.

[L125] "*Cuentos de Tomás Carrasquilla 'Náufrago asombroso del siglo de oro'*, editado por B. A. Gutiérrez" (Reseña)
RI XXII/43 (enero-junio 1957): 167-170

[L126] "José Juan Arrom: *Esquema generacional de las letras hispanoamericanas (Ensayo de un método)*" (Reseña)
RI XXXI/60 (julio-diciembre 1965): 315-316

[L127] "Héctor H. Orjuela: *Biografía y bibliografía de Rafael Pombo*" (Reseña)
RI XXXII/62 (julio-diciembre 1966): 326-329

[L128] "Rocío Vélez de Piedrahita: *La cisterna*" (Reseña)
RI XL/86 (enero-marzo 1974): 191-192

LEWALD, H. ERNEST

[L129] "Myron I. Lichtblau: *El arte estilístico de Eduardo Mallea*" (Reseña)
RI XXXIV/66 (julio-diciembre 1968): 383-384

LEWIS, BART L.

[L130] "*Pubis angelical*: la mujer codificada" (Nota)
RI XLIX/123-124 (abril-septiembre 1983): 531-540

LEWIS, ROBERT E.

[L131] "Los *Naufragios* de Alvar Núñez: historia y ficción" (Nota)
RI XLVIII/120-121 (julio-diciembre 1982): 681-694

LIBERTELLA, HÉCTOR

[L132] "Borges: literatura y patografía en la Argentina" (Estudio)
RI XLIX/125 (octubre-diciembre 1983): 707-715

LICHTBLAU, MYRON I.

[L133] "Rasgos estilísticos en algunas novelas de Eduardo Mallea" (Estudio)
RI XXIV/47 (enero-junio 1959): 117-125

[L134] "H. A. Murena: *Las leyes de la noche*" (Reseña)
RI XXIV/48 (julio-diciembre 1959): 375-377

[L135] "Eduardo Mallea: *Posesión*" (Reseña)
RI XXV/50 (julio-diciembre 1960): 348-350

[L257] "Hugo Rodríguez-Alcalá: *Ensayos de Norte a Sur*"(Reseña)
RI XXVI/51 (enero-junio 1961): 195-197

[L136] "Frederick S. Stimson: *Orígenes del hispanismo norteamericano*" (Reseña)
RI XXVII/52 (julio-diciembre 1961): 385-387

[L137] "Un cuento inédito de Manuel Gálvez" (Documentos)
RI XXXVIII/79 (abril-junio 1972): 317-318

[L138] "El *Martín Fierro* como obra de arte literaria" (Estudio)
RI XL/87-88 (abril-septiembre 1974): 471-477

[L139] "David William Foster: *Social Realism in the Argentine Narrative*" (Reseña)
RI LIII/141 (octubre-diciembre 1987): 1053-1054

LIDA, RAIMUNDO Y EMMA SUSANA SPERATTI PIÑERO

[L140] "Lacunza en México" (Nota)
RI XLIV/104-105 (julio-diciembre 1978): 527-533

LIENHARD, MARTÍN

[L141] "La función del danzante de tijeras en tres textos de José María Arguedas" (Estudio)
RI XLIX/122 (enero-marzo 1983): 149-157

[L142] "Una intertextualidad 'indoamericana' y *Moriencia*, de Augusto Roa Bastos" (Estudio)
RI L/127 (abril-junio 1984): 505-523

[L143] "*Kalunga* o el recuerdo de la trata esclavista en algunos cantos afro-americanos" (Estudio)
RI LXV/188-189 (julio-diciembre 1999): 505-518

[L144] "Voces marginadas y poder discursivo en América Latina" (Estudio)
RI LXVI/193 (enero-marzo 2000): 795-798

LIENHARD, MARTÍN, JOSÉ MORALES SARA E INEKE PHAF

[L145] "Alejandro Losada" (Necrológica)
RI LII/135-136 (abril-septiembre 1986): 631-644

LIHANI, JOHN

[L146] "Delos Lincoln Canfield: *La pronunciación del español en América. Ensayo histórico-descriptivo*" (Reseña)
RI XXX/58 (julio-diciembre 1964): 347-349

LIHN, ENRIQUE

[L147] "Preámbulo para una lectura comparada de un poema de Huidobro" (Nota)
RI XLV/106-107 (enero-junio 1979): 183-185

LIMA, JORGE DE

[L148] "'Esa negra fuló'; '¡Hola negro!'; 'En la carrera del viento'; 'Poeta, no puedes'" (Textos)
RI VIII/16 (noviembre 1944): 481-487

LINCOLN, J. N.

[L149] "Raymond L. Grismer: *A New Bibliography of the Literatures of Spain and Spanish America*" (Reseña)
RI IV/7 (noviembre 1941): 202-207

LINDSTROM, NAOMÍ

[L150] "*El zorro de arriba y el zorro de abajo*: Una marginación al nivel del discurso" (Nota)
RI XLIX/122 (enero-marzo 1983): 211-218

[L151] "Isaac Goldemberg: *Hombre de paso/ Just Passing Through*" (Reseña)
RI XLIX/123-124 (abril-septiembre 1983): 659-660

[L152] "Scalabrini Ortiz: El lenguaje del irracionalismo" (Nota)
RI LI/130-131 (enero-junio 1985): 185-196

[L153] "Olga Orozco: La voz poética que llama entre mundos" (Estudio)
RI LI/132-133 (julio-diciembre 1985): 765-775

[L154] "Jorge Schwartz: *Homenaje a Girondo*" (Reseña)
RI LIV/144-145 (julio-diciembre 1988): 1065-1067

[L155] "*No pronunciarás* de Margo Glantz: los nombres como señas de la imaginación cultural" (Nota)
RI LVI/150 (enero-marzo 1990): 275-287

[L156] "Escritoras judías brasileñas e hispanoamericanas" (Estudio)
RI LXIV/182-183 (julio-diciembre 1998): 287-298

LIPP, SOLOMON

[L157] "Los mundos de Luisa Mercedes Levinson, cuentista" (Nota)
RI XLV/108-109 (julio-diciembre 1979): 583-593

LISCANO, JUAN

[L158] "Lectura libre de un libro de poesía de Octavio Paz" (Nota)
RI XLII/96-97 (julio-diciembre 1976): 517-526

LITTLE, WILLIAM T.

[L159] "Notas acerca de *Tres tristes tigres* de G. Cabrera Infante" (Nota)
RI XXXVI/73 (octubre-diciembre 1970): 635-642

LIZAMA, PATRICIO A.

[L160] "Jean Emar/ Juan Emar: la vanguardia en Chile" (Estudio)
RI LX/168-169 (julio-diciembre 1994): 945-959

LIZASO, FÉLIX

[L161] "José Martí en Zaragoza" (Estudio)
RI II/3 (abril 1940): 121-140

[L162] "Martí, espíritu de la guerra" (Estudio)
RI X/19 (noviembre 1945): 35-58

[L163] "Pedro Henríquez Ureña y sus presencias en Cuba" (Estudio)
RI XXI/41-42 (enero-diciembre 1956): 99-117

[L164] "Normas periodísticas de José Martí" (Estudio)
RI XXIX/56 (julio-diciembre 1963): 227-249

[L165] "Max Henríquez Ureña: *Panorama histórico de la literatura cubana, 1492-1952*. Tomos I y II" (Reseña)
RI XXX/58 (julio-diciembre 1964): 342-347

[L166] "Ofelia M. B. De Benvenuto: *José Martí*" (Reseña)
RI VIII/15 (mayo 1944): 160-161

[L167] "Ofelia M. B. De Benvenuto: *José Martí*" (Reseña)
RI IX/17 (febrero 1945): 115-116

LLANOS, BERNARDITA

[L168] "Tradición e historia en la narrativa femenina en Chile: Petit y Valdivies frente a la Quintrala" (Estudio)
RI LX/168-169 (julio-diciembre 1994): 1025-1037

LLANOS, ALFREDO

[L169] "José Luis Romero: *Las ideas políticas argentinas*" (Reseña)
RI XXII/44 (julio-diciembre 1957): 390-394

LLARENA, ALICIA

[L170] "*Arráncame la vida* de Ángeles Mastretta: el universo desde la intimidad" (Estudio)
RI LVIII/159 (abril-junio 1992): 465-475

LLILO-MORO, EDUARDA

[L171] "*Dom Casmurro*: Apodo, vacío y espejo roto" (Estudio)
RI L/126 (enero-marzo 1984): 9-29

LLOPESA, RICARDO

[L172] "Algunas consideraciones sobre la poesía de Ernesto Mejía Sánchez" (Estudio)
RI LVII/157 (octubre-diciembre 1991): 959-970

LOJO DE BEUTER, MARÍA ROSA

[L173] "La mujer simbólica en *Abaddón el exterminador*" (Estudio)
RI LVIII/158 (enero-marzo 1992): 183-192

LOMAS BARRET, LINTON

[L174] "Diómedes de Pereyra: *La trama de oro*" (Reseña)
RI I/2 (noviembre 1939): 407-408

[L175] "José Díez-Canseco: *Estampas mulatas*" (Reseña)
RI I/2 (noviembre 1939): 409- 412

[L176] "Rafael Arévalo Martínez: *Viaje a Ipanda*" (Reseña)
RI III/5 (febrero 1941): 199-203

[L177] "Madaline W. Nichols: *Sarmiento: A Chronicle of Inter-American Friendship*" (Reseña)
RI IV/7 (noviembre 1941): 207

[L178] "Miguel Ángel Menéndez: *Nayar*" (Reseña)
RI V/10 (octubre 1942): 390-393

[L179] "Enrique Amorim: *El caballo y su sombra*" (Reseña)
RI VI/12 (mayo-1943): 504-507

[L180] "Erico Verissimo: *A Volta do Gato Preto*" (Reseña)
RI XII/25 (octubre 1947): 160-162

LONNÉ, ENRIQUE FRANCISCO

[L181] "Juan Carlos Ghiano: ''El Matadero' de Echeverría y el costumbrismo" (Reseña)
RI XXXV/69 (septiembre-diciembre 1969): 568-570

LOPES, ALBERT R.

[L182] "Rafael Arévalo Martínez y su ciclo de animales" (Estudio)
RI IV/8 (febrero 1942): 323-332

[L183] "Afrânio Coutinho: *A literatura no Brasil (Vol. I, t. I, Vol. II)*" (Reseña)
RI XXII/43 (enero-junio 1957): 159-160

[L184] "Rodrigo M. F. de Andrade: *As artes plásticas no Brasil*" (Reseña)
RI XXII/43 (enero-junio 1957): 206-206

LOPES, ALBERT R. Y WILLIS D. JACOBS

[L185] "Ronald de Carvalho" (Estudio)
RI XVIII/36 (marzo 1953): 391-400

LOPES JUNIOR, FRANCISCO CAETANO

[L186] "André de Carvalho: *Cubalibre*" (Reseña)
RI LIII/140 (julio-septiembre 1987): 703-705

[L187] "Machado de Assis: *Helena*. Tradução de Helen Caldwell" (Reseña)
RI LIV/144-145 (julio-diciembre 1988): 1067-1068

[L188] "Elías Miguel Muñoz: *El discurso de la sexualidad en Manuel Puig*" (Reseña)
RI LIV/144-145 (julio-diciembre 1988): 1068-1070

[L189] "Francisco Javier Ordiz: *El mito en la obra narrativa de Carlos Fuentes*" (Reseña)
RI LIV/144-145 (julio-diciembre 1988): 1070-1071

[L190] "Roberto Ventura: *Escritores, escravos e mestiços em um país tropical*" (Reseña)
RI LIV/144-145 (julio-diciembre 1988): 1071-1072

[L191] "Roberto Reiss: *A permanencia do circulo. Hierarquia no romance brasileiro*" (Reseña)
RI LV/146-147 (enero-junio 1989): 525-526

[L192] "Carmen Chaves McClendon y M. Elizabeth Ginway, eds.: *Los ensayistas: Brazil in the Eighties*" (Reseña)
RI LVII/155-156 (abril-septiembre 1991): 783-784

[L193] "Norman Lavers: *Pop Culture into Art: The Novels of Manuel Puig*" (Reseña)
RI LVII/155-156 (abril-septiembre 1991): 784-785

LÓPEZ, HUMBERTO

[L194] "Aproximación social a la obra de Rosa María Britton" (Estudio)
RI LXVII/196 (julio-septiembre 2001): 497-506

LÓPEZ, IVETTE

[L195] "Idea Vilariño: *No*" (Reseña)
RI XLVIII/120-121 (julio-diciembre 1982): 763-764

LÓPEZ-ADORNO, PEDRO

[L196] "Teoría y práctica de la arquitectura poética kozeriana: Apuntes para *Bajo este cien* y *La garza sin sombras*" (Nota)
RI LII/135-136 (abril-septiembre 1986): 605-611

LÓPEZ-BARALT, LUCE

[L197] "*La guaracha del Macho Camacho*, saga nacional de la 'guachafita' portorriqueña" (Estudio)
RI LI/130-131 (enero-junio 1985): 103-123

LÓPEZ-BARALT, MERCEDES

[L198] "La crónica de Indias como texto cultural: Articulación de los códigos icónico y lingüístico en los dibujos de la *Nueua Corónica* de Guamán Poma" (Estudio)
RI XLVIII/120-121 (julio-diciembre 1982): 461-531

LÓPEZ-CABRALES, MARÍA DEL MAR

[L199] "Patricia Hart: *Narrative Magic in the Fiction of Isabel Allende*" (Reseña)
RI LX/168-169 (julio-diciembre 1994): 1203-1205

[L200] "La escritura como respuesta a la intolerancia histórica. Alina Diaconú entre Bucarest y Buenos Aires" (Entrevista)
RI LXII/175 (abril-junio 1996): 583-599

LÓPEZ CALVO, IGNACIO

[L201] "La negociación de las diferencias sociales en Marcos Aguinis: descolonización de la identidad cultural judía ante la adversidad" (Estudio)
RI LXVI/191 (abril-junio 2000): 393-407

LÓPEZ DE MESA, LUIS

[L202] "Presentimiento de una cultura universal" (Estudio)
RI X/19 (noviembre 1945): 13-34

LÓPEZ GONZÁLEZ, ARALIA

[L203] "Una obra clave en la narrativa mexicana: *José Trigo*" (Estudio)
RI LVI/150 (enero-marzo 1990): 117-141

[L204] "Quebrantos, búsquedas y azares de una pasión nacional (dos décadas de narrativa mexicana: 1970-1980)" (Estudio)
RI LIX/164-165 (julio-diciembre 1993): 659-685

LÓPEZ HEREDIA, JOSÉ

[L205] "Odylo Costa (filho): *Un solo amor: antología bilingüe*" (Reseña)
RI L/126 (enero-marzo 1984): 321-324

LÓPEZ LEMUS, VIRGILIO

[L206] "Alejo Carpentier o el periodista" (Estudio)
RI LVII/154 (enero-marzo 1991): 171-180

LÓPEZ MIRANDA, MARGARITA

[L207] "Plurivalencia y monosemia en el fragmento introductorio de *La hora0* de Ernesto Cardenal" (Estudio)
RI LVII/157 (octubre-diciembre 1991): 987-996

LÓPEZ MORALES, EDUARDO

[L258] "Luis Suardíaz y su arte poética" (Nota)
RI LVI/152-153 (julio-diciembre 1990): 1285-1287

LÓPEZ-MORILLAS, JUAN

[L208] "Carlos B. Quiroga: *Almas en la roca. El tormento sublime*" (Reseña)
RI II/3 (abril 1940): 253-254

LÓPEZ ORTEGA, ANTONIO

[L209] "Venezuela: historia, política y literatura (conversación con Arturo Uslar Pietri)" (Entrevista)
RI LX/166-167 (enero-junio 1994): 397-414

LÓPEZ REY, MANUEL

[L210] "Un siglo de pensamiento iberoamericano" (Estudio)
RI XI/21 (junio 1946): 105-108

LOPRETE, CARLOS ALBERTO

[L211] "Rafael Alberto Arrieta y otros: *Historia de la literatura argentina*" (Reseña)
RI XXIX/56 (julio-diciembre 1963): 360-361

LORENTE MEDINA, ANTONIO

[L212] "Intertextualidad y mito en *Porqué se fueron las garzas*"(Estudio)
RI LVIII/159 (abril-junio 1992): 449-463

LORENTE-MURPHY, SILVIA

[L213] "Juan Rulfo, lector de Knut Hamsun" (Nota)
RI LIII/141 (octubre-diciembre 1987): 913-924

[L214] "La revolución mexicana en la novela" (Estudio)
RI LV/148-149 (julio-diciembre 1989): 847-857

LOSADA, ALEJANDRO

[L215] "Rasgos específicos del realismo social en la América Hispánica" (Estudio)
RI XLV/108-109 (julio-diciembre 1979): 413-442

[L216] "Bases para un proyecto de una historia social de la literatura en América Latina (1780-1970)" (Estudio)
RI XLVII/114-115 (enero-junio 1981): 167-188

LOURENÇO, CILEINE DE

[L217] "Representación racial y ambigüedad en la narrativa fundacional" (Estudio)
RI LXVIII/199 (abril-junio 2002): 313-330

LOUSTAUNAU, FERNANDO

[L218] "Susana Soca: la Dame à la Licorne" (Nota)
RI LVIII/160-161 (julio-diciembre 1992): 1015-1025

LOVELUCK, JUAN

[L219] "Manuel Pedro González: *José Martí. En el octogésimo aniversario de la iniciación modernista. 1882-1962*" (Reseña)
RI XXX/58 (julio-diciembre 1964): 349-353

[L220] "*De sobremesa*, novela desconocida del modernismo" (Estudio)
RI XXXI/59 (enero-junio 1965): 17-32

[L221] "Mariano Picón-Salas" (Necrológica)
RI XXXI/60 (julio-diciembre 1965): 263-276

[L222] "Joseph Sommers: *After the Storm. Landmarks of the Modern Mexican Novel*" (Reseña)
RI XXXV/69 (septiembre-diciembre 1969): 570-573

[L223] "Martín C. Taylor: *Gabriela Mistral's Religious Sensibility*" (Reseña)
RI XXXV/69 (septiembre-diciembre 1969): 573-577

[L224] "Iván A. Schulman y Manuel Pedro González: *Martí, Darío y el modernismo*. Prólogo de Cintio Vitier" (Reseña)
RI XXXVI/70 (enero-marzo 1970): 134-137

[L225] "Cartas de Gabriela Mistral a Amado Nervo" (Documento)
RI XXXVI/72 (julio-septiembre 1970): 495-508

[L226] "Luis Mario Schneider: *El estridentismo. Una literatura de la estrategia*" (Reseña)
RI XXXVIII/79 (abril-junio 1972): 346-349

[L227] "*Alturas de Macchu Picchu*: Cantos I-V" (Estudio)
RI XXXIX/82-83 (enero-junio 1973): 175-188

[L228] "La conversación infinita de Luis Emilio Soto. Un texto sobre Oliverio Girondo" (Documento)
RI XLI/91 (abril-junio 1975): 287-288

[L229] "Robert Pring-Mill: *Pablo Neruda. A Basic Anthology*" (Reseña)
RI XLII/95 (abril-junio 1976): 323-324

LOYOLA, HERNÁN

[L230] "Lectura de *Tentativa del hombre infinito* de Pablo Neruda" (Estudio)
RI XLIX/123-124 (abril-septiembre 1983): 369-387

LOZADA, ALFREDO

[L231] "Migas de Nietzsche: El subtexto de *El hondero entusiasta*" (Estudio)
RI XLIX/123-124 (abril-septiembre 1983): 389-402

[L232] "Visión degradada/error visionario. Desconstruyendo la modalidad profética en la poesía de Pablo Neruda" (Nota)
RI LII/137 (octubre-diciembre 1986): 963-970

LOZANO, CARLOS

[L233] "*El Periquillo Sarniento* y la *Histoire de Gil Blas de Santillane*" (Estudio)
RI XX/40 (septiembre 1955): 275-290

[L234] "Paralelismos entre Flaubert y Eduardo Barrios" (Estudio)
RI XXIV/47 (enero-junio 1959): 105-116

[L235] "Fernando Alegría: *Los días contados*" (Reseña)
RI XXXV/69 (septiembre-diciembre 1969): 577-579

LUCAS, FÁBIO

[L236] "Do esteticismo brasileiro: Tradição e dependência" (Nota)
RI L/126 (enero-marzo 1984): 211-219

LUCIANI, FREDERICK

[L237] "Sor Juana Inés de la Cruz: *Inundación Castálida*, Georgina Sabat de Rivers, ed." (Reseña)
RI LI/130-131 (enero-junio 1985): 394-396

[L238] Octavio Paz: *Sor Juana Inés de la Cruz o las trampas de la fe*" (Reseña)
RI LI/130-131 (enero-junio 1985): 396-398

[L239] "Sor Juana Inés de la Cruz: Epígrafe, epíteto, epígono" (Estudio)
RI LI/132-133 (julio-diciembre 1985): 777-783

[L240] "Luis Harss: *Sor Juana's Dream*" (Reseña)
RI LV/146-147 (enero-junio 1989): 526-529

[L241] "Sor Juana Inés de la Cruz: *Inundación castálida*, Georgina Sabat de Rivers, ed." (Reseña)
RI LVI/150 (enero-marzo 1990): 331-333

LUCKY, ROBERT E.

[L242] "Apreciación del poeta Stephen Crane" (Estudio)
RI V/10 (octubre 1942): 317-344

LUDMER, JOSEFINA

[L243] "*Tres tristes tigres*: órdenes literarios y jerarquías sociales" (Estudio)
RI XLV/108-109 (julio-diciembre 1979): 493-512

[L244] "Mujeres que matan" (Estudio)
RI LXII/176-177 (julio-diciembre 1996): 781-799

LUGO-ORTIZ, AGNES I.

[L245] "Memoria infantil y perspectiva histórica: *El archipiélago* de Victoria Ocampo" (Nota)
RI LIII/140 (julio-septiembre 1987): 651-661

[L246] "Figuraciones del sujeto moderno: Biografía, plantación y muerte en el albor del siglo XIX cubano" (Estudio)
RI LXIII/178-179 (enero-junio 1997): 47-60

LUIS, WILLIAM

[L247] "Historia, naturaleza y memoria en *Viaje a la semilla*" (Nota)
RI LVII/154 (enero-marzo 1991): 151-160

LUISELLI, ALESSANDRA

[L248] La *Relación de Michoacán*: sobre las 'malas mujeres' y la imposición autoral del compilador franciscano" (Estudio)
RI LXVI/192 (julio-septiembre 2000): 639-670

LUNA, JOSÉ LUIS

[L249] "Max Nordau, amigo de las letras hispanoamericanas" (Estudio)
RI I/1 (mayo 1939): 95-100

[L250] "Marcelo Olivari: *Lugones*" (Reseña)
RI IV/7 (noviembre 1941): 208-209

[L251] "Juan Draghi Lucero: *Las mil y una noches argentinas*" (Reseña)
RI IV/7 (noviembre de 1941): 207-208

LUNA, NORMAN

[L252] "El concepto metafórico en la poesía de Sor Juana Inés de la Cruz: una comparación textual shakesperiana" (Estudio)
RI LXI/172-173 (julio-diciembre 1995): 631-638

LUNA, NORMANDO

[L253] "John S. Brushwood: *The Spanish-American Novel: A Twentieth-Century Survey*" (Reseña)
RI XLII/96-97 (julio-diciembre 1976): 632-634

LUNARDINI, PETER J.

[L254] "Marchant Alexander ed.: *Proceedings of the International Coloquium on Luso-Brazilian Studies*" (Reseña)
RI XIX/37 (octubre de 1953-marzo de 1954) 179-182

LÜTTECKE, JANET A.

[L255] "*El cuarto mundo* de Diamela Eltit" (Estudio)
RI LX/168-169 (julio-diciembre 1994): 1081-1088

LUZURIAGA, GERARDO

[L256] "Ricardo Descalzi: *Historia crítica del teatro ecuatoriano*" (Reseña)
RI XXXVII/75 (abril-junio 1971): 470-472

[L257] se encuentra en la página 147, bajo "Lichtblau, Myron I."
[L258] senala la entrada de "López Morales, Eduardo" en la página 152.

M. Y V., L. B. DE.

[M1] "J. R. Rodríguez Morel: *El payador Santos Vega*" (Reseña)
RI X/10 (noviembre 1945): 190-193

MAC ADAM, ALFRED J.

[M2] "El espejo y la mentira, dos cuentos de Borges y Bioy Casares" (Estudio)
RI XXXVII/75 (abril-junio 1971): 357-374

[M3] "La simultaneidad en las novelas de Cortázar" (Estudio)
RI XXXVII/76-77 (julio-diciembre 1971): 667-676

[M4] "La torre de Dánae" (Estudio)
RI XXXIX/84-85 (julio-diciembre 1973): 457-469

[M5] "*Tres tristes tigres*: el vasto fragmento" (Nota)
RI XLI/92-93 (julio-diciembre 1975): 549-556

[M6] "Décio Pignatari: Retrato en blanco y negro" (Nota)
RI XLIII/98-99 (enero-junio 1977): 81-88

[M7] "Lenguaje y estética en *Inquisiciones*" (Nota)
RI XLIII/100-101 (julio-diciembre 1977): 637-644

[M8] "*Un modelo para la muerte*: la apoteosis de Parodi" (Nota)
RI XLVI/112-113 (julio-diciembre 1980): 545-552

[M9] "Octavio Paz: *In/Mediaciones*" (Reseña)
RI XLVI/112-113 (julio-diciembre 1980): 677-679

[M10] "José Donoso: *Casa de campo*" (Nota)
RI XLVII/116-117 (julio-diciembre 1981): 257-263

[M11] "Gabriela Massuh: *Borges: Una estética del silencio*" (Reseña)
RI XLIX/123-124 (abril-septiembre 1983): 660-661

[M12] "Suzanne J. Levine: *Guía de Bioy Casares*" (Reseña)
RI XLIX/123-124 (abril-septiembre 1983): 662-663

[M13] "Euclides Da Cunha y Mario Vargas Llosa: Meditaciones intertextuales" (Nota)
RI L/126 (enero-marzo 1984): 157-164

[M14] "Paul B. Dixon: *Reversible Readings: Ambiguity in Four Modern Latin American Novels*" (Reseña)
RI LIII/140 (julio-septiembre 1987): 705-706

[M15] "*Confessio amantis*" (Nota)
RI LVII/154 (enero-marzo 1991): 203-213

MACIEL, MARÍA ESTHER

[M16] "América Latina reinventada: Octavio Paz e Haroldo de Campos" (Estudio)
RI LXIV/182-183 (enero-junio 1998): 287-299

MACAGNO, ENZO

[M17] "Ezequiel Martínez Estrada: *Qué es esto. Catilinaria*" (Reseña)
RI XXII/44 (julio-diciembre 1957): 394-400

MACHÍN, HORACIO

[M18] "El individualismo colectivo en César Vallejo" (Estudio)
RI LXII/175 (abril-junio 1996): 507-520

MADRID, LELIA M.

[M19] "Arturo Álvarez Sosa: *La singularidad desnuda*" (Reseña)
RI LV/146-147 (enero-junio 1989): 529-531

[M20] "Octavio Paz: la espiral y la línea o la re-escritura del romanticismo" (Estudio)
RI LVI/151 (abril-junio 1990): 393-401

[M21] "Sábato/Borges: sobre el cielo y el infierno" (Estudio)
RI LVIII/158 (enero-marzo 1992): 207-216

[M22] "Claude Cymerman, ed.: *Le Roman hispano-américain des années 80*. Cahiers du Centre de Recherches d'Etudes Ibériques et Ibéro-Américaines 11" (Reseña)
RI LX/166-167 (enero-junio 1994): 602-604

[M23] "Jorge L. Borges: el significado versus la referencia" (Estudio)
RI LXII/174 (enero-marzo 1996): 163-174

MADRIGAL ECAY, ROBERTO

[M24] "Umberto Valverde: *Celia Cruz: Reina Rumba* y *En busca de tu nombre*" (Reseña)
RI L/128-129 (julio-diciembre 1984): 1101-1102

MAGALLÓN, MARIO

[M25] "Leopoldo Zea. La filosofía latinoamericana: una forma de expresión propia" (Entrevista)
RI LV/148-149 (julio-diciembre 1989): 655-663

MAGDALENO, MAURICIO

[M26] "Tres libros de esencia americana" (Estudio)
RI II/3 (abril 1940): 145-160

MAGNARELLI, SHARON

[M27] "*El camino de Santiago* de Alejo Carpentier y la picaresca" (Estudio)
RI XL/86 (enero-marzo 1974): 65-86

[M28] "Petrona Domínguez de Rodríguez-Pasqués: *El discurso indirecto libre en la novela argentina*" (Reseña)
RI XLII/96-97 (julio-diciembre 1976): 634-635

[M29] "Gatos, lenguaje y mujeres en *El gato eficaz* de Luisa Valenzuela" (Nota)
RI XLV/108-109 (julio-diciembre 1979): 603-611

[M30] "Una entrevista con Alicia Muñoz" (Entrevista)
RI LI/132-133 (julio-diciembre 1985): 495-506

[M31] "*Matías Montes Huidobro: Teoría y práctica del catedratismo en 'Los negros heráldicos' de Francisco Fernández*"(Reseña)
RI LVI/152-153 (julio-diciembre 1990): 1390-1392

MALAVÉ AMARISTA, MARUJA

[M32] "Robert Lewis y Jerry M.Williams, eds.: *Early Images of the Americas.Transfer and invention*" (Reseña)
RI LXI/170-171 (enero-junio 1995): 315-321

MALLETT, BRIAN J.

[M33] "Política y fatalidad en *La hojarasca* de García Márquez" (Nota)
RI XLII/96-97 (julio-diciembre 1976): 535-544

MALLO, JERÓNIMO

[M34] "Hispanismo y panamericanismo en la Dirección Cultural de Hispanoamérica" (Estudio)
RI VI/12 (mayo 1943): 369-376

[M35] "Las relaciones personales y literarias entre Darío y Unamuno" (Estudio)
RI IX/17 (febrero 1945): 61-72

[M36] "La defensa de la unidad del lenguaje común de Hispanoamérica" (Estudio)
RI XIII/25 (octubre 1947): 117-122

[M37] "Edelberto Torres: *Enrique Gómez Carrillo. El cronista errante*" (Reseña)
RI XXIII/46 (julio-diciembre 1958): 468-470

[M38] "Alfonso Méndez Plancarte: *San Juan de la Cruz en México*" (Reseña)
RI XXV/50 (julio-diciembre 1960): 350-351

[M39] "Salvador de Madariaga: *Presente y Porvenir de Hispanoamérica y otros ensayos*" (Reseña)
RI XXVI/51 (enero-junio 1961): 197-199

[M40] "José María Arboleda Llorente: *El indio en la Colonia*" (Reseña)
RI XV/30 (agosto 1949-enero 1950): 303-307

[M41] "Lewishanke: *The Spanish Struggle for Justice in the Conquest of America*" (Reseña)
RI XVI/31 (febrero-julio 1950): 186-188

MALPARTIDA, JUAN

[M42] "Tres poetas mexicanos (Ulacia, Mendiola, Morábito)" (Nota)
RI LV/148-149 (julio-diciembre 1989): 1209-1217

MANDRILLO, CÓSIMO

[M43] "Acercamiento múltiple a los cuentos de Gustavo Díaz Solís" (Nota)
RI LX/166-167 (enero-junio 1994): 477-487

MANRIQUE CABRERA, F.

[M44] "Juan Ríos: *Canción de siempre*" (Reseña)
RI V/9 (mayo 1942): 158

MANRIQUE TERÁN, GUILLERMO

[M45] "Vicente Noguera Corredor: *El infierno azul*" (Reseña)
RI II/3 (abril 1940): 254-255

MANZONI, CELINA

[M46] "¿Editoriales pequeñas o pequeñas editoriales?" (Estudio)
RI LXVII/197 (octubre-diciembre 2001): 781-794

MAÑACH, JORGE A.

[M47] "Liberación de Alfonsina Storni" (Estudio)
RI I/1 (mayo 1939): 73-76

[M48] "La ausente presencia de Sanín Cano" (Estudio)
RI XIII/26 (febrero 1948): 291-296

MAPES, ERWIN K.

[M49] "Boyd G. Carter: *En torno a Gutiérrez Nájera*" (Reseña)
RI XXV/50 (julio-diciembre 1960): 351-354

[M50] "Bibliografía de tesis sobre literatura iberoamericana preparadas en las universidades de Iberoamérica" ((Bibliografía)
RI VI/11 (febrero 1943): 203-206

MARBÁN, JORGE A.

[M51] "Transfiguración histórica y creación literaria en el *Lope de Aguirre* de Otero Silva" (Nota)
RI LI/130-131 (enero-junio 1985): 273-282

[M52] "Evolución y formas en la prosa periodística de José Martí" (Nota)
RI LV/146-147 (enero-junio 1989): 211-222

MARCOS, JUAN MANUEL

[M53] "Estrategia textual de *Yo el supremo*" (Estudio)
RI XLIX/123-124 (abril-septiembre 1983): 433-448

[M54] "La ternura pensativa de José María Arguedas" (Estudio)
RI L/127 (abril-junio 1984): 445-457

[M55] "Helena Araújo: *Fiesta en Teusaquillo*" (Reseña)
RI L/128-129 (julio-diciembre 1984): 1103-1104

[M56] "Darío Jaramillo Agudelo: *La muerte de Alec*" (Reseña)
RI L/128-129 (julio-diciembre 1984): 1104-1106

[M57] "Isabel Allende: *La casa de los espíritus*" (Reseña)
RI LI/130-131 (enero-junio 1985): 401-406

[M58] "Eraclio Zepeda: *Andando el tiempo*" (Reseña)
RI LI/130-131 (enero-junio 1985): 406-411

[M59] "Saúl Ibargoyen: *La sangre interminable*" (Reseña)
RI LI/130-131 (enero-junio 1985): 411-414

[M60] "La poesía de Elva Macías como una forma (femenina) de conocimiento" (Estudio)
RI LI/132-133 (julio-diciembre 1985): 785-792

[M61] "Ricardo Yamal: *Sistema y visión de la poesía de Nicanor Parra*" (Reseña)
RI LII/135-136 (abril-septiembre 1986): 774-775

[M62] "Isabel Allende: *De amor y de sombra*" (Reseña)
RI LII/137 (octubre-diciembre 1986): 1086-1090

[M63] "Jaime Alazraki, ed.: *Critical Essays on Jorge Luis Borges*" (Reseña)
RI LIII/140 (julio-septiembre 1987): 706-710

[M64] "Emil Volek: *Metaestructuralismo, poética moderna, semiótica narrativa y filosofía de las ciencias sociales*" (Reseña)
RI LIII/140 (julio-septiembre 1987): 710-712

MARICHAL, JUAN

[M65] "Alberdi y Leroux: *La originalidad de la generación argentina de 1837*" (Estudio)
RI XXXI/59 (enero-junio 1965): 9-16

MARINELLO, JUAN

[M66] "Baldomero Sanín Cano, sabiduría libertadora" (Estudio)
RI XIII/26 (febrero 1948): 283-287

MARIS, A. A.

[M67] "Julio Afrânio Peixoto: *Chinita*" (Reseña)
RI VII/13 (noviembre 1943): 207-208

MARISTANY, JOSÉ

[M68] "Jorgelina Corbatta: *Narrativas de la Guerra Sucia en Argentina (Piglia, Saer, Valenzuela, Puig)*" (Reseña)
RI LXVII/194-195 (enero-junio 2001): 327-330

MÁRQUEZ, ALBERTO

[M69] "Juan Sánchez Peláez: otra lectura" (Nota)
RI LX/166-167 (enero-junio 1994): 489-493

MÁRQUEZ, ENRIQUE

[M70] "*Cobra*: de aquel oscuro objeto del deseo"
RI LVII/154 (enero-marzo 1991): 301-307

MÁRQUEZ RODRÍGUEZ, ALEXIS

[M71] "Mariano Picón Salas: el arte y la costumbre de pensar" (Estudio)
RI LX/166-167 (enero-junio 1994): 31-45

MARTÍ PEÑA, GUADALUPE

[M72] "Egon Schiele y *Los cuadernos de don Rigoberto* de Mario Vargas Llosa: iconotextualidad e intermedialidad" (Estudio)
RI LXVI/190 (enero-marzo 2000): 93-112

[M73] "Geneviéve Fabry: *Personaje y lectura en cinco novelas de Manuel Puig*" (Reseña)
RI LXVI/190 (enero-marzo 2000): 202-204

MARTIN, GERALD

[M74] "Emir Rodríguez Monegal y *Los dos Asturias*" (Polémica)
RI XXXV/69 (septiembre-diciembre 1969): 505-516

[M75] "El Instituto Internacional de Literatura Iberoamericana y la Revista Iberoamericana: breve relato de una ya larga historia" (Nota)
RI LXVIII/200-201 (julio-diciembre 2002): 503-520

MARTÍN, MARINA

[M76] "*Alsino* y la novela modernista:Pedro Prado, pintor de cadencias" (Estudio)
RI LXII/ 174 (enero-marzo 1996): 71-84

[M77] "René de Costa: el humor en Borges" (Reseña)
RI LXVII/194-195 (enero-junio 2001): 331-332

MARTÍN-RODRÍGUEZ, MANUEL

[M78] "El fondo angustioso de los *Nocturnos* de Xavier Villaurrutia" (Textos)
RI LV/148-149 (julio-diciembre 1989): 1119-1128

MARTÍNEZ, ELENA M.

[M79] "Wilfrido Corral: *Lector, sociedad y género en Monterroso*" (Reseña)
RI LIV/144-145 (julio-diciembre 1988): 1072-1075

[M80] "Juan Carlos Onetti: *Cuando entonces*" (Reseña)
RI LIV/144-145 (julio-diciembre 1988): 1075-1077

[M81] "Evelyn Picón Garfield e Iván Schulman: *Las entrañas del vacío*" (Reseña)
RI LV/146-147 (enero-junio 1989): 531-534

[M82] "Brian Mc Hale: *Postmodernist Fiction*" (Reseña)
RI LV/146-147 (enero-junio 1989): 534-537

[M83] "Alicia Borinsky: *Macedonio Fernández y la teoría crítica*" (Reseña)
RI LV/146-147 (enero-junio 1989): 537-538

[M84] "*En breve cárcel*: la escritura/lectura del (de lo) otro en los textos de Onetti y Molloy" (Nota)
RI LVI/151 (abril-junio 1990): 523-532

[M85] "René Vázquez Díaz: *La era imaginaria*" (Reseña)
RI LVI/152-153 (julio-diciembre 1990): 1393-1394

[M86] "Pedro Juan Soto: *Memoria de mi amnesia*" (Reseña)
RI LIX/162-163 (enero-junio 1993): 388

[M87] "Peter J. Rabinowitz: *Before Reading. Narrative Conventions and the politics of interpretation*" (Reseña)
RI LIX/162-163 (enero-junio 1993): 388-389

[M88] "Francisco Soto: *Conversación con Reinaldo Arenas*" (Reseña)
RI LIX/162-163 (enero-junio 1993): 389-390

[M89] "María M. Solá: *Aquí cuentan las mujeres*" (Reseña)
RI LIX/162-163 (enero-junio 1993): 391

[M90] "Roberto Echevarren. Transplantinos. Muestra de narrativa rioplatense" (Estudio)
RI LX/166-167 (enero-junio 1994): 604-605

[M91] "Erotismo en la poesía de Magaly Alabau" (Estudio)
RI LXV/187 (abril-junio 1999): 395-404.

MARTÍNEZ, JOSÉ LUIS

[M92] "Cuenca, poeta de transición" (Estudio)
RI V/10 (octubre 1942): 383-395

[M93] "Francisco Monterde: *Moctezuma, el de la silla de oro*" (Reseña)
RI X/20 (marzo 1946): 364-367

MARTÍNEZ, JOSÉ MARÍA

[M94] "Susana Zanetti: *Las cenizas de la huella. Linajes y figuras de artista en torno al modernismo*" (Reseña)
RI LXV/188-189 (julio-diciembre 1999): 769-770

[M95] "Cathy L. Jrade: *Modernismo, Modernity and the Development of Spanish America*" (Reseña)
RI LXVI/190 (enero-marzo 2000): 199-201

[M96] "El público femenino del modernismo: de la lectora figurada a la lectora histórica en las prosas de Manuel Gutiérrez Nájera" (Estudio)
RI LXVII/194-195 (enero-junio 2001): 15-30

[M97] "Rosemary C. LoDato: *Beyond the Glitter. The Language of Gems in Modernista Writers Rubén Darío, Ramón del Valle Inclán and José Asunción Silva*" (Reseña)
RI LXVII/196 (julio-septiembre 2001): 599-600

MARTÍNEZ, JUANA

[M98] "Una lectura con ambages (Sobre *Ambages* de César Fernández Moreno)" (Estudio)
RI LVIII/159 (abril-junio 1992): 477-487

MARTÍNEZ, MARTHA

[M99] "Julieta Campos o la interiorización de lo cubano" (Estudio)
RI LI/132-133 (julio-diciembre 1985): 793-797

MARTÍNEZ, RENATO

[M100] "Neruda y la poética de las cosas: reflexiones sobre la condición chicana" (Estudio)
RI LX/168-169 (julio-diciembre 1994): 739-749

[M101] "José Donoso: *Taratuta/Naturaleza muerta con cachimba*" (Reseña)
RI LX/168-169 (julio-diciembre 1994): 1205-1208

[M102] "Elena Castedo: *El paraíso*" (Reseña)
RI LX/168-169 (julio-diciembre 1994): 1208-1209

MARTÍNEZ, TOMÁS ELOY

[M103] "Ángel Rama o la crítica como gozo" (Necrológica)
RI LII/135-136 (abril-septiembre 1986): 645-664

[M104] "La Habana de Bernal Díaz: La memoria como transgresión" (Estudio)
RI LIII/140 (julio-septiembre 1987): 541-546

[M105] "En memoria de Susana Rotker" (Necrológica)
RI LXVI/193 (octubre-diciembre 2000): 891-894

MARTÍNEZ, ZULMA NELLY

[M106] "El 'Informe sobre ciegos' y Fernando Vidal Olmos, poeta vidente" (Estudio)
RI XXXVIII/81 (octubre-diciembre 1972): 627-639

[M107] "Luisa Valenzuela: *Como en la guerra*" (Reseña)
RI XLIV/102-103 (enero-junio 1978): 274-276

[M108] "*El obsceno pájaro de la noche*: la productividad del texto" (Estudio)
RI XLVI/110-111 (enero-junio 1980): 51-65

[M109] "La mujer, la creatividad y el eterno presente" (Estudio)
RI LI/132-133 (julio-diciembre 1985): 799-806

MARTÍNEZ CAMINOS, GONZALO

[M110] "Alejo Carpentier: *Los pasos perdidos*" (Reseña)
RI LVIII/158 (enero-marzo 1992): 291-293

[M111] "Enrico Mario Santí: *Escritura y tradición: texto, crítica y poética en la literatura hispanoamericana*" (Reseña)
RI LVIII/158 (enero-marzo 1992): 294-296

MARTÍNEZ LÓPEZ, ENRIQUE

[M112] "Poesía religiosa de Manuel Botelho de Oliveira" (Estudio)
RI XXXV/68 (mayo-agosto 1969): 303-327

MARTÍNEZ SAN MIGUEL, YOLANDA

[M113] "Sujetos femeninos en *Amistad funesta* y *Blanca Sol*: el lugar de la mujer en dos novelas latinoamericanas del fin de siglo XIX" (Estudio)
RI LXII/174 (enero-marzo 1996): 27-46

[M114] "Saberes americanos: la constitución de una subjetividad colonial en los villancicos de Sor Juana" (Estudio)
RI LXIII/181 (octubre-diciembre 1997): 27-46

[M115] "Josu K. Bijuesca y Pablo A.J. Brescia:
Sor Juana & Vieira, trescientos años después"
(Reseña)
RI LXVII/194-195 (enero-junio 2001): 338-340

MARTÍNEZ TORRÓN, DIEGO

[M116] "Severo Sarduy: *Maitreya*" (Reseña)
RI XLVI/110-111 (enero-junio 1980): 338-340

MARTINS, HEITOR

[M117] "Cecilia Meireles (1901-1964)"
(Necrológica)
RI XXXI/60 (julio-diciembre 1965): 293-295

[M118] "Domingos Carvalho Da Silva: *Uma Teoria do Poema*" (Reseña)
RI LVI/151 (abril-junio 1990): 631-632

MARTINS, WILSON

[M119] "Boxer, C.R.: *The Golden Age of Brazil 1695-1750. Growing Pains of a Colonial Society*" (Reseña)
RI XXIX/55 (enero-junio 1963): 200-203

[M120] "Brasil: Uma interpretação histórica" (Estudio)
RI XXXII/62 (julio-diciembre 1966): 217-228

[M121] "Ruggero Jacobbi: *Teatro in Brasile*" (Reseña)
RI XXXII/62 (julio-diciembre 1966): 329-330

[M122] "Linhas de fôrça na literatura brasileira" (Estudio)
RI XXXV/68 (mayo-agosto 1969): 285-302

[M123] "Tendencias da literatura brasileira contemporânea" (Estudio)
RI XLIII/98-99 (enero-junio 1977): 17-26

MARTUL TOBIO, LUIS

[M124] "La construcción del dictador populista en *El pueblo soy yo*" (Estudio)
RI LVIII/159 (abril-junio 1992): 489-500

MARÚN, GIOCONDA

[M125] "Relectura de *Sin rumbo*: Floración de la novela moderna" (Estudio)
RI LII/135-136 (abril-septiembre 1986): 379-392

[M126] "*Revista literaria* (Buenos Aires, 1879), una ignorada publicación del modernismo argentino" (Estudio)
RI LV/146-147 (enero-junio 1989): 63-88

[M127] "Edición príncipe de la novela *Olimpio Pitango de Monalia* (1915) de Eduardo L. Holmberg: textualización de la modernidad argentina" (Estudio)
RI LXII/174 (enero-marzo 1996): 85-102

MAS, JOSÉ L.

[M128] "Las claves estéticas de Octavio Paz en *Piedra de Sol*" (Estudio)
RI XLVI/112-113 (julio-diciembre 1980): 471-485

MASCHIO C. CHAGA, MARCO ANTONIO

[M129] "Marco Antonio Rumores de uma década perdida –a ascendencia do ensaio no *Folhetim* (1982-1989)" (Estudio)
RI LXVII/197 (octubre-diciembre 2001): 721-740

MASIELLO, FRANCINE

[M130] "Texto, ley, transgresión: especulación sobre la novela (feminista) de vanguardia" (Estudio)
RI LI/132-133 (julio-diciembre 1985): 807-822

[M131] "Tráfico de identidades: mujeres, cultura y política de representación en la era neoliberal" (Estudio)
RI LXII/176-177 (julio-diciembre 1997): 745-766

[M132] "La insoportable levedad de la historia: los relatos *best sellers* de nuestro tiempo" (Estudio)
RI LXVI/193 (octubre-diciembre 2000): 799-814

Masso, Gildo

[M133] "George I. Sánchez: *Forgotten People: A Study or New Mexicans*" (Reseña)
RI IV/7 (noviembre de 1941): 209-210

Mastalli Sosa, Adriana

[M134] "Sobre Miguel Ángel Campodónico: *La piscina 'alfombrada'*" (Reseña)
RI LVIII/160-161 (julio-diciembre 1992): 1223-1227

Matas, Julio

[M136] "José Olivio Jiménez: *Estudios sobre poesía cubana contemporánea*" (Reseña)
RI XXXIV/66 (julio-diciembre 1968): 384-385

[M137] "Guillermo Cabrera Infante: *Tres tristes tigres*" (Reseña)
RI XXXV/68 (mayo-agosto 1969): 418-420

[M138] "Tres antologías de teatro" (Reseña)
RI XXXVIII/79 (abril-junio 1972): 279-285

[M139] "William J. Oliver, ed y trad.: *Voices of Change in the Spanish American Theater, An Anthology*" (Reseña)
RI XXXVIII/80 (julio-septiembre 1972): 554-556

[M140] "El contexto moral en algunos cuentos de Julio Cortázar" (Estudio)
RI XXXIX/84-85 (julio-diciembre 1973): 593-609

[M141] "Orden y visión de *Tres tristes tigres*" (Estudio)
RI XL/86 (enero-marzo 1974): 87-104

[M142] "Fernando de Toro: *Brecht en el teatro hispanoamericano*" (Reseña)
RI LIV/144-145 (julio-diciembre 1988): 1077-1078

[M143] "Claroscuro de la provincia y el arrabal: Enrique Labrador Ruiz" (Nota)
RI LVI/152-153 (julio-diciembre 1990): 951-965

[M144] "Gustavo Pérez Firmat: *The Cuban Condition. Translation and identity in modern Cuban literature*" (Reseña)
RI LVI/152-153 (julio-diciembre 1990): 1392-1393

Mate, Hubert E.

[M145] "Um exame critico dos contos de Taunay" (Estudio)
RI XVI/31 (julio 1950): 153-174

Mateo Palmer, Margarita

[M146] "La literatura caribeña al cierre del siglo" (Estudio)
RI LIX/164-165 (julio-diciembre 1993): 605-626

Mathieu, Corina S.

[M147] "El poder de la evocación en *El amor no es amado* de Héctor Bianciotti" (Nota)
RI LVII/155-156 (abril-septiembre 1991): 625-633

Matilla, Mirta Susana

[M148] "La erotología en la poesía de Eugenio Díaz Romero" (Estudio)
RI LV/146-147 (enero-junio 1989): 457-473

Matos Moquete, Manuel

[M149] "Poética política en la poesía de Pedro Mir" (Textos)
RI LIV/142 (enero-marzo 1988): 199-211

Mattalia, Sonia

[M150] "Modernización y desjerarquización cultural: el caso Arlt (De *La vida puerca* a *El amor brujo*)" (Estudio)
RI LVIII/159 (abril-junio 1992): 501-516

MATURO, GRACIELA

[M151] "Vida y obra: la poética humanista de Ernesto Sábato" (Estudio)
RI LVIII/158 (enero-marzo 1992): 53-59

MAURA, JUAN FRANCISCO

[M152] "Veracidad en los Naufragios: La técnica narrativa de Alvar Núñez Cabeza de Vaca" (Estudio)
RI LXI/170-171 (enero-junio 1995): 188-195

MAUTNER-WASSERMAN, RENATA R.

[M153] "E amágica? A representação da realidade social em Jorge Amado e Gabriel García Márquez" (Estudio)
RI LXIV/182-183 (enero-junio 1998): 171-192

MAYA, RAFAEL

[M154] "Marco Fidel Suárez, clásico de América" (Estudio)
RI VI/11 (febrero 1943): 23-40

[M155] "Elogio de Guillermo Valencia" (Estudio)
RI VIII/15 (mayo 1944): 9-20

[M156] "Aspectos del Romanticismo en Colombia" (Estudio)
RI VIII/16 (noviembre 1944): 275-290

[M157] "Jorge Isaacs y la realidad de su espíritu " (Estudio)
RI X/19 (noviembre 1945): 59-82

MAZZOTTI, JOSÉ ANTONIO

[M158] "Julio Ortega: La teoría poética de César Vallejo" (Reseña)
RI LVI/150 (enero-marzo 1990): 333-339

[M159] "Reynaldo Jiménez: El libro de unos sonidos (catorce poetas del Perú)" (Reseña)
RI LVI/150 (enero-marzo 1990): 340-342

[M160] "Claire Pailler: Mitos primordiales y poesía fundadora en América Central" (Reseña)
RI LVI/151 (abril-junio 1990): 633-637

[M161] "En virtud de la materia: nuevas consideraciones sobre el subtexto andino de los Comentarios Reales" (Estudio)
RI LXI/172-173 (julio-diciembre 1995): 386-421

[M162] "Julio Ortega y José Amor Vázquez, eds.: Conquista y contraconquista. La escritura en el Nuevo Mundo" (Reseña)
RI LXI/172-173 (julio-diciembre 1995): 709-713

MCCLINTOCK, SCOTT O. Y FREDERICH H. FORNOFF

[M163] "La poética de ausencia en Laureano Albán" (Estudio)
RI LIII/138-139 (enero-junio 1987): 331-351

MCDONALD, JAMES K.

[M164] "Índice de la revista Taller" (Bibliografía)
RI XXIX/56 (julio-diciembre 1963): 325-340

MCDUFFIE, KEITH A.

[M165] "'Trilce I' y la función de la palabra en la poética de César Vallejo" (Estudio)
RI XXXVI/71 (abril-junio 1970): 191-204

[M166] "Una fracasada traducción inglesa de Poemas humanos" (Estudio)
RI XXXVI/71 (abril-junio 1970): 345-352

[M167] "Alberto Escobar: Cómo leer a Vallejo" (Reseña)
RI XL/89 (octubre-diciembre 1974): 717-719

[M168] "Enrique Ballón Aguirre: Vallejo como paradigma (Un caso especial de escritura)" (Reseña)
RI XL/89 (octubre-diciembre 1974): 719-723

[M169] "Sobre el universo poético de César Vallejo" (Nota)
RI XLI/90 (enero-marzo 1975): 91-99

[M170] "Todos los ismos el ismo: Vallejo rumbo a la utopía socialista" (Estudio)
RI XLI/91 (abril-junio 1975): 177-202

[M171] "Sobre Vallejo: Respuesta a José Miguel Oviedo" (Polémica)
RI XLII/96-97 (julio-diciembre 1976): 596-600

[M172] "*Cartas: 114 de César Vallejo a Pablo Abril de Vivero; 37 de Pablo Abril de Vivero a César Vallejo. 110 Cartas y una sola angustia Cartas de Alfonso de Silva a Carlos Raygada*" (Reseña)
RI XLII/96-97 (julio-diciembre 1976): 635-637

[M173] "*César Vallejo*. Edición de Julio Ortega" (Reseña)
RI XLII/96-97 (julio-diciembre 1976): 637-639

[M174] "*César Vallejo*. Prólogo, selección y nota de Carlos Luis Altamirano" (Reseña)
RI XLII/96-97 (julio-diciembre 1976): 639-641

[M175] "El 'logos' vallejiano entre lo dialéctico y lo trílcico" (Nota)
RI XLIV/102-103 (enero-junio 1978): 147-155

[M176] "Roberto Paoli: *Mapas anatómicos de César Vallejo*" (Reseña)
RI XLIX/123-124 (abril-septiembre 1983): 663-666

[M177] "Roberto González Echevarría: *The Voice of the Masters. Writing and Authority in Modern Latin American Literature*" (Reseña)
RI LIII/140 (julio-septiembre 1987): 733-736

[M178] "Lucille Kerr: *Suspended Fictions: Reading Novels by Manuel Puig*" (Reseña)
RI LIII/141 (octubre-diciembre 1987): 1056-1058

[M179] "Pamela Bacarisse: *The Necessary Dream. A Study of the Novels of Manuel Puig*" (Reseña)
RI LVI/151 (abril-junio 1990): 637-640

[M180] "Sobre este número especial" (Nota)
RI LVIII/159 (abril-junio 1992): 333-334

[M181] "César Vallejo: *Obra poética*" (Reseña)
RI LVIII/159 (abril-junio 1992): 716-720

[M182] "Nota preliminar" (Nota)
RI LIX/164-165 (julio-diciembre 1993): 431-432

[M183] "Nota preliminar" (Nota)
RI LX/168-169 (julio-diciembre 1994): 667

[M184] "Nota preliminar: una nueva dirección" (Nota)
RI LXII/174 (enero-marzo 1996): 9-10

[M185] "Pamela Bacarisse (1934-1996)" (Necrológica)
RI LXII/174 (enero-marzo 1996): 249-250

[M186] "Robert Mead (1913-1995)" (Necrológica)
RI LXII/174 (enero-marzo 1996): 251-252

[M187] "Alfredo Roggiano (1919-1991) (1992)" (Necrológica)
RI LXVI/200 (julio-septiembre 2002): 829-830

McGrady, Donald

[M188] "Sobre una alusión literaria en la novela *Pax*" (Nota)
RI XXIX/55 (enero-junio 1963): 147-156

[M189] "José Asunción Silva: *Intimidades*, ed. Héctor Orjuela. José Asunción Silva: *Poesías*, ed. Héctor Orjuela. Betty Tyree Osiek: *José Asunción Silva*" (Reseña)
RI XLVIII/118-119 (enero-junio 1982): 447-453

[M190] "El redentor del Asterión de Borges" (Nota)
RI LII/135-136 (abril-septiembre 1986): 531-535

[M191] "Sobre la influencia de Borges en *Il nome della rosa* de Eco" (Estudio)
RI LIII/141 (octubre-diciembre 1987): 787-806

McKnight, Katrina Joy

[M192] "Alejandra Luiselli: *El sueño manierista de Sor Juana Inés de la Cruz* (Reseña)
RI LXI/ 172-173 (julio-diciembre 1995): 735-738

McManus, Beryl J. M.

[M193] "Pedro Lira Urquieta: *Andrés Bello*" (Reseña)
RI XVI/31 (febrero-julio 1950): 184-186

McMurray, George R.

[M194] "Necrología. Boyd G. Carter (1908-1980)" (Necrológica)
RI XLVIII/120-121 (julio-diciembre 1982): 739-740

McSpadden, George E.

[M195] "Alejandro Andrade Coello: *Pinceladas de la tierruca*" (Reseña)
RI II/4 (noviembre 1940): 525-526

[M196] "Helmut A. Hatzfeld: *A Critical Bibliography of the New Stylistics*" (Reseña)
RI XIX/37 (octubre 1953-marzo 1954) 182-186

Mead, Robert G., Jr.

[M197] "González Prada y la prosa española" (Estudio)
RI XVII/34 (enero 1952): 253-268

[M198] "Panorama poético de Manuel González Prada" (Estudio)
RI XX/39 (marzo 1955): 47-64

[M199] "José Vasconcelos: *La raza cósmica.* Didier T. Jaen, trad." (Reseña)
RI XLVI/110-111 (enero-junio 1980): 341-342

[M200] "Irving A. Leonard: *Books of the Brave*" (Reseña)
RI XVI/31 (febrero-julio 1950): 188-190

Medina, José Ramón

[M201] *Contribución a una historia de la poesía venezolana* (Estudio)
RI LX/166-167 (enero-junio 1994): 125-140

Meehan, Thomas C.

[M202] "Bibliografía de y sobre la literatura fantástica" (Bibliografía)
RI XLVI/110-111 (enero-junio 1980): 243-256

Megenney, William W.

[M203] "Bobby J. Chamberlain and Ronald H. Harmon: *A Dictionary of Informal Brazilian Portuguese*" (Reseña)
RI LII/135-136 (abril-septiembre 1986): 775-777

Meinhardt, Warren L.

[M204] "Carmen Quiroga de Cebollero: *Entrando a 'El túnel' de Ernesto Sábato*" (Reseña)
RI XXXVIII/79 (abril-junio 1972): 349-351

[M205] "Un nuevo asedio a la obra de Rulfo" (Nota)
RI LIX/164-165 (julio-diciembre 1993): 743-751

[M206] "Rodolfo Braceli: *Fuera de contexto: conversaciones-ensayos, improbables pero textuales, con Juan Rulfo, Oliverio Girondo, Henry Miller y, por única vez, entre Vincent Van Gogh y Franz Kafka*" (Reseña)
RI LX/166-167 (enero-junio 1994): 606-607

Mejía Sánchez, Ernesto

[M207] "*La cultura y la literatura iberoamericana. Memoria del Séptimo Congreso del Instituto Internacional de Literatura Iberoamericanas*" (Reseña)
RI XXII/43 (enero-junio 1957): 208-211

[M208] "Los 'pastiches' huguescos de Gutiérrez Nájera" (Documento)
RI XXV/49 (enero-junio 1960): 149-152

[M209] "Manuel Pedro González: *Antología crítica de José Martí*" (Reseña)
RI XXV/50 (julio-diciembre 1960): 354-357

[M210] "Eduardo Neale-Silva: *Horizonte humano. Vida de José Eustasio Rivera*" (Reseña)
RI XXV/50 (julio-diciembre 1960): 357-358

[M211] "Las relaciones literarias" (Estudio)
RI XXXII/62 (julio-diciembre 1966): 193-210

MEJÍA VALERA, MANUEL

[M212] "Felipe Cossio del Pomar: *Historia del arte del Perú Colonial*" (Reseña)
RI XXIII/46 (julio-diciembre 1958): 470

[M213] "Francisco Tario: *Una violeta de más*" (Reseña)
RI XXXVI/72 (julio-septiembre 1970): 524-525

[M214] "Juan Gonzalo Rose: *Hallazgos y extravíos*" (Reseña)
RI XXXVI/72 (julio-septiembre 1970): 525-526

[M215] "Antonio Castañeda: *Lejos del ardimiento*" (Reseña)
RI XXXVI/72 (julio-septiembre 1970): 527-528

MEJÍAS-LÓPEZ, WILLIAM

[M216] "La relación ideológica de Alonso de Ercilla con Francisco de Vitoria y Bartolomé de Las Casas" (Estudio)
RI LXI/170-171 (enero-junio 1995): 197-217

[M217] "Bernardo de Balbuena, José Carlos González Boixo, eds.: *Siglo de Oro en las selvas de Erífile*" (Reseña)
RI LXI/170-171 (enero-junio 1995): 313-315

[M218] "Roberto Fernández Valedor: *Identidad nacional y sociedad en la ensayística cubana y puertorriqueña 1920-1940*" (Reseña)
RI LXII/175 (abril-junio 1996): 630-632

MELÉNDEZ, CONCHA

[M219] "La Peña literaria Pancho Fierro" (Nota)
RI II/3 (abril 1940): 141-144

[M220] "Sabat Ercasty o el canto inabarcable" (Estudio)
RI III/6 (mayo 1941): 345-356

[M221] "*El mundo es ancho y ajeno*, novela de Ciro Alegría" (Estudio)
RI V/9 (mayo 1942): 33-38

[M222] "Muerte y resurrección de César Vallejo" (Estudio)
RI VI/12 (mayo 1943): 419-454

[M223] "Mirta Aguirre: *Presencia interior*" (Reseña)
RI I/1 (mayo-noviembre 1939): 224-225

[M224] "Estuardo Núñez: *Panorama Actual de la poesía peruana*" (Reseña)
RI I/1 (mayo-noviembre 1939): 198-199

[M225] "Aída Cometta Manzoni: *El indio en la poesía de América*" (Reseña)
RI II/3 (abril 1940): 255-259

[M226] "Fernando Sierra Berdecía: *Esta noche juega el joker*" (Reseña)
RI II/4 (noviembre 1940): 504-505

[M227] "Arturo Jiménez Borja: *Moche*" (Reseña)
RI III/5 (febrero 1941): 225-226

[M228] "Ciro Alegría: *Los perros hambrientos*" (Reseña)
RI III/5 (febrero 1941): 226-228

[M229] "Eduardo Martín Pastor: *La vieja casa de Pizarro*" (Reseña)
RI IV/7 (noviembre 1941): 211

[M230] "Luis Fabio Xammar Valdelomar: *Signo*" (Reseña)
RI IV/7 (noviembre 1941): 211-212

[M231] "Guillermo Viscarra Fabre: *Poetas nuevos de Bolivia*" (Reseña)
RI IV/8 (febrero 1942): 454-455

[M232] "Manuel Frontaura Argandoña: *El Precursor, o sea el Romance de don Joseph Alonso de Ibáñez*" (Reseña)
RI IV/8 (febrero 1942): 455-457

[M233] "José Ortiz Reyes: *Simache*" (Reseña)
RI V/9 (mayo 1942): 159-160

MELÉNDEZ, MARISELLE

[M234] "Obreras del pensamiento y educadoras de la nación: el sujeto femenino en la ensayística femenina decimonónica de transición" (Estudio) *RI* LXIV/184-185 (julio-diciembre 1998): 573-587

[M235] "Inconstancia en la mujer: espacio y cuerpo femenino en el *Mercurio* peruano, 1791-94" (Estudio) *RI* LXVII/194-195 (enero-junio 2001): 79-89

MELÉNDEZ, PRISCILLA

[M236] "La retórica del *performance* en *Diatriba de amor contra un hombre sentado* de García Márquez" (Estudio) *RI* LXVII/196 (julio-septiembre 2001): 539-556

MELGAR-PALACIOS, LUCÍA

[M237] "Rhina Toruño. Tiempo, destino y opresión en la obra de Elena Garro" (Estudio) *RI* LXIV/184-185 (julio-diciembre 1998): 647-650

MELNYKOVICH, GEORGE

[M238] "Arqueles Vela: *Poemontaje*" (Reseña) *RI* XXXV/68 (mayo-agosto 1969): 420-422

[M239] "Carlos Pellicer: *Antología*" (Reseña) *RI* XXXVI/72 (julio-septiembre 1970): 528-532

[M240] "Octavio Paz: *Children of the Mire*" (Reseña) *RI* XL/89 (octubre-diciembre 1974): 723-725

[M241] "*Borges on Writing*. Di Giovanni, Halpern y MacShane, eds." (Reseña) *RI* XLI/90 (enero-marzo 1975): 163-164

MENCHACATORRE, FÉLIX

[M242] "Una tragedia del romanticismo ecléctico: *Munio Alfonso* de la Avellaneda" (Estudio) *RI* LI/132-133 (julio-diciembre 1985): 823-830

MÉNDEZ RAMÍREZ, HUGO

[M243] "Maarten van Delden. *Carlos Fuentes, Mexico and Modernity*" (Reseña) *RI* LXVI/190 (enero-marzo 2000): 212-215

[M244] "La afinidad poética de Lugones y Tablada" (Nota) *RI* LV/148-149 (julio-diciembre 1989): 1059-1069

MÉNDEZ RÓDENAS, ADRIANA

[M245] "Erotismo, cultura y sujeto en *De donde son los cantantes*" (Estudio) *RI* XLIV/102-103 (enero-junio 1978): 45-63

[M246] "Julie Jones: *A Common Place. The Representation of Paris in Spanish American Fiction*" (Reseña) *RI* LXVI/191 (abril-junio 2000): 437-438

[M247] "Nina Gerassi-Navarro: *Pirate Novels. Fictions of Nation Building in Spanish America*" (Reseña) *RI* LXVII/196 (julio-septiembre 2001): 596-598

[M248] "Severo Sarduy: *Colibrí*" (Reseña) *RI* LI/130-131 (enero-junio 1985): 399-401

[M249] "Tiempo femenino, tiempo ficticio: *Los recuerdos del porvenir*, de Elena Garro" (Estudio) *RI* LI/132-133 (julio-diciembre 1985): 843-851

[M250] "*Este sexo que no es uno*: Mujeres deseantes en *Las honradas* y *Las impuras* de Miguel de Carrión" (Textos) *RI* LVI/152-153 (julio-diciembre 1990): 1009-1025

[M251] "El lenguaje de los sueños en La última niebla: La metáfora del Eros" (Estudio) *RI* LX/168-169 (julio-diciembre 1994): 935-943

MÉNDEZ-FAITH, TERESA

[M252] "Sobre el uso y abuso de poder en la producción dramática de Griselda Gambaro" (Estudio) *RI* LI/132-133 (julio-diciembre 1985): 831-841

MÉNDEZ-FAITH, TERESA Y ROSE S. MINC

[M253] "Conversando con Carmen Naranjo" (Entrevista)
RI LI/132-133 (julio-diciembre 1985): 507-510

MENDIETA, EDUARDO

[M254] "La alterización del otro: la *Crítica de la razón latinoamericana* de Santiago Castro-Gómez" (Nota)
RI LXIII/180 (julio-septiembre 1997): 527-538

MENDIETA COSTA, RAQUEL

[M255] "Del catedraticismo o la desarticulación del discurso negro" (Estudio)
RI LXVII/196 (julio-septiembre 2001): 509-526

MENDOZA, ROSEANNE B. DE

[M256] "Bibliografía de y sobre Gabriel García Márquez" (Bibliografía)
RI XLI/90 (enero-marzo 1975): 107-143

MENESES, CARLOS

[M257] "La visión del periodista, tema recurrente de Mario Vargas Llosa (A propósito de *La guerra del fin del mundo*)" (Nota)
RI XLIX/123-124 (abril-septiembre 1983): 523-529

[M258] "'Mallorca', un poema en el olvido de Jorge Luis Borges" (Documentos)
RI LII/137 (octubre-diciembre 1986): 1009-1014

MENTON, SEYMOUR

[M259] "Heredia, introductor del romanticismo" (Estudio)
RI XV/29 (julio 1949): 83-90

[M260] "*La negra Angustias*, una Doña Bárbara mexicana" (Estudio)
RI XIX/38 (septiembre 1954): 299-308

[M261] "Carlos Mazzanti: *El sustituto*" (Reseña)
RI XXII/43 (enero-junio 1957): 164-167

[M262] "Sobre influencias en la novela guatemalteca" (Nota)
RI XXV/50 (julio-diciembre 1960): 309-315

[M263] "Orlando Gómez-Gil: *Historia crítica de la literatura hispanoamericana*" (Reseña)
RI XXXIV/66 (julio-diciembre 1968): 404-406

[M264] "Asturias, Carpentier y Yáñez: paralelismos y divergencias" (Estudio)
RI XXXV/67 (enero-abril 1969): 31-52

[M265] "Demetrio Aguilera Malta: *Siete lunas y siete serpientes*" (Reseña)
RI XXXVI/73 (octubre-diciembre 1970): 677-680

[M266] "Resurrección del cristiano errante" (Polémica)
RI XXXVII/75 (abril-junio 1971): 419-420

[M267] "Miguel Cossío Woodward: *Sacchario*" (Reseña)
RI XXXVIII/78 (enero-marzo 1972): 164-166

[M268] "Manuel Cofiño López: *La última mujer y el próximo combate*" (Reseña)
RI XXXVIII/79 (abril-junio 1972): 352-353

[M269] "*Respirando el verano*, fuente colombiana de *Cien años de soledad*" (Estudio)
RI XLI/91 (abril-junio 1975): 203-217

[M270] "Alejo Carpentier: *La consagración de la primavera*" (Reseña)
RI XLVI/110-111 (enero-junio 1980): 342-345

[M271] "La obertura nacional: Asturias, Gallegos, Mallea, Dos Passos, Yáñez, Fuentes y Sarduy" (Nota)
RI LI/130-131 (enero-junio 1985): 151-166

[M272] "Las dos ediciones de *Puerto Limón*" (Nota)
RI LIII/138-139 (enero-junio 1987): 233-244

[M273] "La novela de la revolución cubana, fase cinco: 1975-1987" (Estudio)
RI LVI/152-153 (julio-diciembre 1990): 913-932

[M275] "La historia verdadera de Alvar Núñez Cabeza de Vaca en la última novela de Abel Posse, *El largo atardecer del caminante*" (Estudio)
RI LXII/175 (abril-junio 1996): 421-426

[M276] "La búsqueda de la identidad nacional en el cuento panameño" (Estudio)
RI LXVII/196 (julio-septiembre 2001): 399-408

[M277] "Gregorio López y Fuentes: *Milpa, potrero y monte*" (Reseña)
RI XVII/33 (febrero-julio 1951) 136-141

Meo Zilio, Giovanni

[M278] "El neorrealismo de Julio Ricci, entre onirismo y gestualidad: apuntes estilísticos" (Nota)
RI XLIX/123-124 (abril-septiembre 1983): 547-561

Merrell, Floyd

[M279] "La cifra laberíntica: más allá del 'boom' en México" (Estudio)
RI LVI/150 (enero-marzo 1990): 49-61

Merrim, Stephanie

[M280] "Guillermo Cabrera Infante: *Exorcismos de esti(l)o*" (Reseña)
RI XLIV/102-103 (enero-junio 1978): 276-279

[M281] "*La Habana para un infante difunto* y su teoría topográfica de las formas" (Nota)
RI XLVIII/118-119 (enero-junio 1982): 403-413

[M282] "*La vida breve* o la nostalgia de los orígenes" (Nota)
RI LII/135-136 (abril-septiembre 1986): 565-571

Messinger Cypess, Sandra

[M283] "Richard Callan: *Miguel Ángel Asturias*" (Reseña)
RI XXXVII/75 (abril-junio 1971): 473

[M284] "Frank Dauster: *Xavier Villaurrutia*" (Reseña)
RI XXXVIII/79 (abril-junio 1972): 353-355

Meter, Alejandro

[M285] "Introducción" (Nota)
RI LXVI/191 (abril-junio 2000): 257-258

Metzidakis, Philip

[M286] "Unamuno frente a la poesía de Rubén Darío" (Estudio)
RI XXV/50 (julio-diciembre 1960): 229-249

Mignolo, Walter

[M287] "Aspectos del cambio literario (a propósito de la *Historia de la novela hispanoamericana* de Cedomil Goic)" (Estudio)
RI XLII/94 (enero-marzo 1976): 31-49

[M288] "Emergencia, espacio, *mundos posibles*: Las propuestas epistemológicas de Jorge L. Borges" (Estudio)
RI XLIII/100-101 (julio-diciembre 1977): 357-379

[M289] "La figura del poeta en la lírica de vanguardia" (Estudio)
RI XLVIII/118-119 (enero-junio 1982): 131-148

[M290] "Occidentalización, imperialismo, globalización, herencias coloniales y teorías poscoloniales" (Estudio)
RI LXI/170-171 (enero-junio 1995): 27-40

[M291] "Posoccidentalismo: las epistemologías fronterizas y el dilema de los estudios latinoamericanos de área (Estudio)
RI LXII/176-177 (julio-diciembre 1996): 679-698
RI LXVIII/200 (julio-septiembre 2002): 847-864

Miliani, Domingo

[M292] "José Ramón Medina: *Antología venezolana*" (Reseña)
RI XXX/58 (julio-diciembre 1964): 352-356

[M293] "El dictador, objeto narrativo en *El recurso del método*" (Estudio)
RI XLVII/114-115 (enero-junio 1981): 189-225

[M294] "Arturo Uslar Pietri: la lucha con el minotauro" (Nota)
RI LX/166-167 (enero-junio 1994): 441-449

MILLÁN, MARÍA DEL CARMEN

[M295] "El paisaje idealizado: Francisco Terrazas" (Estudio)
RI XI/21 (junio 1946): 81-90

[M296] "Héctor Raúl Almanza: *Brecha en la roca*" (Reseña)
RI XXII/43 (enero-junio 1957): 188-190

[M297] "El modernismo de Othón' (Estudio)
RI XXIV/47 (enero-junio 1959): 127-134

[M298] "Carlos Fuentes: *La muerte de Artemio Cruz*" (Reseña)
RI XXVIII/54 (julio-diciembre 1962): 397-399

[M299] "Las novelas clásicas mexicanas en los últimos veinticinco años" (Nota)
RI XXXV/69 (septiembre-diciembre 1969): 521-529

[M300] "Sidonia Carmen Rosambaum: *Modern Women Poets of Spanish America*" (Reseña)
RI XI/21 (junio 1946): 138-139

MINC, ROSE S. Y TERESA MÉNDEZ-FAITH

[M301] "Conversando con Carmen Naranjo" (Entrevista)
RI LI(132-133) (julio-diciembre 1985): 507-510

[M302] "David William Foster: *Alternate Voices in the Contemporary Latin American Narrative*" (Reseña)
RI LIII/140 (julio-septiembre 1987): 712-713

MIRAMONTES, ANA

[M303] "Susana Rotker: *Cautivas. Olvidos y memoria en la Argentina*" (Reseña)
RI LXVI/193 (octubre-diciembre 2000): 910-912

MIRANDA, JULIO

[M304] "Para un diccionario crítico de la nueva narrativa venezolana" (Estudio)
RI LX/166-167 (enero-junio 1994): 381-393

MISTRAL, GABRIELA

[M305] "Palabras sobre un rector" (Nota)
RI XIII/26 (febrero 1948): 259-262

MITRE, EDUARDO

[M306] "Los ideogramas de José Juan Tablada" (Nota)
RI XL/89 (octubre-diciembre 1974): 675-679

[M307] "La imagen en Vicente Huidobro" (Nota)
RI XLII/94 (enero-marzo 1976): 79-85

[M308] "Cuatro poetas bolivianos contemporáneos" (Estudio)
RI LII/134 (enero-marzo 1986): 139-163

MOCEGA-GONZÁLEZ, ESTHER P.

[M309] "La mecánica de los triángulos históricos y la trampa del círculo en *Crónica de una muerte anunciada*" (Estudio)
RI LIII/141 (octubre-diciembre 1987): 807-822

MOCTEZUMA, EDGARDO

[M310] "Para mirar lejos antes de entrar: Los usos del poder en *Aire tan dulce* de Elvira Orphée" (Estudio)
RI XLIX/125 (octubre-diciembre 1983): 929-942

MOGROVEJO Y DE LA CERDA, JUAN

[M311] "*La endiablada*" (Documento)
RI XLI/91 (abril-junio 1975): 277-285

Molina, Felipe Antonio

[M312] "J. C. Andrade: *Homero y la épica universal*" (Reseña)
RI I/1 (mayo-noviembre 1939): 211-212

[M313] "B. Arias Trujillo: *Diccionario de Emociones*" (Reseña)
RI I/1 (mayo-noviembre 1939): 215-216

[M314] "R. Vázquez: *La torre del homenaje*" (Reseña)
RI I/1 (mayo-noviembre 1939): 212-213

Molina de Galindo, Isis

[M315] "*El Presidio Político en Cuba* de José Martí" (Estudio)
RI XXVIII/54 (julio-diciembre 1962): 311-336

Molina Q., Nory

[M316] "Apuntes sobre una nueva narrativa costarricense: Gerardo César Hurtado" (Estudio)
RI LIII/138-139 (enero-junio 1987): 475-485

Molina Téllez, Félix

[M317] "Blanca Iruzún: *Emoción y sentido de mis llanuras*" (Reseña)
RI IX/18 (mayo 1945): 377-378

Molloy, Sylvia

[M318] "*Dios acecha en los intervalos*: simulacro y causalidad textual en la ficción de Borges" (Estudio)
RI XLIII/100-101 (julio-diciembre 1977): 381-398

[M319] "Conciencia del público y conciencia del yo en el primer Darío" (Estudio)
RI XLV/108-109 (julio-diciembre 1979): 443-457

[M320] "Sentido de ausencias" (Ensayo)
RI LI/132-133 (julio-diciembre 1985): 483-488
RI LXVI/200 (julio-septiembre 2002): 785-790

[M321] "Jorge Luis Borges, confabulador (1899-1986)" (Necrológica)
RI LII/137 (octubre-diciembre 1986): 801-808

[M322] "Contagio narrativo y gesticulación retórica en *La vorágine*" (Estudio)
RI LIII/141 (octubre-diciembre 1987): 745-766.

[M323] "Sarmiento, lector de sí mismo en *Recuerdos de provincia*" (Estudio)
RI LIV/143 (abril-junio 1988): 407-418

[M324] "Enrique Pezzoni. 1926-1989" (Necrológica)
RI LVI/151 (abril-junio 1990): 571-573

[M325] "La violencia del género y la narrativa del exceso: notas sobre mujer y relato en dos novelas argentinas de principio de siglo" (Estudio)
RI LXIV 184-185 (julio-diciembre 1998): 529-542

[M326] "Dispersiones del género: hispanismo y disidencia sexual en Augusto D'Halmar" (Estudio)
RI LXV/187 (abril-junio 1999): 267-281.

[M327] "La cuestión del género: propuestas olvidadas y desafíos críticos" (Estudio)
RI LXVI/193 (octubre-diciembre 2000): 815-821

Monasterios, Elizabeth

[M328] "*La nueva novela*: el texto que ríe" (Estudio)
RI LX/168-169 (julio-diciembre 1994): 859-872

Mondragón, Amelia

[M329] "Steven F. White: *Una totalidad implícita. Poets of Nicaragua, a Bilingual Anthology (1918-1979)*" (Reseña)
RI LVII/157 (octubre-diciembre 1991): 1080-1083

Monge, Carlos Francisco

[M330] "La escritura: Pasión de la historia. (La poesía contemporánea de Costa Rica)" (Estudio)
RI LIII/138-139 (enero-junio 1987): 303-323

[M331] "Margarita Rojas, Flora Ovares, Sonia Mora: *Las poetas del buen amor*" (Reseña)
RI LX/166-167 (enero-junio 1994): 608-609

MONGUIÓ, LUIS

[M332] "Sobre la caracterización del modernismo" (Estudio)
RI VII/13 (noviembre 1943): 69-80

[M333] "Recordatorio de Ricardo Jaimes Freyre" (Estudio)
RI VIII/15 (mayo 1944): 121-132

[M334] "Un rastro del romance de Fontefrida en la poesía gauchesca" (Estudio)
RI X/20 (marzo 1946): 283-286

[M335] "Manuel Díaz Rodríguez y el conflicto entre lo práctico y lo ideal" (Estudio)
RI XI/21 (junio 1946): 49-54

[M336] "La modalidad peruana del modernismo" (Estudio)
RI XVII/34 (enero 1952): 225-242

[M337] "El agotamiento del modernismo en la poesía peruana" (Estudio)
RI XVIII/36 (marzo 1953): 227-268.

[M338] "Carlos García Prada: *Poetas modernistas hispanoamericanos. Antología*" (Reseña)
RI XXII/43 (enero-junio 1957): 162-164

[M339] "El negro en algunos poetas españoles y americanos anteriores a 1800" (Estudio)
RI XXII/44 (julio-diciembre 1957): 245-259

[M340] "Emilio Carilla: *El romanticismo en la América Hispánica*" (Reseña)
RI XXV/50 (julio-diciembre 1960): 358-359

[M341] "La controversia sobre *Las ruinas de Pachacamac*, Lima, 1822" (Estudio)
RI XXVI/51 (enero-junio 1961): 81-110

[M342] "De la problemática del modernismo: la crítica y el "cosmopolitismo"" (Estudio)
RI XXVIII/53 (enero-junio 1962): 75-86

[M343] "Las tres primeras reseñas londinenses de 1826 de *La Victoria de Junín*" (Estudio)
RI XXX/58 (julio-diciembre 1964): 225-237

[M344] "Palabras e ideas: 'Patria' y 'Nación' en el virreinato del Perú" (Estudio)
RI XLIV/104-105 (julio-diciembre 1978): 451-470

[M345] "José Durand (1925-1990)" (Necrológica)
RI LVII/155-156 (abril-septiembre 1991): 681-684

[M346] "Francisco Luis Bernárdez: *El ángel de la guarda*" (Reseña)
RI XVI/31 (febrero-julio 1950): 190-192

[M347] "Jorge Carrera Andrade: *Familia de la noche*" (Reseña)
RI XIX/38 (abril-septiembre 1954) 372-376

MONIZ, NAOMÍ HOKI

[M348] "*A casa da paixão*: Ética, estética e a condição feminina" (Estudio)
RI L/126 (enero-marzo 1984): 129-140

[M349] "Salomão Sousa: *A moenda dos dias*" (Reseña)
RI L/126 (enero-marzo 1984): 312-313

[M350] "Elbio Prates Piccoli: *De um Mealheiro de Histórias*" (Reseña)
RI L/126 (enero-marzo 1984): 313-314

MONK BENTON, GABRIELE VON

[M351] "Ramón Xirau: *Sentido de la presencia*" (Reseña)
RI XX/39 (octubre 1954-marzo 1955) 179-181

[M352] "Octavio Paz: *Libertad bajo palabra*" (Reseña)
RI XX/40 (abril-septiembre 1955) 360-367

MONNER SANS, JOSÉ MARÍA

[M353] "La *Historia de la literatura argentina* de Ricardo Rojas" (Estudio)
RI XXIII/46 (julio-diciembre 1958): 267-282

MONSANTO, CARLOS

[M354] "Germán Berdiales: *Cantan los pueblos americanos*" (Reseña)
RI XXIII/45 (enero-junio 1958): 203-204

[M355] "Lilo Linke: *Yucatán mágico: Recuerdos de un viaje*" (Reseña)
RI XXIII/45 (enero-junio 1958): 204-205

MONSIVÁIS, CARLOS

[M356] "No con un sollozo, sino entre disparos (Notas sobre cultura mexicana 1910-1968)" (Estudio)
RI LV/148-149 (julio-diciembre 1989): 715-735

MONTALDO, GRACIELA

[M357] "Rubén Darío: *Azul...Cantos de vida y esperanza*" (Reseña)
RI LXI/180 (julio-septiembre 1997): 549-551

MONTAÑEZ, CARMEN

[M358] "La literatura mariana y los Ejercicios devotos de Sor Juana Inés de la Cruz" (Estudio)
RI LXI/172-173 (julio-diciembre 1995): 623-630

MONTENEGRO, ERNESTO

[M359] "La sonrisa de Pedro Prado" (Estudio)
RI XVIII/35 (diciembre 1952): 93-104

MONTERDE, FRANCISCO

[M360] "La poesía y la prosa en la renovación modernista" (Nota)
RI I/1 (mayo 1939): 145-152

[M361] "Heredia y el enigma de *Los últimos romanos*" (Estudio)
RI I/2 (noviembre 1939): 353-360

[M362] "Centenario de Agustín F. Cuenca" (Nota)
RI XVI/32 (enero 1951): 229-231

[M363] "Una evasión romántica de Fernando Calderón" (Estudio)
RI XVII/33 (julio 1951): 81-90

[M364] "La ambiciosa meta de Salvador Díaz Mirón" (Estudio)
RI XIX/37 (octubre 1953): 27-34

[M365] "Gabriela Mistral (1889-1957)" (Necrológica)
RI XXII/44 (julio-diciembre 1957): 333-337

[M366] "Julio Jiménez Rueda" (Necrológica)
RI XXV/50 (julio-diciembre 1960): 303-308
RI LXVIII/200 (julio-septiembre 2002): 607-610

[M367] "Luis Leal: *Mariano Azuela. vida y obra*" (Reseña)
RI XXVIII/53 (enero-junio 1962): 228-230

[M368] "Julio Jiménez Rueda: *Antología de la prosa en México*" (Reseña)
RI I/1 (mayo-noviembre 1939): 227-228

[M369] "Miguel N. Lira: *Vuelta a la tierra*" (Reseña)
RI IV/7 (noviembre de 1941): 212-213

[M370] "Xavier Villaurrutia: *La hiedra*" (Reseña)
RI V/9 (mayo 1942): 160-161

[M371] "Miguel N. Lira: *Linda*" (Reseña)
RI V/10 (octubre 1942): 414-415

[M372] "Enrique Díez-Canedo: *Epigramas americanos*" (Reseña)
RI X/19 (noviembre 1945): 193-196

[M373] "M. García Garófalo Mesa: *Vida de José María Heredia en México*" (Reseña)
RI X/19 (noviembre 1945): 196-198

[M374] "Manuel José Othón: *Obras Completas. Poesía, prosa, teatro*" (Reseña)
RI X/19 (noviembre 1945): 198-199

[M375] "Gabriela Mistral: *Ternura*" (Reseña)
RI X/20 (marzo 1946): 368-369

[M376] "Julio Jiménez Rueda: *Novelas coloniales*" (Reseña)
RI XII/23 (febrero 1947): 150-151

[M377] "Emilio Abreu Gómez: *Sala de Retratos*"
(Reseña)
RI XII/25 (octubre 1947): 162-164

[M378] "Carlos García-Prada: *Estudios hispanoamericanos*" (Reseña)
RI XI/21 (junio 1946): 140-142

[M379] "Diego Manuel Sequeira: *Rubén Darío criollo o raíz y médula de su creación poética*"
(Reseña)
RI XI/21 (junio 1946): 142-144

[M380] "Sara de Ibáñez: *Pastoral*" (Reseña)
RI XV/29 (febrero-julio 1949): 140-142

[M381] "Guadalupe Amor: *Polvo*" (Reseña)
RI XVI/31 (febrero-julio 1950): 192-193

[M382] "Eduardo Barrios: *Los hombres del hombre*" (Reseña)
RI XVII/33 (febrero-julio 1951): 134-136

[M383] "Julio Jiménez Rueda: *Sor Juana Inés de la Cruz en su época*" (Reseña)
RI XVIII/35 (febrero-diciembre 1952): 169-170

[M384] "Antonio Acevedo Escobedo: *Los días de Aguascalientes*" (Reseña)
RI XVIII/36 (enero-septiembre 1953): 409-411

[M385] "Fernando Alegría: *Walt Whitman en Hispanoamérica*" (Reseña)
RI XIX/38 (abril-septiembre 1954): 377-379

[M386] "*El libro, fuerza e idea*" (Reseña)
RI XX/39 (octubre 1954-marzo 1955): 183

[M387] "Jaime Torres Bodet: *Tiempo de arena*"
(Reseña)
RI XX/39 (octubre 1954-marzo 1955): 184-185

[M388] "*Los presentes*" (Reseña)
RI XX/39 (octubre 1954-marzo 1955): 182-183

[M389] "José Zorrilla: *México y los mexicanos*"
(Reseña)
RI XX/40 (abril-septiembre 1955): 358-360

[M390] "Víctor Massuh: *América como inteligencia y pasión*" (Reseña)
RI XX/40 (abril-septiembre 1955): 356-358

[M391] "Harvey Leroy Jonson: *An Edition of Triunfo de los Santos with a Consideration of Jesuit School Plays in México before 1650*"
(Reseña)
RI IV/8 (febrero 1942): 457-459

MONTERO, JANINA

[M392] "Realidad y ficción en *Hijo de hombre*"
(Nota)
RI XLII/95 (abril-junio 1976): 267-274

MONTERO, OSCAR

[M393] "*El jardín de al lado*: la escritura y el fracaso del éxito" (Estudio)
RI XLIX/123-124 (abril-septiembre 1983): 449-467

[M394] "Sylvia Molloy: *En breve cárcel*"
(Reseña)
RI XLIX/123-124 (abril-septiembre 1983): 666-669

[M395] "Las ordalías del sujeto: *Mi museo ideal* y *Marfiles viejos*, de Julián del Casal" (Estudio)
RI LV/146-147 (enero-junio 1989): 287-306

[M396] "Roberto González-Echevarría: *La ruta de Severo Sarduy*" (Reseña)
RI LV/146-147 (enero-junio 1989): 539-542

[M397] "El 'compromiso' del escritor cubano en el 1959 y la *Corona de las frutas* de Lezama"
(Nota)
RI LVII/154 (enero-marzo 1991): 33-42

[M398] "María Luisa Bastos: *Relecturas. Estudios de textos hispanoamericanos*" (Reseña)
RI LVII/154 (enero-marzo 1991): 406-409

[M399] "Julio Ramos: *Desencuentros de la modernidad en América Latina: literatura y política en el siglo XIX*" (Reseña)
RI LVIII/158 (enero-marzo 1992): 296-299

[M400] "Modernismo y degeneración: *Los raros* de Darío" (Estudio)
RI LXII/ 176-177 (julio-diciembre 1996): 821-834

[M401] "Escritura y perversión en *De sobremesa*"
(Estudio)
RI LXIII/ 178-179 (enero-junio 1997): 249-262

MONTERO BUSTAMANTE, RAÚL

[M402] "Adhesión" (Nota)
RI XIII/26 (febrero 1948): 345-347

MONTES-HUIDOBRO, MATÍAS

[M403] "Rita Geada: *Vertizonte*" (Reseña)
RI XLV/108-109 (julio-diciembre 1979): 695-696

[M404] "José Antonio Ramos: *Viñeta a dos voces (1895-1946)*" (Nota)
RI LVI/152-153 (julio-diciembre 1990): 845-852

MONTESINOS, JAIME

[M405] "Efraín Jara Idrovo: su evolución poética"
(Estudio)
RI LIV/144-145 (julio-diciembre 1988): 851-863

MONTIEL, LUIS

[M406] "Ernesto Sábato: Ojos para lo sagrado" (Nota)
RI LIII/141 (octubre-diciembre 1987): 933-943

[M407] "Sábato: *summa*" (Estudio)
RI LVIII/158 (enero-marzo 1992): 233-245

MOODY, MICHAEL

[M408] "Paisajes de los condenados: el escenario natural de *La casa verde*" (Estudio)
RI XLVII/116-117 (julio-diciembre 1981): 127-136

MOORE, ERNEST R.

[M409] "Os dias joaninos" (Estudio)
RI XI/21 (junio 1946): 109-111

[M410] "Bibliografía y crítica de Federico Gamboa (1864-1939)" (Bibliografía)
RI II/3 (abril 1940): 271-280

[M411] "Obras críticas y bibliográficas referentes a la novela mexicana anterior al siglo XX" (Bibliografía)
RI III/5 (febrero 1941): 235-254

[M412] "Anónimos y seudónimos americanos" (Bibliografía)
RI V/9 (mayo 1942): 178-198

[M413] "Estudios bibliográficos en preparación" (Bibliografía)
RI V/9 (mayo 1942): 199-202

[M414] "Bibliografía descriptiva. *El Periquillo Sarniento*" (Bibliografía)
RI X/20 (marzo 1946): 383-403

[M415] "Bibliografía de Ignacio Rodríguez Galván" (Bibliografía)
RI VIII/15 (mayo 1944): 167-192

MOORE, E.R., J. T. REID Y R. E. WARNER

[M416] "Bibliografía de Santiago Argüello" (Bibliografía)
RI V/10 (octubre 1942): 427-437

MOORE, E. R. Y JAMES G. BRICKLEY

[M417] "Notas y bibliografía crítica" (Bibliografía)
RI VI/11 (febrero 1943): 155-202

MOORS, XIMENA A.

[M418] "Para una arqueología del testimonio: El rol de la Iglesia Católica en la producción textual (1973-1991)" (Estudio)
RI LX/168-169 (julio-diciembre 1994): 1161-1176

MORA, CARMEN DE

[M419] "Ironía y ficción en la narrativa de Julio Garmendia" (Estudio)
RI LVIII/159 (abril-junio 1992): 517-526

MORA, GABRIELA

[M420] "Rechazo del mito en *Las islas nuevas*, de María Luisa Bombal" (Estudio)
RI LI/132-133 (julio-diciembre 1985): 853-865

[M421] "*De repente los lugares desaparecen* de Patricio Manns: ¿ciencia ficción a la latinoamericana?" (Estudio)
RI LX/168-169 (julio-diciembre 1994): 1039-1049

[M422] "Modernismo decadentista: *Confidencias de psiquis* de Manuel Díaz Rodríguez" (Estudio)
RI LXIII/178-179 (enero-junio 1997): 263-275

MORA, PABLO

[M423] "Notas sobre la poesía de Gerardo Deniz" (Nota)
RI LVI/150 (enero-marzo 1990): 203-211

MORA, SONIA MARTA

[M424] "Joaquín Gutiérrez y la culminación de la novela costarricense" (Estudio)
RI LIII/138-139 (enero-junio 1987): 245-263

[M425] "Edmond Cros: *Literatura, ideología y sociedad*" (Reseña)
RI LIV/144-145 (julio-diciembre 1988): 1078-1081

[M426] "Juana Alcira Arancibia, ed.: *Evaluación de la literatura femenina de Latinoamérica, siglo XX*" (Reseña)
RI LIV/144-145 (julio-diciembre 1988): 1081-1084

MORA VALCÁRCEL, CARMEN DE

[M427] "Juan José Arreola: *La feria* o 'Una apocalipsis de bolsillo'" (Estudio)
RI LVI/150 (enero-marzo 1990): 99-115

MORALES, ANGEL LUIS

[M428] "Puerta al tiempo en tres voces. Poema de Luis Palés Matos" (Estudio)
RI XXII/44 (julio-diciembre 1957): 311-322

[M429] "Teoría literaria y literatura en Alfonso Reyes" (Nota)
RI XXXI/59 (enero-junio 1965): 89-94

MORALES, MARIO ROBERTO

[M430] "Aldea oral/ciudad letrada: la apropiación vanguardista de lo popular en América Latina. El caso de Miguel Ángel Asturias y las *Leyendas de Guatemala*" (Estudio)
RI LXII/175 (abril-junio 1996): 405-420

[M431] "Marc Zimmerman: *Literature and Resistance in Guatemala. Textual Modes and Cultural Politics from 'El Señor Presidente' to 'Rigoberta Menchu'*. Dante Liano: *Ensayos de literatura guatemalteca*" (Reseña)
RI LXII/ 176-177 (julio-diciembre 1996): 991-993

[M432] "Verity Smith. *Encyclopedia of Latin American Literature*" (Reseña)
RI LXV/186 (enero-marzo 1999): 201-203

MORALES SARAVIA, JOSÉ, INEKE PHAF Y MARTÍN LIENHARD

[M433] "Alejandro Losada" (Necrología)
RI LII(135-136) (abril-septiembre 1986): 631-644

MORALES TORO, LEÓNIDAS

[M434] "Fundaciones y destrucciones: Pablo Neruda y Nicanor Parra" (Estudio)
RI XXXVI/72 (julio-septiembre 1970): 407-423

MORÁN, CARLOS ROBERTO

[M435] "Las voces de Borges: diálogos, recuerdos, las obras completas" (Entrevista)
RI LVI/151 (abril-junio 1990): 583-598

MORAÑA, MABEL

[M436] "Historicismo y legitimación del poder en *El gesticulador* de Rodolfo Usigli" (Estudio)
RI LV/148-149 (julio-diciembre 1989): 1261-1275

[M437] "Presentación" (Nota)
RI LXI/170-171 (enero-junio 1995): 9-10

[M438] "*Escribir en el aire*, heterogeneidad y estudios culturales" (Nota)
RI LXI/170-171 (enero-junio 1995): 279-286

[M439] "*La endiablada* de Juan Mogrovejo de la Cerda: testimonio satírico-burlesco sobre la perversión de la utopía" (Estudio)
RI LXI/172-173 (julio-diciembre 1995): 555-572

[M440] "Nota preliminar" (Nota)
RI LXII/175 (abril-junio 1996): 320-321
RI LXVIII/200 (julio-septiembre 2002): 841-844

[M441] "Introducción" (Nota)
RI LXIII/176-177 (julio-diciembre 1996): 675-676
RI LXVIII/200 (julio-septiembre 2002): 845-846.

[M442] "Migraciones del latinoamericanismo" (Estudio)
RI LXVI/193 (octubre-diciembre 2000): 821-830

[M443] "Nota introductoria" (Nota)
RI LXVIII/200 (julio-septiembre 2002): 500-502

MORBY, EDWIN S.

[M444] "¿Es *Don Segundo Sombra* novela picaresca?" (Estudio)
RI I/2 (noviembre 1939): 375-380

[M445] "Una batalla entre antiguos y modernos" (Estudio)
RI IV/7 (noviembre 1941): 119-145

MOREIRAS, ALBERTO

[M446] "Elementos de articulación teórica para el subalternismo latinoamericano. Cándido y Borges" (Estudio)
RI LXII/176-177 (julio-diciembre 2000): 875-892

[M447] "Claudio Maíz: *El sujeto moderno hispanoamericano. Una lectura de los textos epistolares a Unamuno*" (Reseña)
RI LXI/184-185 (julio-diciembre 1998): 645-646

MORELL, HORTENSIA R.

[M448] "Contextos musicales en *Concierto barroco*" (Estudio)
RI XLIX/123-124 (abril-septiembre 1983): 335-350

[M449] "La narrativa de Griselda Gambaro: *Dios no nos quiere contentos*" (Estudio)
RI LVII/155-156 (abril-septiembre 1991): 481-494

[M450] "*Después del día de fiesta*: reescritura y posmodernidad en Griselda Gambaro" (Estudio)
RI LXIII/181 (octubre-diciembre 1997): 665-674

MORELLI, GABRIELE

[M451] "Bibliografía de Neruda en Italia" (Bibliografía)
RI XXXIX/82-83 (enero-junio 1973): 369-371

MORELLO-FROSCH, MARTA

[M452] "Nicolás Cócaro: *Cuentos fantásticos argentinos*" (Reseña)
RI XXIX/55 (enero-junio 1963): 203-205

[M453] "El personaje y su doble en las ficciones de Cortázar" (Nota)
RI XXXIV/66 (julio-diciembre 1968): 323-330

[M454] "Actualización de los signos en la ficción de Haroldo Conti" (Estudio)
RI XLIX/125 (octubre-diciembre 1983): 839-851

MORENO ENRÍQUEZ, MARÍA DE LOS ANGELES

[M455] "Ernesto Mejía Sánchez: *Romances y corridos nicaragüenses*" (Reseña)
RI XII/26 (febrero 948): 394

MORENO-DURÁN, RAFAEL UMBERTO

[M456] "Fragmentos de *La augusta sílaba*" (Ensayo)
RI L/128-129 (julio-diciembre 1984): 861-881

MORETTA, EUGENE L.

[M457] "El Villaurrutia de *Reflejos*" (Estudio)
RI XL/89 (octubre-diciembre 1974): 595-614

MORÍNIGO, MARCOS A.

[M458] "Sanín Cano, filólogo" (Estudio)
RI XIII/26 (febrero 1948): 297-306

[M459] "Pedro Henríquez Ureña y la lingüística indigenista" (Estudio)
RI XXI/41-42 (enero-diciembre 1956): 143-147

MORLEY, S. GRISWOLD

[M460] "La novelística del 'cowboy' y la del gaucho" (Estudio)
RI VII/14 (febrero 1944): 225-270

MORRIS, C. B.

[M461] "El surrealismo en Tenerife" (Estudio)
RI XLV/106-107 (enero-junio 1979): 343-349

MOSER, GERALD M.

[M462] "A sensibilidade brasileira de Manuel Bandeira" (Estudio)
RI XX/40 (septiembre 1955): 323-336

[M463] "Helen Caldwell: *The Brazilian Othello of Machado de Assis. A Study of* Dom Casmurro" (Reseña)
RI XXVI/51 (enero-junio 1961): 199-201

[M464] "Eugênia Sereno: *O Pássaro da Escuridão (Romance antigo de uma cidadezinha brasileira)*" (Reseña)
RI L/126 (enero-marzo 1984): 324-326

MOYA, ISMAEL

[M465] "Ricardo Rojas, el argentino esencial" (Estudio)
RI XXIII/46 (julio-diciembre 1958): 283-309

MOREYRA, MANUEL

[M466] "Guillermo Lohmann Villena: *Historia del arte dramático en Lima durante el virreinato, siglos XVI y XVII*" (Reseña)
RI VI/11 (febrero 1943): 139-140

MUDROVCIC, MARÍA EUGENIA

[M467] "En búsqueda de dos décadas perdidas: La novela latinoamericana de los años 70 y 80" (Estudio)
RI LIX/164-165 (julio-diciembre 1993): 445-468

[M468] "*El pez en el agua*: notas en torno a una escritura de la rabia" (Estudio)
RI LXVII/196 (julio-septiembre 2001): 527-538

[M469] "Políticas culturales en los procesos de integración regional: el sector editorial en el MERCOSUR" (Estudio)
RI LXVII/197 (octubre-diciembre 2001): 755-766

MÚJICA, HUGO

[M470] "Olga Orozco: *En el revés del cielo*" (Reseña)
RI LIV/144-145 (julio-diciembre 1988): 1084-1089

[M471] "Ernesto Sábato: la humilde esperanza de otro mañana" (Estudio)
RI LVIII/158 (enero-marzo 1992): 153-160

MÜLLER-BERGH, KLAUS

[M472] "La poesía de Octavio Paz en los años treinta" (Estudio)
RI XXXVII/74 (enero-marzo 1971): 116-133

[M473] "Sentido y color de *Concierto barroco*" (Estudio)
RI XLI/92-93 (julio-diciembre 1975): 445-464

[M474] "El hombre y la técnica: contribución al conocimiento de corrientes vanguardistas hispanoamericanas" (Estudio)
RI XLVIII/118-119 (enero-junio 1982): 149-176

[M475] "Trayectoria vital e itinerario crítico de Alejo Carpentier" (Bibliografía)
RI LVII/154 (enero-marzo 1991): 181-192

MUÑOZ, ELÍAS MIGUEL

[M476] "*Sangre de amor correspondido* y el discurso del poder judeocristiano" (Estudio)
RI LI/130-131 (enero-junio 1985): 73-88

[M477] "El discurso utópico de la sexualidad en *El beso de la mujer araña* de Manuel Puig" (Estudio)
RI LII/135-136 (abril-septiembre 1986): 361-378

[M478] "Senel Paz: *Un rey en el jardín*" (Reseña)
RI LII/135-136 (abril-septiembre 1986): 777-780

[M479] "Teresa Méndez-Faith: *Paraguay: novela y exilio*" (Reseña)
RI LII/137 (octubre-diciembre 1986): 1090-1094

[M480] "Enrique Anderson Imbert: *El milagro y otros cuentos*" (Reseña)
RI LIII/140 (julio-septiembre 1987): 714-716

[M481] "René Alberto Campos: *Espejos: La textura cinemática en 'La traición de Rita Hayworth'*" (Reseña)
RI LIII/140 (julio-septiembre 1987): 716-719

MUÑOZ, WILLY O.

[M482] "Teatro boliviano contemporáneo" (Estudio)
RI LII/134 (enero-marzo 1986): 181-194

[M483] "La realidad boliviana en la narrativa de Jesús Lara" (Estudio)
RI LII/134 (enero-marzo 1986): 225-241

[M484] "Julio Cortázar: vértices de una figura comprometida" (Nota)
RI LVI/151 (abril-junio 1990): 541-551

[M485] "Edmundo Paz-Soldán: *Las máscaras de la nada*" (Reseña)
RI LVIII/158 (enero-marzo 1992): 299-301

[M486] "Giancarla de Quiroga: *De angustias e ilusiones: cuentos*" (Reseña)
RI LVIII/158 (enero-marzo 1992): 301-302

MUÑOZ MARTÍNEZ, SILVERIO

[M487] "Otra mirada sobre *Rayuela*" (Estudio)
RI XXXIX/84-85 (julio-diciembre 1973): 557-581

MUÑOZ MILLANES, JOSÉ

[M488] "Borges y la 'palabra' del universo" (Nota)
RI XLIII/100-101 (julio-diciembre 1977): 615-625

MURILLO, LUIS ANDRÉS

[M489] "Carlos Fuentes: *La región más transparente*" (Reseña)
RI XXIV/47 (enero-junio 1959): 194-196

MURRA, JOHN V.

[M490] "José María Arguedas: dos imágenes" (Estudio)
RI XLIX/122 (enero-marzo 1983): 43-54

Mutis, Santiago

[M491] "Roberto Burgos Cantor: *Lo amador*"
(Reseña)
RI L/128-129 (julio-diciembre 1984): 1106

Myers, Kathleen A.

[M492] "Imitación, revisión y Amazonas en la *Historia general y natural* de Fernández de Oviedo" (Estudio)
RI LXI/170-171 (enero-junio 1995): 161-173

N

N'GOM, M'BARE

[N1] "Raza y proyecto nacional en *Cuando los guayacanes florecían*" de Nelson Estupiñán Bass" (Estudio)
RI LXV/188-189 (julio-diciembre 1999): 671-680

NARANJO MARTÍNEZ, ENRIQUE

[N2] "Alrededor de *María* (Eco de una controversia)" (Estudio)
RI V/9 (mayo 1942): 103-108

[N3] "Cunninghame Graham" (Estudio)
RI VIII/15 (mayo 1944): 103-106

[N4] "Jorge Ricardo Vejarano: *Rutas del mundo*" (Reseña)
RI VI/12 (mayo 1943): 509-510

[N5] "Luis A. Munera: *Bolívar en Boyacá*" (Reseña)
RI VI/12 (mayo 1943): 508-509

[N6] "Alberto Carvajal: *Salmos y elegías*" (Reseña)
RI VII/13 (noviembre 1943): 208

[N7] "E. Caballero Calderón: *Suramérica, Tierra del Hombre*" (Reseña)
RI X/20 (marzo 1946): 371-375

NARANJO VILLEGAS, ABEL

[N8] "La parábola del retorno" (Estudio)
RI XIV/27 (junio 1948): 63-72

NASON, MARSHALL R.

[N9] "E. M. S. Danero: *Antología gaucha*" (Reseña)
RI XXII/44 (julio-diciembre 1957): 400-403

[N10] "Benito Lynch: ¿otro Hudson?" (Estudio)
RI XXIII/45 (enero-junio 1958): 65-82

[N11] "Julia Ottolengui: *Vida y obra de Sarmiento en síntesis cronológica*" (Reseña)
RI XVI/32 (agosto 1950-enero 1951): 420-422

[N12] "Madaline Wallis Nichols: *El gaucho. El cazador de ganado. El jinete. Un ideal de novela*" (Reseña)
RI XVIII/36 (enero-septiembre 1953) 411-415

[N13] "Seymour Menton: *Saga de México*" (Reseña)
RI XX/39 (octubre 1954-marzo 1955) 185-188

NATELLA, ARTHUR A., JR.

[N14] "Ernesto Sábato y el hombre superfluo" (Nota)
RI XXXVIII/81 (octubre-diciembre 1972): 671-679

NAVARRETE ORTA, LUIS

[N15] "Dos textos recuperados de Huidobro: el manifiesto 'Total' y el poema 'Total' *(Altazor)* en la evolución estético-ideológica de Vicente Huidobro" (Estudio)
RI LIII/141 (octubre-diciembre 1987): 1013-1022

[N16] "Cronología de textos de Vicente Huidobro sobre estética, literatura y arte" (Bibliografía)
RI LIII/141 (octubre-diciembre 1987): 1023-1033

NAVARRO, CARLOS

[N17] "La desintegración social en *El Señor Presidente*" (Estudio)
RI XXXV/67 (enero-abril 1969): 59-76

NAVARRO, TOMÁS

[N18] "Apuntes sobre el español dominicano" (Estudio)
RI XXI/41-42 (enero-diciembre 1956): 417-429

NAVAS-RUIZ, RICARDO

[N19] "Neruda y Guillén: Un caso de relaciones literarias" (Nota)
RI XXXI/60 (julio-diciembre 1965): 251-262

NEALE-SILVA, EDUARDO

[N20] "José Eustasio Rivera, polemista" (Estudio)
RI XIV/28 (octubre 1948): 213-250

[N21] "Visión de la vida y de la muerte en tres poemas trílcicos de César Vallejo" (Estudio)
RI XXXV/68 (mayo-agosto 1969): 329-350

[N22] "Donald F. Fogelquist: *Españoles de América y americanos de España*" (Reseña)
RI XXXV/68 (mayo-agosto 1969): 422-424

[N23] "Poesía y sociología en un poema de *Trilce*" (Estudio)
RI XXXVI/71 (abril-junio 1970): 205-216

[N24] "Vallejo y la crítica: sobre *Aproximaciones a César Vallejo*" (Nota)
RI XXXVIII/80 (julio-septiembre 1972): 503-506

NEEDLEMAN, RUTH

[N25] "Hacia *Blanco*" (Estudio)
RI XXXVII/74 (enero-marzo 1971): 177-181

NEGHME ECHEVERRÍA, LIDIA

[N26] "Marjorie Agosín: *Hogueras*" (Reseña)
RI LIII/141 (octubre-diciembre 1987): 1055-1056

[N27] "El indigenismo en *Poema de Chile* de Gabriela Mistral" (Nota)
RI LVI/151 (abril-junio 1990): 553-561

[N28] "Federico Schopf: *Escenas de peep-show*" (Reseña)
RI LVI/151 (abril-junio 1990): 640-642

NEGLIA, ERMINIO G.

[N29] "El vanguardismo teatral de Huidobro en una de sus incursiones escénicas" (Estudio)
RI XLV/106-107 (enero-junio 1979): 277-283

[N30] "El asedio a la casa: un estudio del decorado en *La noche de los asesinos*" (Estudio)
RI XLVI/110-111 (enero-junio 1980): 139-149

NEGRIN, EDITH

[N31] "El narrador José Revueltas, la tierra y la historia" (Estudio)
RI LV/148-149 (julio-diciembre 1989): 879-890

NELSON, ARDIS L.

[N32] "El doble, el recuerdo y la muerte: elementos de fugacidad en la narrativa de Guillermo Cabrera Infante" (Nota)
RI XLIX/123-124 (abril-septiembre 1983): 509-521

NEMTZOW, MARY

[N33] "Acotaciones al costumbrismo peruano" (Estudio)
RI XV/29 (julio 1949): 45-62

[N34] "*En esa sangre*, una novela inédita del doctor Mariano Azuela" (Estudio)
RI XIX/37 (octubre 1953): 65-70

NEMTZOW, SARAH

[N35] "La moral en la obra de Montalvo" (Estudio)
RI X/20 (marzo 1946): 242-268

NERUDA, PABLO

[N36] "Discurso del embajador Pablo Neruda ante el Pen Club de Nueva York" (Testimonio)
RI XXXIX/82-83 (enero-junio 1973): 9-13

[N37] "Rubén Darío (1967)" (Documento)
RI LXVIII/200 (julio-septiembre 2002): 611-614

NETHERTON, JOHN P.

[N38] "Walter T. Pattison: *Benito Pérez Galdos and the Creative Process*" (Reseña)
RI XX/39 (octubre 1954-marzo 1955) 188-192

NICHOLS, MADALINE W.

[N39] "El gaucho argentino" (Nota)
RI I/1 (mayo 1939): 153-158

[N40] "Bibliografía de 'El gaucho argentino'" (Bibliografía)
RI I/1 (mayo 1939): 161-164

[N41] "Juan León Benzoa: *La vida gloriosa de Sarmiento*" (Reseña)
RI I/1 (mayo-noviembre 1939): 216

[N42] "Pedro Henríquez Ureña: *La cultura y las letras coloniales de Santo Domingo*" (Reseña)
RI I/1 (mayo-noviembre 1939): 217

[N43] "Gerardo Gallegos: *Beau Dondón*" (Reseña)
RI VII/13 (noviembre 1943): 448-450

NIETO CABALLERO, L. E.

[N44] "J. C. Hernández: *Escenas y leyendas del páramo*" (Reseña)
RI I/1 (mayo-noviembre 1939): 203-204

[N45] "J.C. Martínez: *Margarita Ramírez tuvo un hijo*" (Reseña)
RI I/2 (noviembre 1939): 442-443

[N46] "Luis C. Sepúlveda: *Instantáneas neoyorkinas*" (Reseña)
RI I/2 (noviembre 1939): 440-442

[N47] "Luis López de Mesa: *Disertación sociológica*" (Reseña)
RI I/2 (noviembre 1939): 437-439

[N48] "Rita A. De Mejía Robledo: *Recuerdos del colegio*" (Reseña)
RI I/2 (noviembre 1939): 439-440

NOBLE, BETH W.

[N49] "Helena Percas: *La poesía femenina argentina (1810-1950)*" (Reseña)
RI XXIV/48 (julio-diciembre 1959): 377-379

NORIEGA, JULIO E.

[N50] "José Morales Saravia, ed.: *Homenaje a Alejandro Losada*" (Reseña)
RI LVI/150 (enero-marzo 1990): 342-345

[N51] "Carlos Alberto Mendoza: *El mestizaje e Indoamérica: El mensaje de Otto Morales Benítez*" (Reseña)
RI LVI/151 (abril-junio 1990): 642-644

[N52] "CERPA: Actes du Colloque International sur José María Arguedas. Rencontre de Renards" (Reseña)
RI LVII/154 (enero-marzo 1991): 409-413

[N53] "La *Mandrágora* en Chile: profecías poéticas y revelaciones del género negro" (Estudio)
RI LX/168-169 (julio-diciembre 1994): 751-760

[N54] "Roger Zapata A.: *Guamán Poma. Indigenismo y estética de la dependencia en la cultura peruana*" (Reseña)
RI LXI/170-171 (enero-junio 1995): 321-323

[N55] "Raquel Chang-Rodríguez. *El discurso disidente. Ensayos de literatura colonial peruana*" (Reseña)
RI LXI/172-173 (julio-diciembre 1995): 705-707

NORMAND, J. F.

[N56] "Las ideas políticas de Rubén Darío" (Estudio)
RI II/4 (noviembre 1940): 433-440

NOUZEILLES, MARÍA GABRIELA

[N57] "La cuestión del sujeto: Dos versiones de Sarmiento" (Reseña)
RI LIV/143 (abril-junio 1988): 603-610

[N58] "Jorge Salessi. *Médicos, maleantes y maricas. Higiene, criminología y homosexualidad en la cosntrucción de la nación argentina*" (Reseña)
RI LXIII/178-179 (enero-junio 1997): 277-281

NOVAES COELHO, NELLY

[N59] "A presença da 'nova mulher' na ficção brasileira actual" (Estudio)
RI L/126 (enero-marzo 1984): 141-154

NOVOA, BRUCE

[N60] "Juan García Ponce: *Unión*" (Reseña)
RI XLI/91 (abril-junio 1975): 379-379

[N61] "Gustavo Sainz: *La princesa del Palacio de Hierro*" (Reseña)
RI XLII/94 (enero-marzo 1976): 136-137

[N62] "Bernice Zamora y Lorna De Cervantes: Una estética feminista" (Estudio)
RI LI/132-133 (julio-diciembre 1985): 565-573

NOVO, MARÍA TERESA

[N63] "Josefina Ludmer, comp.: *Las culturas de fin de siglo en América Latina*" (Reseña)
RI LXII/ 176-177 (julio-diciembre 1996): 975-981

[N64] "Luis Britto García. *El imperio contracultural: del rock a la postmodernidad*" (Reseña)
RI LXII/ 176-177 (julio-diciembre 1996): 982-986

NOWAK, WILLIAM J.

[N65] "La personificación en *Recuerdos de provincia:* la despersonalización de D. F. Sarmiento" (Nota)
RI LIV/143 (abril-junio 1988): 585-601

NUCETE-SARDI, JOSÉ

[N66] "Rómulo Gallegos: *El forastero*" (Reseña)
RI VI/12 (mayo-1943): 510-511

[N67] "Casto Fulgencio López: *Relación muy breve de la vida y obra de Garcilaso Inca de la Vega, primer escritor criollo del Perú*" (Reseña)
RI VIII/15 (mayo 1944): 161-162

NUNES, BENEDITO

[N68] "Mário de Andrade: As enfibraturas do modernismo" (Estudio)
RI L/126 (enero-marzo 1984): 63-75

NUNES, MARIA LUISA

[N69] "Nélida Piñon: *A força do destino*" (Reseña)
RI XLV/108-109 (julio-diciembre 1979): 712-716

[N70] "Heitor Martins, ed.: *The Brazilian Novel*" (Reseña)
RI XLV/108-109 (julio-diciembre 1979): 716-716

[N71] "Celuta Moreira Gomes: *O conto brasileiro e sua crítica bibliografia (1841-1974)*" (Reseña)
RI XLV/108-109 (julio-diciembre 1979): 717-717

[N72] "Clarice Lispector: ¿Artista andrógina ou escritora?" (Nota)
RI L/126 (enero-marzo 1984): 281-289

[N73] "Nélida Piñon: *O calor das coisas*" (Reseña)
RI L/126 (enero-marzo 1984): 326-327

NUNN, MARSHALL E.

[N74] "Las obras menores de Cirilo Villaverde" (Estudio)
RI XIV/28 (octubre 1948): 255-262

NÚÑEZ, ESTUARDO

[N75] "La poesía peruana en 1940" (Estudio)
RI IV/7 (noviembre 1941): 89-94

[N76] "La poesía de Manuel González-Prada" (Estudio)
RI V/10 (octubre 1942): 295-300

[N77] "El sentimiento de la Naturaleza en la moderna poesía del Perú" (Estudio)
RI VII/13 (noviembre 1943): 153-186

[N78] "A los 25 años de la desaparición de dos grandes escritores peruanos" (Estudio)
RI IX/18 (mayo 1945): 287-296

[N79] "Inventario y examen de las traducciones literarias en América" (Estudio)
RI XXV/50 (julio-diciembre 1960): 289-302

[N80] "Realidad y mitos latinoamericanos en el surrealismo francés" (Estudio)
RI XXXVII/75 (abril-junio 1971): 311-324

OLALQUIAGA, CELESTE

[O8] "Vigencia y caducidad del libro: reflexiones de una lectura errática" (Estudio)
RI LXVII/197 (octubre-diciembre 2001): 661-670

O'CONNOR, PATRICK

[O1] "Deleitando, dilatando, delatando: una multiplicidad de lectores para el *Lazarillo de ciegos caminantes*" (Estudio)
RI LXII/175 (abril-junio 1996): 333-350

OLESZKIEWICZ, MALGORZATA

[O9] "Los cultos marianos nacionales en América Latina: Guadalupe/Tonantzin y Aparecida/ Iemanjá" (Estudio)
RI LXIV/182-183 (enero-junio 1998): 241-252

O'HARA, EDGAR

[O2] "Jorge Teillier: el lenguaje como numismática" (Estudio)
RI LX/168-169 (julio-diciembre 1994): 841-858

OLGUÍN, MANUEL

[O10] "La filosofía de José Antonio Ramos y su afinidad con la del pueblo y los pensadores de los Estados Unidos" (Estudio)
RI XII/24 (junio 1947): 291-300

O'GORMAN, EDMUNDO

[O3] "Julio Jiménez Rueda: *Herejías y supersticiones en la Nueva España (los heterodoxos en México)*" (Reseña)
RI X/20 (marzo 1946): 369-371

[O4] "*Reales Cédulas de la Real y Pontificia Universidad de México, de 1551 a 1816*" (Reseña)
RI XI/22 (octubre 1946): 346-347

[O5] "Julio Jiménez Rueda: *Historia de la cultura en México. El virreinato*" (Reseña)
RI XVI/31 (febrero-julio 1950): 193-196

OCAMPO, MARÍA LUISA

[O6] "Recuerdo de José Antonio Ramos" (Estudio)
RI XII/24 (junio 1947): 301-308

OJEDA, J. ENRIQUE

[O7] "Jorge Carrera Andrade y la vanguardia" (Estudio)
RI LIV/144-145 (julio-diciembre 1988): 675-690

[O11] "Categorías críticas de Arturo Torres Rioseco" (Estudio)
RI XII/24 (junio 1947): 309-315

[O12] "Menéndez y Pelayo y la literatura hispanoamericana" (Estudio)
RI XXII/43 (enero-junio 1957): 27-39

OLIVERA IBARRA, OTTO

[O13] "La poesía del 'Papel Periódico de la Havana'" (Estudio)
RI XI/22 (octubre 1946): 259-272

[O14] "El romanticismo de José Eustasio Rivera" (Estudio)
RI XVIII/35 (diciembre 1952): 41-62

[O15] "Indice de la cubanidad programática del siglo XIX" (Estudio)
RI XIX/37 (octubre 1953): 119-128

[O16] "José Martí y la expresión paralela de prosa y verso" (Estudio)
RI XXII/43 (enero-junio 1957): 71-82

[O17] "El Museo Guatemalteco" (Estudio)
RI XXXI/60 (julio-diciembre 1965): 173-194

[O18] "Una obra olvidada de Rubén Darío" (Nota)
RI XXXVI/72 (julio-septiembre 1970): 481-484

[O19] "Josefina Rivera de Álvarez: *Historia de la literatura puertorriqueña*" (Reseña)
RI XXXVII/75 (abril-junio 1971): 474-475

[O20] "Ana Rosa Núñez: *Poesía en éxodo (El exilio cubano en su poesía, 1959-1969)*" (Reseña)
RI XXXVIII/78 (enero-marzo 1972): 166-168

[O21] "Aída Cartagena: *Narradores dominicanos*" (Reseña)
RI XXXVIII/79 (abril-junio 1972): 355-357

[O22] "Del ideal estético a la alusión patriótica en *La poesía sorprendida*" (Estudio)
RI LIV/142 (enero-marzo 1988): 213-227

OLIVERA-WILLIAMS, MARÍA ROSA

[O23] "Enrique Amorim: *La carreta*. Edición crítica. Fernando Ainsa, coord." (Reseña)
RI LIX/164-165 (julio-diciembre 1993): 822-825

[O24] "El monólogo dramático en la poesía de José Emilio Pacheco" (Estudio)
RI LXII/174 (enero-marzo 1996): 175-184

[O25] "Retomando a Eros: Tres momentos en la poesía femenina hispanoamericana: Agustini, Mistral y Peri Rossi" (Estudio)
RI LXV/186 (enero-marzo 1999): 117-134

OMAÑA, BALMIRO

[O26] "Ficción incaica y ficción española en dos cuentos de fray Martín de Murúa" (Nota)
RI XLVIII/120-121 (julio-diciembre 1982): 695-701

[O27] "Concepción de la poesía en José Martí" (Estudio)
RI LV/146-147 (enero-junio 1989): 193-209

ONÍS, JUAN DE

[O28] "Una página blanca. Poesía inédita de José Martí" (Estudio)
RI XX/40 (septiembre 1955): 225-234

ORDIZ VÁZQUEZ, FRANCISCO JAVIER

[O29] "Carlos Fuentes: *Cristóbal Nonato*" (Reseña)
RI LVI/150 (enero-marzo 1990): 345-349

[O30] "Carlos Fuentes y la identidad de México" (Estudio)
RI LVIII/159 (abril-junio 1992): 527-538

ORDÓÑEZ, MONTSERRAT

[O31] "Máscaras de espejos, un juego especular. Entrevista-asociaciones con la escritora argentina Luisa Valenzuela" (Entrevista)
RI LI/132-133 (julio-diciembre 1985): 511-519

[O32] "La poesía de Blanca Wiethütcher" (Lectura)
RI LII/134 (enero-marzo 1986): 197-206

[O33] "Raymond L. Williams, comp.: *Ensayos de literatura colombiana: Primer Encuentro de Colombianistas Norteamericanos*" (Reseña)
RI LII/135-136 (abril-septiembre 1986): 781-784

[O34] "Marvel Moreno: *En diciembre llegaban las brisas*" (Reseña)
RI LIII/141 (octubre-diciembre 1987): 1058-1060

[O35] "Fernando Charry Lara, comp.: *José Asunción Silva, vida y creación*" (Reseña)
RI LV/146-147 (enero-junio 1989): 542-545

[O36] "Álvaro Mutis: *La última escala del Tramp Steamer*" (Reseña)
RI LVI/151 (abril-junio 1990): 644-649

[O37] "Soledad Acosta de Samper y los terrores del año 2000" (Nota)
RI LXVII/194-195 (enero-junio 2001): 291-294

Orihuela, Carlos L.

[O38] "José Castro Urioste: *Aún viven las manos de Santiago Berríos*" (Reseña)
RI LVIII/158 (enero-marzo 1992): 302-305

Orjuela, Héctor H.

[O39] "Hernando Domínguez Camargo: *Obras*. Edición a cargo de Rafael Torres Quintero" (Reseña)
RI XXVII/52 (julio-diciembre 1961): 387-389

Ornstein, Jacob

[O40] "Notas preliminares para um estudo de Aluizio Azevedo" (Estudio)
RI VII/14 (febrero 1944): 391-400

[O41] "Breve panorama de la novela chilena reciente" (Estudio)
RI XVIII/36 (marzo 1953): 339-344

Ortega, Julio

[O42] "Para una mejor lectura de Vallejo" (Nota)
RI XXXV/68 (mayo-agosto 1969): 371-376

[O43] "Notas sobre Enrique Molina" (Nota)
RI XXXV/69 (septiembre-diciembre 1969): 531-538

[O44] "José María Arguedas" (Nota)
RI XXXVI/70 (enero-marzo 1970): 77-86

[O45] "Lectura de *Trilce*" (Estudio)
RI XXXVI/71 (abril-junio 1970): 165-189

[O46] "La escritura plural (Notas sobre tradición y surrealismo)" (Ensayo)
RI XXXVII/76-77 (julio-diciembre 1971): 599-618

[O47] "La biblioteca de José Cemí" (Nota)
RI XLI/92-93 (julio-diciembre 1975): 509-521

[O48] "Borges y la cultura hispanoamericana" (Estudio)
RI XLIII/100-101 (julio-diciembre 1977): 257-268
RI LXVIII/200 (julio-septiembre 2002):711-722

[O49] "Para un mapa de Borges": Jaime Alazraki, *Jorge Luis Borges*; Emir Rodríguez Monegal, *Borges: hacia una lectura poética*; Saúl Sosnowski, *Borges y la Cábala. La búsqueda del verbo* (Reseña)
RI XLIII/100-101 (julio-diciembre 1977): 745-750

[O50] "El Inca Garcilaso y el discurso de la cultura" (Nota)
RI XLIV/104-105 (julio-diciembre 1978): 507-514

[O51] "La escritura de la vanguardia" (Estudio)
RI XLV/106-107 (enero-junio 1979): 187-198

[O52] "La literatura latinoamericana en la década del 80" (Nota)
RI XLVI/110-111 (enero-junio 1980): 161-165

[O53] "La primera letra" (Nota)
RI XLVIII/118-119 (enero-junio 1982): 415-423

[O54] "García Márquez y Vargas Llosa, imitados" (Nota)
RI LII/137 (octubre-diciembre 1986): 971-978

[O55] "La literatura mexicana y la experiencia comunitaria" (Nota)
RI LV/148-149 (julio-diciembre 1989): 605-611

[O56] "Carlos Fuentes: para recuperar la tradición de La Mancha" (Entrevista)
RI LV/148-149 (julio-diciembre 1989): 637-654

[O57] "Alejandro Rossi: la fábula de las regiones" (Nota)
RI LX/166-167 (enero-junio 1994): 523-532

Ortigoza, Carlos

[O58] "Carmen Olga Brenes: *El sentimiento democrático en el teatro de Juan Ruiz de Alarcón*" (Reseña)
RI XXVIII/54 (julio-diciembre 1962): 399-407

Ortiz-Vargas, Antonio

[O59] "Perfiles angloamericanos" (Nota)
RI III/5 (febrero 1941): 175-189

[O60] "Perfiles angloamericanos: Edgar Lee Masters" (Nota)
RI 3/6 (mayo 1941): 415-422

[O61] "Perfiles angloamericanos" (Nota)
RI IV/7 (noviembre 1941): 163-174

[O62] "Perfiles angloamericanos" (Nota)
RI IV/8 (febrero 1942): 413-425

[O63] "Perfiles angloamericanos: Eugene O'Neill" (Nota)
RI VIII/15 (mayo 1944): 61-102

[O64] "Theodore Dreiser" (Estudio)
RI XVI/32 (enero 1951): 387-410

ORTIZ VELOZ, ARTURO

[O65] "Antonio Sacoto Salamea. *El ensayo ecuatoriano*" (Reseña)
RI LX/166-167 (enero-junio 1994): 609-612

[O66] "Diálogos con Adalberto Ruiz" (Entrevista)
RI LXII/175 (abril-junio 1996): 599-612

[O67] "Diálogos con Adalberto" (Entrevista)
RI LXIII/180 (julio-septiembre 1997): 487-500

OSORIO, NELSON

[O68] "Para una caracterización histórica del vanguardismo literario hispanoamericano" (Estudio)
RI XLVII/114-115 (enero-junio 1981): 227-254

OSTROV, ANDREA

[O69] "Espacio y sexualidad en *El lugar sin límites* de José Donoso" (Estudio)
RI LXV/187 (abril-junio 1999): 341-348

OTERO, CARLOS PEREGRÍN

[O70] "Enrique Anderson Imbert y Lawrence B. Kiddle, ed.: *Veinte cuentos hispanoamericanos del siglo XX*" (Reseña)
RI XXII/44 (julio-diciembre 1957): 403-407

OTERO, GUSTAVO ADOLFO

[O71] "El indio boliviano y la Colonia" (Estudio)
RI VII/14 (febrero 1944): 359-372

OTERO, JOSÉ

[O72] "Gerardo Sáenz: *Ideología de la fuerza*" (Reseña)
RI XLI/90 (enero-marzo 1975): 165-165

OTERO, LISANDRO

[O73] "Delmonte y la cultura de la sacarocracia" (Nota)
RI LVI/152-153 (julio-diciembre 1990): 723-731

OTERO-KRAUTHAMMER, ELIZABETH

[O74] "Carmelo Rodríguez Torres: *La casa y la llama fiera*" (Reseña)
RI LI/130-131 (enero-junio 1985): 385-388

[O75] "Integración de la identidad judía en *Las genealogías*, de Margo Glantz" (Estudio)
RI LI/132-133 (julio-diciembre 1985): 867-873

[O76] "Jorgelina Corbatta: *Mito personal y mitos colectivos en las novelas de Manuel Puig*" (Reseña)
RI LV/146-147 (enero-junio 1989): 546-547

[O77] "Saúl Sosnowski: *La orilla inminente: Escritores judíos argentinos*" (Reseña)
RI LV/146-147 (enero-junio 1989): 547-549

[O78] "Fredo Arias de la Canal: *Intento de psicoanálisis de Juana Inés y otros ensayos sorjuanistas*" (Reseña)
RI LVI/150 (enero-marzo 1990): 349-351

[O79] "Julio Woscoboinik: *El secreto de Borges: Indagación psicoanalítica de su obra*" (Reseña)
RI LVI/150 (enero-marzo 1990): 352-354

OTS, JOSÉ MARÍA

[O80] "Germán Arciniegas: *Jiménez de Quesada*" (Reseña)
RI III/6 (mayo de 1941): 456-459

OVARES, FLORA EUGENIA

[O81] "Desmitificación y crítica: dos ensayistas costarricenses" (Estudio)
RI LIII/138-139 (enero-junio 1987): 159-172

OVARES, FLORA Y MARGARITA ROJAS

[O82] "La tenaz memoria de esos hechos; 'El perjurio de la nieve' de Adolfo Bioy Casares" (Estudio)
RI LVI/194-195 (enero-junio 2001): 121-134

OVIEDO, JOSÉ MIGUEL

[O83] "*Los cachorros:* fragmento de una exploración total"(Estudio)
RI XXXVI/70 (enero-marzo 1970): 25-38

[O84] "Notas a una (deprimente) lectura del teatro hispanoamericano" (Nota)
RI XXXVII/76-77 (julio-diciembre 1971): 753-762
RI LXVIII/200 (julio-septiembre 2002): 655-662

[O85] "Un grabado preciosista de Carpentier" (Reseña)
RI XLI/92-93 (julio-diciembre 1975): 665-667

[O86] "La escisión total de Juan Goytisolo: hacia un encuentro con lo hispanoamericano" (Estudio)
RI XLII/95 (abril-junio 1976): 191-200

[O87] "Sobre Vallejo: respuesta a Keith A. McDuffie" (Polémica)
RI XLII/96-97 (julio-diciembre 1976): 593-596

[O88] "Borges sobre los pasos de Borges: *El libro de arena*" (Nota)
RI XLIII/100-101 (julio-diciembre 1977): 713-719

[O89] "'*Trilce* II': clausura y apertura" (Nota)
RI XLV/106-107 (enero-junio 1979): 67-75

[O90] "Borges: el poeta según sus prólogos" (Nota)
RI LI/130-131 (enero-junio 1985): 209-220

[O91] "José María Arguedas: *El zorro de arriba y el zorro de abajo.* Edición crítica. Eve-Marie Fell, coord" (Reseña)
RI LIX/164-165 (julio-diciembre 1993): 825-831

OVIEDO, JOSÉ MIGUEL / EDWARDS, JORGE / ET AL.

[O92] "Mesa redonda: la experiencia de los novelistas" (Mesa redonda)
RI XLVII/116-117 (julio-diciembre 1981): 309-321

OWEN ALDRIDGE, A.

[O93] "Las ideas en la América del Sur sobre la Ilustración española" (Estudio)
RI XXXIV/66 (julio-diciembre 1968): 283-297

OWRE, J. RIIS

[O94] "Los animales en las obras de Benito Lynch" (Estudio)
RI III/6 (mayo 1941): 357-370

P

PALACIOS, NYDIA

[P9] "La novela nicaragüense en el siglo XX" (Nota)
RI LVII/157 (octubre-diciembre 1991): 1019-1029

PACHECO, CARLOS

[P1] "Retrospectiva crítica de Miguel Otero Silva" (Estudio)
RI LX/166-167 (enero-junio 1994): 185-197

PACHECO, JOSÉ EMILIO

[P2] "Descripción de *Piedra de Sol*" (Estudio)
RI XXXVII/74 (enero-marzo 1971): 135-146

[P3] "Nota sobre la otra vanguardia" (Nota)
RI XLV/106-107 (enero-junio 1979): 327-334

PACHÓN PADILLA, EDUARDO

[P4] "El nuevo cuento colombiano. Generación de 1970: nacidos de 1940 a 1954" (Estudio)
RI L/128-129 (julio-diciembre 1984): 883-901

PAGÉS LARRAYA, ANTONIO

[P5] "Santos Vega, mito de la pampa" (Estudio)
RI XX/40 (septiembre 1955): 213-224

[P6] "Imagen de Ricardo Rojas" (Estudio)
RI XXIII/46 (julio-diciembre 1958): 311-315

[P7] "Revelación y mito en un soneto de Darío" (Estudio)
RI XXXV/69 (septiembre-diciembre 1969): 441-458

[P8] "*Martín Fierro* en la perspectiva de un siglo" (Estudio)
RI XL/87-88 (abril-septiembre 1974): 231-243

PALADINO, CLARA

[P10] "Tomás de Mattos: *¡Bernabé! ¡Bernabé!*" (Reseña)
RI LVIII/160-161 (julio-diciembre 1992): 1227-1231

PALAU DE NEMES, GRACIELA

[P11] "*Blanco* de Octavio Paz: una mística espacialista" (Estudio)
RI XXXVII/74 (enero-marzo 1971): 183-196

[P12] "La poesía indigenista de vanguardia de Alejandro Peralta" (Nota)
RI XLVI/110-111 (enero-junio 1980): 205-216

[P13] "Raquel Chang-Rodríguez: *Prosa hispanoamericana virreinal*" (Reseña)
RI XLVI/112-113 (julio-diciembre 1980): 679-680

PALENCIA-ROTH, MICHAEL

[P14] "Los pergaminos de Aureliano Babilonia" (Estudio)
RI XLIX/123-124 (abril-septiembre 1983): 403-417

[P15] "El círculo hermenéutico en *El otoño del patriarca*" (Estudio)
RI L/128-129 (julio-diciembre 1984): 999-1016

PALEY DE FRANCESCATO, MARTHA

[P16] "Julio Cortázar: *Último round*" (Reseña)
RI XXXVI/72 (julio-septiembre 1970): 532-534

[P17] "'Casa tomada' por Julio Cortázar en traducción al diseño gráfico por Juan Fresán" (Reseña)
RI XXXVI/73 (octubre-diciembre 1970): 670-671

[P18] "Malva E. Filer: *Los mundos de Julio Cortázar*" (Reseña)
RI XXXVIII/78 (enero-marzo 1972): 168-170

[P19] "La circularidad en la poesía de Pablo Neruda" (Estudio)
RI XXXIX/82-83 (enero-junio 1973): 189-204

[P20] "Julio Cortázar: *Libro de Manuel*" (Reseña)
RI XXXIX/84-85 (julio-diciembre 1973): 689-691

[P21] "Bibliografía de y sobre Julio Cortázar" (Bibliografía)
RI XXXIX/84-85 (julio-diciembre 1973): 697-726

[P22] José Emilio Pacheco: *El principio del placer*" (Reseña)
RI XL/86 (enero-marzo 1974): 193-194

[P23] "Joaquín Roy: *Julio Cortázar ante su sociedad*" (Reseña)
RI XLII/94 (enero-marzo 1976): 143-144

[P24] "*Cola de lagartija:* Látigo de la palabra y la triple P" (Estudio)
RI LI/132-133 (julio-diciembre 1985): 875-882

[P25] "Re/creación y des/construcción de la historia en *Terra nostra* de Felipe Montero" (Nota)
RI LVI/151 (abril-junio 1990): 563-568

PALLEY, JULIÁN

[P26] "William Shand y Alberto Girri: *Poesía norteamericana contemporánea*. T.S. Eliot: *Cuatro cuartetos*, J.R. Wilcock, trad." (Reseña)
RI XXII/44 (julio-diciembre 1957): 407-411

[P27] "Eugenio Florit: *Antología de la poesía norteamericana contemporánea*" (Reseña)
RI XXIII/45 (enero-junio 1958): 206-207

[P28] "Roberto Juarroz: los portalones del sueño" (Nota)
RI LVI/151 (abril-junio 1990): 489-495

PALTI, ELÍAS JOSÉ

[P29] "Imaginación histórica e identidad nacional en Brasil y Argentina. Un estudio comparativo" (Estudio)
RI LXII/174 (enero-marzo 1996): 47-70

PANESI, JORGE

[P30] "Manuel Puig: las relaciones peligrosas" (Estudio)
RI XLIX/125 (octubre-diciembre 1983): 903-917

PAOLI, ROBERTO

[P31] "Observaciones sobre el indigenismo de César Vallejo" (Estudio)
RI XXXVI/71 (abril-junio 1970): 341-344

[P32] "*Los ríos profundos*: la memoria y lo imaginario" (Estudio)
RI XLVIII/118-119 (enero-junio 1982): 177-190

[P33] "Carnavalesco y tiempo cíclico en *Cien años de soledad*" (Estudio)
RI L/128-129 (julio-diciembre 1984): 979-998

[P34] "Borges y la literatura inglesa" (Estudio)
RI LIII/140 (julio-septiembre 1987): 595-614

[P35] "El perfecto cuentista: comentario a tres textos de Horacio Quiroga" (Nota)
RI LVIII/160-161 (julio-diciembre 1992): 953-974

PARANAGUÁ, PAULO ANTONIO

[P36] "Populismo e hibridación: *Dios se lo pague*, texto, contexto" (Estudio)
RI LXVIII/199 (abril-junio 2002): 331-354

PAREJA DIEZCANSECO, ALFREDO

[P37] "Los narradores de la generación del treinta: el grupo de Guayaquil" (Estudio)
RI LIV/144-145 (julio-diciembre 1988): 691-707

PARISH, HELEN RAND

[P38] "El camino de la muerte. Estudio psicológico del tema de la muerte en las poesías de Rubén Darío" (Estudio).
RI V/9 (mayo 1942): 71-86

PARKER, ALEXANDER A.

[P39] "Emilio Carilla: *El barroco literario hispánico*" (Reseña)
RI XXXVII/75 (abril-junio 1971): 475-477

PARRA, MARCO ANTONIO DE LA

[P40] "Edwards, *El anfitrión*. Nota de lectura" (Nota)
RI LX/168-169 (julio-diciembre 1994): 1009-1014

PARRA, TERESITA J.

[P41] "Perspectiva mítica de la realidad histórica en dos cuentos de Arturo Uslar Pietri" (Nota)
RI LII/137 (octubre-diciembre 1986): 945-950

PATTI, CONSTANT J. Y GEORGE O. SCHANZER

[P42] "*Bohemia - Revista de Arte* (Montevideo, 1908-1910). Estudio e índices" (Estudio)
RI XXVIII/53 (enero-junio 1962): 103-129

PAÚL ARRANZ, MARÍA DEL MAR

[P43] "La novela de la Revolución Mexicana y la revolución en la novela" (Estudio)
RI LXV/186 (enero-marzo 1999): 49-58

PAYNE, EDWARD W.

[P44] "Giovanni Previtali: *Ricardo Güiraldes: biografía y crítica*" (Reseña)
RI XXXII/62 (julio-diciembre 1966): 331-331

PAZ SOLDÁN, ALBA MARÍA

[P45] "Narradores y nación en la novela *Juan de la Rosa*, de Nataniel Aguirre" (Estudio)
RI LII/134 (enero-marzo 1986): 29-52

[P46] "Índice de la novela boliviana (1931-1978)" (Bibliografía)
RI LII/134 (enero-marzo 1986): 311-320

[P47] "Montserrat Ordóñez Vila, comp.: *La Vorágine: Textos críticos*" (Reseña)
RI LIV/144-145 (julio-diciembre 1988): 1089-1090

PAZ SOLDÁN, EDMUNDO

[P48] "Vanguardia e imaginario cinemático: Vicente Huidobro y la novela-film" (Estudio)
RI LXVIII/198 (enero-marzo 2002): 153-164

PÉCORA, ALCIR Y BERTA WALDMAN

[P49] "As partes do jogo" (Estudio)
RI L/126 (enero-marzo 1984): 101-112

PEDREIRA, ANTONIO S.

[P50] "El pensamiento político de Hostos" (Estudio)
RI I/2 (noviembre 1939): 297-306

PEISER, WERNER

[P51] "El humanismo en la literatura mexicana" (Estudio)
RI IV/8 (febrero 1942): 359-378

[P52] "El barroco en la Literatura Mexicana" (Estudio)
RI VI/11 (febrero 1943): 77-94

[P53] "Pan-Europa y Pan-América" (Estudio)
RI VII/14 (febrero 1944): 309-320

PEIXOTO, MARTA

[P54] "Darlene J. Sadlier: *Imagery and Theme in the Poetry of Cecilia Meireles: A Study of Mar Absoluto*" (Reseña)
RI LI/130-131 (enero-junio 1985): 415-416

PELLEGRINI, MARCELO

[P55] "Gonzalo Rojas: *Contra la muerte*" (Reseña)
RI LX/168-169 (julio-diciembre 1994): 1210-1211

PELLEGRINO, CARLOS

[P56] "Lisa Block de Behar: *Jules Laforgue o las metáforas del desplazamiento*" (Reseña)
RI LVI/150 (enero-marzo 1990): 354-356

[P57] "Apuntes para una lectura de la poesía uruguaya contemporánea" (Estudio)
RI LVIII/160-161 (julio-diciembre 1992): 827-839

PELLETTIERI, OSVALDO

[P58] "Teatro latinoamericano de los veinte: una práctica teatral modernizadora" (Nota)
RI LVII/155-156 (abril-septiembre 1991): 635-642

PELLICER, JUAN

[P59] "La gravedad y la gracia: el discurso del Subcomandante Marcos" (Estudio)
RI LXII/174 (enero-marzo 1996): 199-208

[P60] "*La viuda*: una femineidad utópica" (Estudio)
RI LXIII/181 (octubre-diciembre 1997): 689-697

[P61] "La *Hora de junio* de Carlos Pellicer: notas, claves, silencios y alteraciones de una crisis" (Estudio)
RI LXVI/192 (julio-septiembre 2000): 481-500

PELLICER, JAMES O.

[P62] "Daniel E. Salazar: *La evolución de las ideas de Domingo F. Sarmiento*" (Reseña)
RI LIII/140 (julio-septiembre 1987): 720-723

PELLICER, ROSA

[P63] "La con-fabulación de Juan José Arreola" (Estudio)
RI LVIII/159 (abril-junio 1992): 539-555

PELLON, GUSTAVO

[P64] "Martí, Lezama Lima y el uso figurativo de la historia" (Estudio)
RI LVII/154 (enero-marzo 1991): 77-89

PELUFFO, ANA

[P65] "Tulio Halperin Donghi, Ivan Jaksic, Gwen Kirkpatrick y Francine Masiello, comps.: *Sarmiento Author of a Nation*" (Reseña)
RI LXII/175 (abril-junio 1996): 626-630

PENNINGTON, ERIC

[P66] "Eduardo Mallea: *History of an Argentine Passion*" (Reseña)
RI LII/135-136 (abril-septiembre 1986): 784-785

[P67] "Juan Radrigán: *El teatro de Juan Radrigán*" (Reseña)
RI LII/137 (octubre-diciembre 1986): 1094-1096

PEÑA, MARGARITA

[P68] "Literatura femenina en México en la antesala del año 2000 (Antecedentes: siglos XIX y XX)" (Nota)
RI LV/148-149 (julio-diciembre 1989): 761-769

PEÑA DORIA, OLGA MARTHA Y GUILLERMO
SCHMIDHUBER DE LA MORA

[P69] "El teatro hispanoamericano en el umbral de la posmodernidad 1960-1980" (Estudio)
RI LIX/164-165 (julio-diciembre 1993): 469-484

PEÑUELAS, MARCELINO C.

[P70] "Denuncia y protesta, *El libro de las visiones y las apariciones*, de J. L. Castillo Puche" (Nota)
RI XLVII/116-117 (julio-diciembre 1981): 247-253

PERA, CRISTÓBAL

[P71] "De viajeros y turistas: reflexiones sobre el turismo en la literatura hispanoamericana" (Estudio)
RI LXIV/184-185 (julio-diciembre 1998): 507-528

PERAZA, FERMÍN

[P72] "Bibliografía de José Antonio Ramos" (Bibliografía)
RI XII/24 (junio 1947): 335-400

[P73] "José Joaquín Fernández de Lizardi: *Don Catrín de la Fachenda. Fragmentos de otras obras*" (Reseña)
RI X/19 (noviembre 1945): 200-201

PERCAS, HELENA

[P74] "María Dhialma Tiberti, promesa para la Argentina" (Estudio)
RI XVIII/36 (marzo 1953): 361-368

[P75] "La original expresión poética de Silvina Ocampo" (Estudio)
RI XIX/38 (septiembre 1954): 283-298

[P76] "Unas notas sobre la poesía de Margarita Abella Caprile" (Nota)
RI XXII/43 (enero-junio 1957): 146-151

[P77] "Dora Isella Russell: *Oleaje*" (Reseña)
RI XXII/43 (enero-junio 1957): 171-172

[P78] "Arturo Torres-Rioseco: *Cautiverio: Antología poética (1940-1955)*" (Reseña)
RI XXII/44 (julio-diciembre 1957): 411-412

[P79] "José Juan Arrom: *El teatro de Hispanoamérica en la época colonial*" (Reseña)
RI XXII/44 (julio-diciembre 1957): 413-414

[P80] "Algunas observaciones sobre la lengua de Borges" (Nota)
RI XXIII/45 (enero-junio 1958): 121-128

[P81] "Sobre la Avellaneda y su novela *Sab*" (Nota)
RI XXVIII/54 (julio-diciembre 1962): 347-357

[P82] "María Rosa Macedo C.: *Hombres de tierra adentro*" (Reseña)
RI XIX/38 (abril-septiembre de 1954) 384

[P83] "Aquiles Monagas: *Centinela de angustias*" (Reseña)
RI XIX/38 (abril-septiembre de 1954) 381-383

[P84] "Fernando Alegría: *La poesía chilena. Orígenes y desarrollo, del siglo XVI al XIX*" (Reseña)
RI XIX/38 (abril-septiembre 1954) 379-381

[P85] "*Homenaje a Ana María Chouhy Aguirre*" (Reseña)
RI XIX/38 (abril-septiembre 1954) 383

[P86] "Maruja Vieira: *Campanario de lluvia*" (Reseña)
RI XIX/38 (abril-septiembre 1954) 382-382

[P87] "Helena Muñoz Larreta: *Sonetos en carne viva*" (Reseña)
RI XX/39 (octubre 1954-marzo 1955) 194

[P88] "Aquiles Monagas: *L' habitant éxilé. Él habitante desterrado. Poèmes*" (Reseña)
RI XX/39 (octubre 1954-marzo 1955) 193-194

[P89] "Ana Teresa Fabani Rivera: *Nada tiene nombre*" (Reseña)
RI XX/39 (octubre 1954-marzo 1955) 192

[P90] "Dora Isella Russell: *Oleaje*" (Reseña)
RI XX/39 (octubre 1954-marzo 1955) 193

[P91] "Mirta Rinza: *La fuga de las rosas. Poemas*" (Reseña)
RI XX/39 (octubre 1954-marzo 1955) 194-195

[P92] "Rosa Varzi Ruiz: *La sonrisa perdida*" (Reseña)
RI XX/39 (octubre 1954-marzo 1955) 193

PEREIRA, MARÍA ANTONIA

[P93] "Nosotros" (Estudio)
RI LXVI/190 (enero-marzo 2000): 113-120

[P94] "A tela e o texto. Literatura e trocas culturais no Cone Sul" (Estudio)
RI LXVI/192 (julio-septiembre 2000): 617-624

PERELMUTER PÉREZ, ROSA

[P95] "La hipérbasis en el *Primero sueño*" (Nota)
RI XLVIII/120-121 (julio-diciembre 1982): 715-725

[P96] "¿Merece la pena leer el Bernardo?: lectura y lectores del poema épico de Bernardo de Balbuena" (Estudio)
RI LXI/172-173 (julio-diciembre 1995): 461-466

PERES, PHYLLIS

[P97] "Domingo Caldas Barbosa e o conceito de 'crioulização do Caribe'" (Estudio)
RI LXIV/182-183 (enero-junio 1998): 209-218

PÉREZ, ALBERTO JULIÁN

[P98] "Susana Reisz de Rivarola: *Teoría literaria. Una propuesta*" (Reseña)
RI LIII/141 (octubre-diciembre 1987): 1060-1062

[P99] "La 'enciclopedia' poética de Rubén Darío" (Estudio)
RI LV/146-147 (enero-junio 1989): 329-338

[P100] "Aníbal González: *La novela modernista hispanoamericana*" (Reseña)
RI LV/146-147 (enero-junio 1989): 549-552

[P101] "Iván A. Schulman, ed.: *Nuevos asedios al modernismo*" (Reseña)
RI LV/146-147 (enero-junio 1989): 552-554

[P102] "Daniel Balderston, comp.: *The Literary Universe of Jorge Luis Borges. An Index to References and Allusions to Persons, Titles and Places in His Writings*" (Reseña)
RI LV/146-147 (enero-junio 1989): 554-556

[P103] "*Revue Co-textes* 13 (1987): 'Points de Repère sur le Modernisme'" (Reseña)
RI LV/146-147 (enero-junio 1989): 556-558

[P104] "Antonio Cornejo Polar: *La formación de la tradición literaria en el Perú*" (Reseña)
RI LVI/150 (enero-marzo 1990): 356-360

[P105] "Josefina Ludmer: *El género gauchesco. Un tratado sobre la patria*" (Reseña)
RI LVI/150 (enero-marzo 1990): 360-362

[P106] "Cristina Grau: *Borges y la arquitectura*" (Reseña)
RI LVII/155-156 (abril-septiembre 1991): 786-787

[P107] "Serge Champeau: *Borges et la métaphysique*" (Reseña)
RI LVII/155-156 (abril-septiembre 1991): 788-790

[P108] "Paul Julian Smith: *The Body Hispanic Gender and Sexuality in Spanish and Spanish American Literature*" (Reseña)
RI LVII/155-156 (abril-septiembre 1991): 790-792

[P109] "Naomi Lindstrom: *Jorge Luis Borges A Study of Short Fiction*" (Reseña)
RI LVII/155-156 (abril-septiembre 1991): 792-794

[P110] "Edna Aizenberg: *Borges and His Successors. The Borgesian Impact on Literature and the Arts*" (Reseña)
RI LVII/155-156 (abril-septiembre 1991): 794-797

[P111] Juana A. Arancibia y Zulema Mirkin, eds.: *Teatro argentino durante el proceso 1976-1983- Ensayos críticos- Entrevistas*" (Reseña)
RI LXII/174 (enero-marzo 1996): 281-284

PÉREZ ANTÓN, ROMEO

[P112] Carlos Real de Azúa: *El Poder*" (Reseña)
RI LVIII/160-161 (julio-diciembre 1992): 1231-1235

PÉREZ BEBERFALL, FREDA

[P113] "Bibliografía de y sobre Mario Benedetti" (Bibliografía)
RI XLVII/114-115 (enero-junio 1981): 359-411

PÉREZ BOTERO, LUIS

[P114] "Caracteres demológicos en *Mulata de Tal*" (Nota)
RI XXXVIII/78 (enero-marzo 1972): 117-126

PÉREZ DE LA DEHESA, RAFAEL

[P115] "La editorial Sempere en Hispanoamérica y España" (Documento)
RI XXXV/69 (septiembre-diciembre 1969): 551-555

PÉREZ DÍAZ, CONSUELO

[P116] "Síntesis de un bienio" (Nota)
RI LVII/157 (octubre-diciembre 1991): 1069-1073

PÉREZ-DOMENECH, J.

[P117] "Germán Arciniegas: *Los comuneros*" (Reseña)
RI I/1 (mayo-noviembre 1939): 205-208

PÉREZ-ERDÉLYI, MIREYA

[P118] "Luz María Umpierre: ...*Y otras desgracias. And Other Misfortunes*..." (Reseña)
RI LIII/140 (julio-septiembre 1987): 736-738

PÉREZ FIRMAT, GUSTAVO

[P119] "*Noción de José Kozer*" (Estudio)
RI LVI/152-153 (julio-diciembre 1990): 1247-1256

PÉREZ MARTÍN, NORMA

[P120] "La muerte en la poesía de César Vallejo" (Nota)
RI XXXI/60 (julio-diciembre 1965): 285-291

PÉREZ MIGUEL, RAFAEL

[P121] "Mito y realidad en *La propia*, de Manuel González Zeledón" (Estudio)
RI LIII/138-139 (enero-junio 1987): 139-158

PÉREZ ORTIZ, MELANIE

[P122] "Del 'voyeur' al mirón: la palabra es la técnica objetificante en los textos de Edgardo Rodríguez Juliá" (Estudio)
RI LXVI/192 (julio-septiembre 2000): 511-532

PÉREZ SAN VICENTE, GUADALUPE

[P123] "Emilia Romero: *Índice de los 'Documentos' de Odriozola*" (Reseña)
RI XI/22 (octubre 1946): 349-350

[P124] "*Nuevos documentos relativos a los bienes de Hernán Cortés, 1547-1947*" (Reseña)
RI XI/22 (octubre 1946): 347-348

PÉREZ TORRES, RAÚL

[P125] "El oficio de escritor" (Ensayo)
RI LIV/144-145 (julio-diciembre 1988): 969-975

PÉREZ TORRES, YAZMÍN

[P126] "Regresando a la Guinea: historia, religión y mito en las novelas caribeñas de Mayra Montero" (Estudio)
RI LXV/186 (enero-marzo 1996): 103-116

PERILLI DE RUSH, CARMEN

[P127] Sonia Mattalia Alonso: *Miradas de fin de siglo: lecturas modernistas*" (Reseña)
RI LXV/188-189 (julio-diciembre 1999): 765-766

PERRONE, CHARLES A.

[P128] "De Gregório de Matos a Caetano Veloso e *Outras palavras*: barroquismo na música popular brasileira contemporânea" (Estudio)
RI L/126 (enero-marzo 1984): 77-99

PERUS, FRANÇOISE

[P129] "La formación ideológica estético-literaria. (Acerca de la reproducción y transformación del efecto estético)" (Estudio)
RI XLVII/114-115 (enero-junio 1981): 255-275

[P130] "Mariano Azuela: *Los de abajo*. Edición crítica. Jorge Rufinelli, coord." (Reseña)
RI LXII/164-165 (julio-diciembre 1993): 831-835

[P131] "Cultura popular y enunciación novelesca. (A propósito de la figura del narrador)" (Estudio)
RI LXII/176-177 (julio-diciembre 1996): 925-939.

PETIT, MARÍA ANGÉLICA Y OMAR PREGO GADEA

[P132] "*Los adioses* de Juan Carlos Onetti un modelo de escritura hermética-abierta" (Nota)
RI LVIII/160-161 (julio-diciembre 1992): 1117-1132

PETREY, DEREK A.

[P133] "Charles Perrone: *Seven Faces: Brazilian Poetry since Modernism*" (Reseña)
RI LXIV/182-183 (enero-junio 1998): 328-330

PETRY MROCZKOWSKA, JOANNA

[P134] "Geografía simbólica en *Terra nostra* de Carlos Fuentes" (Nota)
RI LI/130-131 (enero-junio 1985): 261-271

PEZZONI, ENRIQUE

[P135] "*Blanco*: la respuesta del deseo" (Estudio)
RI XXXVIII/78 (enero-marzo 1972): 57-72

[P136] "Mito y poesía en Enrique Molina" (Estudio)
RI XLIX/125 (octubre-diciembre 1983): 767-782

PHAF, INEKE

[P137] "El *Cuaderno* de Nancy Morejón: La Habana 1967-1993" (Estudio)
RI LXV/188-189 (julio-diciembre 1999): 537-554

PHAF, INEKE, MARTIN LIENHARD Y JOSÉ MORALES SARAVIA

[P138] "Alejandro Losada" (Necrológica)
RI LII/135-136 (abril-septiembre 1968): 631-644

PHILLIPS, ALLEN W.

[P140] "La metáfora en la obra de Julio Herrera y Reissig" (Estudio)
RI XVI/31 (julio 1950): 31-48

[P141] "Una revista de Herrera y Reissig" (Estudio)
RI XIX/37 (octubre 1953): 153-166

[P142] "Ramón López Velarde: *Poesías completas. El minutero*" (Reseña)
RI XIX/37 (octubre 1953-marzo 1954) 186-189

[P143] "Notas sobre Borges y la crítica reciente" (Estudio)
RI XXII/43 (enero-junio 1957): 41-59

[P144] "Carlos Alberto Loprete: *La literatura modernista en la Argentina*" (Reseña)
RI XXII/44 (julio-diciembre 1957): 415-417.

[P145] "Notas sobre una afinidad poética: Jules Laforgue y el Lugones del *Lunario sentimental*" (Estudio)
RI XXIII/45 (enero-junio 1958): 43-64

[P146] "Rubén Darío y sus juicios sobre el modernismo" (Estudio)
RI XXIV/47 (enero-junio 1959): 41-64

[P147] "Guillermo de Torre: *Claves de la literatura hispanoamericana*" (Reseña)
RI XXV/50 (julio-diciembre 1960): 359-362

[P148] "Reproducción y comentario de algunas prosas olvidadas de Ramón López Velarde" (Documento)
RI XXVI/51 (enero-junio 1961): 155-180

[P149] "Otra vez Fuensanta: despedida y reencuentro" (Estudio)
RI XXXVIII/79 (abril-junio 1972): 199-214

[P150] "Juan Ramón Jiménez e Hispanoamérica: Su presencia en la obra y el pensamiento del poeta" (Estudio)
RI XLVIII/118-119 (enero-junio 1982): 191-206

[P151] "José Olivio Jiménez: *José Martí, poesía y existencia*" (Reseña)
RI LI/130-131 (enero-junio 1985): 416-420

[P152] "Cuatro poetas hispanoamericanos entre el modernismo y la vanguardia" (Estudio)
RI LV/146-147 (enero-junio 1989): 427-449

PHILLIPS, RACHEL

[P153] "*Topoemas*: la paradoja suspendida" (Estudio)
RI XXXVII/74 (enero-marzo 1971): 197-202

[P154] "Octavio Paz: la gimnasia poético-crítica" (Nota)
RI XLI/91 (abril-junio 1975): 253-256

[P155] "*Pasado en claro*: preludio/postludio de Octavio Paz" (Nota)
RI XLII/96-97 (julio-diciembre 1976): 581-584

PICADO, MANUEL G.

[P156] "Carlos Luis Fallas: visión de conjunto" (Nota)
RI LIII/138-139 (enero-junio 1987): 219-231

[P157] "Elocuencia de tigre" (Nota)
RI LIII/138-139 (enero-junio 1987): 487-492

PICÓN GARFIELD, EVELYN

[P158] "'Usted' tiende la mano a 'tu' prójimo: *Alguien que anda por ahí* de Julio Cortázar" (Estudio)
RI XLIV/102-103 (enero-junio 1978): 89-98

[P159] "Julieta Campos: *Tiene los cabellos rojizos y se llama Sabina*" (Reseña)
RI XLVI/112-113 (julio-diciembre 1980): 680-683

[P160] "*La luminosa ceguera de sus días*: los cuentos 'humanos' de Carmen Naranjo" (Estudio)
RI LIII/138-139 (enero-junio 1987): 287-301

PICÓN SALAS, MARIANO

[P161] "Apología de la pequeña nación" (Estudio)
RI XI/22 (octubre 1946): 213-232

[P162] "Don Baldomero" (Estudio)
RI XIII/26 (febrero 1948): 255-258

[P163] "Un hombre que hacía claro lo obscuro" (Nota)
RI XXI/41-42 (enero-diciembre 1956): 69-73

PIERO, RAÚL A. DEL

[P164] "Antonio López de Priego y el patriotismo mexicano del siglo XVIII" (Estudio)
RI XXIV/48 (julio-diciembre 1959): 215-245

PINILLA, NORBERTO

[P165] "Bibliografía y crítica sobre Carlos Pezoa Véliz" (Bibliografía)
RI IV/8 (febrero 1942): 473-482

[P166] "Un poeta romántico chileno" (Estudio)
RI VIII/15 (mayo 1944): 57-60

[P167] "Boceto crítico sobre Gabriela Mistral" (Estudio)
RI XI/21 (junio 1946): 55-62

[P168] "Hugo K. Sievers: *Ruta patagónica*" (Reseña)
RI X/19 (noviembre 1945): 201-202

[P169] "Byron Gigoux: *El cerro de los yales*" (Reseña)
RI X/20 (marzo 1946): 375-378

PINKERTON, MARJORIE J.

[P170] "Eduardo Mallea: suplemento a una bibliografía" (Bibliografía)
RI XXX/58 (julio-diciembre 1964): 319-323

PINTO, ERNESTO

[P171] "La evolución artística de José G. Antuña" (Nota)
RI IV/8 (febrero 1942): 345-351

PIÑA, JUAN ANDRÉS

[P172] "Ética y moral social en la obra dramática de Sergio Vodanovic" (Estudio)
RI LX/168-169 (julio-diciembre 1994): 1091-1096

PIÑÓN, NÉLIDA

[P173] "A sombra da caça" (Textos)
RI XLIII/98-99 (enero-junio 1977): 51-55

PLANELLS, ANTONIO

[P174] "'Casa tomada' o la parábola del limbo" (Nota)
RI LII/135-136 (abril-septiembre 1986): 591-603

[P175] "Armando Zárate: *Literatura hispanoamericana de protesta social: una poética de la libertad*" (Reseña)
RI LVII/155-156 (abr.-set. 1991): 797-799

PODALSKY, LAURA

[P176] "David William Foster: *Buenos Aires: Perspectives on the City and Cultural Production*" (Estudio)
RI LXVI/192 (julio-septiembre 1991): 681-683

[P177] "Introducción. ¿Un diálogo entre sordos?" (Nota)
RI LXVIII/199 (abril-junio 2002): 247-249

PODESTÁ, BRUNO

[P178] "Ricardo Palma y Manuel González Prada: historia de una enemistad" (Nota)
RI XXXVIII/78 (enero-marzo 1972): 127-132

PODESTÁ, GUIDO A.

[P179] "Roberto Paoli: *Estudios sobre literatura peruana contemporánea*" (Reseña)
RI LII/137 (octubre-diciembre 1986): 1096-1103

POESSE, WALTER

[P180] "Una excelente edición de Juan Ruiz de Alarcón" (Nota)
RI XXIV/48 (julio-diciembre 1959): 321-326

POLLMANN, LEO

[P181] "El espantoso redentor. La poética inmanente de *Historia universal de la infamia*" (Estudio)
RI XLV/108-109 (julio-diciembre 1979): 459-473

[P182] "Función del cuento latinoamericano" (Estudio)
RI XLVIII/118-119 (enero-junio 1982): 207-215

POLO GARCÍA, VICTORINO

[P183] "De *Tres tristes tigres* a *La Habana para un infante difunto*, un espejo para el camino" (Estudio)
RI LVIII/159 (abril-junio 1992): 557-566

POLT, JOHN H. R.

[P184] "Acotaciones a un artículo sobre Eduardo Mallea" (Polémica)
RI XXII/43 (enero-junio 1957): 133-134

[P185] "Mahfud Massís: *Elegía bajo la tierra*" (Reseña)
RI XXII/43 (enero-junio 1957): 191-196

PONCE, ANÍBAL

[P186] "Miguel Otero Silva: *Agua y cauce*" (Reseña)
RI II/3 (abril 1940): 260-263

PONIATOWSKA, ELENA

[P187] "Marta Traba o el salto al vacío" (Ensayo)
RI LI/132-133 (julio-diciembre 1985): 883-897

PONS, MARÍA CRISTINA

[P188] "Seymour Menton: *Latin American New Historical* Novel" (Reseña)
RI LXII/175 (abril-junio 1996): 635-638

POOT-HERRERA, SARA

[P189] "*La feria*, una crónica pueblerina" (Estudio)
RI LV/148-149 (julio-diciembre 1989): 1019-1032

POPE, RANDOLPH L.

[P190] "La apertura al futuro: Una categoría para el análisis de la novela hispanoamericana contemporánea" (Estudio)
RI XLI/90 (enero-marzo 1975): 15-28

PORRAS TROCONIS, G.

[P191] "*1840. Muerte de Santander*" (Reseña)
RI V/9 (mayo 1942): 162

[P192] "Ángel Rojas: *Banca*" (Reseña)
RI V/9 (mayo 1942): 163

[P193] "José de la Cuadra: *Los sangurimas*" (Reseña)
RI V/9 (mayo 1942): 162-163

[P194] "José Fulgencio Gutiérrez: *Galán y los comuneros*" (Reseña)
RI V/9 (mayo 1942): 161-162

[P195] "Juan Carrera Andrade: *La hora de las ventanas iluminadas*" (Reseña)
RI V/9 (mayo 1942): 163-164

PORTUONDO, JOSÉ ANTONIO

[P196] "El contenido político y social de las obras de José Antonio Ramos" (Estudio)
RI XII/24 (junio 1947): 215-250

[P197] "Elogio del 'dilettante'" (Estudio)
RI XIII/26 (febrero 1948): 237-248.

[P198] "Pedro Henríquez Ureña, el orientador" (Estudio)
RI XXI/41-42 (enero-diciembre 1956): 75-80
RI LXVIII/200 (julio-septiembre 2002): 603-606

PRADA, ANA REBECA

[P199] "Sobre *Morder el silencio* de Arturo Von Vacano" (Nota)
RI LII/134 (enero-marzo 1986): 255-264

PRADA OROPEZA, RENATO

[P200] "*Los deshabitados*: el círculo de la desolación" (Estudio)
RI LII/134 (enero-marzo 1986): 127-138

[P201] "Una incógnita obstinada: *Nunca más el mar*" (Estudio)
RI LIV/144-145 (julio-diciembre 1988): 917-931

PRATS SARIOL, JOSÉ

[P202] "Detalles de la crítica literaria cubana" (Nota)
RI LVI/152-153 (julio-diciembre 1990): 1313-1321

PRATT, MARY LOUISE

[P203] "La modernidad desde las Américas" (Estudio)
RI LXVI/193 (octubre-diciembre 2000): 831-840

PREMAT, JULIO

[P204] "Juan José Saer y el relato regresivo. Una lectura de *Cicatrices*" (Estudio)
RI LXVI/192 (julio-septiembre 2000): 501-510

PRESCOTT, LAWRENCE E.

[P205] "Evaluando el pasado, forjando el futuro: estado y necesidades de la literatura afro-colombiana" (Estudio)
RI LXV/188-189 (julio-diciembre 1999): 553-566

PREUSS, MARY H.

[P206] "El estudio de las literaturas indígenas (Un diálogo con Juan Adolfo Vázquez)" (Entrevista)
RI L/127 (abril-junio 1984): 571-583

PRICE, GARETH

[P207] "Cosas, nombres y la dimensión espiritual en la poesía de Eliseo Diego: tres aproximaciones" (Estudio)
RI LXV/186 (enero-marzo 1999): 89-102

PRIETO, ABEL E.

[P208] "Lezama: entre la poética y la poesía" (Estudio)
RI LVII/154 (enero-marzo 1991): 17-2
RI LXVIII/200 (julio-septiembre 2002): 807-814

PRIETO, ADOLFO

[P209] "Los años sesenta" (Estudio)
RI XLIX/125 (octubre-diciembre 1983): 889-901

[P210] "*Las ciento y una*, el escritor como mito político" (Estudio)
RI LIV/143 (abril-junio 1988): 477-489

PRIETO, JULIO

[P211] "Frank Graziano: *The Lust of Seeing. Themes of the Gaze and Sexual Rituals in the Fiction of Felisberto Hernández*" (Reseña)
RI LXV/186 (enero-marzo 1996): 211-218

PRIETO, RENÉ

[P212] "Roberto González Echevarría: *La ruta de Severo Sarduy*" (Reseña)
RI LVI/152-153 (julio-diciembre 1990): 1394-1396

[P213] "La persistencia del deseo: *Colibrí* de Severo Sarduy"
RI LVII/154 (enero-marzo 1991): 317-326

PRIETO TABOADA, ANTONIO

[P214] "El poder de la ambigüedad en *Sombras suele vestir* de José Bianco" (Estudio)
RI XLIX/125 (octubre-diciembre 1983): 717-730

[P215] "Ficción y realidad de José Bianco (1908-1986)" (Nota)
RI LII/137 (octubre-diciembre 1986): 957-962

[P216] "Elías Miguel Muñoz: *Crazy Love*" (Reseña)
RI LVI/152-153 (julio-diciembre 1990): 1396-1398

[P217] "Idioma y ciudadanía literaria en *Holy Smoke*, de Guillermo Cabrera Infante" (Nota)
RI LVII/154 (enero-marzo 1991): 257-264

PRING-MILL, ROBERT

[P218] "Acciones paralelas y montaje acelerado en el segundo episodio de *Hora cero*" (Estudio)
RI XLVIII/118-119 (enero-junio 1982): 217-240

PROMIS, JOSÉ

[P219] "Martí escribe una novela" (Estudio)
RI XLVI/112-113 (julio-diciembre 1980): 413-425

[P220] "Programas narrativos de la novela chilena en el siglo XX" (Estudio)
RI LX/168-169 (julio-diciembre 1994): 925-933

PROSDOMICI DE RIVERA, MARÍA DEL CARMEN

[P221] "Alberto Baeza Flores: *Los poetas dominicanos del 65: Una generación importante y distinta*" (Reseña)
RI LIV/142 (enero-marzo 1988): 363-364

[P222] Diógenes Céspedes: *Lenguaje y poesía en Santo Domingo en el siglo XX*" (Reseña)
RI LIV/142 (enero-marzo 1988): 365-367

[P223] "Doris Sommer: *One Master for Another: Populism as Patriarchal Rethoric in Dominican Novels*" (Reseña)
RI LIV/142 (enero-marzo 1988): 367-369

PRYOR RICE, ARGYLL

[P224] "*Júbilo y fuga* de Emilio Ballagas" (Nota)
RI XXXII/62 (julio-diciembre 1966): 267-274

PUCCINI, DARÍO

[P225] "*Residencia en la tierra*: algunas variantes" (Nota)
RI LII/135-136 (abril-septiembre 1986): 509-519

PUENTE-BALDOCEDA, BLAS

[P226] "Armando Romero: *La esquina del movimiento*" (Reseña)
RI LIX/164-165 (julio-diciembre 1993): 773-777

[P227] "Itinerario de una poética narrativa en las obras de Ednodio Quintero" (Estudio)
RI LX/166-167 (enero-junio 1994): 337-350

PUIG ZALDÍVAR, RAQUEL

[P228] "Bibliografía de y sobre Adolfo Bioy Casares" (Bibliografía)
RI XL/86 (enero-marzo 1974): 173-178

PUPO-WALKER, ENRIQUE

[P229] "El cuadro de costumbres, el cuento y la posibilidad de un deslinde" (Estudio)
RI XLIV/102-103 (enero-junio 1978): 1-15

[P230] "Los *Comentarios Reales* y la historicidad de lo imaginario" (Estudio)
RI XLIV/104-105 (julio-diciembre 1978): 385-407

[P231] "La problematización del discurso en textos de Mario Vargas Llosa y Ricardo Doménech" (Nota)
RI XLVII/116-117 (julio-diciembre 1981): 283-288

[P232] "Notas para una caracterización formal de *El Lazarillo de ciegos caminantes*" (Estudio)
RI XLVIII/120-121 (julio-diciembre 1982): 647-670

[P233] "Pesquisas para una nueva lectura de los *Naufragios* de Alvar Núñez Cabeza de Vaca" (Estudio)
RI LIII/140 (julio-septiembre 1987): 517-539

[P234] "Raquel Chang-Rodríguez: *La apropiación del signo: tres cronistas indígenas del Perú*" (Reseña)
RI LVI/150 (enero-marzo 1990): 362-364

PUYHOL, LÉNICA

[P235] "Juan José Arreola: *La feria*" (Reseña)
RI XXXIV/66 (julio-diciembre 1968): 385-386

[P236] "Jorge Ibargüengoitia: *Los relámpagos de agosto*" (Reseña)
RI XXXIV/66 (julio-diciembre 1968): 386-388

QUINTEROS, ISIS

[Q7] "Hernán Vidal: *José Donoso: Surrealismo y rebelión de los instintos*" (Reseña)
RI XLII/95 (abril-junio 1976): 325-327

QUINTEROS SORIA, JUAN

QUESADA SOTO, ALVARO

[Q8] "La palabra 'dicha' (Sobre la poesía de Eduardo Mitre)" (Estudio)
RI LII/134 (enero-marzo 1986): 207-218

[Q1] "La ciudad y las relaciones mercantiles en el nacimiento de la novela costarricense" (Estudio)
RI LIII/138-139 (enero-junio 1987): 59-77

[Q9] "Eduardo Mitre: *El árbol y la piedra. Poetas contemporáneos de Bolivia*" (Reseña)
RI LVII/155-156 (abril-setiembre 1991): 799-801

QUIJANO, ALEJANDRO

[Q2] "Poesía en la República Dominicana" (Estudio)
RI XI/21 (junio 1946): 15-36

QUISPE-AGNOLI, ROCÍO

[Q10] "Ricardo Palma: *Tradiciones peruanas*. Edición crítica. Julio Ortega, coord". (Reseña)
RI LIX/164-165 (julio-diciembre 1993): 836-840

QUINTANA, ISABEL ALICIA

[Q3] "La escritura de los cuerpos en *La vorágine* (La historia de lo inefable)" (Estudio)
RI LXII/175 (abril-junio 1996): 393-404

[Q11] "Nina M. Scott: *Madres del Verbo/Mother of the Word. Early Spanish-American Women Writers. A Bilingual Anthology*" (Reseña)
RI LXVII/197 (octubre-diciembre 2001): 810-812

QUINTERO, DAVID

[Q4] "*Un hombre muerto a puntapiés*: lectura introductoria" (Estudio)
RI LIV/144-145 (julio-diciembre 1988): 725-737

QUINTERO, EDNODIO

[Q5] "La narrativa venezolana. ¿una isla flotante?" (Estudio)
RI LX/166-167 (enero-junio 1994): 141-153

QUINTERO HERENCIA, JUAN CARLOS

[Q6] "Julio Ramos: *Paradojas de la letra*" (Reseña)
RI LXIII/178-179 (enero-junio 1997): 281-284

R

RABASA, JOSÉ

[R1] "De la *allegoresis* etnográfica en los *Naufragios* de Alvar Núñez Cabeza de Vaca" (Estudio)
RI LXI/170-171 (enero-junio 1995): 175-185

[R2] "Beatriz González Stephan y Lúcia Helena Costigan, coords. *Crítica y descolonización. El sujeto colonial en la cultura latinoamericana*" (Reseña)
RI 172-173 (julio-diciembre 1995): 703-705

RABIN, LISA

[R3] "Kathleen Ross: *The Baroque Narrative of Carlos Sigüenza y Góngora*" (Reseña)
RI LXI/172-173 (julio-diciembre 1995): 738-741

RAEL, JUAN B.

[R4] "Un cantar hallado en Tucumán" (Estudio)
RI IX/17 (febrero 1945): 73-78

RAMA, ÁNGEL

[R5] "Indagación de la ideología en la poesía: los dípticos seriados de *Versos sencillos*" (Estudio)
RI XLVI/112-113 (julio-diciembre 1980): 353-400

[R6] "*Los ríos profundos*, ópera de pobres" (Estudio)
RI XLIX/122 (enero-marzo 1983): 11-41

RAMÍREZ, ARTHUR

[R7] "Hacia una bibliografía de y sobre Juan Rulfo" (Bibliografía)
RI XL/86 (enero-marzo 1974): 135-171

RAMÍREZ, ARTHUR Y FERN L. RAMÍREZ

[R8] "Hacia una bibliografía de y sobre Juan José Arreola" (Bibliografía)
RI XLV/108-109 (julio-diciembre 1979): 651-667.

RAMÍREZ, MERCEDES

[R9] "Carlos Liscano: *El método y otros juguetes carcelarios. Memorias de la guerra reciente. ¿Estará nomás cargada de futuro? Agua estancada y otras historias*" (Reseña)
RI LVIII/160-161 (julio-diciembre 1992): 1235-1237

RAMÍREZ, NATALIA M.

[R10] "Monserrat Ordóñez *(1941-2001)* (Necrológica)"
RI LXVII/194-195 (enero-marzo 2001): 311-313

RAMÍREZ JUÁREZ, ARTURO

[R11] "Dos décadas de la dramaturgia mexicana" (Nota)
RI LV/148-149 (julio-diciembre 1989): 1277-1286

RAMÍREZ PIMIENTA, JUAN CARLOS

[R12] "De lo misterioso cotidiano: *Entreabriendo la puerta* de Ana de Gómez Mayorga y la historiografía literaria mexicana" (Estudio)
RI LXVII/194-195 (enero-junio 2001): 239-250

RAMOS, ALICIA

[R13] "Heberto Padilla: *En mi jardín pastan los héroes*" (Reseña)
RI LVI/152-153 (julio-diciembre 1990): 1398-1399

RAMOS, JULIO

[R14] "Saber del 'otro': escritura y oralidad en el *Facundo* de D. F. Sarmiento (Estudio)
RI LIV/143 (abril-junio 1988): 551-569

[R15] "Tres artículos desconocidos de José Martí" (Documento)
RI LV/146-147 (enero-junio 1989): 235-247

RAMOS LEOPOLDO

[R16] "Francisco Monterde: *La careta de cristal*" (Reseña)
RI XIV/28 (octubre 1948): 301-302

RAMOS, MARGARET M.

[R17] "Manuel de Castro: *El padre Samuel*" (Reseña)
RI XXII/43 (enero-junio 1957): 196-200

RAMOS ESCOBAR, JOSÉ LUIS

[R18] "*Viaje a la semilla:* un análisis estructural de narraciones incaicas" (Nota)
RI L/127 (abril-junio 1984): 527-538

RASI, HUMBERTO M.

[R19] "Borges frente a la poesía gauchesca: crítica y creación" (Estudio)
RI XL/87-88 (abril-septiembre 1974): 321-336

[R20] "Emilio Carilla: *La creación del Martín Fierro*" (Reseña)
RI XL/87-88 (abril-septiembre 1974): 549-551

[R21] "David Viñas, novelista y crítico comprometido" (Nota)
RI XLII/95 (abril-junio 1976): 259-265

[R22] "Borges ante Lugones: divergencias y convergencias" (Estudio)
RI XLIII/100-101 (julio-diciembre 1977): 589-599

RAVIOLO, HEBER

[R23] "Héctor Galmes o la paradójica invención del imperfecto cuentista" (Nota)
RI LVIII/160-161 (julio-diciembre 1992): 1059-1064

RAY, GORDON B.

[R24] "Infancia, niñez y adolescencia en la obra de Horacio Quiroga" (Estudio)
RI XVIII/36 (marzo 1953): 273-314

REATI, FERNANDO

[R25] "La realidad como simulacro (en torno a la novelística de Emilio Sosa López)" (Nota)
RI LVII/155-156 (abril-septiembre 1991): 643-647

REBOLLEDO, ANTONIO

[R26] "F. Cossio del Pomar: *Haya de la Torre. El indoamericano*" (Reseña)
RI II/3 (abril 1940): 263-265

[R27] "José Fabián Ruiz: *Agua salada*" (Reseña)
RI II/4 (noviembre 1940): 505-506

[R28] "Enrique Bernardo Núñez: *Una ojeada al mapa de Venezuela*" (Reseña)
RI II/4 (noviembre 1940): 506

[R29] "Pablo Domínguez: *Ponzoñas*" (Reseña)
RI III/5 (febrero 1941): 228-229

[R30] "Luis Alberto Sánchez: *Un suramericano en los Estados Unidos*" (Reseña)
RI X/19 (noviembre 1945): 202-204

REDONDO DE FELDMAN, SUSANA

[R31] "Gabriella de Beer: *Luis Cabrera. Un intelectual en la Revolución mexicana*" (Reseña)
RI LII/137 (octubre-diciembre 1986): 1103-1105

REEDY, DANIEL R.

[R32] "Poesías inéditas de Juan del Valle Caviedes" (Documento)
RI XXIX/55 (enero-junio 1963): 157-190

[R33] "Glen L. Kolb: *Juan del Valle y Caviedes. A Study of the Life, Times and Poetry of a Spanish Colonial Satirist*" (Reseña)
RI XXIX/55 (enero-junio 1963): 196-198

[R34] "Del beso de la mujer araña al de la tía Julia: Estructura y dinámica interior" (Nota)
RI XLVII/116-117 (julio-diciembre 1981): 109-116

REEVE, RICHARD M.

[R35] "Un poco de luz sobre nueve años oscuros: Los cuentos desconocidos de Carlos Fuentes" (Nota)
RI XXXVI/72 (julio-septiembre 1970): 473-480

[R36] "Carlos A. Fuentes: *Casa con dos puertas*" (Reseña)
RI XXXVII/75 (abril-junio 1971): 477-479

[R37] "Carlos Fuentes: *Los reinos imaginarios: Todos los gatos son pardos. El tuerto es rey*" (Reseña)
RI XXXVIII/78 (enero-marzo 1972): 169-173

[R38] "Bella Jozef: *História da literatura hispanoamericana*" (Reseña)
RI XXXVIII/80 (julio-septiembre 1972): 556-558

[R39] "Carlos Fuentes: *Terra nostra*" (Reseña)
RI XLIV/102-103 (enero-junio 1978): 279-283

REID, JOHN T.

[R40] "Una visita a D. Guillermo Valencia" (Nota)
RI II/3 (abril 1940): 199-201

[R41] "José Antonio Ramos y la literatura norteamericana" (Estudio)
RI XII/24 (junio 1947): 273-277

[R42] "Thomas Rossman Palfrey, Joseph Guerin Fucilla y William, Colar Holbrook: *A Bibliographical Guide to the Romance Languages and Literatures*. J. N. Lincoln: *Guide to the Bibliography and History of Hispano-American Literature*" (Reseña)
RI II/4 (noviembre 1940): 506-508

[R43] "Robert E. McNicholl: *University of Miami Hispanic-American Studies: Lectures delivered at the Hispanic-American Institute*" (Reseña)
RI IV/7 (noviembre de 1941): 214-216

REMOS, JUAN J.

[R44] "En torno a José Antonio Ramos y su labor como novelista" (Estudio)
RI XII/24 (junio 1947): 279-290

RENART, J. GUILLERMO

[R45] "Bases narratológicas para una nueva lectura de *El infierno tan temido* de Onetti" (Nota)
RI LVIII/160-161 (julio-diciembre 1992): 1133-1159

REPILADO, RICARDO

[R46] "La novelística de José Soler Puig" (Nota)
RI LVI/152-153 (julio-diciembre 1990): 1001-1007

REVERTE BERNAL, CONCEPCIÓN

[R47] "Universidad de Cádiz. Grupo Vocal Gregor. Coral de la Universidad de Cádiz: *Lírica virreinal y musicología. Música del Descubrimiento. Polifonía en las catedrales del Nuevo Mundo. Música en la Época Virreinal*" (Reseña)
RI LVI/151 (abril-junio 1990): 649-655

[R48] "*Elogio de la madrasta* de Mario Vargas Llosa, un relato modernista" (Estudio)
RI LVIII/159 (abril-junio 1992): 567-580

REVISTA IBEROAMERICANA

[R49] "Publicaciones recibidas" (Bibliografía)
RI XXI/41-42 (enero-diciembre 1956): 451-461

[R50] "Publicaciones recibidas" (Bibliografía)
RI XXII/44 (julio-diciembre 1957): 449-454

REXACH, ROSARIO

[R51] "Eugenio Florit: *Antología penúltima*"
(Reseña)
RI XXXVII/75 (abril-junio 1971): 479-481

[R52] "La segunda generación republicana en Cuba y sus figuras principales" (Ensayo)
RI LVI/152-153 (julio-diciembre 1990): 1291-1311

[R53] "José Olivio Jiménez: *La raíz y el ala. Aproximaciones críticas a la obra de José Martí*" (Reseña)
RI LXII/174 (enero-marzo 1996): 286-289

REY, AGAPITO

[R54] "José Rojas Garcidueñas: *Bernardo de Balbuena. La vida y la obra*" (Reseña)
RI XXIV/48 (julio-diciembre 1959): 379-380

REYES, ALFONSO

[R55] "Encuentros con Pedro Henríquez Ureña" (Estudio)
RI XXI/41-42 (enero-diciembre 1956): 55-60

REYNOLDS, WINSTON A.

[R56] "Juan Pablo Guzmán Alemán: *El gran chapa*" (Reseña)
RI XVII/33 (febrero-julio de 1951) 141-144

RIBADENEIRA AGUIRRE, SANTIAGO

[R57] "Algunas reflexiones e irreverencias: hacia el próximo teatro ecuatoriano" (Nota)
RI LIV/144-145 (julio-diciembre 1988): 959-967

RIBADENEIRA M., EDMUNDO

[R58] "La obra narrativa de Alfredo Pareja Diezcanseco" (Nota)
RI LIV/144-145 (julio-diciembre 1988): 763-769

RIBBANS, GEOFFREY W.

[R59] "Las primeras crónicas iberoamericanas del *Mercure de France*" (Estudio)
RI XLII/96-97 (julio-diciembre 1976): 381-409

RIBERA CHEVREMONT, EVARISTO

[R60] "Concha Meléndez: *Entrada en el Perú*" (Reseña)
RI V/10 (octubre 1942): 415-417

RICCIO, ALESSANDRA

[R61] "Lo testimonial y la novela-testimonio" (Estudio)
RI LVI/152-153 (julio-diciembre 1990): 1055-1068

RICHARD, NELLY

[R62] "Feminismo, experiencia y representación" (Estudio)
RI LXII/176-177 (julio-diciembre 1996): 733-744

[R63] "Intersectando Latinoamérica con el latinoamericanismo: discurso académico y crítica cultural" (Estudio)
RI LXIII/180 (julio-septiembre 1997): 345-362

[R64] "Un debate latinoamericano sobre práctica cultural y discurso crítico" (Estudio)
RI LXVI/193 (octubre-diciembre 2000): 841-850
RI LXVIII/200 (enero-junio 2002): 897-907

RICHARDSON, RUTH

[R65] "Fernando García Esteban: *Vida de Florencio Sánchez*" (Reseña)
RI II/4 (noviembre 1940): 509-510

Ríos Ávila, Rubén

[R66] "La invención de un autor: escritura y poder en Edgardo Rodríguez Juliá" (Estudio)
RI LIX/162-163 (enero-junio 1993): 203-219

Ripoll, Carlos

[R67] "La *Revista de avance* (1927-1930). Vocero de vanguardismo y pórtico de revolución" (Estudio)
RI XXX/58 (julio-diciembre 1964): 261-282

[R68] "Martin S. Stabb: *In Quest of Identity. Patterns in the Spanish American Essay of Ideas, 1890-1960*" (Reseña)
RI XXXIV/66 (julio-diciembre 1968): 388-392

[R69] "José Martí: *Obras completas*" (Reseña)
RI XXXV/69 (septiembre-diciembre 1969): 579-584

[R70] "José Martí: *Lucía Jerez*" (Reseña)
RI XXXVI/70 (enero-marzo 1970): 137-144

[R71] "Andrés Valdespino: *Jorge Mañach y su generación en las letras cubanas*" (Reseña)
RI XXXVIII/78 (enero-marzo 1972): 173-176

Rivarola, José Luis

[R72] "Isaías Lerner: *Arcaísmos léxicos del español de América*" (Reseña)
RI XLI/91 (abril-junio 1975): 379-383

Rivas Rojas, Raquel

[R73] "Mabel Moraña: *Literatura y cultura nacional en Hispanoamérica, 1910-1940*" (Reseña)
RI LVIII/158 (enero-marzo 1992): 305-307

[R74] "Beatriz González, Javier Lasarte, Graciela Montaldo y María Julia Daroqui: *Esplendores y miserias del siglo XIX. Cultura y sociedad en América Latina*" (Reseña)
RI LXIII/178-179 (enero-junio 1997): 284-287

Rivera, Rodolfo O.

[R75] "Arthur E. Gropp: *Guide to the Libraries and Archives in Central America and the West Indies, Panama, Bermuda, and British Guiana*" (Reseña)
RI VI/11 (febrero 1943): 145-146

Rivera, Francisco

[R76] "Hacia una lectura de *Noticias del extranjero*" (Estudio)
RI LX/168-169 (julio-diciembre 1994): 835-839

Rivera Casellas, Zaira O.

[R77] "Cuerpo y raza: el ciclo de la identidad negra en la literatura puertorriqueña" (Estudio)
RI LXV/188-189 (julio-diciembre 1999): 633-648

Rivera-Rodas, Oscar

[R78] "Niveles diegéticos en las crónicas de Arzáns" (Estudio)
RI LII/134 (enero-marzo 1986): 9-28

[R79] "Martí y su concepto de poesía" (Estudio)
RI LII/137 (octubre-diciembre 1986): 841-856

[R80] "El discurso modernista y la dialéctica del erotismo y la castidad. Un poema de Ricardo Jaimes Freyre" (Estudio)
RI LV/146-147 (enero-junio 1989): 43-62

[R81] "Para una semiótica proxémica en Villaurrutia" (Estudio)
RI LV/148-149 (julio-diciembre 1989): 1239-1259

[R82] "Alcides Arguedas: *Raza de Bronce. Wuata Wuara*. Edición crítica. Antonio Lorente Medina, coord." (Reseña)
RI LIX/164-165 (julio-diciembre 1993): 841-844

RIVERA VILLEGAS, CARMEN

[R83] "Julia de Burgos *Songs of the Simple Truth. The Complete Poems of Julia de Burgos*" (Reseña)
RI LXIII/180 (julio-septiembre 1997): 562-564

RIVERO, ELIANA S.

[R84] "Luis F. González-Cruz: *Pablo Neruda y el Memorial de Isla Negra: integración de la visión poética*" (Reseña)
RI XL/86 (enero-marzo 1974): 194-197

[R85] "Análisis de perspectivas y significación de *La rosa separada* de Pablo Neruda (Estudio)
RI XLII/96-97 (julio-diciembre 1976): 459-472

[R86] "Horacio Jorge Becco: *Pablo Neruda: bibliografía*" (Reseña)
RI XLII/96-97 (julio-diciembre 1976): 641-642

[R87] "Juan Villegas: *Estructuras míticas y arquetipos en el 'Canto general' de Neruda*" (Reseña)
RI XLV/108-109 (julio-diciembre 1979): 717-719

[R88] "Pasión de Juana Borrero y la crítica" (Nota)
RI LVI/152-153 (julio-diciembre 1990): 829-839

RIVERO POTTER, ALICIA

[R89] "Algunas metáforas somáticas -erótico-escripturales- en *De donde son los cantantes y Cobra*" (Nota)
RI XLIX/123-124 (abril-septiembre 1983): 497-507

[R90] "La creación literaria en Julieta Campos: *Tiene los cabellos rojizos y se llama Sabina*" (Estudio)
RI LI/132-133 (julio-diciembre 1985): 899-907

RIVEROS, BERNABÉ

[R91] "Dalia Iñiguez: *Doce poemas de ternura. Ofrenda al hijo soñado*" (Reseña)
RI I/2 (noviembre 1939): 443-445

RIVERS, ELÍAS L.

[R92] "*Don Segundo Sombra* y la desanalfabetización del héroe" (Nota)
RI XLIV/102-103 (enero-junio 1978): 119-123

RIZZO, GINO L.

[R93] "Juan Felipe Toruño: *Poesía negra*" (Reseña)
RI XIX/37 (octubre 1953-marzo 1954) 189-191

RIZZO-VAST, PATRICIO

[R94] "Paisaje e ideología en *Campo nuestro* de Oliverio Girondo" (Estudio)
RI LXVII/194-195 (enero-junio 2001):105-120

ROBB, JAMES WILLIS

[R95] "Estilizaciones de un tema metafísico en Alfonso Reyes" (Nota)
RI XXXI/59 (enero-junio 1965): 95-100

[R96] "Un cuento inédito de Alfonso Reyes" (Documento)
RI XXXI/59 (enero-junio 1965): 117-122

[R97] "*Epistolario Alfonso Reyes-José María Chacón*. Edición de Zenaida Gutiérrez-Vega" (Reseña)
RI XLIV/102-103 (enero-junio 1978): 283-284

[R98] "Alfonso Reyes y Eugenio Florit: *De poeta a poeta*" (Documento)
RI LII/137 (octubre-diciembre 1986): 1015-1041

[R99] "Alfonso Reyes en busca de la unidad (Constancia y evolución)" (Estudio)
RI LV/148-149 (julio-diciembre 1989): 819-837

[R100] "*Alfonso Reyes: una bibliografía selecta (1907-1990)*" (Bibliografía)
RI LVII/155-156 (abril-septiembre 1991): 691-736

ROBE, STANLEY L.

[R101] "Dos comentarios de 1915 sobre *Los de abajo*" (Nota)
RI XLI/91 (abril-junio 1975): 267-272

ROBERTS, GEMMA

[R102] "Matías Montes Huidobro: *Desterrados al fuego*" (Reseña)
RI XLII/96-97 (julio-diciembre 1976): 642-644

ROBLEDO, ÁNGELA I.

[R103] "Helena Araújo. *La Scherezada criolla. Ensayos sobre escritura femenina latinoamericana*" (Reseña)
RI LX/166-167 (enero-junio 1994): 612-614

ROBLES, HUMBERTO E.

[R104] "Aproximaciones a *Los albañiles* de Vicente Leñero" (Estudio)
RI XXXVI/73 (octubre-diciembre 1970): 579-599

[R105] "Perspectivismo, yuxtaposición y contraste en *El Señor Presidente*" (Estudio)
RI XXXVIII/79 (abril-junio 1972): 215-236

[R106] "Génesis y vigencia de *Los Sangurimas*" (Estudio)
RI XLV/106-107 (enero-junio 1979): 85-91

[R107] "La noción de vanguardia en el Ecuador: recepción y trayectoria"
RI LIV/144-145 (julio-diciembre 1988): 649-674

[R108] "Jorge Icaza: *El chulla Romero y Flores*" (Reseña)
RI LVIII/159 (abril-junio 1992): 720-725

ROBLES, MERCEDES M.

[R109] "La presencia de *The Wild Palms* de William Faulkner en *Punta de rieles* de Manuel Rojas" (Nota)
RI XLV/108-109 (julio-diciembre 1979): 563-571

ROBLETO, HERNÁN

[R110] "Referencia sobre la obra de Santiago Argüello" (Estudio)
RI V/10 (octubre 1942): 349-358

[R111] "El origen del nombre de América está en Nicaragua" (Estudio)
RI VII/14 (febrero 1944): 337-346

ROCA, JUAN MANUEL

[R112] "Haroldo Alvarado Tenorio: *Recuerda cuerpo*" (Reseña)
RI L/128-129 (julio-diciembre 1984): 1107-1108

ROCCA, PABLO

[R113] "Uno o dos destinos sudamericanos. Ficción y realidad en *Avelino Arredondo*" (Estudio)
RI LXVII/194-195 (enero-junio 2001): 161-172

ROCCA, P. SANTIAGO

[R114] "Cristina Peri Rossi: *Solitario de amor*" (Reseña)
RI LVIII/160-161 (julio-diciembre 1992): 1237-1238

RODERO, JESÚS

[R115] "Del juego y lo fantástico en algunos relatos de Julio Ramón Ribeyro" (Estudio)
RI LXI/190 (enero-marzo 2000): 73-92

RODRÍGUEZ, ALFRED Y TAMARA HOLZAPFEL

[R116] "Apuntes para una lectura del *Quijote* de Pierre Menard" (Nota)
RI XLIII(100-101) (julio-diciembre 1977): 671-677

RODRÍGUEZ, ILEANA

[R117] "Imagen de Nicaragua en la literatura imperial: exploración, conquista, colonización" (Estudio)
RI XLVII/114-115 (enero-junio 1981): 277-291

[R118] "Conservadurismo y disensión: el sujeto social (mujer/pueblo/etnia) en las narrativas revolucionarias" (Estudio)
RI LXII/176-177 (julio-diciembre 1996): 767-780

[R119] "Heterogeneidad y multiculturalismo: ¿discusión cultural o discusión legal?" (Estudio)
RI LXVI/193 (octubre-diciembre 2000): 851-862

RODRÍGUEZ, NÉSTOR E.

[R120] "Un arte de hacer ruinas: entrevista con el escritor cubano Antonio José Ponte" (Entrevista)
RI LXVIII/198 (enero-marzo 2002): 179-186

[R121] "John Dimitri Perivolaris: *Puerto Rican Cultural Identity and the Work of Luis Rafael Sánchez*" (Reseña)
RI LXVIII/198 (enero-marzo 2002): 203-207

RODRÍGUEZ ALCALÁ, HUGO

[R122] "Julio Correa, visto por sí mismo" (Estudio)
RI XV/29 (julio 1949): 71-82

[R123] "La Colección Hispanoamericana *Dr. J. H. Nunemaker* del State College of Washington" (Estudio)
RI XVI/31 (julio 1950): 147-152

[R124] "Herib Campos Cervera, poeta de la muerte" (Estudio)
RI XVII/33 (julio 1951): 61-80

[R125] "Augusto Roa Bastos y *El trueno entre las hojas*" (Estudio)
RI XX/39 (marzo 1955): 19-46

[R126] "Arturo Torres-Rioseco" (Nota)
RI XXII/43 (enero-junio 1957): 151-158

[R127] "José Luis Romero: *Argentina: Imágenes y perspectivas*" (Reseña)
RI XXII/44 (julio-diciembre 1957): 417-421

[R128] "Apuntes para una biografía de Alejandro Korn (1860-1883)" (Estudio)
RI XXIII/46 (julio-diciembre 1958): 433-448

[R129] "Luis Alberto Menafra: *Carlos Reyles*" (Reseña)
RI XXIV/48 (julio-diciembre 1959): 380-383

[R130] "Armando Correia Pacheco y Alfredo A. Roggiano: *Diccionario de la literatura latinoamericana*" (Reseña)
RI XXVI/51 (enero-junio 1961): 201-204

[R131] "Daniel E. Zalazar: *Libertad y creación en los ensayos de Alejandro Korn*" (Reseña)
RI XLI/91 (abril-junio 1975): 383-384

[R132] "Emilio Carilla: El libro de los 'misterios'. *El lazarillo de ciegos caminantes*" (Reseña)
RI XLIV/102-103 (enero-junio 1978): 284-289

[R133] "Victoria Pueyrredón: *Acabo de morir*" (Reseña)
RI XLIV/102-103 (enero-junio 1978): 289-291

[R134] "El vanguardismo en el Paraguay" (Estudio)
RI XLVIII/118-119 (enero-junio 1982): 241-255

RODRÍGUEZ-ARENAS, FLOR MARÍA

[R135] "Fernando Velarde: *Las flores del desierto*. Edición de Carlos García Barrón" (Reseña)
RI LI/130-131 (enero-junio 1985): 420-421

[R136] "Raquel Chang-Rodríguez: *Cancionero peruano del siglo XVII*. Estudio preliminar, edición y bibliografía" (Reseña)
RI LI/130-131 (enero-junio 1985): 422-424

[R137] "Martin Lienhard: *La voz y su huella. Escritura y conflicto étnico-social en América Latina (1492-1998)*" (Reseña)
RI 170-171 (enero-junio 1995): 292-295

[R138] "Escritura y oralidad en *El desierto prodigioso y el prodigio del desierto* (circa 1650), novela de Pedro Solís y Valenzuela" (Estudio)
RI LXI/172-173 (julio-diciembre 1995): 467-484

[R139] "Los 'casos' de *El carnero*, o la retórica en la escritura de la historia colonial santafereña" (Estudio)
RI LXV/186 (enero-marzo 1999): 149-170

RODRÍGUEZ-CARRANZA, LUZ

[R140] "Emir Rodríguez Monegal o la construcción de un mundo (nuevo) posible" (Nota)
RI LVIII/160-161 (julio-diciembre 1992): 903-917

RODRÍGUEZ CASTRO MARÍA ELENA

[R141] "Las casas del porvenir: nación y narración en el ensayo puertorriqueño" (Estudio)
RI LIX/162-163 (enero-junio 1993): 33-54

RODRÍGUEZ CASTELLS, ESTEBÁN

[R142] "Adhesión" (Nota)
RI XIII/26 (febrero 1948): 347-348

RODRÍGUEZ CASTELO, HERNÁN

[R143] "La poesía ecuatoriana, 1970-1985" (Estudio)
RI LIV/144-145 (julio-diciembre 1988): 819-849

RODRÍGUEZ CORONEL, ROGELIO

[R144] "La novela cubana contemporánea: alternativas y deslindes" (Estudio)
RI LVI/152-153 (julio-diciembre 1990): 899-912

[R145] "Rasgos de identidad y novela panameña 1972-1998"(Estudio)
RI L XVII/196 (julio-septiembre 2001): 419-432

RODRÍGUEZ DE MAGIS, MARÍA ELENA

[R146] "Leopoldo Zea: *América Latina y el mundo*" (Reseña)
RI XXXII/62 (julio-diciembre 1966): 332-334

RODRÍGUEZ DEMORIZZI, EMILIO

[R147] "Apuntes de viaje por los Estados Unidos (1941)" (Nota)
RI VI/11 (febrero 1943): 13-20

RODRÍGUEZ EMBIL, LUIS

[R148]"Vivencia del maestro Sanín Cano" (Nota)
RI XIII/26 (febrero 1948): 307-310

RODRÍGUEZ FERNÁNDEZ, MARIO

[R149] "Fernando Alegría: *La rebelión de los placeres*" (Reseña)
RI LX/168-169 (julio-diciembre 1994): 1211-1212

RODRÍGUEZ GARRIDO, JOSÉ A.

[R150] "La identidad del enunciador en los *Comentarios reales*" (Estudio)
RI LXI/172-173 (julio-diciembre 1995): 371-383

RODRÍGUEZ-LUIS, JULIO

[R151] "Rose S. Minc: *Latin American Fiction Today. Literature and Popular Culture in the Hispanic World*" (Reseña)
RI LI/130-131 (enero-junio 1985): 424-426

RODRÍGUEZ MONEGAL, EMIR

[R152] "Los dos Asturias" (Estudio)
RI XXXV/67 (enero-abril 1969): 13-20

[R153] "Emir Rodríguez Monegal contesta a Gerald Martin" (Polémica)
RI XXXV/69 (septiembre-diciembre 1969): 517-519

[R154] "Borges en U.S.A." (Nota)
RI XXXVI/70 (enero-marzo 1970): 65-75.

[R155] "Relectura de *El arco y la lira*" (Estudio)
RI XXXVII/74 (enero-marzo 1971): 35-46

[R156] "Introducción al método del Sr. Concha" (Polémica)
RI XXXVII/75 (abril-junio 1971): 349-356

[R157] "Una escritura revolucionaria" (Estudio)
RI XXXVII/76-77 (julio-diciembre 1971): 497-506

[R158] "José Donoso: La novela como *happening* (Una entrevista de Emir Rodríguez Monegal sobre *El obsceno pájaro de la noche*") (Entrevista)
RI XXXVII/76-77 (julio-diciembre 1971): 517-536

[R159] "Lo real y lo maravilloso en *El reino de este mundo*" (Estudio)
RI XXXVII/76-77 (julio-diciembre 1971): 619-649

[R160] "Borges y *Nouvelle Critique*" (Estudio)
RI XXXVIII/80 (julio-septiembre 1972): 367-390

[R161] "Sobre el anti-imperialismo de Rodó" (Nota)
RI XXXVIII/80 (julio-septiembre 1972): 495-501

[R162] "Una traducción inexcusable" (Nota)
RI XXXVIII/81 (octubre-diciembre 1972): 653-662

[R163] "Pablo Neruda: el sistema del poeta" (Estudio)
RI XXXIX/82-83 (enero-junio 1973): 41-71

[R164] "Le *Fantôme* de Lautréamont" (Estudio)
RI XXXIX/84-85 (julio-diciembre 1973): 625-639

[R165] "El *Martín Fierro* en Borges y Martínez Estrada" (Estudio)
RI XL/87-88 (abril-septiembre 1974): 287-302

[R166] "Borges y Paz: un diálogo de textos críticos" (Estudio)
RI XL/89 (octubre-diciembre 1974): 567-593

[R167] "*Paradiso*: una silogística del sobresalto" (Estudio)
RI XLI/92-93 (julio-diciembre 1975): 523-533

[R168] "Literatura: cine: revolución" (Estudio)
RI XLI/92-93 (julio-diciembre 1975): 579-591

[R169] "La nueva novela vista desde Cuba" (Estudio)
RI XLI/92-93 (julio-diciembre 1975): 647-662

[R170] "Borges: una teoría de la literatura fantástica" (Estudio)
RI XLII/95 (abril-junio 1976): 177-189

[R171] "Anacronismos: Mário de Andrade y Guimarães Rosa en el contexto de la novela hispanoamericana" (Estudio)
RI XLIII/98-99 (enero-junio 1977): 109-115

[R172] "Borges y la política" (Estudio)
RI XLIII/100-101 (julio-diciembre 1977): 269-291

[R173] "Carnaval/Antropofagia/Parodia" (Estudio)
RI XLV/108-109 (julio-diciembre 1979): 401-412

[R174] "La utopía modernista: el mito del nuevo y el viejo mundo en Darío y Rodó" (Estudio)
RI XLVI/112-113 (julio-diciembre 1980): 427-442

[R175] "Cabrera Infante: la novela como autobiografía total" (Estudio)
RI XLVII/116-117 (julio-diciembre 1981): 265-271

[R176] "El olvidado ultraísmo uruguayo" (Estudio)
RI XLVIII/118-119 (enero-junio 1982): 257-274

[R177] "Clarice Lispector en sus libros y en mi recuerdo" (Nota)
RI L/126 (enero-marzo 1984): 231-238

[R178] "Isidoro Ducasse, lector del barroco español" (Estudio)
RI LII/135-136 (abril-septiembre 1986): 333-360

[R179] "Diario de Caracas (1967)" (Nota)
RI LXVIII/200 (julio-septiembre 2002): 615-634

RODRÍGUEZ NÚÑEZ, VÍCTOR

[R180] "*Relaciones y hechos* de Juan Gelman: Disparos de una belleza incesante" (Estudio)
RI LXVII/194-195 (enero-junio 2001): 145-160

RODRÍGUEZ PADRÓN, JORGE

[R181] "La original narrativa de Arturo Azuela" (Estudio)
RI LV/148-149 (julio-diciembre 1989): 1033-1046

RODRÍGUEZ-PERALTA, PHYLLIS

[R182] "Sobre el indigenismo de César Vallejo" (Estudio)
RI L/127 (abril-junio 1984): 429-444

[R183] "Las últimas páginas en la creación poética de Rubén Darío" (Estudio)
RI LV/146-147 (enero-junio 1989): 395-414

RODRÍGUEZ PÉRSICO, ADRIANA

[R184] "*Argirópolis*: un modelo de país" (Estudio)
RI LIV/143 (abril-junio 1988): 513-523

[R185] "Cristina Iglesia: letras y divisas: ensayos sobre literatura y rosismo" (Estudio)
RI LXVI/190 (enero-marzo 2000): 189-193

[R344] "Gabriella Nouzeilles: *Ficciones somáticas. Naturalismo, nacionalismo y polítcas médicas del cuerpo (Argentina 1880-1910)*" (Reseña)
RI LXVII/197 (octubre-diciembre 2001): 797-802

RODRÍGUEZ REEVES, ROSA

[R186] "Bibliografía de y sobre Manuel Rojas" (Bibliografía)
RI XLII/95 (abril-junio 1976): 285-313

RODRÍGUEZ-VECCHINI, HUGO

[R187] "*Don Quijote* y *La Florida del Inca*" (Estudio)
RI XLVIII/120-121 (julio-diciembre 1982): 587-620

RODRÍGUEZ-VILLAMIL, ANA MARÍA

[R188] "Armonía Somers: *La mujer desnuda*" (Reseña)
RI LVIII/160-161 (julio-diciembre 1992): 1238-1242

ROFFÉ, REINA

[R189] "Omnipresencia de la censura en la escritora argentina" (Ensayo)
RI LI/132-133 (julio-diciembre 1985): 909-915

ROGGIANO, ALFREDO A.

[R190] "Julio J. Casal" (Estudio)
RI XX/40 (septiembre 1955):235-242

[R191] "Pedro Henríquez Ureña o el pensamiento integrador" (Estudio)
RI XXI/41-42 (enero-diciembre 1956): 171-194

[R192] "Noticias importantes de Hispanoamérica" (Noticias)
RI XXI/41-42 (enero-diciembre 1956): 431-450

[R193] "Noticias de Hispanoamérica. Baldomero Sanín Cano" *(1861-1957)* (Necrológica)
RI XXII/43 (enero-junio 1957): 213-217

[R194] "Roberto F. Giusti y la revista *Nosotros* (A propósito de una entrevista a Roberto F. Giusti)" (Estudio)
RI XXII/44 (julio-diciembre 1957): 273-300

[R195] "Gino Germani: *Estructura social de la Argentina*" (Reseña)
RI XXII/44 (julio-diciembre 1957): 421-426

[R196] "Ana María Barrenechea y Emma Speratti Piñero: *La literatura fantástica en Argentina*" (Reseña)
RI XXII/44 (julio-diciembre 1957): 426-428

[R197] "Horacio Jorge Becco: *El Señor del Misterio. Diálogo del hombre y la llanura. Duerme de frente en oscuro*" (Reseña)
RI XXII/44 (julio-diciembre 1957): 428-431

[R198] "Noticias de Iberoamérica" (Noticias)
RI XXII/44 (julio-diciembre 1957): 434-448

[R199] "María Concepción L. de Chaves: *Madame Lynch*" (Reseña)
RI XXIII/45 (enero-junio 1958): 207-211

[R200] "Enrique Anderson Imbert: *Historia de la literatura iberoamericana*. 2a. edición" (Reseña)
RI XXIII/45 (enero-junio 1958): 211-217

[R201] "Eugenio Florit: *Antología poética*" (Reseña)
RI XXIII/46 (julio-diciembre 1958): 472-475

[R202] "Hugo Rodríguez-Alcalá: *Korn, Romero, Güiraldes, Unamuno, Ortega...*" (Reseña)
RI XXIV/47 (enero-junio 1959): 196-198

[R203] "Juan Pinto: *Breviario de la literatura argentina contemporánea*" (Reseña)
RI XXIV/47 (enero-junio 1959): 198-199

[R204] "Dos prosas poemáticas y una traducción de Pedro Henríquez Ureña" (Documento)
RI XXIV/48 (julio-diciembre 1959): 357-362

[R205] "Manuel Gutiérrez Nájera: *Cuentos completos y otras narraciones*. Edición de E. K. Mapes" (Reseña)
RI XXIV/48 (julio-diciembre 1959): 383-384

[R206] "Elías Nandino: *Nocturno día*" (Reseña)
RI XXIV/48 (julio-diciembre 1959): 384-386

[R207] "Variantes en un poema de Rubén Darío" (Documento)
RI XXV/49 (enero-junio 1960): 153-161

[R208] "Fernando Alegría: *Breve historia de la novela hispanoamericana*" (Reseña)
RI XXV/49 (enero-junio 1960): 186-188

[R209] "Juan José Arrom: *Certidumbre de América. Estudios de letras, folklore y cultura*" (Reseña)
RI XXV/49 (enero-junio 1960): 189-190

[R210] "Erwin Kempton Mapes (1884-1961)" (Necrológica)
RI XXVI/51 (enero-junio 1961): 137-146

[R211] "José A. Balseiro: *Expresión de Hispanoamérica*" (Reseña)
RI XXVII/52 (julio-diciembre 1961): 389-395

[R212] "Bibliografía de y sobre Leopoldo Lugones" (Bibliografía)
RI XXVIII/53 (enero-junio 1962): 155-213

[R213] "Carlos Pellicer: *Material poético, 1918/1961*" (Reseña)
RI XXVIII/54 (julio-diciembre 1962): 407-412

[R214] "Alí Chumacero: *'Páramo de sueños' seguido de 'Imágenes desterradas'*" (Reseña)
RI XXVIII/54 (julio-diciembre 1962): 413-420

[R215] "María del Carmen Millán: *Literatura mexicana*" (Reseña)
RI XXVIII/54 (julio-diciembre 1962): 420-422

[R216] "Arturo Torres Rioseco: *Autobiografía*" (Reseña)
RI XXVIII/54 (julio-diciembre 1962): 422-427

[R217] "Velia Márquez: *El Cuauhtémoc de plata*" (Reseña)
RI XXIX/55 (enero-junio 1963): 205-208

[R218] "Romualdo Brughetti: *Las nubes y el hombre*" (Reseña)
RI XXIX/55 (enero-junio 1963): 208-211

[R219] "Jaime Torres Bodet: *Obras escogidas*" (Reseña)
RI XXIX/55 (enero-junio 1963): 211-217

[R220] "La idea de poesía en Alfonso Reyes" (Nota)
RI XXXI/59 (enero-junio 1965): 109-115

[R221] "Allen W. Phillips: *Ramón López Velarde, el poeta y el prosista y Francisco González León, el poeta de Lagos*" (Reseña)
RI XXXI/60 (julio-diciembre 1965): 317-319

[R222] "Otto Olivera: *Cuba en su poesía*" (Reseña)
RI XXXII/62 (julio-diciembre 1966): 334-338

[R223] "Jean Franco: *The Modern Culture of Latin America. Society and the Artist*" (Reseña)
RI XXXIV/66 (julio-diciembre 1968): 393-396

[R224] "Guillermo Sucre: *Borges el poeta*" (Reseña)
RI XXXIV/66 (julio-diciembre 1968): 396-399

[R225] "Mínima guía bibliográfica" (Bibliografía)
RI XXXVI/71 (abril-junio 1970): 353-358

[R226] "Bibliografía de y sobre Octavio Paz" (Bibliografía)
RI XXXVII/74 (enero-marzo 1971): 269-297

[R227] "Homenaje a Arturo Torres Rioseco (1897-1971)" (Necrológica)
RI XXXVIII/78 (enero-marzo 1972): 15-29
RI LXVIII/200 (julio-septiembre 2002): 663-674

[R228] "Destino personal y destino nacional en el *Martín Fierro*" (Estudio)
RI XL/87-88 (abril-septiembre 1974): 219-230

[R229] "Manuel Pedro González (1893-1974) (Necrológica)
RI XL/89 (octubre-diciembre 1974): 689-692
RI LXVIII/200 (julio-septiembre 2002): 675-678

[R230] "Proposiciones para una revisión del romanticismo argentino" (Estudio)
RI XLI/90 (enero-marzo 1975): 69-77

[R231] "Mónica Mansour: *La poesía negrista*" (Reseña)
RI XLI/90 (enero-marzo 1975): 167-168

[R232] "Ramón Xirau: *Mito y poesía. Ensayos sobre literatura contemporánea en lengua española*" (Reseña)
RI XLI/91 (abril-junio 1975): 385-386

[R233] "Allen W. Phillips: *Temas del modernismo hispánico y otros estudios. Cinco estudios sobre literatura mexicana moderna*" (Reseña)
RI XLI/91 (abril-junio 1975): 385-385

[R234] "Qué y qué no del *Lunario sentimental*" (Nota)
RI XLII/94 (enero-marzo 1976): 71-77

[R235] "Bella Jozef: *O espaço reconquistado. Linguagem e criação no romance hispanoamericano contemporâneo*" (Reseña)
RI XLII/96-97 (julio-diciembre 1976): 644-645

[R236] "Alfonso Reyes: *Prosa y poesía*. Edición de James Willis Robb" (Reseña)
RI XLIV/102-103 (enero-junio 1978): 291-292

[R237] "Ángel Flores: *Bibliografía de escritores hispanoamericanos. A Bibliography of Spanish-American Writers 1609-1974*" (Reseña)
RI XLIV/102-103 (enero-junio 1978): 293-294

[R238] "Hensley C. Woodbridge: *Rubén Darío. A Selective Classified and Annotated Bibliography*" (Reseña)
RI XLIV/102-103 (enero-junio 1978): 293-293

[R239] "Irving A. Leonard. Notable hispanoamericanista norteamericano" (Estudio)
RI XLIV/104-105 (julio-diciembre 1978): 307-312

[R240] "La vanguardia en antologías. Papel de Huidobro" (Nota)
RI XLV/106-107 (enero-junio 1979): 205-211

[R241] "Acción y libertad en la poética de José Martí" (Estudio)
RI XLVI/112-113 (julio-diciembre 1980): 401-412

[R242] "John E. Englekirk o la fraternidad por la cultura" (Necrológica)
RI LI/130-131 (enero-junio 1985): 313-318
RI LXVIII/200 (julio-septiembre 2002): 775-780

[R243] "Pedro Henríquez Ureña (1884-1946). *Notas de viaje*" (Documento)
RI LI/130-131 (enero-junio 1985): 321-322

[R244] "Emir Rodríguez Monegal o el crítico necesario" (Necrológica)
RI LII/135-136 (abril-septiembre 1986): 623-630
RI LXVIII/200 (julio-septiembre 2002): 791-798

[R245] "Antonio R. de la Campa y Raquel Chang-Rodríguez: *Poesía hispanoamericana colonial. Antología*" (Reseña)
RI LII/137 (octubre-diciembre 1986): 1105-1107

[R246] "Alicia Colombí Mongui: *Petrarquismo peruano: Diego Dávalos y Figueroa y la poesía de la 'Miscelánea Austral'"* (Reseña)
RI LIII/141 (octubre-diciembre 1987): 1062-1063

[R247] "Texto de las *Memorias* de Pedro Henríquez Ureña. Autobiografía" (Documento)
RI LIV/142 (enero-marzo 1988): 331-332

[R248] "Joaquín Marco: *Literatura hispanoamericana: Del modernismo a nuestros días*" (Reseña)
RI LV/146-147 (enero-junio 1989): 558-561

[R249] "Eduardo Neale-Silva (1906-1989)" (Necrológica)
RI LVI/151 (abril-junio 1990): 575-576

[R250] "María Esther Vázquez: *Desde la niebla*" (Reseña)
RI LVI/151 (abril-junio 1990): 655-656

[R251] "Horacio Armani: *En la sangre del día*" (Reseña)
RI LVI/151 (abril-junio 1990): 656-659

[R252] "Roberto González Echevarría" (Bibliografía)
RI LVI/152-153 (julio-diciembre 1990): 1353-1362

[R253] "Crono bio-bibliografía seleccionada y comentada de Ernesto Sábato" (Bibliografía)
RI LVIII/158 (enero-marzo 1992): 15-32

[R254] "A. Luis Monguió: *La poesía postmodernista peruana*" (Reseña)
RI XX/40 (abril-septiembre 1955) 367-376

ROGGIANO, ALFREDO Y ANTONIO CORONADO

[R255] "Francisco Monterde: *Díaz Mirón. El hombre. La obra*" (Reseña)
RI XXIII(46) (julio-diciembre 1958): 471-472

ROJAS, GONZALO

[R256] "Testimonio sobre Pablo de Rokha" (Testimonio)
RI XLV/106-107 (enero-junio 1979): 101-107

ROJAS, MARIO A.

[R257]"*La casa de los espíritus* de Isabel Allende: un caleidoscopio de espejos desordenados" (Estudio)
RI LI/132-133 (julio-diciembre 1985): 917-925

[R258]"Molinaza, José: *Historia crítica del teatro dominicano*" (Reseña)
RI LIV/142 (enero-marzo 1988): 369-372

[R259] "Marco Antonio de la Parrra y los grandes mitos culturales" (Estudio)
RI LX/168-169 (julio-diciembre 1994): 1097-1114

[R260] "Catherine M. Boyle: *Chilean Theater, 1973-1985. Marginality, Power, Selfhood*. María de la Luz Hurtado, ed: *Teatro iberoamericano: historia, teoría, metodología*. Eduardo Thomas Duble: *La poética teatral de Luis Alberto Heiremans*. Hernán Vidal: *Dictadura Militar, trauma social e inauguración de la sociología del teatro chileno*" (Reseña)
RI LX/168-169 (julio-diciembre 1994): 1213-1216

ROJAS, SANTIAGO

[R261] "Modalidad narrativa en *Aura:* Realidad y enajenación" (Estudio)
RI XLVI/112-113 (julio-diciembre 1980): 487-497

ROJAS G., MARGARITA

[R262] "Transgresiones al discurso poético amoroso: la poesía de Ana Istarú" (Estudio)
RI LIII/138-139 (enero-junio 1987): 391-402

ROJAS ORTUSTE, GONZALO

[R263] "Javier Sanjinés C.: *Literatura contemporánea y grotesco social en Bolivia*" (Reseña)
RI LIX/164-165 (julio-diciembre 1993): 777-780

ROJAS-TREMPE, LADY

[R264] "Elena Garro dialoga sobre su teatro con Guillermo Schmidhuber" (Entrevista)
RI LV/148-149 (julio-diciembre 1989): 685-690

ROJO, GRINOR

[R265] "Bernardo Subercaseaux: *Fin de siglo. La época de Balmaceda*" (Reseña)
RI LVI/151 (abril-junio 1990): 659-664

[R266] "'¿Qué no sé del amor..?' Para una nueva lectura de *Los sonetos de la muerte*, de Gabriela Mistral" (Estudio)
RI LX/168-169 (julio-diciembre 1994): 673-684

ROJO, VIOLETA

[R267] "El minicuento: caracterización discursiva y desarrollo en Venezuela" (Nota)
RI LX/166-167 (enero-junio 1994): 565-573

ROMÁN, CLAUDIA A.

[R268] "*Paulino Lucero*: táctica y sintaxis" (Estudio)
RI LXVIII/198 (enero-marzo 2002): 107-122

ROMÁN-LAGUNAS, JORGE

[R269] "Bibliografía anotada de y sobre Alberto Blest Gana" (Bibliografía)
RI XLVI/112-113 (julio-diciembre 1980): 605-647

ROMANO, EVELIA

[R270] "Juan José Saer: *El concepto de ficción*" (Reseña)
RI LXV/187 (abril-junio 1999): 434-436

ROMERO, ARMANDO

[R271] "Hacia una lectura de *Barroco* de Severo Sarduy" (Nota)
RI XLVI/112-113 (julio-diciembre 1980): 563-569

[R272] "Oscar Hahn: *El cuento fantástico hispanoamericano en el siglo XIX*" (Reseña)
RI XLVI/112-113 (julio-diciembre 1980): 683-687

[R273] "Ausencia y presencia de las vanguardias en Colombia" (Estudio)
RI XLVIII/118-119 (enero-junio 1982): 275-287

[R274] "Fernando Charry Lara: *Pensamientos del amante*" (Reseña)
RI XLIX/123-124 (abril-septiembre 1983): 669-672

[R275] "J.G. Cobo Borda: *Salón de té*. J.G. Cobo Borda: *Roncando al sol como una foca en las Galápagos* (Reseña)
RI XLIX/123-124 (abril-septiembre 1983): 672-674

[R276] "Jotamario: *Mi reino por este mundo*" (Reseña)
RI XLIX/123-124 (abril-septiembre 1983): 674-676

[R277] "Los poetas de *Mito*" (Estudio)
RI L/128-129 (julio-diciembre 1984): 689-755

[R278] "Juan Manuel Marcos: *Roa Bastos, precursor del 'post-boom'* " (Reseña)
RI LI/130-131 (enero-junio 1985): 426-428

[R279] "Gabriel García Márquez: *El amor en los tiempos del cólera*" (Reseña)
RI LII/137 (octubre-diciembre 1986): 1107-1110

[R280] "Juan Gustavo Cobo Borda: *Antología de la poesía hispanoamericana*" (Reseña)
RI LIII/140 (julio-septiembre 1987): 726-729

[R281] "De los mil días a la violencia: la novela colombiana de entreguerras" (Estudio)
RI LIII/141 (octubre-diciembre 1987): 861-885

[R282] "Julio Ortega: *Antología de la poesía hispanoamericana actual*" (Reseña)
RI LV/146-147 (enero-junio 1989): 561-564

[R283] "José Asunción Silva: *Obra completa*" (Reseña)
RI LVIII/159 (abril-junio 1992): 725-732

[R284] *Palabras liminares* (Nota)
RI LX/166-167 (enero-junio 1994): 11-12

ROMERO, EMILIA

[R285] "Un libro ignorado de Nicolás Corpacho: *Flores del Nuevo Mundo*" (Estudio)
RI XIV/27 (junio 1948): 37-44

ROMERO, FRANCISCO

[R286] "Un maestro de América" (Estudio)
RI XIII/26 (febrero 1948): 249-254

ROMERO, JOSÉ LUIS

[R287] "Una voz. A los diez años de su muerte" (Estudio)
RI XXI/41-42 (enero-diciembre 1956): 81-83

ROMERO, JULIA

[R288] "Manuel Puig: del delito de la escritura al error gay" (Estudio)
RI LXV/187 (abril-junio 1999): 305-326

ROMERO, LUIS ALBERTO

[R289] "Sarmiento, testigo y testimonio de la sociedad de Santiago" (Estudio)
RI LIV/143 (abril-junio 1988): 461-475

ROMERO, ROLANDO J.

[R290] "Ficción e historia en *Farabeuf*" (Estudio)
RI LVI/151 (abril-junio 1990): 403-418

ROMERO ARTETA, OSWALDO E.

[R291] "Dios en la obra de Jorge L. Borges: su teología y su teodicea" (Estudio)
RI XLIII/100-101 (julio-diciembre 1977): 465-501

[R292] "La literatura ecuatoriana en las tesis doctorales de las universidades norteamericanas desde 1943 a 1985" (Bibliografía)
RI LIV/144-145 (julio-diciembre 1988): 1011-1018

ROMERO DE VALLE, EMILIA

[R293] "Luis Alberto Sánchez: *El doctor Océano*. Estudios sobre don Pedro de Peralta Barnuevo" (Reseña)
RI XXXIV/66 (julio-diciembre 1968): 399-401

[R294] "*Mercurio Peruano, 1791-1795*, 12 volúmenes. Edición facsimilar" (Reseña)
RI XXXIV/66 (julio-diciembre 1968): 401-403

[R295] "Luis Monguió: *Don José Joaquín de Mora y el Perú del ochocientos*" (Reseña)
RI XXXV/68 (mayo-agosto 1969): 424-427

ROMITI, ELENA

[R296] "La devolución del pensamiento a la vida: Julio C. Da Rosa" (Nota)
RI LVIII/160-161 (julio-diciembre 1992): 1091-1101

ROSA, RICHARD

[R297] "Hostos en el mercado: raza y nación en *Mi viaje al sur*" (Estudio)
RI LXIII/178-179 (enero-junio 1997): 193-208

ROSA, WILLIAM

[R298] "Las posibilidades del dos básico en 'El jardín de senderos que se bifurcan'" (Nota)
RI LVII/155-156 (abril-septiembre 1991): 597-606

[R299] "Ciencia y literatura en Alfredo Collado Martell: un primer caso de inseminación artificial" (Estudio)
RI LIX/162-163 (enero-junio 1993): 111-118

ROSA-NIEVES, CESÁREO

[R300] "Preludio al tema del modernismo en Puerto Rico (Ciclo generacional: 1907-1921)" (Nota)
RI XXII/44 (julio-diciembre 1957): 359-363

[R301] "Virgilio Dávila: *Aromas del terruño*" (Reseña)
RI II/4 (noviembre 1940): 510-511

ROSALDO, RENATO

[R302] "Notas bibliográficas sobre la obra poética de D. José María Rosa Bárcena" (Bibliografía)
RI V/18 (mayo 1945): 381-390

[R303] "Un traductor mexicano de Byron" (Estudio)
RI XVII/34 (enero 1952): 243-252

[R304] "Menéndez y Pelayo y Roa Bárcena: una disensión académica" (Estudio)
RI XIX/37 (octubre 1953): 35-64

ROSARIO ANDÚJAR, JULIO A.

[R305] "Más allá del espejo: la división del sujeto en la narrativa de Felisberto" (Estudio)
RI LXVI/190 (enero-marzo 2000): 37-46

ROSARIO-VÉLEZ, JORGE

[R306] "Somos un sueño imposible: ¿clandestinidad sexual del bolero en *La última noche noche que pasé contigo* de Marya Montero" (Estudio)
RI LXVIII/198 (enero-marzo 2002): 67-78

[R307] "María Julia Daroqui: (Dis)locaciones: narrativas híbridas del Caribe Hispánico" (Reseña)
RI LXVI/191 (abril-junio 2000) 431-434

ROSEMBERG, FERNANDO

[R308] "Los cuentos y novelas de Haroldo Conti" (Nota)
RI XXXVIII/80 (julio-septiembre 1972): 513-522

ROSENBAUM, SIDONIA C.

[R309] "Delmira Agustini y Albert Samain" (Estudio)
RI XI/22 (octubre 1946): 273-278

ROSES, LORRAINE ELENA

[R310] "Las esperanzas de Pandora: prototipos femeninos en la obra de Rosario Ferré" (Estudio)
RI LIX/162-163 (enero-junio 1993): 279-287

ROSMAN, SILVIA N.

[R311] "Liliana Weinberg de Magis: *Ezequiel Martínez Estrada y su interpretación del 'Martín Fierro'*" (Reseña)
RI LXII/174 (enero-marzo 1996): 284-286

ROSS, KATHLEEN

[R312] "Kathleen Myers, ed. *Words from New Spain. The Spiritual Autobiography of Madre María de San José (1656-1719)*" (Reseña)
RI LXI/170-171 (enero-junio 1995): 302-304

[R313] "Cuestiones de género en *Infortunios de Alonso Ramírez*" (Estudio)
RI LXI/172-173 (julio-diciembre 1995): 591-603

ROSSER, HARRY L.

[R314] "El cuento 'olvidado' de Juan Rulfo" (Nota)
RI LVI/150 (enero-marzo 1990): 193-202

ROSSIELLO, LEONARDO

[R315] "La literatura del exilio latinoamericano en Suecia (1976-1990)" (Estudio)
RI LIX/164-165 (julio-diciembre 1993): 551-573

ROTKER, SUSANA

[R316] "Introducción" (Nota)
RI LXIII/178-179 (enero-junio 1997): 9-10

[R317] "*Lucía Miranda*: negación y violencia del origen" (Estudio)
RI LXIII/178-179 (enero-junio 1997): 115-128

ROWE, WILLIAM

[R318] "Arguedas: el narrador y el antropólogo frente al lenguaje" (Estudio)
RI XLIX/122 (enero-marzo 1983): 97-109

[R319] "De los indigenismos en el Perú: examen de argumentos" (Nota)
RI LXV/186 (enero-marzo 1999): 191-197

ROWINSKY, MERCEDES

[R320] "La lectura como acto de complicidad amorosa (entrevista con Cristina Peri Rossi)" (Estudio)
RI LXVI/190 (enero-marzo 2000): 49-62

ROY, JOAQUÍN

[R321] "Claves de Cortázar en un libro olvidado: *Buenos Aires, Buenos Aires*" (Estudio)
RI XXXIX/84-85 (julio-diciembre 1973): 471-482

[R322] "Mario Vargas Llosa: *Pantaleón y las visitadoras*" (Reseña)
RI XL/86 (enero-marzo 1974): 197-199

[R323] "Fernando Morán: *Novela y semidesarrollo (Una interpretación de la novela hispanoamericana y española)*" (Reseña)
RI XL/86 (enero-marzo 1974): 199-200

[R324] "*El 'boom' al día. Sobre José Donoso*, D.R. Gallagher, Rita Guibert, Andre Jansen, Joaquin Marco, Emir Rodríguez Monegal" (Reseña)
RI XLI/91 (abril-junio 1975): 387-388

[R325] "Julio Cortázar en cinco libros de crítica. L. Arrone Amestroy, J. C. Curutchet, Kathleen Genober, Mercedes Rein, Saúl Sosnowski" (Reseña)
RI XLI/91 (abril-junio 1975): 388-390

[R326] "Juan Bautista Avalle-Arce ed.: *Narradores hispanoamericanos de hoy*. Donald N. Bleznick: *Variaciones interpretativas en torno a la nueva narrativa hispanoamericana*. Enrique Pupo Walker: *El cuento hispanoamericano de hoy*" (Reseña)
RI XLII/94 (enero-marzo 1976): 148-151

[R327] "Oscar Collazos: *Crónica de tiempo muerto*" (Reseña)
RI XLII/95 (abril-junio 1976): 327-328

[R328] "Ernesto Cardenal: *Poesía escogida*" (Reseña)
RI XLII/95 (abril-junio 1976): 328-328

[R329] "Felisberto Hernández: *La casa inundada y otros cuentos*" (Reseña)
RI XLII/96-97 (julio-diciembre 1976): 645-646

[R330] "Luis Gasulla: *Culminación de Montoya*" (Reseña)
RI XLII/96-97 (julio-diciembre 1976): 646-647

[R331] "Poesía y memorias de Josep Conangla Fontanilles sobre la guerra de Cuba" (Estudio)
RI LV/146-147 (enero-junio 1989): 129-159

ROZENCVAIG, PERLA

[R332] "Reinaldo Arenas: *El palacio de las blanquísimas mofetas*" (Reseña)
RI XLVIII/118-119 (enero-junio 1982): 453-454

[R333] "Gladys Feijóo: *Lo fantástico en los relatos de Carlos Fuentes: aproximación teórica*" (Reseña)
RI LII/135-136 (abril-septiembre 1986): 785-786

[R334] "Las novelas 'gaseiformes' de Enrique Labrador Ruiz" (Estudio)
RI LVI/152-153 (julio-diciembre 1990): 967-974

RUBIO, DAVID

[R335] "Enrique López Albújar: *Nuevos Cuentos andinos*" (Reseña)
RI II/4 (noviembre 1940): 511-514

RUFFINELLI, CÉSAR EMILIO

[R336] "Juan Manuel Marcos: *De García Márquez al post-boom*" (Reseña)
RI LIII/140 (julio-septiembre 1987): 729-733

[R343] "*Incurable* de David Huerta: una solución para la poesía de la postmodernidad" (Estudio)
RI LVI/150 (enero-marzo 1990): 159-175

RUFFINELLI, JORGE

[R337] "Arguedas y Rulfo: dos narrativas que se encuentran" (Estudio)
RI XLIX/122 (enero-marzo 1983): 171-179

[R338] "Telémaco en América Latina: notas sobre la búsqueda del padre en cine y literatura" (Estudio)
RI LXVIII/199 (abril-junio 2002): 441-457

RUIZ, ARIEL

[R339] "Reparos a la bondad de las crónicas periodísticas de Don Manuel Gutiérrez Nájera" (Nota)
RI LII/137 (octubre-diciembre 1986): 931-936

RUIZ, BLADIMIR

[R340] "Prostitución y homosexualidad: interpelaciones desde el margen en *El vampiro de la Colonia Roma* de Luis Zapata" (Estudio)
RI LXV/187 (abril-junio 1999): 327-340

RUIZ BARRIONUEVO, CARMEN

[R341] "Juegos del espacio y estrategias del personaje en José Antonio Ramos Sucre" (Estudio)
RI LVIII/159 (abril-junio 1992): 597-609

RUNNING, THORPE

[R342] "La poética explosiva de Roberto Juarroz" (Estudio)
RI XLIX/125 (octubre-diciembre 1983): 853-866

[R344] designa un artículo de "Rodríguez Pérsico, Adriana", en la página 219.

S

SÁ, OLGA DE

[S1] "Clarice Lispector: Processos criativos"
RI L/126 (enero-marzo 1984): 259-280

SÁBAT PEBET, JUAN C.

[S2] "Enfoque de las letras americanas" (Estudio)
RI I/2 (noviembre 1939): 287-296

SABAT-RIVERS, GEORGINA

[S3] "Sor Juana: diálogo de retratos" (Nota)
RI XLVIII/120-121 (julio-diciembre 1982): 703-713

[S4] "Biografías: Sor Juana vista por Dorothy Schons y Octavio Paz" (Estudio)
RI LI/132-133 (julio-diciembre 1985): 927-937

SABAT-RIVERS, GEORGINA Y ELIAS L. RIVERS

[S5] "Sor Juana Inés de la Cruz: *Los Enigmas* sus ediciones" (Estudio)
RI LXI/172-173 (julio-diciembre 1995): 677-684

SACERIO-GARÍ, ENRIQUE

[S6] "El despertar de la forma en la poesía concreta" (Nota)
RI L/126 (enero-marzo 1984): 165-174.

SACKETT, THEODORE ALAN

[S7] "Metaliteratura e intertextualidad en la última ficción de Jorge Icaza" (Estudio)
RI LIV/144-145 (julio-diciembre 1988): 753-762

SACKS, NORMAN P.

[S8] "Lastarria y Sarmiento: el chileno y el argentino achilenado" (Estudio)
RI LIV/143 (abril-junio 1988): 491-512

SACOTO, ANTONIO

[S9] "Fuentes para un estudio de la literatura ecuatoriana" (Bibliografía)
RI LIV/144-145 (julio-diciembre 1988): 1001-1009

SÁENZ, GERARDO

[S10] "Antonio Castro Leal: *Luis G. Urbina (1864-1934)*" (Reseña)
RI XXXI/59 (enero-junio 1965): 131-132

[S11] " James O. Swain: *Juan Marín - Chilean, the Man and his Writings*" (Reseña)
RI XXXVIII/78 (enero-marzo 1972): 176-177

SAFIR, MARGERY A.

[S12] "Mitología: otro nivel de metalenguaje en *Boquitas pintadas*" (Estudio)
RI XLI/90 (enero-marzo 1975): 47-58

SAINZ, ENRIQUE

[S13] "Eliseo Diego: definición de un poeta"
RI LVI/152-153 (julio-diciembre 1990): 1203-1210

SALAMANCA, DOUGLAS

[S14] "Literatura, sandinismo y compromiso" (Nota)
RI LVII/157 (octubre-diciembre 1991): 843-859

SALAS ZAMORA, EDWIN

[S15] "La identidad cultural del negro en las novelas de Quince Duncan. Aspectos temáticos y técnicos" (Estudio)
RI LIII/138-139 (enero-junio 1987): 377-390

SALAZAR, RAFAEL

[S16] "José Ignacio Cabrujas se adueñó del silencio" (Necrológica)
RI LXII/174 (enero-marzo 1996): 253-254

SALGADO, CÉSAR

[S17] "El entierro de González: con(tra) figuraciones del 98 en la narrativa ochentista puertorriqueña" (Estudio)
RI LXIV/184-185 (julio-diciembre 1998): 397-412

SALGADO, MARÍA A.

[S18] "*Casa de campo* o la realidad de la apariencia" (Nota)
RI LI/130-131 (enero-junio 1985): 283-291

[S19] "Félix Rubén García Sarmiento, Rubén Darío y otros entes de ficción" (Estudio)
RI LV/146-147 (enero-junio 1989): 339-362

[S20] "Esbozo de aproximación a la poética de Heberto Padilla en *Fuera del juego*" (Estudio)
RI LVI/152-153 (julio-diciembre 1990): 1257-1267

SALINAS, PEDRO

[S21] "El cisne y el búho" (Estudio)
RI II/3 (abril 1940): 55-78

[S22] "Registro de Jorge Carrera Andrade" (Estudio)
RI V/10 (octubre 1942): 285-294

[S23] "Saludo" (Nota)
RI XIII/26 (febrero 1948): 341-342

SALKJELSVIK, KARI S.

[S24] "El desvío como norma: la retórica de la receta en *Como agua para chocolate*" (Estudio)
RI LXV/186 (enero-marzo 1999): 171-182

SALLES-REESE, VERONICA

[S25] "Yo Don Joan de Santacruz Pachacuti Yamqui Salcamaygua ... digo" (Estudio)
RI LXI/170-171 (enero-junio 1995): 107-118

SALPER, ROBERTA L.

[S26] "Hernán Vidal: *Para llegar a Manuel Cofiño. Estudio de una narrativa revolucionaria cubana*" (Reseña)
RI LII/135-136 (abril-septiembre 1986): 786-789

[S27] "Margarite Fernández Olmos: *Sobre la literatura puertorriqueña de aquí y de allá: aproximaciones feministas*" (Reseña)
RI LVI/151 (abril-junio 1990): 665-666

[S28] "Sandra Messinger Cypess, David Kohut, Rachelle Moore: *Women Authors of Modern Hispanic South America. A Bibliography of Literary Criticism and Interpretation*" (Reseña)
RI LVI/151 (abril-junio 1990): 666-667

[S29] "Naomi Lindstrom: *Women's Voice in Latin American Literature*" (Reseña)
RI LVII/154 (enero-marzo 1991): 413-415

SALVADOR, ALVARO

[S30] "La antipoesía entre el neovanguardismo y la posmodernidad" (Estudio)
RI LVIII/159 (abril-junio 1992): 611-622

SALVADOR, NÉLIDA

[S31] "Leonidas de Vedia: *Enrique Banchs*" (Reseña)
RI XXXII/62 (julio-diciembre 1966): 338-340

[S32] "Contribución a la bibliografía de Oliverio Girondo" (Bibliografía)
RI XLIV/102-103 (enero-junio 1978): 187-219

SAMBRANO URDANETA, ÓSCAR

[S33] "En busca del reino perdido (para una poética del cuento en Julio Garmendia)" (Nota)
RI LX/166-167 (enero-junio 1994): 427-440

SAMUELS, DANIEL G.

[S34] "El *Crucero Lírico* de Providencia Riancho" (Estudio)
RI XII/23 (febrero 1947): 125-130

SAN ROMÁN, GUSTAVO

[S35] "Entrevista a Cristina Peri Rossi" (Nota)
RI LVIII/160-161 (julio-diciembre 1992): 1041-1048

SÁNCHEZ, JOSÉ

[S36] "Círculos literarios de Iberoamérica" (Estudio)
RI IX/18 (mayo 1945): 297-324

[S37] "El cuento hispanoamericano" (Estudio)
RI XVI/31 (julio 1950): 101-123

SÁNCHEZ, LUIS ALBERTO

[S38] "Un Villon criollo" (Estudio)
RI II/3 (abril 1940): 79-86

[S39] "El paisaje en la literatura americana, elemento desconocido aunque dominante" (Estudio)
RI II/4 (noviembre 1940): 389-400

[S40] "Clásicos de América: Manuel González Prada" (Estudio)
RI III/6 (mayo 1941): 281-290

[S41] "Dos notas sobre literatura peruana contemporánea" (Nota)
RI IV/8 (febrero 1942): 315-322

[S42] "¿Nos están 'descubriendo' en Norteamérica?" (Nota)
RI V/10 (octubre 1942): 263-266
RI LXVIII/200 (julio-septiembre 2002): 563-566

[S43] "Henry David Thoreau" (Estudio)
RI VI/11 (febrero 1943): 95-102

[S44] "Notas sobre Pedro Henríquez Ureña" (Estudio)
RI XXI/41-42 (enero-diciembre 1956): 159-166

[S45] "Chocano, traductor. Un aspecto y un libro ignorados del gran poeta" (Nota)
RI XXIII/45 (enero-junio 1958): 113-119

[S46] "Chocano en Centroamérica (1920-1921)" (Estudio)
RI XXV/49 (enero-junio 1960): 59-72

[S47] "Ricardo Miró (Panamá 5, noviembre, 1883; 2, marzo, 1940)" (Estudio)
RI XXVIII/54 (julio-diciembre 1962): 287-294

[S48] " La prosa periodística de César Vallejo" (Estudio)
RI XXXVI/71 (abril-junio 1970): 303-320

[S49] " Pablo de Olavide y Jáuregui Lima, 25 de enero, 1725 - Baeza, España, 24 ó 25 de febrero, 1803)" (Estudio)
RI XXXVIII/81 (octubre-diciembre 1972): 569-584

[S50] "Comentarios extemporáneos: Neruda y el premio Nobel" (Testimonio)
RI XXXIX/82-83 (enero-junio 1973): 27-39

[S51] "El secreto amor de Neruda" (Estudio)
RI XLII/94 (enero-marzo 1976): 19-29

SÁNCHEZ, MODESTO G.

[S52] "El fondo histórico de *El acoso*: 'Época heroica y época del botín'"
RI XLI/92-93 (julio-diciembre 1975): 397-422

SÁNCHEZ, NÉSTOR

[S53] "En relación con la novela como proceso o ciclo de vida" (Ensayo)
RI XXXVII/76-77 (julio-diciembre 1971): 569-574

SÁNCHEZ, OSVALDO

[S54] "Herencia, miseria y profecía de la joven poesía cubana" (Estudio)
RI LVI/152-153 (julio-diciembre 1990): 1129-1142

SÁNCHEZ, REINALDO

[S55] "*Don Junípero*: vehículo del costumbrismo en Cuba" (Estudio)
RI LVI/152-153 (julio-diciembre 1990): 759-768

SÁNCHEZ-PRADO, IGNACIO M.

[S56] "Juan José Arreola (1918-2001): la magia ha muerto un poco" (Necrológica)
RI LXVIII/198 (enero-marzo 2002): 197-198

SÁNCHEZ REULET, ANÍBAL

[S57] "Pensamiento y mensaje en Pedro Henríquez Ureña" (Estudio)
RI XXI/41-42 (enero-diciembre 1956): 61-67

[S58] "Alfonso Reyes (1889-1959)" (Necrológica)
RI XXV/49 (enero-junio 1960): 107-114

[S59] "La 'poesía gauchesca' como fenómeno literario" (Estudio)
RI XXVII/52 (julio-diciembre 1961): 281-299

SANDOVAL, CIRO A.

[S60] "*El Sexto* de José María Arguedas: espacio entrópico de hervores metatestimoniales" (Estudio)
RI LXIII/181 (octubre-diciembre 1997): 697-709

SANDOVAL DE FONSECA, VIRGINIA

[S61] "Dramaturgia costarricense" (Estudio)
RI LIII/138-139 (enero-junio 1987): 173-192

SANDOVAL SÁNCHEZ, ALBERTO

[S62] "La puesta en escena de la familia inmigrante puertorriqueña" (Estudio)
RI LIX /162-163 (enero-junio 1993): 345-359

[S63] "Moros por indios: ensayando una lectura ex-céntrica del discurso colonial en *La manganilla de Melilla* de Juan Ruiz de Alarcón" (Estudio)
RI LXI/172-173 (julio-diciembre 1995): 535-553

SANHUEZA, MARÍA TERESA

[S64] "Sylvia Saitta: *El escritor en el bosque de ladrillos. Una biografía de Roberto Arlt*" (Reseña)
RI LXVII/196 (julio-septiembre 2001): 591-593

SANÍN CANO, BALDOMERO

[S65] "Una vida de arte" (Nota)
RI I/1 (mayo 1939): 101-106

[S66] "Signos americanos: Libertad. Unidad" (Estudio)
RI II/4 (noviembre 1940): 315-320
RI LXVIII/200 (julio-septiembre 2002): 545-548

[S67] "A propósito de *Luz que flota en el olvido*" (Nota)
RI IV/7 (noviembre 1941): 49-52

[S68] "El 'grande humor'" (Documento)
RI XIII/26 (febrero 1948): 357-368

[S69] "Rafael Maya o la pasión estética" (Documento)
RI XIII/26 (febrero 1948): 369-374

[S70] "Jorge Brandes o el reinado de la inteligencia" (Documento)
RI XIII/26 (febrero 1948): 375-384

SANJINÉS, JAVIER C.

[S71] "El control del 'ficcional': Alcides Arguedas y Euclides Da Cunha" (Estudio)
RI LII/134 (enero-marzo 1986): 53-74

SANTA CRUZ, EDUARDO

[S72] "José Joaquín Blanco: *Ciudad de México: espejos del siglo XX*" (Reseña)
RI LXVI/191 (abril-junio 2000): 439-440

[S73] "María Elena Valdés: *The Shattered Mirror: Representations of Women in Mexican Literature*" (Reseña)
RI LXVI/193 (octubre-diciembre 2000): 907-909

SANTAELLA, JUAN CARLOS

[S74] "Juego y fortuna en el ensayo literario" (Nota)
RI LX/166-167 (enero-junio 1994): 561-564

SANTANDREU MORALES, EMMA

[S75] "Delmira Agustini, ala y llama" (Estudio)
RI IX/17 (febrero 1945): 45-60

SANTÍ, ENRICO MARIO

[S76] "Escritura y tradición: El *Martín Fierro* en dos cuentos de Borges" (Estudio)
RI XL/87-88 (abril-septiembre 1974): 303-319

[S77] "Lezama, Vitier y la crítica de la razón reminiscente" (Nota)
RI XLI/92-93 (julio-diciembre 1975): 535-546

[S78] "Hacia *Oppiano Licario*" (Nota)
RI XLVII/116-117 (julio-diciembre 1981): 273-279

[S79] "*Ismaelillo*, Martí y el modernismo" (Estudio)
RI LII/137 (octubre-diciembre 1986): 811-840

SANTIAGO, SILVANO

[S80] "Uma ferroada no peito do pé (Dupla leitura de *Triste Fim de Policarpo Quaresma*)" (Estudio)
RI L/126 (enero-marzo 1984): 31-46

[S81] "Crítica cultural, crítica literaria: desafios do fim do século" (Estudio)
RI LXIII/180 (julio-septiembre 1997): 363-378

SANTOS, LIDIA

[S82] "Global ou local?: o tropicalismo brasileiro e a presença da cultura de massa na narrativa da América Hispánica e do Caribe" (Estudio)
RI LXIV/182-183 (enero-junio 1998): 39-54

SAVA, WALTER

[S83] "José Hernández: Cien años de bibliografía, aporte parcialmente anotado" (Bibliografía)
RI XXXVIII/81 (octubre-diciembre 1972): 681-774

SARACENI, GINA ALESSANDRA

[S84] "Georgina Sabat de Rivers: *Estudios de literatura hispanoamericana. Sor Juana Inés de la Cruz y otros poetas barrocos de la Colonia*" (Reseña)
RI LXI/172-173 (julio-diciembre 1995): 723-726

SARDUY, SEVERO

[S85] "Notas a las notas a las notas ... A propósito de Manuel Puig" (Estudio)
RI XXXVII/76-77 (julio-diciembre 1971): 555-567
RI LXVIII/200 (julio-septiembre 2002): 645-654

[S86] "Página sobre Lezama" (Nota)
RI XLI/92-93 (julio-diciembre 1975): 467

[S87] "Textos inéditos de Severo Sarduy: *Ciclón/ Diagonal-Armand/Arenas*" (Ensayo)
RI LVII/154 (enero-marzo 1991): 327-335

SARLO, BEATRIZ

[S88] "Los dos ojos de *Contorno*" (Estudio)
RI XLIX/125 (octubre-diciembre 1983): 797-807

[S89] "Releer *Rayuela* desde *El cuaderno de bitácora*" (Estudio)
RI LI/132-133 (julio-diciembre 1985): 939-952

SARMIENTO, OSCAR

[S90] "Otro ejercicio de extrañamiento de Enrique Lihn" (Estudio)
RI LXII/175 (abril-junio 1996): 495-506

SARRE, ALICIA

[S91] "El Oficio Divino, fuente de inspiración de los villancicos de Sor Juana" (Estudio)
RI XVI/32 (enero 1951): 269-284

[S92] "Gongorismo y conceptismo en la poesía lírica de Sor Juana" (Estudio)
RI XVII/33 (julio 1951): 33-52

SAUMELL-MUÑOZ, RAFAEL M.

[S93] "El otro testimonio: literatura carcelaria en América Latina" (Estudio)
RI LIX/164-165 (julio-diciembre 1993): 497-507

SAUTER, SILVIA

[S94] "Proceso creativo en la obra de Ernesto Sábato" (Estudio)
RI LVIII/158 (Enero-marzo 1992): 115-151

SCHADE, GEORGE D.

[S95] "La sátira y las imágenes en la poesía de Luis Carlos López (con una bibliografía)" (Estudio)
RI XXII/43 (enero-junio 1957): 109-123

[S96] "La mitología en la poesía de Guillermo Valencia" (Estudio)
RI XXIV/47 (enero-junio 1959): 91-104

[S97] "El arte narrativo de *Sin rumbo*" (Estudio)
RI XLIV/102-103 (enero-junio 1978): 17-29

[S98] "Dos mexicanos vistos por sí mismos: Reyes y Abreu Gómez" (Estudio)
RI LV/148-149 (julio-diciembre 1989): 785-801

[S99] "Teresa de la Parra. *Memorias de mamá Blanca*. Edición crítica. Velia Bosch, coord." (Reseña)
RI 164-165 (Julio-Diciembre 1993): 844-849

SCHANZER, GEORGE O.

[S100] "La literatura rusa en el Uruguay" (Bibliografía)
RI XVII/34 (agosto 1951-enero 1952): 361-392

SCHANZER, GEORGE O. Y CONSTANT J. PATTI

[S101] "*Bohemia - Revista de Arte* (Montevideo, 1908-1910). Estudio e índices" (Estudio)
RI XXVIII/53 (enero-junio 1962): 103-129

[S102] "Boyd G. Carter: *Historia de la literatura hispanoamericana* (tomo V de la *Historia literaria de Hispanoamérica*, dirigida por Pedro Frank de Andrea)" (Reseña)
RI XXXVI/70 (enero-marzo 1970): 145-146

SCHÄRER, MAYA

[S103] "Rómulo Gallegos: *Canaima*. Edición crítica. Charles Minguet, coord." (Reseña)
RI LIX/164-165 (julio-diciembre 1993): 849-855

SCHMIDT, AFFONSO

[S104] "'Al caer las azadas'; 'La queja de los poetas vencidos'; 'Crepuscular'; 'Ofertorio'" (Textos)
RI VII/16 (noviembre 1944): 47-500

SCHMIDHUBER, GUILLERMO

[S105] "El modernismo hispanoamericano y el teatro: una reflexión" (Nota)
RI LV/146-147 (enero-junio 1989): 161-171

[S106] "Díptico sobre el teatro mexicano de los treinta: Bustillo y Magdaleno, Usigli y Villaurrutia" (Estudio)
RI LV/148-149 (julio-diciembre 1989): 1221-1237

[S107] "Gerardo Kleinburgh: *Tríptico*" (Reseña)
RI LVII/154 (enero-marzo 1991): 415-417

[S108] "Julio Matas: *Teatro: El extravío. La crónica y el suceso. Aquí cruza el ciervo*" (Reseña)
RI LIX/162-163 (enero-junio 1993): 392-394

[S109] Carlos de Sigüenza y Góngora y Alonso Ramírez: *Infortunios de Alonso Ramírez*" (Reseña)
RI LXI/172-173 (julio-diciembre 1995): 707-708

SCHMIDT, AFFONSO

[S110] "'Al caer las azadas'; 'La queja de los poetas vencidos'; 'Crepuscular'; 'Ofertorio'" (Textos)
RI VIII/16 (noviembre 1944): 497-500

SCHMIDT, FRIEDHELM

[S111] "Literaturas heterogéneas y alegorías nacionales: ¿paradigmas para las literaturas poscoloniales?" (Estudio)
RI LXVI/190 (enero-marzo 2000): 175-186

SCHOLZ, LASZLO

[S112] "Un octaedro del 'Octaedro' de Julio Cortázar (Estudio)
RI XLII/96-97 (julio-diciembre 1976): 447-458

[S113] "Realidad e irrealidad en *Tantas veces Pedro* de Alfredo Bryce-Echenique" (Estudio)
RI LVII/155-156 (abril-septiembre 1991): 533-542

SCHOPF, FEDERICO

[S114] "Las huellas del antipoema" (Estudio)
RI 168-169 (julio-diciembre 1994): 771-783

SCHRAIBMAN, JOSÉ

[S115] "*Tiempo de destrucción*: ¿novela estructural?" (Estudio)
RI XLVII/116-117 (julio-diciembre 1981): 213-220

[S116] "Antonio Skármeta: *Match Ball*" (Reseña)
RI LX/168-169 (julio-diciembre 1994): 1216-1217

SCHULMAN, IVÁN A.

[S117] "Génesis del azul modernista" (Estudio)
RI XXV/50 (julio-diciembre 1960): 251-271

[S118] "Manuel Gutiérrez Nájera: *Obras: crítica literaria I*" (Reseña)
RI XXV/50 (julio-diciembre 1960): 362-364

[S119] "Las estructuras polares en la obra de José Martí y Julián del Casal" (Estudio)
RI XXIX/56 (julio-diciembre 1963): 251-282

[S120] "Martí y Darío frente a Centroamérica: perspectivas de realidad y ensueño" (Estudio)
RI XXXIV/66 (julio-diciembre 1968): 201-236

[S121] "Esperanza Figueroa, Julio Hernández Miyares, Luis A. Jiménez, Gladys Zaldívar: *Julián del Casal. Estudios críticos sobre su obra*" (Reseña)
RI XLII/94 (enero-marzo 1976): 151-153

[S122] "*Non serviam*: Huidobro y los orígenes de la modernidad" (Estudio)
RI XLV/106-107 (enero-junio 1979): 9-17

[S123] "La estrategia del revés: El modernismo de Rafael Angel Troyo (Una relectura)" (Estudio)
RI LIII/138-139 (enero-junio 1987): 27-40

[S124] "José Martí frente a la modernidad hispanoamericana: Los vacíos y las reconstrucciones de la escritura modernista" (Estudio)
RI LV/146-147 (enero-junio 1989): 175-192

[S125] "El otro modernismo: el caso de Darío Herrera" (Estudio)
RI LXVII/196 (julio-septiembre 2001): 389-398

SCHWARTZ, JORGE

[S126] "*Don Segundo Sombra*: Una novela monológica" (Estudio)
RI XLII/96-97 (julio-diciembre 1976): 427-446

[S127] "Ficción e ideología: La narrativa fantástica de Murilo Rubião" (Estudio)
RI XLIII/98-99 (enero-junio 1977): 233-245

[S128] "Borges y la primera hoja de *Ulysses*" (Nota)
RI XLIII/100-101 (julio-diciembre 1977): 721-726

[S129] "Suzanne Jill Levine: *El espejo hablado (Un estudio sobre 'Cien años de soledad')*" (Reseña)
RI XLIV/102-103 (enero-junio 1978): 294-296

[S130] "Oliverio Girondo: actualización bibliográfica" (Bibliografía)
RI LII/137 (octubre-diciembre 1986): 1045-1049

[S131] "Beatriz Sarlo: *Una modernidad periférica: Buenos Aires, 1920 y 1930*" (Reseña)
RI LV/146-147 (enero-junio 1989): 564-568

SCHWARTZ, KESSEL

[S132] "José de la Cuadra" (Estudio)
RI XXII/43 (enero-junio 1957): 95-107

SCHWARTZ, MARCY

[S133] "París no siempre era una fiesta...: la política transnacional de la cultura en *La danza inmóvil* de Manuel Scorza" (Estudio)
RI LXIII/180 (julio-septiembre 1997): 437-448

SCHWARTZ, R. J.

[S134] "En busca de Silva" (Estudio)
RI XXIV/47 (enero-junio 1959): 65-77

SCHWARTZ LERNER, LÍA

[S135] "Tradición literaria y heroínas indias en *La Araucana*" (Estudio)
RI XXXVIII/81 (octubre-diciembre 1972): 615-625

SEABROOK, ROBERTA

[S136] "La poesía en movimiento: Octavio Paz" (Estudio)
RI XXXVII/74 (enero-marzo 1971): 161-175

SEDGWICK, RUTH

[S137] "Baldomero Lillo y Emile Zola" (Estudio)
RI VII/14 (febrero 1944): 321-328

SEFAMÍ, JACOBO

[S138] "Llenar las máscaras con las ropas del lenguaje: José Kozer" (Estudio)
RI LXVI/191 (abril-junio 2000):347-366

SEGAL, ZULY

[S139] "Juan Manuel Rivera: *Estética y mistificación en la obra de Ezequiel Martínez Estrada*" (Reseña)
RI LVI/151 (abril-junio 1990): 667-671

[S140] "Samuel Gordon: *El tiempo en el cuento hispanoamericano, antología de ficción y crítica*" (Reseña)
RI LVII/155-156 (abril-septiembre 1991): 802-804

[S141] "Naomi Lindstrom: *Jewish Issues in Argentine Literature, from Gerchunoff to Szichman*" (Reseña)
RI LVII/155-156 (abril-septiembre 1991): 804-806

SEGALA, AMOS

[S142] "Textología nahuatl y nuevas interpretaciones" (Nota)
RI LVII/155-156 (abril-septiembre 1991): 649-655
RI LXVIII/2000 (julio-septiembre 2002): 823-828

SEGUÍ, AGUSTÍN

[S143] " Los cuatro sueños de Castel en *El túnel* de Ernesto Sábato" (Estudio)
RI LVIII/158 (enero-marzo 1992): 69-80

SELVA, MAURICIO DE LA

[S144] "Marcos Antonio Montes de Oca: *Delante de la luz cantan los pájaros*" (Reseña)
RI XXV/50 (julio-diciembre 1960): 364-368

SENDER, RAMÓN J.

[S145] "Sobre la novela rapsódica y la urbe" (Estudio)
RI XVII/34 (enero 1952): 269-284

SENKMAN, LEONARDO

[S146] "La nación imaginaria de los escritores judíos latinoamericanos" (Estudio)
RI LXVI/191 (abril-junio 2000): 279-298

SEPÚLVEDA LLANOS, FIDEL

[S147] "Pablo de Rokha, una forma poética" (Estudio)
RI LX/168-169 (julio-diciembre 1994): 695-714

SERGE, CESARE

[S148] "Ernesto Sábato o la lucha por la razón" (Estudio)
RI LVIII/158 (enero-marzo 1992): 223-232

SERÍS, HOMERO

[S149] "Dos cartas de Pedro Henríquez Ureña" (Documento)
RI XXI/41-42 (enero-diciembre 1956): 49-53

SERPA, ENRIQUE

[S150] "Hernández Catá, cuentista" (Estudio)
RI XI/21 (junio 1946): 69-74

SERPA, PHOCION

[S151] "Manuel Antônio de Almeida" (Estudio)
RI IX/18 (mayo 1945): 325-356

SERRA, EDELWEIS

[S152] "Juan L. Ortiz: *En el aura del sauce* (Reseña)
RI XL/89 (octubre-diciembre 1974): 726-728

[S153] "La estrategia del lenguaje en *Historia universal de la infamia*" (Nota)
RI XLIII/100-101 (julio-diciembre 1977): 657-663

SEVERINO, ALEXANDRINO E.

[S154] "David T. Haberly: *Three Sad Races: Racial Identity and National Consciousness in Brazilian Literature*" (Reseña)
RI L/126 (enero-marzo 1984): 328-328

SHAW, DONALD L.

[S155] "Pasión y verdad en el teatro de Villaurrutia" (Nota)
RI XXVIII/54 (julio-diciembre 1962): 337-346

[S156] "Rómulo Gallegos: Suplemento a una bibliografía "(Bibliografía)
RI XXXVII/75 (abril-junio 1971): 447-457

[S157] "Skármeta: Contexto e ideas literarias' (Estudio)
RI LX/168-169 (julio-diciembre 1994): 1051-1061

SHULER, ESTHER ELISE

[S158] "La poesía de Eugenio Florit" (Estudio)
RI VIII/16 (noviembre 1944): 301-324

SHUMWAY, NICOLÁS

[S159] "Sábato 'vs.' Quique: una colaboración de opositores" (Estudio)
RI XLIX/125 (octubre-diciembre 1983): 829-838

[S160] "La nación hispanoamericana como proyecto racional y nostalgia mitológica: algunos ejemplos de poesía" (Estudio)
RI LXIII/178-179 (enero-junio 1996): 61-70

SIBIRSKY, SAÚL

[S161] "Manuel de Castro y su última novela" (Nota)
RI XXV/49 (enero-junio 1960): 125-133

[S162] "Emilio de Matteis: *La abulia mental en Latinoamérica*" (Reseña)
RI XXXI/59 (enero-junio 1965): 132-136

[S163] "Carlos de Sigüenza y Góngora (1645-1700). La transición hacia el iluminismo criollo en una figura excepcional" (Estudio)
RI XXXI/60 (julio-diciembre 1965): 195-207

SICARD, ALAIN

[S164] "La objetivación del fenómeno en la génesis de la noción de materia en *Residencia en la tierra*" (Estudio)
RI XXXIX/82-83 (enero-junio 1973): 99-110

SIEBENMANN, GUSTAV

[S165] "Ernesto Sábato y su postulado de una novela metafísica" (Estudio)
RI XLVIII/118-119 (enero-junio 1982): 289-302

SIEMENS, WILLIAM L.

[S166] "Rayas extravagantes: *Tres tristes tigres* y el neobarroco cubano" (Estudio)
RI LVII/154 (enero-marzo 1991): 235-243

SIFONTES GRECO, LOURDES C.

[S167] "Guillermo Meneses: Del cuento al cuaderno metaficcional. (Una lectura de las proyecciones de la especularidad en la cuentística meneseana hacia la escritura de *El falso cuaderno de Narciso Espejo*)" (Estudio)
RI LX/166-167 (enero-junio 1994): 169-184

SILVA CÁCERES, RAÚL

[S168] "El discurso obsesivo y la adición como estructura en *Mulata de Tal*, de Miguel Ángel Asturias" (Estudio)
RI XLVI/112-113 (julio-diciembre 1980): 459-470

[S169] "Un desplazamiento metonímico como base de la teoría de la visión en *El siglo de las luces*" (Nota)
RI XLIX/123-124 (abril-septiembre 1983): 487-496

SILVA CASTRO, RAÚL

[S170] "Notas sobre un libro de filología chilena" (Nota)
RI III/6 (mayo 1941): 399-414

[S171] "The Modernist Trend in Spanish American Poetry" (Estudio)
RI V/9 (mayo 1942): 17-32

[S172] "La expresión literaria de América" (Estudio)
RI VI/12 (mayo 1943): 393-402

[S173] "La literatura de Chile. Examen y refutación de un libro de don Mariano Latorre" (Estudio)
RI VII/13 (noviembre 1943): 103-126

[S174] "Julio Vicuña Cifuentes (1865-1936)" (Textos)
RI VII/14 (febrero 1944): 453-457

[S175] "Víctor Domingo Silva en *Pluma y Lápiz*" (Estudio)
RI X/20 (marzo 1946): 269-282

[S176] "José Donoso: *Coronación*" (Reseña)
RI XXIV/47 (enero-junio 1959): 199-201

[S177] "Mariano Latorre y su novela *La paquera*" (Estudio)
RI XXIV/48 (julio-diciembre 1959): 297-306

[S178] "María Flora Yáñez: *Antología del cuento chileno moderno*" (Reseña)
RI XXIV/48 (julio-diciembre 1959): 386-389

[S179] "Fernando Santiván: *Confesiones de Santiván. Recuerdos literarios*" (Reseña)
RI XXIV/48 (julio-diciembre 1959): 389-391

[S180] "José Zamudio: *Heinrich Heine en la literatura chilena*" (Reseña)
RI XXIV/48 (julio-diciembre 1959): 392-393

[S181] "Vicente Huidobro y el creacionismo" (Nota)
RI XXV/49 (enero-junio 1960): 115-124

[S182] "*Obras completas de Federico Gana*. Edición al cuidado de Alfonso M. Escudero" (Reseña)
RI XXVI/51 (enero-junio 1961): 204-207

[S183] "Julio Barrenechea: *Antología de Julio Barrenechea*" (Reseña)
RI XXVIII/53 (enero-junio 1962): 230-233

[S184] "Miguel Arteche: *Quince poemas*" (Reseña)
RI XXVIII/53 (enero-junio 1962): 233-236

[S185] "Homero Castillo: *El criollismo en la novelística chilena*" (Reseña)
RI XXVIII/54 (julio-diciembre 1962): 427-430

[S186] "María Urzúa: *Altovalsol*" (Reseña)
RI XXVIII/54 (julio-diciembre 1962): 430-432

[S187] "María Angélica Alfonso: *Mundo compartido*" (Reseña)
RI XXVIII/54 (julio-diciembre 1962): 432-435

[S188] "El centenario de *Martín Rivas*" (Nota)
RI XXIX/55 (enero-junio 1963): 139-146

[S189] "Arturo Torres-Rioseco: *Gabriela Mistral (una profunda amistad; un dulce recuerdo)*" (Reseña)
RI XXIX/55 (enero-junio 1963): 217-218

[S190] "Manuel Rojas: *Obras completas*" (Reseña)
RI XXIX/56 (julio-diciembre 1963): 362-363

[S191] "Daniel de la Vega: *Confesiones imperdonables*" (Reseña)
RI XXIX/56 (julio-diciembre 1963): 363-365

[S192] "Eduardo Barrios (1884-1963)" (Estudio)
RI XXX/58 (julio-diciembre 1964): 239-260

[S193] "Jaime Talciani: *La vida de nadie*" (Reseña)
RI XXXI/60 (julio-diciembre 1965): 320-321

[S194] "Guillermo Blanco: *Gracia y el forastero*" (Reseña)
RI XXXI/60 (julio-diciembre 1965): 322-324

SILVERMAN, MALCOLM

[S195] "João Ubaldo Ribeiro: *Vila Real*" (Reseña)
RI L/126 (enero-marzo 1984): 329-330

[S196] "Jorge Amado: *Farda fardão camisola de dormir*" (Reseña)
RI L/126 (enero-marzo 1984): 330-331

SIMMONS, MERLE E.

[S197] "G. M. Bertini: *Romanze novellesche spagnole in America*" (Reseña)
RI XXIV/47 (enero-junio 1959): 201-203

[S198] "Thomas Mabry Cranfill, ed.: *The Muse in Mexico: A Mid-Century Miscellany*" (Reseña)
RI XXIV/48 (julio-diciembre 1959): 393-395

SIMON, IUMNA MARIA

[S199] "Projetos alternativos/Confronto de poéticas" (Ensayo)
RI XLIII/98-99 (enero-junio 1977): 169-181

SIMÓN PALMER, MARÍA DEL CARMEN

[S200] "Panamá en la literatura española del Siglo de Oro" (Estudio)
RI LXVII/196 (julio-septiembre 2001): 475-496

SIMS, ROBERT L.

[S201] "El laboratorio periodístico de García Márquez: lo carnavalesco y la creación del espacio novelístico" (Nota)
RI LII/137 (octubre-diciembre 1986): 979-989

SKLODOWSKA, ELZBIETA

[S202] "Juan Manuel Marcos: *El invierno de Gunter*" (Reseña)
RI LIV/144-145 (julio-diciembre 1988): 1090-1092

[S203] "Andrés Avellaneda: *Censura, autoritarismo y cultura: Argentina 1960-1983*" (Reseña)
RI LIV/144-145 (julio-diciembre 1988): 1092-1094

[S204] "Alberto Julián Pérez: *Poética de la prosa de J. L. Borges. Hacia una crítica bakhtiniana de la literatura*" (Reseña)
RI LIV/144-145 (julio-diciembre 1988): 1094-1096

[S205] "Alfred J. Mac Adam: *Textual Confrontations. Comparative Readings in Latin American Literature*" (Reseña)
RI LIV/144-145 (julio-diciembre 1988): 1096-1098

[S206] "Armando Romero: *El nadaísmo colombiano o la búsqueda de una vanguardia perdida*" (Reseña)
RI LV/146-147 (enero-junio 1989): 568-570

[S207] "Raquel Chang-Rodríguez, Gabriella de Beer, eds.: *La historia en la literatura iberoamericana. Memorias del XXVI Congreso del Instituto de Literatura Iberoamericana*" (Reseña)
RI LVI/151 (abril-junio 1990): 671-675

[S208] "Miguel Barnet y la novela-testimonio" (Estudio)
RI LVI/152-153 (julio-diciembre 1990): 1069-1078
RI LXVIII/200 (julio-septiembre 2002): 799-806

[S209] "Fernando Burgos, ed.: *Las voces del karaí. Estudios sobre Augusto Roa Bastos*" (Reseña)
RI LVII/154 (enero-marzo 1991): 417-420

SMITH, CHARLES A.

[S210] "Teresinha Alves Pereira: *Estudo sôbre Clarice Lispector*" (Reseña)
RI XLI/91 (abril-junio 1975): 390-391

SMITH, GEORGE E.

[S211] "Bibliografía de las obras de Augusto d'Halmar" (Bibliografía)
RI XXVIII/54 (julio-diciembre 1962): 365-382

SMITH, ROBERT C.

[S212] "Los estudios brasileños en las universidades de los Estados Unidos" (Nota)
RI III/5 (febrero 1941): 167-174

SMITH, VERITY A.

[S213] "Memorias del país de los muertos. Una lectura de *La caja está cerrada* de Antón Arrufat" (Estudio)
RI LVI/152-153 (julio-diciembre 1990): 1091-1102

SNEARY, EUGENE C.

[S214] "Cecil Charles, traductora de Martí" (Nota)
RI XXIII/45 (enero-junio 1958): 155-162

SNOW, PETER G.

[S215] "Arthur P. Whitaker: *Nationalism in Latin America: Past and Present*" (Reseña)
RI XXX/58 (julio-diciembre 1964): 356-358

[S216] "James R. Scobie: *Argentina: A City and a Nation*" (Reseña)
RI XXXI/60 (julio-diciembre 1965): 319-320

[S225] "Louis Bourne: *Fuerza invisible. Lo divino en la poesía de Rubén Darío*" (Reseña)
RI LXVII/196 (julio-septiembre 2001): 588-590

SOBEJANO, GONZALO

[S217] "Valores figurativos y compositivos de la soledad en la novela de Juan Goytisolo" (Estudio)
RI XLVII/116-117 (julio-diciembre 1981): 81-88

SOLERA, RODRIGO

[S226] "La novela de tema indígena en Costa Rica" (Estudio)
RI LIII/138-139 (enero-junio 1987): 281-285

SOBRAL, GERALDO

[S218] "Antônio Cândido: *Literatura e Sociedade (Estudos de teoria e história literária)*" (Reseña)
RI XXXII/62 (julio-diciembre 1966): 340-342

[S219] "Gilberto Freyre: *Dona Sinhá & o Filho Padre*" (Reseña)
RI XXXII/62 (julio-diciembre 1966): 343-345

SOLOMIANSKI, ALEJANDRO

[S227] "El cuento de la patria. Una forma de su configuración en la cuentística de Ricardo Piglia" (Estudio)
RI LXIII/181 (octubre-diciembre 1997): 675-689

[S228] "Eduardo Pavlovsky: Teatro completo I. Estudio Preliminar y edición al cuidado de Jorge Dubatti" (Reseña)
RI LXV/187 (abril-junio 1999): 430-432

SOLANA, ANGELES

[S220] "José Alcántara Almánzar, *Narrativa y sociedad en Hispanoamérica*" (Reseña)
RI LIV/142 (enero-marzo 1988): 372-373

SOLÓRZANO, CARLOS

[S229] "*Teatro completo de Rodolfo Usigli*" (Reseña)
RI XXXII/62 (julio-diciembre 1966): 345-348

[S221] "Diógenes Céspedes: *Seis ensayos sobre poética latinoamericana*" (Reseña)
RI LIV/142 (enero-marzo 1988): 373-375

[S230] "Miguel Ángel Asturias y el teatro" (Estudio)
RI XXXV/67 (enero-abril 1969): 101-104

SOLARES LARRAVE, FRANCISCO

[S222] "Gabriela Mora. *El cuento modernista hispanoamericano: Manuel Gutiérrez Nájera, Rubén Darío, Leopoldo Lugones, Manuel Díaz Rodríguez, Clemente Palma*" (Reseña)
RI LXIII/181 (octubre-diciembre 1997): 736-759

SOLOTOREVSKY, MYRNA

[S231] "*Crónica de una muerte anunciada*: la escritura de un texto irreverente" (Estudio)
RI L/128-129 (julio-diciembre 1984): 1077-1091

[S223] "De la ciencia y el relato, rasgos de la postmodernidad en *Noticias del Imperio* de Fernando del Paso" (Estudio)
RI LXV/186 (enero-marzo 1999): 13-30

[S232] "El relato literario como configurador de un referente histórico: *Termina el desfile* de Reinaldo Arenas" (Estudio)
RI LVII/154 (enero-marzo 1991): 365-369

[S224] "Susana Rotker: *The American Chronicles of José Martí: Journalism and Modernity in Spanish America*" (Reseña)
RI LXVII/196 (julio-septiembre 2001): 585-588

SOMERLATE BARBOSA, MARÍA JOSÉ

[S233] "Elizabeth A. Marchant: *Critical Acts: Latin American Women and Cultural Criticism*" (Reseña)
RI LXVI/192 (julio-septiembre 2000): 684-687

[S234] "Cristina Ferreira-Pinto: *Urban Voices: Contemporary Short Stories from Brazil*" (Reseña)
RI LXVI/193 (octubre-diciembre 2000): 905-906

[S235] "Solange Ribeiro de Oliveira y Judith Still: *Brazilian Feminisms*" (Reseña)
RI LXVI/193 (octubre-diciembre 2000): 916-918

SOMERS, ARMONÍA

[S236] "Carta abierta desde Somersville" (Entrevista)
RI LVIII/160-161 (julio-diciembre 1992): 1155-1165

SOMMER, DORIS

[S237] "La ficción fundacional de Galván y las revisiones populistas de Bosch y Marrero Aristy" (Estudio)
RI LIV/142 (enero-marzo 1988): 99-128

[S238] "Ilán Stavans, el José entre sus hermanos" (Nota)
RI LXVI/191 (abril-junio 2000): 413-418

[S239] "El contrapunteo latino entre el inglés y español: notas para una nueva educación sentimental" (Estudio)
RI LXVI/193 (octubre-diciembre 2000): 863-877

SOMMERS, JOSEPH

[S240] "La génesis literaria de Francisco Rojas González" (Estudio)
RI XXIX/56 (julio-diciembre 1963): 299-309

[S241] "Iván A. Schulman, Manuel Pedro González, Juan Loveluck y Fernando Alegría: *Coloquio sobre la novela hispanoamericana*" (Reseña)
RI XXXIV/66 (julio-diciembre 1968): 406-408

[S242] "Clara Passafari: *Los cambios en la concepción y estructura de la narrativa mexicana desde 1947*" (Reseña)
RI XXXV/69 (septiembre-diciembre 1969): 584-585

SONG, SANG-KEE

[S243] "La sombra precolombina en el *ethos* barroco en las obras de Carlos Fuentes, Octavio Paz y Rufino Tamayo" (Estudio)
RI LXVI/194-195 (enero-junio 2001): 251-266

SOREN TRIFF, EDUARDO

[S244] "Improvisación musical y discurso literario en Julio Cortázar" (Nota)
RI LVII/155-156 (abril-septiembre 1991): 657-663

SORENSEN GOODRICH, DIANA

[S245] "*Facundo* y los riesgos de la ficción" (Nota)
RI LIV/143 (abril-junio 1988): 573-583

SOSNOWSKI, SAÚL

[S246] "Los ensayos de Julio Cortázar: pasos hacia su poética "(Estudio)
RI XXXIX/84-85 (julio-diciembre 1973): 657-666

[S247] "Roberto Paoli: "Borges. Percorsi di significato" (Reseña)
RI XLIII/100-101 (julio-diciembre 1977): 755-756

[S248] "Esteban Echeverría: El intelectual ante la formación del estado"(Estudio)
RI XLVII/114-115 (enero-junio 1981): 293-300

[S249] "La dispersión de las palabras: novelas y novelistas argentinos en la década del setenta" (Estudio)
RI XLIX/125 (octubre-diciembre 1983): 955-963

[S250] "Fronteras en las letras judías-latinoamericanas" (Estudio)
RI LXVI/191 (abril-junio 2000): 263-278

SOTO, FRANCISCO

[S251] "Reinaldo Arenas: *El portero*" (Reseña)
RI LVI/152-153 (julio-diciembre 1990): 1399-1401

[S252] "Reinaldo Arenas: *Voluntad de vivir manifestándose*" (Reseña)
RI LVI/152-153 (julio-diciembre 1990): 1401-1403

[S253] "*Celestino antes del alba*: escritura subversiva/sexualidad transgresiva" (Estudio)
RI LVII/154 (enero-marzo 1991): 345-354

[S254] "Reinaldo Arenas: *Viaje a La Habana*" (Reseña)
RI LVII/155-156 (abril-septiembre 1991): 806-809

SOTO, LUIS EMILIO

[S255] "Sanín Cano, amigo e intérprete de la Argentina" (Estudio)
RI XIII/26 (febrero 1948): 273-282

[S256] "Ricardo Rojas y la americanidad" (Estudio)
RI XXIII/46 (julio-diciembre 1958): 317-333

[S257] "Para un perfil de Oliverio Girondo"
RI XLI/91 (abril-junio 1975): 289-292

SOTOMAYOR, AUREA M.

[S258] "*El hipogeo secreto*: la escritura como palindromo y como cópula" (Estudio)
RI XLVI/112-113 (julio-diciembre 1980): 499-513

[S259] "Si un nombre convoca un mundo..., *Felices días, tío Sergio* en la narrativa puertorriqueña contemporánea" (Estudio)
RI LIX/162-163 (enero-junio 1993): 317-327

SPALDING, WALTER

[S260] "Poetas brasileiros em espanhol" (Estudio)
RI X/20 (marzo 1946): 287-294

[S261] "Chile e Brasil" (Estudio)
RI XIII/25 (octubre 1947): 141-150

SPECK, PAULA

[S262] "*Las fuerzas extrañas*: Leopoldo Lugones y las raíces de la literatura fantástica en el Río de la Plata" (Estudio)
RI XLII/96-97 (julio-diciembre 1976): 411-426

SPELL, JEFFERSON REA

[S263] "Dos manuscritos inéditos de 'El Pensador Mexicano'" (Estudio)
RI XIII/25 (octubre 1947): 53-66

[S264] "*Indulgencia para todos* en Austria y Alemania" (Estudio)
RI XVII/34 (enero 1952): 293-300

SPELL, LOTA M.

[S265] "Jefferson Rea Spell (9 de noviembre de 1886-3 de marzo de 1967)" (Bibliografía)
RI XXXIV/66 (julio-diciembre 1968): 355-364

SPERATTI PIÑERO, EMMA SUSANA

[S266] "Dos aspectos de la literatura mexicana del siglo XIX. I. Lo histórico y lo antihistórico en *Muñoz, visitador de México* de Ignacio Rodríguez Galván. II. El teatro neoclásico en la literatura mexicana: *Indulgencia para todos* de Manuel Eduardo de Gorostiza" (Estudio)
RI XIX/38 (septiembre 1954): 321-332

[S267] "Crono-bibliografía de don Pedro Henríquez Ureña" (Bibliografía)
RI XXI/41-42 (enero-diciembre 1956): 195-242

[S268] "Luis Leal: *Breve historia del cuento mexicano*" (Reseña)
RI XXII/43 (enero-junio 1957): 211-212

SPERATTI PIÑERO, EMMA SUSANA Y RAIMUNDO LIDA

[S269] "Lacunza en México" (Nota)
RI XLIV(104-105) (julio-diciembre 1978): 527-533

SPIELMANN, ELLEN

[S270] "El descentramiento de lo posmoderno" (Nota)
RI LXIII/176-177 (julio-diciembre 1996): 941-952

SPIRES, ROBERT C.

[S271] "*La cólera de Aquiles*: un texto producto del lector" (Nota)
RI XLVII/116-117 (julio-diciembre 1981): 241-245

STAVANS, ILÁN

[S272] "Alberto Manguel and Gianni Guadalupi: *The Dictionary of Imaginary Places*" (Reseña)
RI LIV/144-145 (julio-diciembre 1988): 1098-1100

[S273] "De regreso al *Ensayo de un crimen*" (Nota)
RI LVI/151 (abril-junio 1990): 519-521

[S274] "Oscar Hijuelos, novelista" (Nota)
RI LVII/155-156 (abril-septiembre 1991): 673-677

STEENMEIJER, MAARTEN

[S275] "Neurosis epistemológica: *El túnel* como novela modernista" (Estudio)
RI LVIII/158 (enero-marzo 1992): 81-90

[S276] "Karl Kohut: *La invención del pasado: la novela histórica en el marco de la posmodernidad*" (Reseña)
RI LXV/188-189 (julio-diciembre 1999): 749-750

STEIMBERG DE KAPLAN, OLGA

[S277] "Realismo y alegoría en *Libro de navíos y borrascas* de Daniel Moyano" (Nota)
RI LVII/155-156 (abril-septiembre 1991): 617-623

STEIN, SUSAN ISABEL

[S278] "Aproximaciones críticas a la prosa hispanoamericana colonial y la cuestión de la 'prosaica'" (Estudio)
RI LXI/172-173 (julio-diciembre 1995): 517-525

STERN, MIRTA E.

[S279] "El espacio intertextual en la narrativa de Juan José Saer: Instancia productiva, referente y campo de teorización de la escritura" (Estudio)
RI XLIX/125 (octubre-diciembre 1983): 965-981

STIEHM, BRUCE G.

[S280] "Aspectos morfopoéticos del estilo de Huidobro" (Nota)
RI XLVI/112-113 (julio-diciembre 1980): 523-531

[S281] "Eugenio Chang-Rodríguez (Guest Editor) y James Macris (Editor of Special Issues): *Spanish in the Western Hemisphere in Contact with English, Portuguese and the Amerindian Languages*" (Reseña)
RI LI/130-131 (enero-junio 1985): 428-430

STIMSON, FREDERICK S.

[S282] "Hispanofilia en los Estados Unidos" (Estudio)
RI XIX/37 (octubre 1953): 129-132

[S283] "Stanley T. Williams: *The Spanish Background of American Literature*" (Reseña)
RI XXII/43 (enero-junio 1957): 206-208

[S284] "Una poesía desconocida de Plácido" (Documento)
RI XXIV/48 (julio-diciembre 1959): 363-366

STOWELL, ERNEST E.

[S285] "*Os Romances da Bahia* de Jorge Amado" (Estudio)
RI IX/17 (febrero 1945): 79-83

STRAUB, WILLIAM J.

[S286] "Conversación con Jorge Carrera Andrade. Una entrevista de William J. Straub" (Entrevista)
RI XXXVIII/79 (abril-junio 1972): 307-315

STROUT, LILIA DAPAZ

[S287] "Evelyn Picón Garfield: *¿Es Julio Cortázar un surrealista?*" (Reseña)
RI XLII/94 (enero-marzo 1976): 153-155

STULTS, BARRY Y GERMÁN DARÍO CARRILLO

[S288] "*Cien años de soledad* y el concepto de la 'caída afortunada'" (Estudio)
RI XXXVIII(79) (abril-junio 1972): 237-262

SUÁREZ-MURIAS, MARGUERITE C.

[S289] "La lengua española, patrimonio espiritual y político" (Nota)
RI XXXVIII/78 (enero-marzo 1972): 133-141

SUBERCASEUX, BERNARDO

[S290] "Romanticismo y liberalismo en el primer Lastarria" (Estudio)
RI XLVII/114-115 (enero-junio 1981): 301-312

SUCRE, GUILLERMO

[S291] "Tendencias de la crítica borgiana" (Nota)
RI XXXV/68 (mayo-agosto 1969): 365-369

[S292] "Andrés Bello en su aventura creadora" (Nota)
RI XXXVI/70 (enero-marzo 1970): 95-100

[S293] "Borges: el elogio de la sombra" (Estudio)
RI XXXVI/72 (julio-septiembre 1970): 371-388

[S294] "La fijeza y el vértigo" (Estudio)
RI XXXVII/74 (enero-marzo 1971): 47-72

[S295] "Poesía crítica: Lenguaje y silencio" (Ensayo)
RI XXXVII/76-77 (julio-diciembre 1971): 575-597

[S296] "Borges, una poética de la desposesión" (Estudio)
RI XXXVIII/79 (abril-junio 1972): 187-198

[S297] "Lezama Lima: el logos de la imaginación" (Estudio)
RI XLI/92-93 (julio-diciembre 1975): 493-508

[S298] "Ramos Sucre: anacronismo y/o renovación" (Estudio)
RI XLV/106-107 (enero-junio 1979): 77-84

SUTHERLAND STARK, BERNICE

[S299] "Antonio Sacoto: *El indio en el ensayo de la América española*" (Reseña)
RI XXXVIII/80 (julio-septiembre 1972): 558-559

SWANSON, PHILIP

[S300] "Una entrevista con José Donoso" (Entrevista)
RI LIII/141 (octubre-diciembre 1987): 995-998

SWIATLO, DAVID

[S301] "Sueño y vigilia: el despertar de una conciencia (en *Libro de Manuel*, de J. Cortázar)" (Nota)
RI XLII/96-97 (julio-diciembre 1976): 545-552

SZMETAN, RICARDO

[S302] "Carlos A. Loprete: *El ensueño argentino*" (Reseña)
RI LII/135-136 (abril-septiembre 1986): 789-791

[S303] "El escritor frente a la sociedad en algunos cuentos de Rubén Darío" (Estudio)
RI LV/146-147 (enero-junio 1989): 415-423

[S304] "El fallecimiento de Enrique Anderson Imbert" (Necrológica)
RI LXVI/193 (octubre-diciembre 2001): 895-897

T

TALLER "HIPÓTESIS"

[T1] "Dos novelistas contemporáneos: Jesús Urzagasti y Jaime Sáenz" (Nota)
RI LII/134 (enero-marzo 1986): 279-284

[T2] "Escribir antes y después de la muerte (Sobre la obra poética de Jaime Sáenz): (Nota)
RI LII/134 (enero-marzo 1986): 285-289

TAMARGO, MARIBEL

[T3] "*La invención de Morel*: lectura y lectores" (Estudio)
RI XLII/96-97 (julio-diciembre 1976): 485-495

TAMAYO VARGAS, AUGUSTO

[T4] "Peripecias del mar y de la costa en Abraham Valdelomar" (Estudio)
RI XIV/27 (junio 1948): 73-90

[T5] "El romanticismo peruano y Carlos Augusto Salaverry" (Estudio)
RI XX/40 (septiembre 1955): 243-262

[T6] "Concolorcorvo ¿sería fray Calixto San Joseph Tupac Inga?" (Documento)
RI XXIV/48 (julio-diciembre 1959): 333-356

TAMBORENEA, MÓNICA

[T7] "Adriana Rodríguez Pérsico: *Un huracán llamado progreso. Utopía y autobiografía en Sarmiento y Alberdi*" (Reseña)
RI LXIII/178-179 (enero-junio 1996): 287-288

TATUM, TERREL LOUISE

[T8] "Ernesto Rayna: *Los tesoros de Hyarmey*" (Reseña)
RI II/4 (noviembre 1940): 521-523

[T9] "F. Cossío del Pomar: *El hechizo de Gauguin*" (Reseña)
RI II/4 (noviembre 1940): 523-525

TAURO, ALBERTO

[T10] "Colónida en el modernismo peruano" (Estudio)
RI I/1 (mayo 1939): 77-82

[T11] "*El Espejo de mi Tierra*" (Nota)
RI IV/8 (febrero 1942): 333-344

[T12] "Pensamiento burgués en la poesía de Luis Benjamín Cisneros" (Estudio)
RI XIV/27 (junio 1948): 45-62

[T13] "Bibliografía de la revista *Colónida*" (Bibliografía)
RI I/2 (noviembre 1939): 461-467

TAYLOR, MARTÍN G.

[T14] "*Los reyes* de Julio Cortázar: el minotauro redimido" (Estudio)
RI XXXIX/84-85 (julio-diciembre 1973): 537-556

TEIXIDO, RAÚL

[T15] "Renato Prada, alienación y compromiso" (Lectura)
RI LII/134 (enero-marzo 1986): 243-254

TEJA, ADA MARÍA

[T16] "El origen de la nacionalidad y su toma de conciencia en la obra juvenil de José Martí: semantización de Cuba y España" (Estudio)
RI LVI/152-153 (julio-diciembre 1990): 793-822

TELLEZ, HERNANDO

[T17] "Estampa de Sanín Cano" (Nota)
RI XIII/26 (febrero 1948): 325-327

TEMPLIN, E. H.

[T18] "Augusto Asturias: *Páginas de Quito*"(Reseña)
RI II/4 (noviembre 1940): 526-527

[T19] "Julio Jiménez Rueda: *Juan Ruiz de Alarcón y su tiempo*" (Reseña)
RI II/3 (abril 1940): 265-267

TENREIRO, SALVADOR

[T20] "Ramos Sucre y la crítica" (Nota)
RI LX/166-167 (enero-junio 1994): 417-425

THOMAS, RUTH SIEVERS

[T21] "Las fuentes de las *Tradiciones Peruanas* de Ricardo Palma" (Estudio)
RI II/4 (noviembre 1940): 461-470

TIERNEY, DOLORES

[T22] "El terror en *El beso de la mujer araña*" (Estudio)
RI LXVIII/199 (abril-junio 2002): 355-366

TINAJERO, FERNANDO

[T23] "Rupturas, desencantos y esperanzas (Cultura y Sociedad en el Ecuador: 1960-1985)" (Estudio)
RI LIV/144-145 (julio-diciembre 1988): 791-810

TIRADO, MOISÉS

[T24] "P. H. Hernández, poeta del dolor" (Estudio)
RI XX/40 (septiembre 1955): 301-310

TOLEDO LEDUC, CARLOS

[T25] "Ricardo Rojas: *Archipiélago*" (Reseña)
RI VIII/15 (mayo 1944): 162

TOPETE, JOSÉ MANUEL

[T26] "González Martínez y la crítica" (Estudio)
RI XVI/32 (enero 1951): 255-268

[T27] "El ritmo poético de González Martínez" (Estudio)
RI XVIII/35 (diciembre 1952): 131-140

[T28] "Eduardo Mallea y el laberinto de la agonía. *Historia de una pasión argentina*" (Estudio)
RI XX/39 (marzo 1955): 117-152

[T29] "Rafael Heliodoro Valle y el Ateneo Americano de Washington" (Estudio)
RI XXII/43 (enero-junio 1957): 125-131

TORCHIA-ESTRADA, JUAN CARLOS

[T30] "Un libro sobre Francisco Romero" (Nota)
RI XXV/50 (julio-diciembre 1960): 317-325

[T31] "Alejandro Korn visto por sus críticos" (Estudio)
RI XXVIII/54 (julio-diciembre 1962): 245-286

TORO, ALFONSO DE

[T32] "Estructura narrativa y temporal en *Cien años de soledad*" (Estudio)
RI L/128-129 (julio-diciembre 1984): 957-978

[T33] "Postmodernidad y Latinoamérica (con un modelo para la narrativa postmoderna)" (Estudio)
RI LVII/155-156 (abril-septiembre 1991): 441-467

TORO, FERNANDO DE

[T34] "Análisis actancial de *Pirámide 179* de Máximo Avilés Blonda" (Estudio)
RI LIV/142 (enero-marzo 1988): 271-287

TORRE, ANTONIO M. DE LA

[T35] "Apuntes y documentos para la biografía de Rubén Darío" (Estudio)
RI II/3 (abril 1940): 173-190

[T36] "Apuntes y documentos para la biografía de Rubén Darío (II)" (Estudio)
RI III/5 (febrero 1941): 95-108

[T37] "Consideraciones sobre la actitud político-social de Rubén Darío" (Estudio)
RI XIX/38 (septiembre 1954): 261-272

TORRE, GUILLERMO DE

[T38] "Reconocimiento crítico de César Vallejo" (Estudio)
RI XXV/49 (enero-junio 1960): 45-58

TORREGOSA, MÓNICA

[T39] "Malú Sierra: *Donde todo es altar: Aymaras, los hijos del sol*" (Reseña)
RI 168-169 (julio-diciembre 1994): 1218-121

TORRES, DANIEL

[T40] "La virtualidad interior del indigenismo en *Hombres de maíz*: topografía del inconsciente al margen" (Nota)
RI LIII/141 (octubre-diciembre 1987): 905-912

[T41] "Comentario sobre la poesía actual de Puerto Rico" (Estudio)
RI LIX/164-165 (julio-diciembre 1993): 703-706

TORRES, MARÍA INÉS DE

[T42] "Doris Sommer: *Foundational Fictions: The National Romances of Latin America*" (Reseña)
RI LIX/164-165 (julio-diciembre 1993): 768-771

TORRES, PAULO

[T43] "'Propiedad'; 'Balada del pan'; 'Flagrante'" (Textos)
RI VIII/16 (noviembre 1944): 501-502

TORRES DE PERALTA, ELBA

[T44] "E. D. Carter Jr.: *Otro round: Estudios sobre la obra de Julio Cortázar*" (Reseña)
RI LVII/155-156 (abril-septiembre 1991): 809-811

TORRES RIOSECO, ARTURO

[T45] "Carlos Reyles (1)" (Estudio)
RI I/1 (mayo 1939): 47-72

[T46] "Tres poetas mexicanos" (Estudio)
RI I/1 (mayo 1939): 77-82

[T47] "Nuevas tendencias en la novela" (Estudio)
RI I/1 (mayo 1939): 83-90

[T48] "Consideraciones acerca del pensamiento hispanoamericano" (Estudio)
RI I/2 (noviembre 1939): 277-296
RI LXVIII/200 (julio-septiembre 2002): 523-528

[T49] "Carlos Reyles (2)" (Estudio)
RI I/2 (noviembre 1939): 339-352

[T50] "El nuevo estilo en la novela" (Estudio)
RI III/5 (febrero 1941): 75-84

[T51] "La última vez que florecieron las lilas en el patio de Walt Whitman" (Colección literaria)
RI XI/21 (junio 1946): 189

[T52] "Cambio de director" (Nota)
RI X/19 (noviembre 1945): 7-8

[T53] "Sor Juana Inés de la Cruz" (Estudio)
RI XII/23 (febrero 1947): 13-38

[T54] "'Campanita nocturna'; 'Romance a Jorge González Bastías'; 'Jilguero perdido en alta mar'; 'Paz'; 'La hoja de trébol'; 'Lluvia'; 'Olas'; '¿Dónde tú?'; 'Te vi en la luz'; 'Viste mis ojos'; 'Detener el tiempo'; 'Qué grandes tus ojos!'; 'Vives en mí'; 'Mariposas de fuego'; 'Podrás amarme siempre?'; 'Símbolo y forma'; 'Recuerdo'; 'Como en los altos montes'; 'Muerte de los veinte años'; Caupolicán'; 'Canto a España viva'" (Textos)
RI IX/17 (febrero 1954): 173-200

[T55] "Algunos comentarios sobre *Categorías críticas de Arturo Torres Rioseco*" (Estudio)
RI XII/24 (junio 1947): 316-321

[T56] "Mi concepto de libertad" (Estudio)
RI XIX/38 (septiembre 1954): 213-216

[T57] "Recuerdos de Pedro Henríquez Ureña" (Nota)
RI XXI/41-42 (enero-diciembre 1956): 139-142

[T58] "La casi muerte de Felipe Alfau" (Nota)
RI XXII/43 (enero-junio 1957): 143-144

[T59] "La huella de Quintana en la literatura hispanoamericana" (Estudio)
RI XXII/44 (julio-diciembre 1957): 261-272

[T60] "Un poeta modernista olvidado: Carlos Pezoa Véliz (1879-1908)" (Estudio)
RI XXIV/47 (enero-junio 1959): 79-90

[T61] "La dictadura, tema novelístico" (Nota)
RI XXIV/48 (julio-diciembre 1959): 307-310

[T62] "Sobre antologías" (Nota)
RI XXIV/48 (julio-diciembre 1959): 311-314

[T63] "Aclaración a una reseña del diccionario de la literatura latinoamericana –Chile" (Polémica)
RI XXV/49 (enero-junio 1960): 147-148

[T64] "Mariano Azuela: *Regina Landa*" (Reseña)
RI I/2 (noviembre 1940): 306-307

[T65] "Fermín Estrella Gutiérrez y Emilio Suárez Calimano: *Historia de la literatura americana y argentina*" (Reseña)
RI III/5 (febrero 1941): 231-232

[T66] "Gernán Díaz Arrieta: *Don Alberto Blest Gana*" (Reseña)
RI III/5 (febrero 1941): 229-230

[T67] "Luis Alberto Sánchez: *América: novela sin novelistas*" (Reseña)
RI III/5 (febrero 1941): 230

[T68] Luis Alberto Sánchez: *Garcilaso Inca de la Vega*" (Reseña)
RI II/4 (noviembre 1940): 527

[T69] "Manuel Maples Arce: *Antología de la poesía mexicana moderna*" (Reseña)
RI III/6 (mayo de 1941): 462

[T70] "Roberto Meza Fuentes: *De Díaz Mirón a Rubén Darío*" (Reseña)
RI III/6 (mayo de 1941): 462

[T71] "Juan Guzmán Cruchaga" *Aventura*" (Reseña)
RI III/6 (mayo de 1941): 463-464

[T72] "Cecilia Mireiles: *Viajem*" (Reseña)
RI VI/11 (febrero 1943): 146-147

[T73] "Ralph E. Warner: *Historia de la novela mexicana en el siglo XIX*" (Reseña)
RI XVIII/36 (enero-septiembre 1953): 415-416

[T74] "Octavio Paz: *Anthologie de la Poésie Mexicaine*" (Reseña)
RI XIX/ 37 (octubre 1953-marzo 1954): 191-193

[T75] "Jaime Torres Bodet: *Fronteras*" (Reseña)
RI XIX/38 (abril-septiembre 1954): 384-387

TORUÑO, JUAN FELIPE

[T76] "Walt Whitman, bíblico, futurista poeta de América" (Estudio)
RI IV/8 (febrero 1942): 305-314

TORUÑO, RHINA

[T77] "Elena Garro, una de las más grandes escritoras de México, ha muerto (1916-1998)" (Necrológica)
RI LXV/186 (enero-marzo 1999): 185-189

TOSCANO, SALVADOR

[T78] "José Moreno Villa: *Escultura colonial mexicana*" (Reseña)
RI VI/12 (mayo 1943): 513

[T79] "Francisco Monterde: *Moctezuma II señor de Anáhuac*" (Reseña)
RI XV/29 (febrero-julio 1949): 142-143

TORRES ROSADO, SANTOS

[T80] "Revolución y evolución teatral en el Puerto Rico de los setenta y los ochenta" (Estudio)
RI LIX/164-165 (julio-diciembre 1993): 713-718

TOVAR, FRANCISCO

[T81] "La Habana, un paisaje urbano" (Estudio)
RI LVIII/159 (abril-junio 1992): 623-638

TRIVIÑOS, GILBERTO

[T82] "Rodrigo Canova: *Guaman Poma, Felipe: Escritura y censura en el Nuevo Mundo*" (Reseña)
RI LXI/172-173 (julio-diciembre 1995): 726-729

TRITTEN, SUSAN

[T83] "Los cholos y la búsqueda de una nueva sociedad" (Estudio)
RI LII/134 (enero-marzo 1986): 219-224

TURNER, HARRIET S. Y JOHN K. KNOWLES

[T84] "Relecturas críticas de *La tísica* de Javier de Viana" (Estudio)
RI LII/135-136 (abril-septiembre 1986): 417-429

U

UDICK, HELEN BERNICE

[U1] "Bibliografía de Manuel José Othón" (Bibliografía)
RI XI/22 (octubre 1946): 357-378

UHRNAN, EVELYN E.

[U2] "Antonio Oliver Belmas: *Este otro Rubén Darío*" (Reseña)
RI XXVI/51 (enero-junio 1961): 207-208

ULACIA, MANUEL

[U3] "Octavio Paz: poesía, pintura, música, etcétera. Conversación con Octavio Paz" (Entrevista)
RI LV/148-149 (julio-diciembre 1989): 615-636

ULLA, NOEMÍ

[U4] "Tradición y transgresión en los cuentos de Julio Ricci" (Nota)
RI LVIII/160-161 (julio-diciembre 1992): 1065-1076

ULLOA, JUSTO C.

[U5] "*Paradiso* y la estética de la derivación" (Estudio)
RI LVII/154 (enero-marzo 1991): 101-107

ULLOA, JUSTO C. Y LEONOR A. DE ULLOA

[U6] "Proyecciones y ramificaciones del deseo en *Junto al río de cenizas una rosa*" (Nota)
RI XLI/92-93 (julio-diciembre 1975): 569-578

ULLOA, LEONOR A. DE

[U7] "Cangrejos, golondrinas: Metástasis textual" (Estudio)
RI LVII/154 (enero-marzo 1991): 91-100

ULRICH, LEO

[U8] "*Doña Perfecta* y *Doña Bárbara*. Un caso de ramificación literaria" (Estudio)
RI XVI/31 (julio 1950): 13-30

UMPIERRE, LUZ MARÍA

[U9] "Ignacio Solares: *El árbol del deseo*" (Reseña)
RI XLIX/123-124 (abril-septiembre 1983): 676-678

[U10] "Rosario Ferré: *Sitio a Eros: Trece ensayos literarios*" (Reseña)
RI XLIX/123-124 (abril-septiembre 1983): 678-680

[U11] "Luisa Valenzuela: *Cola de lagartija*" (Reseña)
RI LI/130-131 (enero-junio 1985): 430-432

[U12] "Incitaciones lesbianas en *Milagros, Calle Mercurio* de Carmen Lugo Filippi" (Estudio)
RI 162-163 (enero-Junio 1993): 309-316

UNDURRAGA, ANTONIO DE

[U13] "La órbita poética de Jorge Carrera Andrade" (Estudio)
RI IV/8 (febrero 1942): 293-304

UNRUH, VICKY

[U14] "Alberto Julián Pérez: *Modernismo, vanguardias, postmodernidad. Ensayos de literatura hispanoamericana*" (Reseña)
RI LXIII/181 (octubre-diciembre 1997): 739-741

[U15] "Las ágiles musas de la modernidad: Patricia Galvão y Norah Lange" (Estudio)
RI LXIV/182-183 (enero-junio 1998): 271-286

UNZUETA, FERNANDO

[U16] "Género y sujetos nacionales: en torno a las novelas históricas de Lindaura Anzoátegui" (Estudio)
RI LXIII/178-179 (enero-junio 1997): 219-230

[U17] "Josefa Salmón: *El espejo indígena. El discurso indigenista en Bolivia 1900-1956*" (Reseña)
RI LXVI/193 (octubre-diciembre 2000): 923-925

URBINA, NICASIO

[U18] "La lectura en la obra de Ernesto Sábato" (Estudio)
RI LIII/141 (octubre-diciembre 1987): 823-836

[U19] "John Beverley y Marc Zimmerman: *Literature and Politics in the Central American Revolutions* (Reseña)
RI LVII/155-156 (abril-septiembre 1991): 811-814

[U20] "Palabras de silencio hablado: introducción a la poesía nicaragüense" (Estudio)
RI LVII/157 (octubre-diciembre 1991): 891-914

[U21] "La estructura narrativa de *Sobre héroes y tumbas* de Ernesto Sábato: aplicación de un método" (Estudio)
RI LVIII/158 (enero-marzo 1992): 161-171

URDANIVIA BERTARELLI, EDUARDO

[U22] "Acerca del concepto de poesía en Lezama Lima" (Nota)
RI LVII/154 (enero-marzo 1991): 25-32

URIARTE, IVÁN

[U23] "Rafael Humberto Moreno-Durán: *De la imaginación a la barbarie*" (Reseña)
RI XLIV/102-103 (enero-junio 1978): 297-300

[U24] "Marco Antonio Flores: *Los compañeros*" (Reseña)
RI XLIV/102-103 (enero-junio 1978): 300-303.

[U25] "La revisión crítica de Carlos Rincón" (Reseña)
RI XLVII/114-115 (enero-junio 1981): 347-355

[U26] "El intertexto como principio constructivo en los cuentos de *Azul* ... y su proyección en la nueva narrativa latinoamericana" (Nota)
RI LII/137 (octubre-diciembre 1986): 937-943

URRUTIA ARTIEDA M. A.

[U27] "Notas sobre Horacio Quiroga" (Nota)
RI II(3) (abril 1940): 191-198

URTECHO, ALVARO

[U28] "Sobre la obra poética del Padre Azarias H. Pallais en la nueva Nicaragua" (Reseña)
RI LVII/157 (octubre-diciembre 1991): 1083-1085

[U29] "Eduardo Zepeda Henríquez: *Mitología nicaragüense: trabajo pionero de interpretación y reflexión*" (Reseña)
RI LVII/157 (octubre-diciembre 1991): 1085-1087

[U30] "Manuel Martínez: *Tiempo, lugares y sueños*" (Reseña)
RI LVII/157 (octubre-diciembre 1991): 1087-1090

[U31] "Carlos Alemán: *Bording House San Antonio*" (Reseña)
RI LVII/157 (octubre-diciembre 1991): 1090-1092

UZQUIZA GONZÁLEZ, JOSÉ IGNACIO

[U32] "Simbolismo e historia en Juan Rulfo" (Estudio)
RI LVIII/159 (abril-junio 1992): 639-655

[V7] "De la Manuela a la Marquesita avanza el escritor custodiado (o no) por los perros del deseo" (Nota)
RI LX/168-169 (julio-diciembre 1994): 1005-1008

VACCARELLA, ERIC

[V1] "*Estrangeros, uellacos, santos y rreys*: la representación de los negros en la obra de Felipe Guamán Poma de Ayala" (Estudio)
RI LXVIII/198 (enero-marzo 2002) 13-26

VALCÁRCEL, LUIS E.

[V2] "De mi viaje a los Estados Unidos" (Nota)
RI VI/12 (mayo 1943): 271-295

VALDANO, JUAN

[V3] "Personajes y entornos del cuento ecuatoriano contemporáneo" (Nota)
RI LIV/144-145 (julio-diciembre 1988): 811-818

VALDÉS, ADRIANA

[V4] "Identidades tránsfugas: Lectura de *Tala*" (Estudio)
RI LX/168-169 (julio-diciembre 1994): 685-693

VALDÉS, ENRIQUE

[V5] "Memorias de Pablo Neruda: contrapunto autobiográfico en prosa y verso" (Estudio)
RI 168-169 (julio-diciembre 1994): 1125-1134

VALENZUELA, LUISA

[V6] "La mala palabra" (Ensayo)
RI LI/132-133 (julio-diciembre 1985): 489-491

VALERO, ROBERTO

[V8] "*Otra vez el mar* de Reinaldo Arenas" (Estudio)
RI LVII/154 (enero-marzo 1991): 355-363

VALIS, NOËL M.

[V9] "Fernando Burgos, ed.: *Prosa hispánica de vanguardia*" (Reseña)
RI LIV/144-145 (julio-diciembre 1988): 1104-1106

VALLBONA, RIMA DE

[V10] "*La ruta de su evasión* de Yolanda Oreamuno: escritura proustiana suplementada" (Estudio)
RI LIII/138-139 (enero-junio 1987): 193-217

VALLE, FRANCISCO

[V11] "*El inventario teatral de Nicaragua* de Jorge Eduardo Arellano" (Nota)
RI LVII/157 (octubre-diciembre 1991): 1059-1068

VALLE, RAFAEL HELIODORO

[V12] "Cuatro siglos de historia literaria" (Estudio)
RI I/2 (noviembre 1939): 381-383

[V13] "Bibliografía de la Imprenta americana" (Biblografía)
RI I/2 (noviembre 1939): 475-480

[V14] "Rosario en su *Nocturno*" (Estudio)
RI XI/22 (octubre 1946): 233-238

[V15] "El Centenario de la *Gramática* de Bello" (Estudio)
RI XII/23 (febrero 1947): 39-48

[V16] "José Trinidad Reyes, humanista y poeta" (Estudio)
RI XIV/27 (junio 1948): 31-36

[V17] "Shakespeare en México" (Estudio)
RI XV/30 (enero 1950): 287-290

[V18] "Fichas para la bibliografía de Poe en Hispanoamérica" (Bibliografía)
RI XVI/31 (febrero-julio 1950): 199-214

[V19] "José Martí: *Obras completa*" (Reseña)
RI XII/26 (febrero 1948): 396-397

[V20] "Madeline B. Stern: *Purple Passage (The Life of Mrs. Frank Leslie)*" (Reseña)
RI XIX/37 (octubre 1953-marzo 1954) 193-194

[V21] "Luis Amílcar Raudales: *Batiburillo histórico*" (Reseña)
RI XIX/38 (abril-septiembre 1954) 387-388

[V22] "Rubén Darío (hijo): *La amargura de la Patagonia*" (Reseña)
RI XIX/38 (abril-septiembre 1954) 388-390

VALLEJO, CATHARINA DE

[V23] "Aspectos de una dialéctica especularia en *Una luz muy lejana* de Daniel Moyano" (Estudio)
RI LXII/175 (abril-junio 1996): 447-461

VALLIÈRES, MARÍA GLADYS

[V24] "Cynthia Steele: *Narrativa indigenista en los Estados Unidos y México*. Manuel Fernández Perera, trad." (Reseña)
RI LIV/144-145 (julio-diciembre 1988): 1100-1104

VALVERDE, UMBERTO

[V25] "La nueva respuesta de la literatura colombiana" (Ensayo)
RI L/128-129 (julio-diciembre 1984): 853-859

VAN HORNE, JOHN

[V26] "El mérito de *La Araucana*" (Nota)
RI XXII/44 (julio-diciembre 1957): 339-344

VARDERI, ALEJANDRO

[V27] "Barry J. Lury and Wayne H. Finke, eds.: *Anthology of Contemporary Latin American Literature (1960-1984)*" (Reseña)
RI LV/146-147 (enero-junio 1989): 570-573

[V28] "Nora Erro-Orthman y Claridad L. Silva-Velázquez: *Puerta abierta: La nueva escritora latinoamericana*" (Reseña)
RI LVI/150 (enero-marzo 1990): 364-367

[V29] "Armando Romero: *Las combinaciones debidas*" (Reseña)
RI LVI/151 (abril-junio 1990): 676-678

[V30] "Roberto Echavarren: *Aura Amara*" (Reseña)
RI LVI/151 (abril-junio 1990): 679-681

[V31] "Sylvia Molloy: *En breve cárcel*" (Reseña)
RI LVIII/158 (enero-marzo 1992): 308-311

[V32] "Roberto Echavarren: margen de ficción. Poéticas de la narrativa hispanoamericana" (Reseña)
RI LIX/164-165 (julio-diciembre 1993): 856-858

[V33] "Premios Letras de Oro 1990-1991" (Reseña)
RI LIX/164-165 (julio-diciembre 1993): 859-861

[V34] "Los talleres literarios en la formación de la literatura del fin de siglo" (Nota)
RI LX/166-167 (enero-junio 1994): 575-581

[V35] "Víctor Fuentes: *Buñuel. Cine y Literatura*" (Reseña)
RI LX/166-167 (enero-junio 1994): 615-617

VARELA AVELLANEDA, CARLOS

[V36] "Saúl Taborda: *La crisis espiritual y el ideario argentino*" (Reseña)
RI VIII/15 (mayo 1944): 162-163

VARGAS, RAFAEL

[V37] "Nuevas voces de la poesía mexicana: seis casos" (Textos)
RI LV/148-149 (julio-diciembre 1989): 1195-1207

VARGAS BARÓN, ANÍBAL

[V38] "Vida y pensamiento de José Joaquín Vargas Valdés" (Estudio)
RI XI/22 (octubre 1946): 239-258

[V39] "Vida y pensamiento de José Joaquín Vargas Valdés (II)" (Estudio)
RI XII/23 (febrero 1947): 93-124

VARGAS DURAND, LUIS ALFREDO

[V40] "Guillermo Lohman Villena: *Amarilis indiana. Identificación y semblanza*" (Reseña)
RI LXI/172-173 (julio-diciembre 1995): 718-723

VARGAS LLOSA, MARIO

[V41] "Literatura y suicidio: el caso Arguedas. (*El zorro de arriba y el zorro de abajo*)" (Estudio)
RI XLVI/110-111 (enero-junio 1980): 3-28

[V42] "José María Arguedas: entre la ideología y la arcadia" (Estudio)
RI XLVI/116-117 (julio-diciembre 1981): 33-46
RI LXVIII/2000 (julio-septiembre 2002): 753-764

VARGAS LLOSA, MARIO Y JORGE EDWARDS / ET. AL.

[V43] "Mesa redonda: La experiencia de los novelistas" (Mesa redonda)
RI XLVII(116-117) (julio-diciembre 1981): 309-321

VARGAS OSORIO, TOMÁS

[V44] "J. A. Osorio Lizarazo: *Garabato*" (Reseña)
RI V/9 (mayo 1942): 172-173

VASCONCELOS, JOSÉ

[V45] "Homenaje a Gabriela Mistral" (Estudio)
RI X/20 (marzo 1946): 221-228
RI LXVIII/200 (julio-septiembre 2002): 585-590

[V46] "Cervantes y América" (Estudio)
RI XIII/25 (octubre 1947): 13-22

VÁZQUEZ, JOSEFINA ZORAIDA

[V47] "Antes y después de la revolución mexicana" (Estudio)
RI LV/148-149 (julio-diciembre 1989): 693-713

VÁZQUEZ, JUAN ADOLFO

[V48] "Francisco Romero: *Alejandro Korn. Filósofo de la libertad*" (Reseña)
RI XXII/43 (enero-junio 1957): 179-183

[V49] "A. Owen Aldridge, ed.: *The Ibero-American Enlightenment*" (Reseña)
RI XLII/94 (enero-marzo 1976): 155-156

[V50] "Nacimiento e infancia de Elal. Mitoanálisis de un texto tehuelche meridional" (Estudio)
RI XLII/95 (abril-junio 1976): 201-216

[V51] "El campo de las literaturas indígenas latinoamericanas" (Estudio)
RI XLIV/104-105 (julio-diciembre 1978): 313-349

[V52] "Victoria Reifler Bricker: *The Indian Christ, the Indian King: the Historical Substrate of Maya Myth and Ritual*" (Reseña)
RI XLIX/123-124 (abril-septiembre 1983): 680-683

[V53] "Manuel Sarkisyanz: *Vom Beben in den Anden. Propheten des indianischen Aufbruchs in Peru (Temblores en los Andes. Profetas del cambio revolucionario indígena en el Perú)*" (Reseña)
RI LV/146-147 (enero-junio 1989): 573-574

[V54] "Susan E. Ramírez, ed.: *Indian-religious Relations in Colonial Spanish America*" (Reseña)
RI LVI/151 (abril-junio 1990): 681-685

[V55] "En torno a Colón" (Nota bibliográfica)
RI LXI/170-171 (enero-junio 1995): 271-278

VÁZQUEZ, MARÍA CELIA

[V56] "Noé Jitrik: *La narración gana la partida. Historia crítica de la literatura argentina*" (Reseña)
RI LXVII/197 (octubre-diciembre 2001) 805-809

VÁZQUEZ, MARÍA ESTHER

[V57] "Victoria Ocampo, una argentina universalista" (Necrológica)
RI XLVI/110-111 (enero-junio 1980): 167-175

[V58] "Angélica Gorodischer, una escritora latinoamericana de ciencia ficción" (Nota)
RI XLIX/123-124 (abril-septiembre 1983): 571-576

[V59] "*La memoria de Shakespeare*: el último juego de Borges" (Nota)
RI LVI/151 (abril-junio 1990): 479-487

VÁZQUEZ ARCE, CARMEN

[V60] "Los desastres de la guerra: sobre la articulación de la ironía en los cuentos 'La recién nacida sangre' de Luis Rafael Sánchez y 'El momento divino de Caruso Llompart' de Félix Córdova Iturregui" (Estudio)
RI LIX/162-163 (enero-junio 1993): 187-201

VÁZQUEZ BIGI, ÁNGEL MANUEL

[V61] "El tipo sicológico en Eduardo Barrios y correspondencia en las letras europeas" (Estudio)
RI XXIV/48 (julio-diciembre 1959): 265-296

[V62] "Los tres planos de la creación artística de Eduardo Barrios" (Estudio)
RI XXIX/55 (enero-junio 1963): 125-137

[V63] "Mariano Morínigo: *Eduardo Barrios, novelista*" (Reseña)
RI XL/86 (enero-marzo 1974): 200-204

VÁZQUEZ DE QUIÑONES, ANA

[V64] "Fernando Loustaunau: *Pot-Pot*" (Reseña)
RI LVIII/160-161 (julio-diciembre 1992): 1242-1244

VELASCO, MABEL

[V65] "La cosmología azteca en el *Primero Sueño* de Sor Juana Inés de la Cruz" (Nota)
RI L/127 (abril-junio 1984): 539-548

VELAZCO ARAGÓN, LUIS

[V66] González Prada: profeta y poeta" (Estudio)
RI VII/13 (noviembre 1943): 21-38

VÉLEZ, DIANA LOURDES

[V67] "Santiago Daydl-Tolson: *Del monasterio al mundo: correspondencia entre Ernesto Cardenal y Thomas Merton (1959-1968)*" (Reseña)
RI LXVI/190 (enero-marzo 2000): 204-206

VÉLEZ, IRMA

[V68] "Odile Felgine y Laura Ayerza de Castilho, comps. y eds.: *Correspondance (1939-1978)/ Roger Caillois, Victoria Ocampo. Lettres ressemblées en présentées par Odile Felgine avec la collaboration de Laura Ayerza de Castilho et l'aide de Juan Alvarez Marquez*" (Reseña)
RI LXIV/184-185 (julio-diciembre 1998): 651-653

[V69] "Lecturas con sabor a chocolate de cerezas: conversando con Margo Glantz en Coyoacán" (Entrevista)
RI LXVI/192 (julio-septiembre 2000): 661-676

VÉLEZ, JULIO

[V70] "Martín Adán: la palabra y el laberinto" (Estudio)
RI LVIII/159 (abril-junio 1992): 657-671

VÉLEZ SERRANO, LUIS

[V71] "Notas sobre la significación en *Los fundadores del alba*, de R. Prada" (Nota)
RI LII/134 (enero-marzo 1986): 271-277

VENEGAS FILARDO, PASCUAL

[V72] "José Ramón Heredia: *Gong en el campo*" (Reseña)
RI IV/7 (noviembre 1941): 218-221

[V73] "Alberto Arvelo Torrealba: *Glosas al cancionero*" (Reseña)
RI IV/7 (noviembre 1941): 220-221

VERANI, HUGO J.

[V74] "Contribución a la bibliografía de Juan Carlos Onetti" (Bibliografía)
RI XXXVIII/80 (julio-septiembre 1972): 523-548

[V75] "Julio Ricci: *El grongo*" (Reseña)
RI XLV/108-109 (julio-diciembre 1979): 720-721

[V76] "Oscar Rivera-Rodas: *Cinco momentos de la lírica hispanoamericana: Historia literaria de un género*" (Reseña)
RI XLVI/112-113 (julio-diciembre 1980): 687-689

[V77] "Alfredo Roggiano, ed.: *Octavio Paz*" (Reseña)
RI XLVI/112-113 (julio-diciembre 1980): 689-690

[V78] "Una experiencia de límites: la narrativa de Cristina Peri Rossi" (Estudio)
RI XLVIII/118-119 (enero-junio 1982): 303-316

[V79] "Lisa Block de Behar: *Al margen de Borges*" (Reseña)
RI LV/146-147 (enero-junio 1989): 574-576

[V80] "*Octavio Paz: Primeras letras (1931-1943)*"
RI LV/148-149 (julio-diciembre 1989): 1191-1193

[V81] "David Lagmanovich: *Códigos y rupturas: textos hispanoamericanos*" (Reseña)
RI LVI/151 (abril-junio 1990): 685-687

[V82] "Vanguardia: *Cuatro reseñas*. Merlin H. Foster y K.David Jackson, eds.: *Vanguardism in Latin American Literature: An Annotated Bibliographical Guide*. Ana María de Moraes Velluzo, ed.: *Modernidade: Vanguardas Artísticas na América Latina*. Gloria Videla de Rivera: *Direcciones del vanguardismo hispanoamericano*. Jorge Schwartz: *Las vanguardias latinoamericanas: textos programáticos y críticos*" (Reseña)
RI LVIII/158 (enero-marzo 1992): 312-317

[V83] "Narrativa uruguaya contemporánea: periodización y cambio literario" (Estudio)
RI LVIII/160-161 (julio-diciembre 1992): 777-805

[V84] "Juan Carlos Onetti (1909-1994)" (Necrológica)
RI LX/168-169 (julio-diciembre 1994): 1185-1188

[V85] "Roberto Hozven: *Octavio Paz. Viajero del presente*" (Reseña)
RI LXII/175 (abril-junio 1996): 633-635

VERDESIO, GUSTAVO

[V86] "Una ausencia en el canon: los discursos coloniales sobre el Uruguay en el marco de la historiografía literaria uruguaya y los estudios coloniales latinoamericanos" (Estudio)
RI LXI/170-171 (enero-junio 1995): 249-268

[V87] "Hacia la descolonización de la mirada geográfica: las prácticas territoriales indígenas en la 'prehistoria' de la ribera Norte del Río de la Plata" (Estudio)
RI LXV/186 (enero-junio 1999): 59-80

[V88] "Adriana J. Bergero y Fernando Reati: *Memoria colectiva y políticas de olvido. Argentina y Uruguay 1970-1990*" (Reseña)
RI LXIV/186 (enero-junio 1999): 205-209

[V89] "En busca de la materialidad perdida: un aporte crítico a los proyectos de recuperación de las tradiciones aborígenes propuestos por Kusch, Dussel y Mignolo" (Estudio)
RI LXVI/192 (julio-septiembre 2000):665-638

VERDEVOYE, PAUL

[V90] "Miguel Ángel Asturias y la 'nueva novela'" (Estudio)
RI XXXV/67 (enero-abril 1969): 21-29

[V91] "Las novelas de Alejo Carpentier y la realidad maravillosa" (Estudio)
RI XLVIII/118-119 (enero-junio 1982): 317-330

VERÍSSIMO, ERICO

[V92] "Reflexiones sobre un enigma literario: Machado de Assis" (Estudio)
RI XIX/37 (octubre 1953): 13-26

VERY, FRANCIS

[V93] "Rubén Darío y la Biblia" (Estudio)
RI XVIII/35 (diciembre 1952): 141-156

VERZASCONI, RAY

[V94] "Apuntes sobre las diversas ediciones de *El Señor Presidente*" (Nota)
RI XLVI/110-111 (enero-junio 1980): 189-194

VICENZI, MOISÉS

[V95] "Adhesión" (Nota)
RI XIII/26 (febrero 1948): 349-350

VICH CYNTHIA

[V96] "El diálogo intertextual en *Maluco*" (Estudio)
RI LXIII/180 (julio-septiembre en 1997): 405-418

VICUÑA CIFUENTES, JULIO

[V97] *Diecisiete poemas*" (Textos)
RI VII/14 (febrero 1944): 458

VIDAL, HERNÁN

[V98] "*Deja que los perros ladren* de Sergio Vodanovic: desarrollismo, democracia cristiana, dictadura" (Estudio)
RI XLVII/114-115 (enero-junio 1981): 313-335

[V99] "Los derechos humanos, hermenéutica para la crítica literaria y los estudios culturales latinoamericanistas: informe de una experiencia" (Estudio)
RI LXII (julio-diciembre 1996) 719-730

VIDAL MARTÍNEZ, LEOPOLDO

[V100] "Luis Fabio Xamar: *Wayno*" (Reseña)
RI VI/11 (febrero 1943): 149-151

VIDELA DE RIVERO, GLORIA

[V101] "Huidobro en España" (Estudio)
RI XLV/106-107 (enero-junio 1979): 37-48

[V102] "Poesía de vanguardia en Iberoamérica a través de la revista *La Pluma* de Montevideo (1927-1931)" (Estudio)
RI XLVIII/118-119 (enero-junio 1982): 331-349

[V103] "Carlos Meneses: *Cartas de juventud de Jorge Luis Borges (1921-1922)*" (Reseña)
RI LVI/150 (enero-marzo 1990): 368-369

VIEIRA, NELSON H.

[V104] "Malcolm Silverman : *Moderna ficção brasileira 2*" (Reseña)
RI L/126 (enero-marzo 1984): 332-333

VILLANUEVA COLLADO, ALFREDO

[V105] "José Asunción Silva y Karl-Joris Huysmans: estudio de una lectura" (Estudio)
RI LV/146-147 (enero-junio 1989): 273-286

[V106] "Eugenio María de Hostos ante el conflicto Modernismo/Modernidad" (Estudio)
RI LIX/162-163 (enero-junio 1993): 21-32

VILLARREAL, MINERVA MARGARITA

[V107] "La red de las discriminaciones o el enigma de las ovejas petrificadas: (comentario a la novela *Oficio de tinieblas* de Rosario Castellanos)" (Estudio)
RI LVI/150 (enero-marzo 1990): 63-82

VILLEGAS, JUAN

[V108] "La aventura mítica en *La flor del aire* de Gabriela Mistral" (Estudio)
RI XLII/95 (abril-junio 1976): 217-232

[V109] "Oyente lírico y clases sociales en la poesía chilena" (Estudio)
RI LII/135-136 (abril-septiembre 1986): 463-473

VISCA, ARTURO SERGIO

[V110] "Francisco Espínola, narrador" (Nota)
RI LVIII/160-161 (julio-diciembre 1992): 975-999

VITIER, CINTIO

[V111] "Zenea y el romanticismo cubano" (Estudio)
RI LVI/152-153 (julio-diciembre 1990): 703-713

VITIER, MEDARDO

[V112] "Las preocupaciones de Enrique José Varona" (Estudio)
RI I/1 (mayo 1939): 29-32

[V113] "Nuestra cultura filosófica" (Estudio)
RI II/3 (abril 1940): 35-38
RI LXVIII/200 (julio-septiembre 2002): 535-538

[V114] "Caracteres de la literatura contemporánea" (Estudio)
RI IV/7 (noviembre 1941): 15-36

[V115] "Carlos Vaz Ferrera: *Sobre los problemas sociales*" (Reseña)
RI III/5 (febrero 1941): 232-233

VOGELEY, NANCY

[V116] "*El amor republicano*. Una novela del México poscolonial" (Estudio)
RI LXI/172-173 (julio-diciembre 1995): 664-674

[V117] "Don Paul Abbott: *Rethoric in the New World. Rethorical Theory and Practice in Colonial Spanish America*" (Reseña)
RI LXII/176-177 (julio-diciembre 1996): 993-995

VOLEK, EMIL

[V118] "Homenaje checoslovaco a Miguel Ángel Asturias" (Estudio)
RI XXXV/67 (enero-abril 1969): 127-132

[V119] "Octavio Paz en Checoslovaquia" (Estudio)
RI XXXVII/74 (enero-marzo 1971): 265-268

[V120] "Pablo Neruda y algunos países socialistas de Europa" (Estudio)
RI XXXIX/82-83 (enero-junio 1973): 349-368

[V121] "Aquiles y la tortuga: arte, imaginación y la realidad según Borges" (Estudio)
RI XLIII/100-101 (julio-diciembre 1977): 293-310

[V122] "*Tres tristes tigres* en la jaula verbal: Las antinomias dialécticas y la tentativa de lo absoluto en la novela de Guillermo Cabrera Infante" (Estudio)
RI XLVII/116-117 (julio-diciembre 1981): 175-183

[V123] "La carnavalización y la alegoría en *El mundo alucinante* de Reinaldo de Arenas" (Estudio)
RI LI/130-131 (enero-junio 1985): 125-148

[V124] "Adriana Méndez Rodenas: *Severo Sarduy: El neobarroco de la transgresión*" (Reseña)
RI LI/130-131 (enero-junio 1985): 432-434

[V125] "*Filos y sophia bibliográficos: Alejo Carpentier*" (Reseña)
RI LII/135-136 (abril-septiembre 1986): 559-564.

[V126] "*Pedro Páramo* de Juan Rulfo: una obra aleatoria en busca de su texto y del género literario" (Estudio)
RI LVI/150 (enero-marzo 1990): 35-47

VON DER WALDE URIBE, ERNA

[V127] "Limpia, fija y da esplendor: el letrado y la letra en Colombia a fines del siglo XIX" (Estudio)
RI LXIII/178-179 (enero-junio 1997): 71-84

VOSBURG, NANCY Y ROSLYN M. FRANK

[V128] "Textos y contra-textos en *El jardín de los senderos que se bifurcan*" (Estudio)
RI XLIII(100-101) (julio-diciembre 1977): 517-534

VRANICH, STANKO B.

[V129] "Luis Carlos López visto por su hermano" (Documento)
RI LII/135-136 (abril-septiembre 1986): 691-702

W

WAAG, C. MICHAEL

[W1] "Sátira política a través de la historia mitificada: *El secuestro del general* de Demetrio Aguilera Malta" (Estudio)
RI LIV/144-145 (julio-diciembre 1988): 771-778

WADE, GERALD E.

[W2] "La novela *Mercedes* de Marco Antonio Jaramillo" (Estudio)
RI XIX/37 (octubre 1953): 147-152

[W3] "Antonio Curcio Altamar: *Evolución de la novela en Colombia*" (Reseña)
RI XXII/44 (julio-diciembre 1957): 431-434

WADE, GERALD E. y JOHN E. ENGLEKIRK

[W4] "Introducción a la novela colombiana" (Estudio)
RI XV/30 (enero 1950): 231-252

[W5] "Bibliografía de la novela colombiana" (Bibliografía)
RI XV/30 (agosto 1949-enero 1950): 309-412

WAINERMAN, LUIS

[W6] "Enrique Barbieri: *El límite de la luz*" (Reseña)
RI LII/137 (octubre-diciembre 1986): 1110-1111

[W7] "Ricardo Maliandi: *La novela dentro de la novela. Ensayo sobre el sentido y la función de la auto-referencia novelística*" (Reseña)
RI LIII/141 (octubre-diciembre 1987): 1063-1065

[W8] "Bernardo Ezequiel Koremblit: *Coherencia de la paradoja*" (Reseña)
RI LVI/151 (abril-junio 1990): 688-689

WAISMAN, SERGIO GABRIEL

[W9] "Daniel Balderston, Gastón Gallo y Nicolás Helft: *Borges. Una enciclopedia*" (Reseña)
RI LXVI/193 (octubre-diciembre 2000): 899-901

WALDMAN, BERTA

[W10] "Dalton Trevisan: A linguagem roubada" (Estudio)
RI XLIII/98-99 (enero-junio 1977): 247-255

WALDMAN, BERTA y ALCIR PÉCORA

[W11] "*As partes do jogo*" (Estudio)
RI L(126) (enero-marzo 1984): 101-112

WALSH, DONALD D.

[W12] "La misión poética de César Tiempo" (Estudio)
RI X/19 (noviembre 1945): 99-106

[W13] "Gregorio López y Fuentes: *Cuentos campesinos de México*" (Reseña)
RI V/10 (octubre 1942): 418-420

[W14] "Enrique Gil Gilbert: *Nuestro Pan*" (Reseña)
RI VI/11 (febrero 1943): 153-154

[W15] "José Mancisidor: *En la rosa de los vientos*" (Reseña)
RI VI/11 (febrero 1943): 151-153

[W16] "G. Humberto Mata: *Sanagüín*" (Reseña)
RI VII/13 (noviembre 1943): 211

WARD, THOMAS

[W17] "El pensamiento religioso de Rubén Darío: un estudio de *Prosas profanas* y *Cantos de vida y esperanza*" (Estudio)
RI LV/146-147 (enero-junio 1989): 363-375

WARNER, RALPH E.

[W18] "Bibliografía de las obras de Ignacio Manuel Altamirano" (Bibliografía)
RI III/6 (mayo 1941): 465-512

[W19] "Sobre la *Biografía y crítica de Franciso Pimentel*" (Estudio)
RI XIV/28 (octubre 1948): 273-276

[W20] "Aportaciones a la bibliografía de don José López Portillo y Rojas" (Bibliografía)
RI XIII/25 (octubre 1947): 165-198

WARREN, VIRGIL A.

[W21] "La obra de Clemente Palma" (Estudio)
RI II/3 (abril 1940): 161-172

[W22] "Eduardo de Salterain y Herrera como novelista" (Estudio)
RI IV/8 (febrero 1942): 351-358

[W23] "Eduardo Benet y Castellon: *Del remanso y del ensueño*" (Reseña)
RI II/4 (noviembre 1940): 528

WATSON, MAIDA

[W24] "Narración y nación en la obra de Rogelio Sinán" (Estudio)
RI LXVII/196 (julio-septiembre 2001) 433-442

WAXMAN, SAMUEL M.

[W25] "Isaac Goldberg" (Nota)
RI I/1 (mayo 1939): 107-110

WEBER DE KURLAT, FRIDA

[W26] "Estructuras cómicas en los coloquios de Fernán González de Eslava" (Estudio)
RI XXI/41-42 (enero-diciembre 1956): 393-407

WEINBERG, FÉLIX

[W27] "Una etapa poco conocida de la poesía gauchesca: de Hidalgo a Ascasubi" (Estudio)
RI XL/87-88 (abril-septiembre 1974): 353-391

WEISS, JUDITH A.

[W28] "Román V. de la Campa: *José Triana: Ritualización de la sociedad cubana*" (Reseña)
RI XLVI/112-113 (julio-diciembre 1980): 690-693

WHITE, STEVEN

[W29] "Salomón de la Selva: poeta comprometido de la 'otra vanguardia'" (Estudio)
RI LVII/157 (octubre-diciembre 1991): 915-921

WHITEHOUSE, ROBERT STANLEY

[W30] "Amistades literarias: Hugo Wast" (Estudio)
RI XVII/33 (julio 1951): 109-117

WIETHÜCHTER, BLANCA

[W31] "Propuestas para un diálogo sobre el espacio literario boliviano" (Estudio)
RI LII/134 (enero-marzo 1986): 165-180

WILGUS, CURTIS A.

[W32] "*The Civilization of the Americas*" (Reseña)
RI I/2 (noviembre 1939): 428-432

WILLIAMS, RAYMOND L.

[W33] "Lectura de *Mío Cid Campeador*" (Nota)
RI XLV/106-107 (enero-junio 1979): 309-314

[W34] "García Márquez y Gardeazábal ante *Cien años de soledad*: un desafío a la interpretación crítica" (Nota)
RI XLVII/116-117 (julio-diciembre 1981): 165-174

WILLIAMS, SHIRLEY A.

[W35] "Julio Ortega: *Poetics of Change: The New Spanish-American Narrative*" (Reseña)
RI LI/130-131 (enero-junio 1985): 434-436

WILSON, CLOTILDE

[W36] "María A. Urrutia Arteda: *Música interior*" (Reseña)
RI I/2 (noviembre 1939): 423-426

[W37] "E. Valdez y de Latorre: *Antología herediana*" (Reseña)
RI II/4 (noviembre 1940): 528-530

[W38] "Laura Victoria: *Cráter sellado*" (Reseña)
RI II/4 (noviembre 1940): 530-534

[W39] "Yolanda Lleonart: *Rueda Rueda*" (Reseña)
RI IV/8 (febrero 1942): 464-466

[W40] "María A. Aurrutia: *Brujerías*" (Reseña)
RI V/9 (mayo 1942): 175-177

[W41] "Margarita Abella Caprile: *Sombras en el mar*" (Reseña)
RI XIV/28 (octubre 1948): 302-306

WILSON, WILLIAM E.

[W42] "Jorge Ferretis: *Cuando engorda el Quijote*" (Reseña)
RI II/4 (noviembre 1940): 534-535

WISE, DAVID

[W43] "Indigenismo de izquierda y de derecha: ds planteamientos de los años 1920" (Estudio)
RI XLIX)122 (enero-marzo 1983): 159-169

WISSMER, JEAN-MICHEL

[W44] "La última Sor Juana" (Estudio)
RI LXI/172-173 (julio-diciembre 1995): 631-64

WOGAN, DANIEL

[W45] "Ercilla y la poesía mexicana" (Estudio)
RI III/6 (mayo 1941): 371-380

[W46] "A literatura argentina no Brasil" (Estudio)
RI XII/23 (febrero 1947): 135-142

[W47] "Aída Cometta Manzoni: *El indio en la poesía de América española*" (Reseña)
RI IV/8 (febrero 1942): 467-471

[W48] "Erico Veríssimo" *Gatopreto em campo de neve*" (Reseña)
*RI*V/10 (octubre 1942): 420-421

[W49] "Luisita Aguilera Patiño: *El panameño visto a través de su lenguaje*" (Reseña)
RI XVI/31 (febrero-julio 1950): 196-197

WOGAN, DANIEL Y AMERICO BARABINO

[W50] "'Los americanismos de Florencio Sánchez" (Vocabulario)
RI XIV/27 (julio 1948): 145-197

WOLFF, MARIA TAI

[W51] "'Estas páginas sem brilhos': O texto-sertão de Euclydes Da Cunha" (Estudio)
RI L/126 (enero-marzo 1984): 47-61

WOLFF UNRUH, VICKY

[W52] "El mundo disputado al nivel del lenguaje" (Nota)
RI XLIX/122 (enero-marzo 1983): 193-202

WOOD, CECIL G.

[W53] "'Japonerías de estío': primeras tentativas de una nueva expresión poética" (Estudio)
RI XLV/106-107 (enero-junio 1979): 57-63

WOODBRIDGE, BENJAMIN M., JR.

[W54] "Eugenio Gomes: *Prata de casa (Ensaios de Literatura Brasileira)*" (Reseña)
RI XXII/43 (enero-junio 1957): 176-178

[W55] "C. Malcom Batchelor: *Stories and Storytellers of Brazil. Volume I: Folklore*" (Reseña)
RI XIX/37 (octubre 1953-marzo 1954): 194-195

[W56] "Wilson Martins: *A crítica literaria no Brazil*" (Reseña)
RI XIX/38 (abril-septiembre 1954): 390-391

WOODBRIDGE, HENSLEY C.

[W57] "Edelberto Torres: *La dramática vida de Rubén Darío*" (Reseña)
RI XLIX)123-124 (abril-septiembre 1983): 683-684

WYERS, FRANCES

[W58] "Los contextos de *El recurso del método* de Carpentier" (Estudio)
RI XLIX)123-124 (abril-septiembre 1983): 323-334

X

XAMMAR, LUIS FABIO

[X1] "Elementos románticos y antirrománticos de Ricardo Palma" (Estudio)
RI IV/7 (noviembre 1941): 95-108

[X2] "Juan de Arona. Romántico del Perú" (Estudio)
RI VI/12 (mayo 1943): 455-478

[X3] "El terremoto en la literatura peruana" (Estudio)
RI VIII/15 (mayo 1944): 107-120

[X4] "*El murciélago* en la literatura peruana" (Estudio)
RI X/19 (noviembre 1945): 83-98

[X5] "La poesía de Juan del Valle" (Estudio)
RI XII/23 (febrero 1947): 75-92

XIRAU, RAMÓN

[X6] "El hombre: ¿cuerpo y no-cuerpo?" (estudio)
RI XXXVII/74 (enero-marzo 1971): 29-33

Y

YAHNI, ROBERTO

[Y1] "Una primera edición anotada de *Rayuela*" (Nota)
RI LI/130-131 (enero-junio 1985): 303-311

YAMAL, RICARDO

[Y2] "Carlos H. Magis: *La poesía hermética de Octavio Paz*" (Reseña)
RI XLVI/110-111 (enero-junio 1980): 345-349

[Y3] Marjorie Agosín: *Brujas y algo más/Witches and Something Else*" (Reseña)
RI LII/135-136 (abril-septiembre 1986): 791-794

[Y4] "Juan Villegas: *Antología de la nueva poesía femenina chilena*" (Reseña)
RI LIII/141 (octubre-diciembre 1987): 1065-1068

YANUZZI, ANDREA

[Y5] "Tres lecturas sobre Manuel Puig" (Nota bibliográfica)
RI LXII/174 (enero-marzo 1996): 241-247

YÁÑEZ, AGUSTÍN

[Y6] "Centenario de Joaquín Arcadio Pagaza" (Nota)
RI I/1 (mayo 1939): 111-116.

[Y7] "Luis Fabio Xammar y la vinculación hispanoamericana" (Documento)
RI XIII/25 (octubre 1947): 67-72

YATES, DONALD A.

[Y8] "Publicaciones recientes sobre Borges" (Bibliografía)
RI XLIII/100-101 (julio-diciembre 1977): 729-735

YATES, DONALD A. Y RAQUEL CHANG-RODRÍGUEZ

[Y9] "Crono-bibliografía de Irving A. Leonard" (Bibliografía)
RI XLIV(104-105) (julio-diciembre 1978): 577-587

YÉPEZ MIRANDA, ALFREDO

[Y10] "El paisaje y el indio en la literatura peruana" (Estudio)
RI XI/21 (junio 1946): 91-104

YNSFRAIN, PABLO MAX

[Y11] "El verdadero Don Segundo en *Don Segundo Sombra* de Ricardo Güiraldes" (Nota)
RI XXIX/56 (julio-diciembre 1963): 317-320

YOUNG, RICHARD A.

[Y12] "*El pozo*, de Juan Carlos Onetti, o la noche iluminada de Eladio Linacero" (Estudio)
RI LVI/151 (abril-junio 1990): 431-446

YOUNG, ROBERT J., JR.

[Y13] "Cora Santandreu: *Aspectos del estilo en la poesía de Gabriela Mistral*" (Reseña)
RI XXVI/51 (enero-junio 1961): 208-210

YÚDICE, GEORGE

[Y14] "*Poemas árticos*: Modelo de una nueva poética" (Estudio)
RI XLV/106-107 (enero-junio 1979): 49-56

[Y15] "Letras de emergencia: Claribel Alegría"
(Estudio)
RI LI/132-133 (julio-diciembre 1985): 953-964

[Y16] "La reconfiguración de políticas culturales y mercados culturales en los noventa y siglo XXI en América Latina" (Estudio)
RI LXVII/197 (octubre-diciembre 2001): 639-660

YURKIEVICH, SAÚL

[Y17] "Octavio Paz, indagador de la palabra" (Estudio)
RI XXXVII/74 (enero-marzo 1971): 73-95

[Y18] "Mito e historia: dos generadores del *Canto general*" (Estudio)
RI XXXIX/82-83 (enero-junio 1973): 111-133

[Y19] "Julio Cortázar: al unísono y al dísono" (Estudio)
RI XXXIX/84-85 (julio-diciembre 1973): 411-424

[Y20] "Nueva refutación del cosmos" (Estudio)
RI XLI/90 (enero-marzo 1975): 3-14

[Y21] "*Altazor*: la metáfora deseante" (Nota)
RI XLV/106-107 (enero-junio 1979): 141-147

[Y22] "Borges/Cortázar: mundos y modos de la ficción fantástica" (Nota)
RI XLVI/110-111 (enero-junio 1980): 153-160

[Y23] "Los avatares de la vanguardia" (Estudio)
RI XLVIII/118-119 (enero-junio 1982): 351-366

[Y24] "Borges: del anacronismo al simulacro" (Estudio)
RI XLIX/125 (octubre-diciembre 1983): 693-705

[Y25] "Julio Cortázar: al calor de su sombra" (Estudio)
RI LI/130-131 (enero-junio 1985): 7-20

[Y26] "*La expresión americana* o la fabulación autóctona" (Nota)
RI LVII/154 (enero-marzo 1991): 43-50
RI LXVIII/200 (julio-septiembre 2002) 815-822

Z

ZAID, GABRIEL

[Z1] "Siete poemas de Carlos Pellicer" (Estudio)
RI LV/148-149 (julio-diciembre 1989): 1099-1118

ZAÏTZEFF, SERGE I.

[Z2] "Las cartas madrileñas de Alfonso Reyes a Julio Torri" (Documento)
RI LII/135-136 (abril-septiembre 1986): 703-739

[Z3] "Beatriz Espejo: *Julio Torri, voyerista desencantado*" (Reseña)
RI LIII/141 (octubre-diciembre 1987): 1068-1069

[Z4] "Hacia el concepto de una generación perdida mexicana" (Estudio)
RI LV/148-149 (julio-diciembre 1989): 751-757

[Z5] "Frank Dauster: *The Double Strands Five Contemporary Mexican Poets*" (Reseña)
RI LVI/150 (enero-marzo 1990): 370-374

ZALAZAR, DANIEL E.

[Z6] "Peter G. Earle: *Prophet in the Wilderness. The Works of Ezequiel Martínez Estrada*" (Reseña)
RI XL/86 (enero-marzo 1974): 205-209

[Z7] "Peter G. Earle y Robert G. Mead, Jr.: *Historia del ensayo hispanoamericano*" (Reseña)
RI XLII/96-97 (julio-diciembre 1976): 647-648

[Z8] "Las posiciones de Sarmiento frente al indio" (Estudio)
RI L/127 (abril-junio 1984): 411-427

ZAMORA, DAISY

[Z9] "La mujer nicaragüense en la poesía" (Estudio)
RI LVII/157 (octubre-diciembre 1991): 933-954

ZAMORA, MARGARITA

[Z10] "Filología humanista e historia indígena en los *Comentarios Reales*"(Estudio)
RI LIII/140 (julio-septiembre 1987): 547-558

ZANETTI, SUSANA

[Z11] "Ángel Rama y la construcción de una literatura latinoamericana" (Nota)
RI LVIII/160-161 (julio-diciembre 1992): 919-932

ZAPATA, MIGUEL ÁNGEL

[Z12] "Poesía hispanoamericana fin de siglo: Eduardo Espina y el *barrococó*" (Autores)
RI LIX/164-165 (julio-diciembre 1993): 721-728

ZAPATA CASTILLO RAFAEL

[Z13] "La otra voz: persona y personaje en cuatro poetas venezolanos de la última generación" (Estudio)
RI LX/166-167 (enero-julio 1994): 365-380

ZAPATA, ROGER A.

[Z14] "Luis Alberto Sánchez: *El señor Segura hombre de teatro*" (Reseña)
RI XLIV/102-103 (enero-junio 1978): 303-304

[Z15] "David Tripton ed.: *Perú. The New Poetry*" (Reseña)
RI XLV/108-109 (julio-diciembre 1979): 721-723

[Z16] "Carmelo Virgilio y Naomí Lindstrom eds.:
*Woman as Myth and Metaphor in Latin American
Literature*" (Reseña)
RI LII/137 (octubre-diciembre 1986): 1112-1113

ZÁRATE, ARMANDO

[Z17] "César Vallejo: Premonición y vísperas"
(Estudio)
RI XXXVIII/80 (julio-septiembre 1972): 431-
440

[Z18] "Devenir y síntoma de la poesía concreta"
(Ensayo)
RI XLIII/98-99 (enero-junio 1977): 117-148

[Z19] "Alberto Girri: *El motivo es el poema*"
(Reseña)
RI XLIV/102-103 (enero-junio 1978): 304-305

[Z20] "El *Facundo:* un héroe como su mito"
(Estudio)
RI XLIV/104-105 (julio-diciembre 1978): 471-
485

[Z21] "Luis Soler Cañas: *Güiraldes y su tierra*"
(Reseña)
RI XLV/108-109 (julio-diciembre 1979): 723-
725

[Z22] "Juan Coletti: *El jardín de las flores
invisibles*" (Reseña)
RI XLVIII/118-119 (enero-junio 1982): 455-456

[Z23] "La poesía de Emilio Sosa López" (Nota)
RI LII/135-136 (abril-septiembre 1986): 613-619

[Z24] "Preguntas a Juan M. Díaz de Guereñu
sobre Juan Larrea" (Entrevista)
RI LIII/140 (julio-septiembre 1987): 681-686

ZARDOYA, CONCHA

[Z25] "*Los jardines amantes* de Alfredo Cardona
Peña" (Estudio)
RI XVIII/35 (diciembre 1952): 105-112

[Z26] "Balseiro y sus *Cuatro individualistas de
España*" (Estudio)
RI XVI/31 (julio 1950): 69-78

ZAVALA, IRIS

[Z27] "La ética de la violencia: identidad y silencio
en 1492" (Estudio)
RI LXI/170-171 (enero-junio 1995): 13-26

ZAVALA, LAURO A.

[Z28] "El nuevo cuento mexicano, 1979-1988"
(Nota)
RI LV/148-149 (julio-diciembre 1989): 771-782

ZEITZ, EILEEN M.

[Z29] "*La escritura del dios:* laberinto literario
de Jorge Luis Borges" (Nota)
RI XLIII/100-101 (julio-diciembre 1977): 645-
655

ZEMBORAIN, ILILA

[Z30] "Las resonancias de un nombre: Gabriela
Mistral" (Estudio)
RI LXVI/190 (enero-marzo 2000): 147-162

ZEVALLOS-AGUILAR, JUAN

[Z31] "Teoría postcolonial y literatura
latinoamericana: entrevista con Sara Castro-
Klarén" (Entrevista)
RI LXII/176-177 (julio-diciembre 1996): 963-
972

ZIELINA, MARÍA

[Z32] "Jonatás y Manuela: la historia de una
amistad transnacional y étnica" (Estudio)
RI LXV/188-189 (julio-diciembre 1999): 681-
696

ZOKNER, CECILIA

[Z33] "Gerardo Mario Goloboff: *Criador de
palomas* (Reseña)
RI LII/135-136 (abril-septiembre 1986): 794-795

ZUBILLAGA, CARLOS

[Z34] "La inserción de la conciencia crítica en el movimiento cultural uruguayo: cuestionamiento y respuestas al acontecer histórico" (Estudio)
RI LVIII/160-161 (julio-diciembre 1992): 769-775

ZUFFI, GRISELDA

[Z35] "Óscar Hahn: *Estrellas fijas en un cielo blanco*" (Reseña)
RI LX/168-169 (julio-diciembre 1994): 1220-1221

ZULUETA, LUIS DE

[Z36] "El porvenir de la lengua española" (Estudio)
RI III(5) (febrero 1941): 13-18

ÍNDICE TEMÁTICO

ABAL, Héctor José

F78

ABELLA CAPRILE, Margarita

—Poesía P76, W41

ABREU GÓMEZ, Ermilo

M377
La del alba sería ... S98

ABRIL, Pablo

—Cartas M172

ACEVEDO ESCOBEDO, Antonio

M384

ACOSTA, José de

Peregrinación de Bartolomé Acosta A227

ACOSTA DE SAMPER, Soledad

A23, O37

ADÁN, Martín

V70

ADOUM, Jorge Enrique

Entre Marx y una mujer desnuda H57

AFROAMÉRICA

A169, B85, B243, C255, G120, G385, H23, L143, P97, P205
—Bibliografías B246
—Como tema B140, S15
—Narrativa O67, P126
—Poesía A230, B47, C95, C110, D45, F175, G309, G386, J27, R93
Colonial
—Como tema M339

AGOSÍN, Marjorie

Brujas y algo más/Witches and Something Else Y3
Hogueras N26

AGUILAR, Luis Miguel

Chetumal Bay Anthology V37

AGUILERA GARRAMUÑO, Marco Tulio

Breve historia de todas las cosas H48

AGUILERA MALTA, Demetrio

El secuestro del general W1
Siete lunas y siete serpientes M265

AGUINIS, Marcos

L201

AGUIRRE, Lope de

G9

AGUIRRE, Mirta

M223

AGUIRRE, Nataniel

Juan de la Rosa P45

AGUSTÍN, José

Ciudades desiertas G217

AGUSTINI, Delmira

F67, F92, G66, K60, M331
—Poesía C333, O25, R309, S75

AINSA, Fernando

Las palomas de Rodrigo F236
Los naufragios de Malinow y otros relatos
F236
Con acento extrajero F244

AIRÓ, Clemente

La ciudad y el viento H43

ALABAU, Magaly

M91
Hermana H40
Ras H38

ALARCÓN, Juan Ruiz de

—Teatro O58, P180
La cueva de Salamanca C245

ALBÁN, Laureano

—Poesía A118, B134, F267

ALBERDI, Juan Bautista

Fragmento preliminar al estudio del
derecho M65

ALCÁNTARA ALMÁNZAR, José

—Narrativa B49

ALEGRÍA, Ciro

I22, N33, S41
El mundo es ancho y ajeno M221
Los perros hambrientos M228

ALEGRÍA, Claribel

Y15

ALEGRÍA, Fernando

R149
—Narrativa G370
Caballo de copas L35
Los días contados L235
Una especie de memoria C276

ALEMÁN, Carlos

Boarding House: San Antonio U31

ALFAU, Felipe

T58

ALFONSECA, Iván

F145

ALFONSO, María Angélica

Mundo compartido S187

ALIGHIERI, Dante

La divina comedia B173

ALLENDE, Isabel

A95, A105, C294, L199, M131
—Narrativa D58
Afrodita M132
De amor y de sombra M62
La casa de los espíritus M57, R257

ALMANZA, Héctor Raúl

Brecha en la roca M296

ALMEIDA, Manuel Antônio de

F154, S151

ALMEIDA, Padua de

F77

ALMELA, Harry

Cantigas Z13

ALTAMIRANO, Ignacio Manuel

E102
—Bibliografía W18

ALVARADO TENORIO, Haroldo

Libro del extrañado C299
Recuerda cuerpo R112

ALVAREZ GARDEAZÁBAL, Gustavo

—Narrativa W35

ALVAREZ SOSA, Arturo

La singularidad desnuda M19

ALVEAR, Elvira de

—Poesía C108

AMADO, Jorge

—Narrativa F171, N19
Gabriela, cravo e canela M153
Os romances da bahia S285
Farda fardão camisola de dormir S196
Tenda dos Milagres D144

AMADO, Miguel

F160

AMAYA-ARMIJO, Oscar

Esta Patria, Este Amor... C177

AMÉRICA

C172, G7, M32, M390, S39, S66, W32
—Etimología R111
—Historia B208, C86
—Literatura A207, C91, S172
—Relación Norte-Sur C163

AMOR, Guadalupe

M381
—Poesía J8

AMORIM, Enrique

L179, O23

ANDERSON, Sherwood

F69

ANDERSON IMBERT, Enrique

S304
—Ensayo C326
—Narrativa B14
El milagro y otros cuentos M480
La botella de Klein B15
Narraciones completas F13

ANDINISMO

D95, M161, R318

ANDRADE, Mário de

A159
—Poesía N68
Macunaíma Ch18, R171

ANDRADE, Olegario V.

G345

ANDRADE, Oswald de

"Bucólica" J108

ANDRADE COELLO, Alejandro

M195

ANGEL, Albalucía

A144
Las andariegas F224
Misiá Señora K11

ANGUITA, Eduardo

L34

ANTILLAS

I19

ANTILLANO, Laura

M304

ANTOLOGÍAS

T63

ANTUÑA, José G

P171

ANZOÁTEGUI, Lindaura

U16

ARANGO, Gonzalo

—Poesía G2, J13

ARANHA, Graça

F75

ARAÚJO, Helena

A181
Fiesta en Teusaquillo M55

ARAÚJO, Murillo

F59

ARBELÁEZ, Fernando

—Poesía R277

ARBELÁEZ, J. Mario

—Poesía J13
Mi reino por este mundo R276

ARBOLEDA, Julio

   Gonzalo de Oyón G67

ARCINIEGAS, Germán

   O80, P117

ARENAS, Reinaldo

   E79, M88
   —Narrativa I5, K63, T72
   Celestino antes del alba S253
   El mundo alucinante B194, G231
   El palacio de las blanquísimas mofetas R332
   El portero S251
   Otra vez el mar V8
   Termina el desfile S232
   Voluntad de vivir manifestándose S252

ARÉVALO MARTÍNEZ, Rafael

   A202, E58, E69, L176, L182
   —Poesía A201
   Las fieras del trópico A6

ARGENTINA

   L211, P29, R127, V36
   —Autoras A112, C12, C108, G186, L156, L200, M449, N49, P75, U15
   —Cine A40, K4, P36, R338
   —Criollismo A263
   —Crítica literaria C320, F20, T65
   —Crónica A123
   —Cultura P176
   —Filosofía B40
   —Folklore B202, C278, F136, H76, K39, R4
   —Gauchesca A263, B174, N9, P105
   —Geografía L124
   —Historia A58, A96, S302, V87
   —Judaísmo B201, D56, L201, L156, O77, S138, S141
   —Lingüística C351
   —Literatura V56, W46
   —Narrativa C279, D101, L244, M127, M325, M452

   —Periodismo A194
   —Poesía C110, F107, F205, N49
   —Política L169
   Colonial
   —Historia G151
   Contemporánea D62, P209
   —Autoras R189
   —Censura R189, S203
   —Historia F10, S203
   —Narrativa A112, C350, C352, D62, F18, G334, K7, M68, S227, S249
   —Poesía G170, L7, M90
   —Revistas L7, S88
   —Sociología R195
   —Teatro B91, D36, D38, P111, S228
   Modernismo C48, P144
   —Revistas M126
   Romanticismo K8, R230
   Siglo XIX A20, I11, K5, L3, M303, N58, R185, R316
   —Gauchesca A170, C132, D63, D128, F166, G26, H74, L81, M1, M334, M460, N12, N39, P5, R19, R268, S59, W27
   —Gauchesca Bibliografía N40
   —Historia A175, S216
   —Narrativa C261
   —Teatro C132, D128
   Siglo XX D102, R203
   —Autoras G63
   —Filosofía A134, T31
   —Folletín F229
   —Historia S131
   —Narrativa G60, G63, L139, M28, R196
   —Poesía F52
   —Revistas B77, C125, G178, R194
   —Teatro C132
   Vanguardismo A252
   —Narrativa B20
   —Poesía B155
   —Revistas C97, C125

ARGUEDAS, Alcides

   A155, R82
   Pueblo enfermo S71
   Raza de bronce C349

ARGUEDAS, José María

   A28, B253, Ch65, F38, H14, M490, N52, O44, O91, P131, S60

—Narrativa A46, C168, C341, G164, J78, M54, R229, R337, V42
—Neoindigenismo M54
El zorro de arriba y el zorro de abajo L141, L150, V41
"La agonía de Rasu-Ñiti" L141
Los ríos profundos C262, H16, P32, R6, W52
"Orovilca" A46
Todas las sangres V42
Yawar fiesta L141

ARGÜELLO, Santiago

R110
—Bibliografía M416

ARIAS, Alejandro C.

F114

ARLT, Roberto

A117, L244
—Biografía S64
—Narrativa D108, G331, M150

ARMANI, Horacio

En la sangre del día R251

ARMAS ALFONSO, Alfredo

B232

ARMAS, Augusto de

H25

ARONA, Juan de

X2

ARREOLA, Juan José

R8, S56
—Narrativa A71, P63
La feria P189, P235, M427

ARRIETA, Rafael Alberto

F100

ARRUFAT, Antón

—Teatro E86
La caja está cerrada S213

ARTECHE, Miguel

Quince poemas S184

ARTEL, Jorge

G397

ARVALO LARRIVA, Enriqueta

G129

ARVALO TORREALBA, Alberto

V73

ARZÁNS ORSÚA Y VELA, Bartolomé

G57
Historia de la Villa Imperial de Potosí R78

ASCASUBI, Hilario

R268
Santos Vega B176

Asís, Jorge

   Flores robadas en los jardines de Quilmes A250

Astrada, Carlos

   F113

Asturias, Augusto

   T18

Asturias, Miguel Ángel

   A140, A203, A244, B103, D73, D112, V118
   —Narrativa M74, M264, M283, R152, R153, V90
   —Poesía L86, V118
   —Teatro S230
   El espejo de Lida Sal G312
   El Señor Presidente A131, G390, N17, R105, V94
   Hombres de maíz T40
   Leyendas de Guatemala M271, M430
   Los ojos de los enterrados D72
   Mulata de Tal P114, S168

Ateneo Americano de Washington

   T29

Astrada, Carlos

   F130

Autoras

   G146, V10

Ávila, Francisco de

   G141

Ávila, Teresa de

   A261

Avilés Blonda, Máximo

   '*Pirámide 179*' T34

Azar, Vicente

   G134

Azevedo, Aluizio

   —Narrativa O40

Azevedo, Arthur

   —Narrativa B82

Aztecas

   —Cosmología V65
   —Lengua G169
   Colonial G156
   Precolombina J73
   —Danzas H13

Azuaje, Ricardo

   M304

Azuela, Arturo

   —Narrativa R181

Azuela, Mariano

   E65, G241, J55, M367, P130
   —Cartas B123, L61
   —Liberalismo K17
   —Narrativa L69
   Los de abajo R101
   Regina Landa G236, T64
   Esa sangre N34

B

BACARISSE, Pamela

    M185

BACCINO PONCE DE LEÓN, Napoleón

    V96
    Maluco A8

BACH, Juan Sebastián

    Musikalisches Opfer B113

BAEZA FLORES, Alberto

    —Teatro D37

BAKHTÍN, Mikhail

    —Teoría literaria R173

BALBUENA, Bernardo de

    G29, M217, P96, R54

BALLAGAS, Emilio

    —Poesía B50
    Júbilo y fuga P222

BALSEIRO, José Agustín

    J68, R211

    La pureza cautiva D24
    Saudades de Puerto Rico D24
    Vísperas de sombra y otros poemas Ch20

BALZA, José

    B132

BANCHS, Enrique

    S31
    El cascabel del halcón C224

BANDEIRA, Manuel

    A261, F191, M461

BARBA JACOB, Porfirio

    A208, D94, N8

BARBIERI, Enrique

    El límite de la luz W6

BARBOSA, José Celso

    L2

BARBOSA, Rui

    Cartas à Noiva Ch11

BARNET, Miguel

    —Narrativa S208
    La canción de Rachel Ch31

BAROJA, Pío

    C139

BARREDA, Ernesto Mario

F94

BARREDA, Octavio G.

B96

BARRENECHEA, Ana María y Julio Cortázar

Cuaderno de bitácora de Rayuela G17

BARRENECHEA, Julio

—Poesía S183

BARRETO, Benito

Mutirão para Matar A107

BARRETO, Lima

F75

BARRIOS, Eduardo

C101, D97, M382, S192
—Narrativa F250, S192, V61, V62, V63
El hermano Asno B12
El niño que enloqueció de amor L234
Un perdido L234

BARROCO

B130, C188, C309, C310, G57, I159, M439, R3, R313, S84
—Autoras L38, L252, M192, M358, R312, S5

BASUALDO, Ana

A112

BATRES, José

B211, B212, I18
—Poesía I18
Tradiciones de Guatemala A136

BECCO, Horacio Jorge

—Poesía R197

BEDREGAL, Yolanda

—Poesía A33

BELDA, Joaquín

La Coquito. Novela picaresca G340

BELLI, Carlos Germán

C267, E92

BELLO, Andrés

E34, F35, G350, G351, J40, M193, S292, V15
—Filosofía A133
—Poesía T59

BELTRÁN GUERRERO, Luis

G131

BENAVENTE, Jacinto

C132

BENAVENTE, Manuel

F151

BENEDETTI, Mario

    P113
    La tregua C1, F261
    "Sabado de gloria" D57

BENET Y CASTELLÓN, Eduardo

    W23

BENÍTEZ, Jaime

    R77

BENÍTEZ ROJO, Antonio

    —Narrativa A234, C347

BERMEJO, Ildefonso Antonio

    —Teatro B29

BERNÁRDEZ, Francisco Luis

    M346

BERRIOZABAL, Juan Manuel de

    La nueva cristiada A124

BEVERLEY, John

    Against Literature B147, C189

BIANCIOTTI, Héctor

    A112
    El amor no es amado M147

BIANCO, José

    —Narrativa P215
    Sombras suele vestir P214

BILINGÜISMO

    S242

BIOY CASARES, Adolfo

    A112, B162, B177, P228
    —Narrativa B60, B81, C44, R94
    Breve diccionario del argentino exquisito C44
    Diario de la guerra del cerdo E14
    Dormir al sol B193
    El sueño de los héroes B79
    Historias de amor C275
    La invención de Morel T3
    Plan de evasión L119

BIRGHI, Juan

    F82

BLANCO, Eduardo

    G318

BLANCO, Guillermo

    Gracia y el forastero S194

BLANCO AMOR, Eduardo

    La catedral y el niño B203

BLEST GANA, Alberto

    R269, T66
    —Poesía P166
    —Narrativa C135
    Martín Rivas S188
    Los trasplantados D139

BOAL, Augusto y Gianfrancesco Guarnieri

    Arena conta Tiradentes C11

BOLÍVAR, Simón

A139, C118, N5

BOLIVIA

W31
—Ensayo T48
—Indigenismo U17
—Literatura D92
—Mestizaje T83
—Narrativa A162
Colonial
—Historia O71
Siglo XIX U17
Contemporánea E25,
—Narrativa A163, L73, R263
—Poesía A163, M231, M308, Q9
—Teatro M482
Siglo XX
—Historia G214
—Narrativa P46
—Poesía F88

BOLLO, Sarah

—Poesía H73

BOMBAL, María Luisa

—Narrativa A94, L121
La última niebla B16, B80, M251
La amortajada G283, T50
"Las islas nuevas" M420

BONEO, Martín Alberto

F117

BONIFACIO, José

F169

BOOM

B21, D3, G235, M132

BOPP, Raúl

F73

BOOZ, Mateo

F108

BORGES, Jorge Luis

A160, A164, A177, A251, B19, B53, B73,
B129, B154, B164, C47, Ch58, D9,
D10, D11, E101, F228, F295, G147,
G285, G375, K66, L22, L111, L132,
M63, M77, M241, M321, M435, O48,
O49, P80, P102, P107, P109, P110, P143,
R154, R172, R240, S204, S247, S291,
V79, W9, Y8
—Cartas V103
—Ensayo A68, C46, L60, M7, M318, R19,
R165, R166, R170, V121
—Entrevista(s) C256
—Judaísmo A56
—Narrativa A101, A112, B173, C304, E8,
F21, F232, F279, F313, G15, G232,
G322, K48, L244, M11, M23, M191,
M288, M318, O79, P34, R19, R22, R113,
R160, S247, V121, Y20, Y22
—Periodismo B73
—Poesía A65, C69, F32, F288, G144,
G222, J75, L111, O90, R224, S296, Y24
—Prólogos B73, H4, O90
—Traducciones J98, S128
—Traducido R162
"Ariosto y los árabes" G222
"Biografía de Tadeo Isidoro Cruz" S76
"Borges y yo" B218
El Aleph C246, F228
"El Aleph" (cuento) B218, O53
"El evangelio según Marcos" B178
"El fin" S76
El hacedor H4
El informe de Brodie K14
"El jardín de los senderos que se bifurcan"
F297, R298
El libro de arena O88
"El libro de arena" (cuento) B195
"El milagro secreto" L91
"El sur" G229
Elogio de la sombra S293
"Emerson" G200

"Everness" H71
Ficciones F243
Historia de la noche L12
Historia universal de la infamia A69, L115,
"Jactancia de quietud" S296
"La biblioteca de Babel" A111
"La casa de Asterión" A100, A130, G13, M190
"La escritura del dios" A98, G172, Z29
"La guitarra" F260
"La memoria de Shakespeare" V59
"La muerte y la brújula" B72, C295
"Las ruinas circulares" B218, G12
"Mallorca" M258
"Nota de un mal lector" G301
"Pierre Menard, autor del Quijote" B194, H91, I14
"Tlön, Uqbar, Orbis Tertius" E11, L119

BORRERO, Juana

R88

BOSCH, Juan

—Narrativa B49
La Mañosa S237

BOTELHO GOSÁLVEZ, Raúl

Altiplano D96

BOTELHO DE OLIVEIRA, Manuel

—Poesía M112

BOTI, Regino E.

F29

BOUCHATON, Edison

F150

BRANDES, Jorge

S70

BRASIL

A253, B131, B227, C26, C265, C304, C306, C319, C332, Ch17, D16, D17, D18, D19, D20, E67, F91, F142, F159, F162, F165, F186, F295, G25, G358, G360, L183, L236, M122, M409, P29, P93, S81, S154, S261, W54
—Autoras B86, B248, F47, S235, U15
—Cultura popular C305, F185
—Ensayo L192
—Estados Unidos E47, J79, S212
—Folklore F196
—Historia M120
—Judaísmo C312, I10, L156
—Lengua B11
—Lingüística M203
—Literatura A160, A262, C234, C312, C323, F75, F126, F131
—Modernismo C324
—Narrativa L191, N70, N71
—Periodismo M129
—Poesía F60, F61, F67, F102, P133, S281
—Plástica L184
—Religión O9
—Teatro M121
Colonia B130, C310
—Historia M119
Siglo XIX M26
—Poesía C27
Contemporánea A261, C54, M123
—Cultura popular P128
—Mujer (como tema) N59
—Música P128
—Narrativa B244, Ch13, F98, K27, M153, N59, P97, S234, V104
—Poesía K25, S6, S199, Z18
—Teatro D116
Siglo XIX L190
—Gauchesca W26
Siglo XX
—Narrativa E41
Vanguardismo A119, Ch15
—Poesía J108

BRECHT, Bertold

—Teatro M142

BRENE, José R.

Fray Sabino C58

BRENES MESÉN, Roberto

A156, F66
—Poesía Ch19

BRITO, Aristeo

El diablo en Texas C314

BRITTO GARCÍA, Luis

K30
Abrapalabra L29

BRITTON, Rosa María

J2, L194

BRUGHETTI, Romualdo

Las nubes y el hombre R218

BRUNET, Marta

—Narrativa A94, L15
María Nadie C140

BRYCE ECHENIQUE, Alfredo

Tantas veces Pedro S113

BUENAVENTURA, Enrique

—Teatro D85

BUENAVENTURA, Jacinto de

J82

BUÑUEL, Luis

V35

BURGOS, Julia de

R83
—Poesía F45
Canción de la verdad sencilla C184

BURGOS CANTOR, Roberto

La novia enamorada del cielo B135
Lo amador M491

BUSTAMANTE, Cecilia

B254
—Poesía L39

BUSTILLO ORO, Juan

—Teatro S106

BUSTOS DOMECQ, H.

—Narrativa A61
"El hijo de su amigo" M2
"La fiesta del monstruo" M2

C

CABALLERO, Fernán

   La gaviota B108

CABELLO DE CARBONERA, Mercedes

   Blanca Sol M113

CABEZA DE VACA, Alvar Núñez

   A49, M275
   Naufragios C105, L131, M152, P233, R1

CABRAL, Manuel del

   F63
   Compadre Mon C53
   El escupido E15

CABRAL DE MELO NETO, João

   J117, K25
   —Poesía Ch52
   O cão sem plumas B35

CABRERA, Luis

   R31

CABRERA, Lydia

   J30

CABRERA INFANTE, Guillermo

   F239, G374
   —Narrativa B30, C268, M15, N32, R175
   Exorcismos de esti(l)o M280
   Holy Smoke P217
   La Habana para un infante difunto B13, M281, P183
   Tres tristes tigres A103, C4, F30, G339, G374, L118, L159, L243, M5, M137, M141, P183, S166, V122

CABRUJAS, José Ignacio

   H67, S16

CÁCERES, Esther de

   F99

CADENAS, Rafael

   —Poesía I25

CALDERÓN, Fernando

   M363
   —Poesía A260
   Ana Bolena A255, A256
   A ninguna de las tres A258
   Hernán o la vuelta del cruzado A257
   El torneo A259

CALLEIRO, Mary A.

   —Teatro A45

CALVILLO, Manuel

   Ch66

CALZADILLA, Juan

—Poesía C80

CALZADILLA ARREAZA, Juan

M304

CAMARGO, Edmundo

—Poesía M308

CAMBACERES, Eugenio

L3, R344
En la sangre B157
Sin rumbo M125, S97

CAMPILLO, Myriam

A mulher de ouro F47

CAMPO, Estanislao del

Fausto A25, B108, H74

CAMPODÓNICO, Miguel Ángel

C34
Instrucciones para vivir ... F290
La piscina alfombrada M134

CAMPOS, Eduardo

F180

CAMPOS, Haroldo de

M16
—Ensayo C35

CAMPOS, Julieta

C37
—Narrativa M99
Tiene los cabellos rojizos y se llama Sabina
A38, P159, R90

CAMPOS, Rubén M.

K58

CAMPOS CERVERA, Hérib

R124

CAMPRA, Rosalba

Forma de la memoria F14

CAMPRUBÍ, Zenobía

H2

CANDIDO, Antonio

M446

CANIBALISMO

A123, B168, C26, C191, F259, G187

CANON

C32

CANSINOS-ASSENS, Rafael

—Judaísmo A56

CANTÓN, Wilberto

Nosotros somos Dios D34

CAPDEVILLA, Arturo

C64, Ch64, F103

CARAMILLO DE PEREYRA, Enriqueta

F67

CARBALHO, Gonzáles

F121

CARBALHO, José González

F74

CARBALLIDO, Emilio

—Teatro C219, D29

CARDENAL, Ernesto

B179, B180, B181, V67
—Poesía B182, H49, R328
Hora 0 L207, P218
El estrecho dudoso E31
Canto Cósmico B185

CÁRDENAS, Eliecer

Polvo y ceniza B120

CARDONA, Jenaro

El primo Q1

CARDONA PEÑA, Alfredo

Los jardines amantes Z25

CARDOSO, Lúcio

B247

CARDOSO, Onelio Jorge

—Narrativa G112

CARDOZA Y ARAGÓN, Luis

B215

CARIBE

B207, C227, D69, P96, P126, P137, R307, S82

—Literatura caribeña M146
—Lingüística H52

CARLO, Omar del

—Teatro A127

CARNEIRA, André

F201

CARO, Miguel Antonio

V127

CARONE, Modesto

As Marcas do Real P49

CARPENTIER, Alejo

C52, D55, G301, M475, T81, V125
—Ensayo F5
—Narrativa Ch55, G171, G294, G305, M264, V91
—Periodismo L206
Concierto barroco A43, G40, M448, M473, O85
El acoso S52
El arpa y la sombra F4
"El camino de Santiago" B113, M27
El recurso del método B165, G40, M293, W58

El reino de este mundo G294, R159
El siglo de las luces C342, G230, S169
La consagración de la primavera M270
Los convidados de plata G240
Los pasos perdidos G228, M110
"Ortega y Gasset" G301
"Viaje a la semilla" G230, L247

CARRANZA, María Mercedes

—Poesía A180

CARRASQUILLA, Tomás

C145, G71, H89
—Narrativa B127
Frutos de mi tierra H85
La marquesa de Yolombó H87

CARREÑO, Manuel Antonio

Manual de urbanidad y buenas costumbres G317

CARRERA ANDRADE, Jorge

D115, G333, M347, P195, S22, S286, U13
—Poesía O7

CARRERO, Jaime

S62

CARRIÓ DE LA VANDERA, Alonso

B169, E35, O1
El lazarillo de ciegos caminantes P232, R132, T6

CARRIÓN, Miguel de

Las honradas M250
Las impuras M250

CARROLL, Lewis

—Narrativa C25

CARTER, Boyd G.

M194

CARVAJAL, Alberto

N6

CARVAJAL, Mario

G84

CARVALHO, André de

Cubalibre L186

CARVALHO, Ronald de

L185

CASAL, Julián del

F194, F210, F215, F255, G244, G363, S121
—Poesía A216, F211, S119
Nieve M395
"Una maja" A47

CASAL, Julio J.

—Poesía R190

CASARAVILLA LEMOS, Enrique

A171

CASAS, Myrna

A44

Caso, Antonio

J38

Castañeda, Antonio

Lejos del ardimiento M215

Castedo, Elena

M102

Castelar, José Adán

Sin olvidar la humillación C176

Castellanos, Rosario

D124, L36, L98
—Indigenismo C340
Balún Canán C340, F300
El viudo Román G329
Oficio de tinieblas V107
Meditation on the Threshold L37

Castillo, Eduardo

—Poesía S65

Castillo, Othon

Sed en el puerto L6

Castillo, Ricardo

El pobrecito sr. X V36

Castillo Puche, J. L.

El libro de las visiones y las apariciones P70

Castillo de González, Aurelia

L42

Castrillo, Primo

Hombre y tierra J9

Castro, Ferreira de

C16

Castro, José

Aún viven las manos de Santiago Berríos O38

Castro, Manuel de

S161
El padre Samuel R17
Oficio de vivir S161

Castro, Oscar

G106

Castro Alves, Antonio de

F73

Castro-Gómez, Santiago

C165, M254

Castro-Klarén, Sara

Z31

Castro Z., Oscar

—Narrativa C146

CAVIEDES, Juan del Valle y

—Poesía R32, R33

CENTROAMÉRICA

E70, U19
—Poesía M160
Contemporánea
—Poesía C174
Modernismo
—Como tema S120
Precolombina L109

CERRUTO, Oscar

—Poesía M308
Aluvión de fuego G56

CERVANTES, Lorna Dee

Emplumada N62

CERVANTES SAAVEDRA, Miguel de

C47, C112, J41, V46
Don Quijote de La Mancha G339, H91, R187

CINE Y LITERATURA

A40, C197, D1, D110, F239, G38, G348, J22, N32, P36, P177, R168

CIROT, Georges Alfred

—Bibliografía B137

CISNEROS, Antonio

—Poesía C259

CISNEROS, Luis Benjamín

—Poesía T12

CLAVIJERO, Francis Javier

Reglas de la lengua mexicana G169

CLULOW, Ana Amalia

—Poesía F62

COBO BORDA, Juan Gustavo

Roncando al sol como una foca en las Galápagos R275
Salón de té R275

COFIÑO LÓPEZ, Manuel

—Narrativa S26
La última mujer y el próximo combate D71, G299, M268

COLASANTI, Marina

Zooilógico J103

COLETTI, Juan

El jardín de las flores invisibles Z22

COLL, Pedro Emilio

A156, G211, G316

COLLADO MARTELL, Alfredo

R299

COLLAZOS, Oscar

Crónica de tiempo muerto R327

COLOANE, Francisco

—Narrativa D133

COLOMBIA

G73, G74, G365, O33, P205
—Bibliografías H41, W5
—Historia B59, H43
—Narrativa K13, W3, W4
—Poesía A120, A182, B84, E5
Romanticismo J21, M156
Contemporánea V25
—Autoras A180
—Narrativa F2, J15, P4, R281
—Periodismo G163
—Poesía A180, C104, G2, G311, J13, J14, R27, R273,
—Revistas R277
Siglo XIX
G142, J17, V127
—Narrativa O37
Siglo XX
—Poesía Ch48, G53, G310
—Revistas Ch48
Vanguardismo
—Poesía R273, S206

COLOMBRES, Eduardo Joubin

F197

COLÓN, Cristóbal

C118, F259, V55, Z27
—Cartas G155

COLONIA

A29, C191, C308, C313, Ch59, E33, G87, G101, G361, G385, M437, N55, V86, V117
—Colonización A49, C255, M40
—Conquista B168, C288, F259, G183, G266, J97, L248, M41, M162
—Descubrimiento C353, D74, M152, R1, Z27
—Discurso colonial B171, C161, C188, C192, C307, H59, M235, M439, R2, S63, S278, V86
—Documentos B94, C287, H58, M216, M492, R139
Crónicas Ch42

CONANGLA I FONTANILLES, Josep

—Poesía R331

CONCEPCIÓN VALDÉS, Gabriel de la

—Poesía S284

CONCRETA, Poesía

S6, Z18

CONTI, Haroldo

—Narrativa M454, R308
Mascaró, el cazador americano B233

CONTRERAS, Gonzalo

G4

CORDEIRO, Maria Luiza

C331

CÓRDOBA, Alberto

F83, F118

CÓRDOVA ITURREGUI, Félix

V60
El rabo de lagartija de aquel famoso señor rector y otros cuentos de orilla C232

CORNEJO POLAR, Antonio

A19, C226, Ch43, Ch57, K26, M438, P131, R119

CORPANCHO, Manuel Nicolás

G35, R285

CORTÁZAR, Julio

A52, A112, A113, A117, C194, C281,
F220, G346, J92, P21, R325, S287, Y25
—Crítica literaria M4
—Ensayo A68, S246
—Narrativa A52, A221, B189, C282, F36,
F304, G229, G322, H17, H37, K18,
L14, L65, M3, M140, M452, M484,
P18, P23, R321, S244, T44, Y22
—Poesía G347
—Reseñas
62. Modelo para armar A67, C98, F214,
I13
Alguien que anda por ahí P158
"Axolotl" G399, M4
Buenos Aires. Buenos Aires R321
"Carta a una señorita en París" G399
"Cartas de mamá" A63
"Casa tomada" A138, F287, P17, P174
Deshoras A70
"El otro cielo" R164
Final del juego A128
"Final del juego" (cuento) A63
Historias de cronopios y famas D120
"Instrucciones para matar hormigas en Roma" C316
"La barca o nueva visita a Venecia" L92
"La isla a mediodía" L9
"Las babas del diablo" C290
"Lejana" A63, G399
Libro de Manuel P20, S301
Los reyes T14
Octaedro S112
Rayuela A88, B56, B110, C282, F8, F212,
G17, G328, H78, I24, J118, M4, M484,
S89, Y1
Territorios C195, F221
Ultimo round P16
Un tal Lucas C196

CORREA, Julio

R122

CORTÉS, Hernán

C252, F153, L248, P124

CORTÍNEZ, Carlos

Abba B158

COSSIO WOODWARD, Miguel

Saccharío D71, M267

COSTA, Odylo (filho)

—Poesía L205

COSTA RICA

—Indigenismo S226
—Mujer (como tema) A184, Ch51
—Narrativa D113, S226
—Teatro S61
Contemporánea
—Poesía C24, M330
Siglo XIX
—Narrativa Q1
Siglo XX
—Ensayo O81

COTE LAMUS, Eduardo

—Poesía R277

COUTINHO, Sonia

F47
O ultimo verão de Copacabana J114

CRANE, Stephen

L242

CREACIONISMO

V114

CRÍTICA GENÉTICA

A161

CRÍTICA LITERARIA

K49

CRUZ, Sor Juana Inés de la

A231, Ch35, Ch40, D130, J52, L38, L238, M38, M115, M192, M383, S4, S84, T53, W44
—Biografía J53
—Poesía C198, H94, L239, L252, S92
Enigmas S5
Sainetes A12, H22
Villancicos M114, S91
"A tus manos me traslada" S3
"Copia divina, en quien veo" S3
Inundación Castálida L237, L241
Los empeños de una casa Ch34
Primero Sueño C180, L240, P95, V65
"Señor don Diego Valverde" E9

CRUZ, San Juan de la

—Poesía M38

CUADRA, José de la

—Narrativa S132
Los sangurimas G234, P193, R106

CUADRA, Pablo

—Poesía B24

CUADROS DE COSTUMBRES

F227, P229

CUBA

L143, L165, M144
—Antropología I3
—Crítica literaria P202
—Ensayo M218
—Historia C181
—Influencia francesa H25
—Narrativa F56, F262
—Negritud (como tema) F262
—Periodismo L41, O13
—Poesía A230, F305, G309, J25, L47, R222
—Teatro D36
Contemporánea C273
—Exilio G307, O20
—Historia R52
—Narrativa C178, R61, R144
—Poesía G307, H39, M136, O20, S54
—Revistas S77
—Teatro D41
—Testimonio R61
Neobarroco S77
Revolución cubana
—Editoriales A5
—Narrativa D71, G300, M273
—Política cultural R169
Romanticismo
—Poesía V111
Siglo XIX
B87, C129, G233, L1, L246, M255, O15, V112
—Exilio L70
—Historia O73, R331
—Narrativa A233
—Revistas S55
Siglo XX
—Historia S52
—Narrativa Ch45
—Poesía R67
—Revistas R67
Vanguardismo H45

CUENCA, Agustín F.

M92

CUESTA, Jorge

G324

CULTURA DE MASAS

S82

Cunha, Euclides da

    F75, F198
    Os Sertões M13, S71, W51

Cunha, Juan

    F167

CH

CHACÓN NARDI, Rafaela

    F193

CHACÓN Y CALVO, José María

    G286, J24
    —Cartas R97
    Evocación del viejo colegio Ch2

CHARLES, Cecil

    —Traducciones S214

CHARRY LARA, Fernando

    —Poesía C203, G388, R277
    Pensamientos del amante R274

CHASE, Alfonso

    El tigre luminoso P157

CHATEAUBRIEND, François-René

    René C85

CHECOSLOVAQUIA

    Contemporánea V118, V119
    —Crítica literaria V120

CHIÁPPORI, Atilio

    —Narrativa M325

CHILE

    C153, H6, M183, S261, T63
    —Artesanías A32
    —Bibliografías D129
    —Diccionarios C144
    —Filología S170
    —Indigenismo N27
    —Lingüística G395
    —Literatura A135, O41, S173
    —Narrativa A7, A86, C151, C204, D119, G245, G366, S185
    —Poesía C147, P84
    —Revistas N53, S175
    —Teatro C150, C155, K46
    —Traducciones S180
    Contemporánea
    —Autoras C213, E78, L168, Y4
    —Historia B106, E75, M418, V98
    —Narrativa G44, S178
    —Poesía C36, C209, C213, V107, Y4
    —Teatro G372, P172
    Siglo XIX
    F35, G352
    —Historia R265, R289
    —Revistas C300
    —Romanticismo L113
    Siglo XX C156, S179
    —Crítica literaria C157
    —Narrativa C154, G4, G43, G133, G245, M76, P220
    —Poesía H88
    —Teatro R259
    Vanguardia L160

CHIRIBOGA, Luz Argentina

    —Narrativa Z32

CHOCANO, José Santos

    Ch26, S46
    —Poesía S46
    —Traducciones S45

Chocrón, Sonia

   Toledana Z13

Chumacero, Alí

   Imágenes desterradas R214
   Páramo de sueños R214

D

Darío, Rubén

C141, C249, F251, G30, G313, G314, G315, G363, G384, G393, L224, M35, M379, O18, P146, R174, R241, S120, T70, U2, W57
—Autobiografía S19
—Biografía E83, I17, T35, T36
—Conferencias E40
—Cristianismo A254
—Ensayo J120
—Narrativa A254
—Periodismo M400
—Poesía C110, F288, G47, K38, M286, M319, P38, P99, R183, S21, S225, V93
—Política N56, T37
"A Ramón del Valle Inclán" A37
Azul ... B236, C159, F247, M357, S303, U26
Canto a la Argentina (poema) C48
Canto a la Argentina y otros poemas R207
Cantos de vida y esperanza W17
"Caracol" P7
"El fardo" A17
"El reino interior" Ch50
"Lo fatal" B109
Prosas profanas H51, S21, W17

Darío, Rubén (hijo)

V22

Da Rossa, Julio

—Narrativa R296

Dávalos, Juan Carlos

Ch63

Dávalos y Figueroa, Diego

—Poesía R246

Dávila, Virgilio

R301

Dávila Andrade, César

"Oda al arquitecto" D43

D' Escaragnolle Taunay, Alfredo

M145

De Greiff, León

—Poesía Ch48

Debravo, Jorge

—Poesía C174

Delfino, Augusto Mario

G281

Delgado Aparain, Mario

La balada de Johnny Sosa G28

Delgado, Rafael

J57
—Bibliografía M417

DELMAR, Meira
    F157

DELMONTE, Domingo
    O73

DEL RÍO, Ana
    Oxido de Carmen D80

DENEVI, Marco
    —Narrativa C102

DENIZ, Gerardo
    —Poesía M423

DENSER, Márcia
    F47

DESCARTES, René
    B39

DESNOES, Edmundo
    Memorias del subdesarrollo C30, R168

DEVOTI, Félix
    "Las ruinas de Pachacamac" M341

D'HALMAR, Augusto
    B205, M326, S211
    —Narrativa C243

DI BENEDETTO, Antonio
    F231
    Zama C254

DI GIORGIO, Marosa
    —Poesía E104

DIACONÚ, Alina
    L200

DÍAZ, José Pedro
    Tratados y Ejercicios B112

DÍAZ CASANUEVA, Humberto
    El hierro y el hilo K28

DÍAZ DEL CASTILLO, Bernal
    B94, J66
    Historia verdadera de la conquista de Nueva España C8, G308, M104

DÍAZ MIRÓN, Salvador
    C266, M211

DÍAZ RODRÍGUEZ, Manuel
    M335, M422

DÍAZ ROMERO, Eugenio
    —Poesía M148

DÍAZ SOLÍS, Gustavo
    G52, M43

Díaz Valcárcel, Emilio

—Narrativa B101

Díaz Villamil

La niña de sus ojos T83

Dickmann, Max

F302, G270, G382
—Narrativa K82
Madre América M26

Dictadura

C350, E75, M68, M418, V88

Díez-Canseco, José

L175

Díez-Canedo, Enrique

M372

Diego, Eliseo

P207
—Poesía S13

Diego, José de

—Ensayo F49

Díez de Medina, Fernando

Mateo Montemayor E13
La disputa de los siglos D90

Dobles, Fabián

—Narrativa D99

Doménech, Ricardo

"La agonía del general Franco proyectándose en el espejo de enfrente y vista por una generación" P231

Domínguez, María Alicia

F67, G267

Domínguez, Pablo

R29

Domínguez Camargo, Hernando

O39
Poema heroico G165

Donoso, José

B25, G42, G126, G217, G348, M101, O69, R158, V7
—Narrativa B142, G322, Q7, S300
Casa de campo B200, M10, S18
Coronación S176
El jardín de al lado M393
El obsceno pájaro de la noche D118, J95, M108, R158

Donoso Pareja, Miguel

Nunca más el mar P201

Dorfman, Ariel

Cría ojos C201

Dos Passos, John

U.S.A. (Trilogía) M271

Dos Santos, Estela

Las despedidas A249

DOURADO, Autran

—Narrativa D107

DREISER, Theodore

O64

DRUMMOND DE ANDRADE, Carlos

—Poesía G32

D'SOLA, Otto

G128, G136

DUJOVNE ORTIZ, Alicia

G176, L156, S146

DUNCAN, Quince

Los cuatro espejos S15

DUNNE, John William

—Ensayo C46

DUQUE LÓPEZ, Alberto

Mateo el flautista C116

DURAND, Luis

D54

DURAND, José

M345

DUSSEL, Enrique

V89

E

Eco, Umberto

   El nombre de la rosa M191

ECUADOR

   R292, S9
   —Autoras Z32
   —Ensayo O65
   —Teatro L256
   Contemporánea C346
   —Historia T23
   —Narrativa N1, P37, V3
   —Poesía C109, R143
   —Teatro R57
   Siglo XX D105
   —Narrativa I7
   Vanguardismo R107
   —Poesía O7

ECHAGÜE, Juan Pablo

   E42, G107, G108

ECHAVARREN, Roberto

   Aura Amara V30

ECHAVARRÍA, Rogelio

   —Poesía R277

ECHAZÚ, Roberto

   —Poesía M308

ECHEVARRÍA GONZÁLEZ, Roberto

   F40

ECHEVERRÍA, Aquileo

   Concherías D142

ECHEVERRÍA, Esteban

   Dogma socialista S248
   El matadero L181

EDITORIALES

   A145, A146, A147, A148, A149, J56, J57, J58, J60, J61, M75, M184, M440, M443

EDWARDS, Jorge

   K65, P40
   —Narrativa E30
   El anfitrión C292

ELIOT, Thomas Stearns

   F69
   —Poesía E32
   Four Quartets P26

ELIZONDO, Salvador

   Camera lucida G387
   El hipogeo secreto S258
   Farabeuf R290

ELOY MARTÍNEZ, Tomás

   M105
   Santa Evita M132

ELTIT, Diamela

 E78, L255
 Los vigilantes M131

EMAR, Juan

 L160

ENGLEKIRK, John E.

 R242

ERCILLA Y ZÚÑIGA, Alonso de

 —Poesía mexicana, y C161, M216, W45
 La Araucana A246, B125, L110, L112, S135, V26

EROTISMO

 B22, C78, E78, M91

ESCHER, Maurits C.

 L22

ESCOBAR, Eduardo

 —Poesía J13

ESCOBAR, Jaime Jaramillo

 G2

ESCOBAR SAMBRANO, Alberto

 C187

ESPAÑA

 C28, E3, K21, L11, L257, P108
 —Autoras Ch36
 —Crítica literaria Ch38, D123

—Cuadros de costumbres P229
—Narrativa Ch36
—Poesía popular G70
Barroco C81, P39, R178
Colonial
—Historia G154
—Poesía M339
Conquista A217
Franquismo
—Exilio G258
Modernismo
—Latinoamérica, y N22
Siglo XVII S200
—Teatro J83
Siglo XIX G30
—Cuadros de costumbres A191
—Estados Unidos, y E51
Generación del 98 E44
Siglo XVIII
—Filosofía O93
Siglo XX A243
—Editoriales P115
—Poesía C61, R233
Vanguardismo V9
—Poesía G380, M460, V101
—Revistas L33

ESPAÑOLA, lengua

 S289
 —Dialectología L21
 —Estados Unidos, en G157

ESPINA, Eduardo

 —Poesía Z12

ESPÍNOLA, Francisco

 —Narrativa V110

ESPINOSA, Januario

 D141

ESPINOSA, José María

 Memorias de un abanderado G219

ESQUIVEL, Laura

—Narrativa E85, M132, S24

ESTADOS UNIDOS

E47, E71, E72, J39, S282, V20
—Bibliografía E48, E50, E72, R123
—Cultura C32
Cowboy (como tema) M460
—España, y L136, S282
—Hispanoamérica, e R30, S282
—Indigenismo V24
—Lingüística G371, S239
—Literatura E49, F69, F71, F101, F204
Contemporánea
—Crítica literaria F219, R154
—Poesía P27
Siglo XIX L136
Siglo XVIII L136
Siglo XX
—Crítica literaria D129
—Poesía P26

ESTORINA, Abelardo

—Teatro E86

ESTUDIOS CULTURALES

A19, B106, B147, C32, C166, C189, C236, C354, F257, G356, H34, K72, K78, L248, M291, M438, M441, M442, N63, P93, P176, R62, R63, R64, R137, S81, S270, V89, V99, Y16

ESTUPIÑAN BASS, Nelson

N1

EXILIO

C350, R315

F

FABIÁN RUIZ, José

   Mar de leva I15

FAGUNDES TELLES, Lygia

   —Narrativa J109

FALCO, Angel

   —Poesía A15

FALLAS, Carlos Luis

   —Narrativa P156

FANTÁSTICA, narrativa

   B52, H37, M202

FAULKNER, William

   "Las palmeras salvajes" R109

FEIJÓO, Benito Jerónimo

   C250

FEINMAN, Juan Pablo

   G344

FEMINISMO

   F225, M131, R62, R118, S235
   —Ensayo M234
   —Literatura B86, E78, S238
   —Poesía O25

FERNÁNDEZ, César

   Ambages M98

FERNÁNDEZ, Francisco

   Los negros heráldicos M31

FERNÁNDEZ, Macedonio

   B196, D68, D79, E7, G202, G269, M83
   —Cartas B187
   —Narrativa B189

FERNÁNDEZ, Pablo Armando

   —Poesía D83

FERNÁNDEZ DE LIZARDI, José Joaquín

   P73
   —Bibliografía M414
   El periquillo sarniento D2, D44, L233, U17

FERNÁNDEZ DE OVIEDO, Gonzalo

   M492, R1

FERNÁNDEZ MORENO, Baldomero

   —Poesía C82

Fernández Retamar, Roberto
—Poesía E39, G327

Ferrando, Alberto
Panorama hacia el alba S41

Ferré, Rosario
A22, R310, S17
—Narrativa L15

Ferreira Basso, Juan G.
F149

Ferrer, Surama
E103

Ferrer, José
F177

Ferretis, Jorge
W42

Figueira, Gastón
—Poesía A166

Filloy, Juan
G268

Fijman, Jacobo
A48

Filho, Adonias
As Velhas J100

Filho, Carvalho
F79

Filología
G124

Flaubert, Gustave
L'Education sentimentale L234

Flores, Marco Antonio
Los compañeros H24

Florán, Mario
F74

Florit, Eugenio
J29, R98
—Poesía F217, J28, L44, R51, R201, S158

Fogwill, Rodolfo
A112

Fombona-Pachano, Jacinto
G49

Fontaine Talavera, Arturo
G4

Fox, Lucía

Ayer es nunca jamás A31
Formas-Forms G62

France, Anatole

—América Latina y H65

Francia

Contemporánea B38
—Crítica R160
Siglo XX D112
—Crítica literaria D112
—Revistas R59
Vanguardismo N80
—Poesía C321, O51
—Revistas B68, L33

Francovich, Guillermo

F74, G215

Franklin, Benjamin

E51

Fresán, Juan

"Casa tomada" (diseño gráfico) P17

Freyre, Gilberto

Dona Sinhá & o Filho Padre F132, S219

Frost, Robert

F71, O61

Fuenmayor, Alfonso

—Periodismo G163

Fuensanta

—Poesía P149

Fuentes, Carlos

A122, J1, M243, O30
—Ensayo H50, R36
—Indigenismo F222
—Narrativa B239, C13, D42, E30, F222, L189, O56, R35, R333, S243
—Teoría literaria D42
Aura R261
Cambio de piel F213, G398
Cristóbal Nonato O29
Cumpleaños G46
El tuerto es rey R37
Gringo viejo L95
La cabeza de la hidra F25
La muerte de Artemio Cruz F286, M298
La región más transparente B71, M271, M489
Terra nostra G145, G302, J119, K1, P134, R39
Todos los gatos son pardos L93, R37
Una familia lejana G180
Zona sagrada L117

Fuentes, Manuel A.

X4

Fuentes y Guzmán, Francisco Antonio de

Preceptos historiales I20

Futoransky, Luisa

J92, S146

Canaima M271
Cantaclaro C42
Doña Bárbara K67
El forastero N66
Tierra bajo los pies E16

GALMÉS, Héctor

GAGE, Tomás

—Narrativa R23

J83

GALVÁN, Manuel de Jesús

GAGINI, Carlos

—Narrativa A125
Enriquillo S237

A24

GALVÃO, Patrícia

GAITÁN DURÁN, Jorge

U15

—Poesía R277

GÁLVEZ, Manuel

GALEANO, Eduardo

B152, C315, Ch46
—Narrativa G18, J7, L137
Hombres en soledad G237

Días y noches de amor y de guerra A16
Memoria del fuego G31

GALLARDO, Edward

GAMARRA, Abelardo M.

S62

N33

GALLEGOS, Gerardo

GAMBARO, Griselda

N43
El embrujo de Haití M26

A112, G23
—Teatro C74, M252
Dios fno nos quiere contentos M449

GALLEGOS, Hernán

GAMBOA, Federico

Relación A49

J35
—Bibliografía M410

GALLEGOS, Rómulo

A89, S103, S156, U8
—Narrativa G381, J107

GANA, Federico

S182

GÁNDARA, Carmen

F254

GARASINO, Ana María

F182

GARCÍA, Juan C.

G113

GARCÍA, Iván

—Teatro A42

GARCÍA, Serafín J.

F199

GARCÍA CANCLINI, Néstor

A19, C310, S111, S270

GARCÍA ESCOBAR, Carlos René

C170

GARCÍA LOPENZA, Pedro

G132

GARCÍA LORCA, Federico

B91
—Bibliografía C337
—Influencia C336
"La guitarra" F260

GARCÍA MÁRQUEZ, Gabriel

C118, G163, L120, M153, M236, M253
—Narrativa B192, C39, S201, W34
—Periodismo S201
Cien años de soledad C119, F277, G234, K20,L115,L116,M269,P14,P33,S135, T32, W34
Crónica de una muerte anunciada C117, M309, S231
El amor en los tiempos del cólera O54, R279
El otoño del patriarca A219, C56, C57, J93, J95, P15
La hojarasca M33
"*La increíble y triste historia de la cándida Eréndira y su abuela desalmada*" B107

GARCÍA MARRUZ, Fina

—Poesía A193

GARCÍA MONGE, Joaquín

Hijas del campo Q1

GARCÍA-PRADA, Carlos

C88, C329, Ch6, G69, J37, S67, V66

GARCÍA-PRADA, Manuel

—Poesía N76

GARCÍA PONCE, Juan

F305
Unión N60

GARCÍA RAMIS, Magali

A22
Felices días, tío Sergio S259

GARMENDIA, Julio

—Narrativa J32, M419, S33

GARMENDIA, Salvador

B220

GARRIDO PUELLO, Emigdio Osvaldo

Olivorio, ensayo histórico C6

GARRO, Elena

L97, M237, T77
—Teatro R264
Los perros C14
Recuerdos del porvenir G11, M249

GASULLA, Luis

Culminación de Montoya R330

GATÓN ARCE, Freddy

—Poesía B241

GAUCHESCA (como género)

A64

GAVIRIA, Víctor

J22

GEADA, Rita

Vertizonte M403

GELMAN, Juan

G206, K79, R180
Traducciones III, los poemas de Sidney West B198

GÉNERO

A232, G1, G42, L5, M96, M235, M327

GENTA, Edgardo Ubaldo

La epopeya de América B119

GENTA, Estrella

G88

GERBASI, Vicente

G396

GERCHUNOFF, Alberto

D56, G197, S250

GERVITZ, Gloria

G146

GIGOUX, Byron

P169

GIL GILBERT, Enrique

W14

GIL SALGUERO, Elia

F112

GILMAN, Claudia

A112

GIORDANO, Enrique

El mapa de Amsterdam C298

GIRONDO, Oliverio

    A161, J121, L154, M206, S32, S130, S257
    Campo nuestro R94
    Persuasión de los días G280

GIRRI, Alberto

    F179
    El motivo es el poema Z19
    Valores diarios B198

GIUSTI, Roberto F.

    R194

GLANTZ, Margo

    G181, L156, S146, V69
    Las genealogías O75
    No pronunciarás L155

GLOBALIZACIÓN

    C32, E88, F265, F295, M132, M290, S82, S270, Y16

GODOY, Armand

    H25

GOEHTE, Wolfgang

    G94
    Werther C85

GOLDBERG, Isaac

    W25

GOLDEMBERG, Isaac

    G185
    Hombre de paso/Just Passing Through L151

GOLOBOFF, Gerardo Mario

    Criador de palomas Z33

GOMBROWICZ, Witold

    A112

GOMES, Miguel

    M304

GÓMEZ BERBESI, Iliana

    M304

GÓMEZ BUENO DE ACUÑA, Dora

    F140

GÓMEZ CARRILLO, Enrique

    B214, M37

GÓMEZ DE AVELLANEDA, Gertrudis

    I1, K15
    —Narrativa A183
    —Poesía F312
    Dos mujeres G367
    Munio Alfonso M242
    Sab C85, G367, P81

GÓMEZ DE LA SERNA, Ramón

    B187

GÓMEZ JAIME, Alfredo

    C97

GÓMEZ MAYORGA, Ana de

    R12

GÓMEZ RESTREPO, Antonio

A102, B175

GONÇALVEZ, Adelto

Os Vira-latas da Madrugada G377

GÓNGORA, Luis de

G29
—Poesía B143, G298, G340

GONSÁLVEZ, Botelho

K35

GONZÁLEZ, Eugenio

K40

GONZÁLEZ, José Luis

C3, D78, S17
La llegada: crónica con ficción I16
Balada de otro tiempo B44

GONZÁLEZ, Luisa

A ras del suelo A184

GONZÁLEZ, Manuel Pedro

R229

GONZÁLEZ, Otto Raúl

—Poesía C174

GONZÁLEZ CABALLERO, Antonio

—Teatro K76

GONZÁLEZ DE ESLAVA, Fernán

—Teatro W26

GONZÁLEZ ECHEVARRÍA, Roberto

—Crítica literaria R252

GONZÁLEZ LEÓN, Francisco

R221

GONZÁLEZ MARTÍNEZ, Enrique

D53, D87, J55, S21
—Crítica literaria T26
—Poesía T27

GONZÁLEZ OBREGÓN, Luis

L51

GONZÁLEZ PRADA, Alfredo

G104

GONZÁLEZ PRADA, Manuel

E60, G103, G363, M197, P178, S40
—Ensayo Ch24
—Poesía F43, H18, M198
Antología poética D61

GONZÁLEZ TUÑÓN, Raúl

F138

GONZÁLEZ ZELEDÓN, Manuel

—Narrativa B127
La propia P121

GORODISCHER, Angélica

G330
—Narrativa V58

GOROSTIZA, Celestino

L19

GOROSTIZA, José

E98
—Crítica literaria D50
—Poesía C229, D30, D33, D50, F268
Canciones para cantar en las barcas D51
Muerte sin fin D28, G125

GOROSTIZA, Manuel Eduardo de

J54, S264
Indulgencia para todos S266

GOWER, John

Confessio Amantis M15

GOYTISOLO, Juan

E79, G341
—Narrativa B151, E30, G336, O86, S217
Makbara G336

GOYTISOLO, Luis

La cólera de Aquiles S271

GRANDMONTAGNE, Francisco

G30

GRAHAM, Cunninghame

N3

GREIFF, León de

G168

GROUSSAC, Paul

M211

GUAMÁN POMA DE AYALA, Felipe

N54, T82, V1
Nueva corónica i buen gobierno A27, A28, C167, L198, P234

GUARANÍES

L106

GUARDIA, Gloria

—Narrativa J2

GUARNIERI, Gianfrancesco y Augusto Boal

Arena conta Tiradentes C11

GUATEMALA

A205, E80, E84, M431
—Dictadura (como tema) A6
—Indigenismo B172, T40
—Narrativa A87, M260, M262
Colonial
—Historiografía I20
—Teatro J85, J86
—Modernismo E81, E82, G317, V106
Siglo XIX
—Poesía O17
—Revistas O17
Siglo XX E77, M430

GUDIÑO KIEFFER, Eduardo

Guía de pecadores G332

GUERRA, Lucía

F264, G19, H98

GUERRERO, Gonzalo

A29

GUIDO, Beatriz

—Narrativa D62, J115

GUIDO Y SPANO, Carlos

—Poesía H101

GUILLÉN, Alberto

A209

GUILLÉN, Nicolás

F63
—Poesía A93, A104, G221, N19
"Guitarra" F260

GUIMARÃES ROSA, João

B129
—Narrativa D6
Grande sertão: veredas Ch54, R171
Sagarana G27

GÜIRALDES, Ricardo

Z21
—Narrativa P44
Diario B155
Don Segundo Sombra B155, C42, C72, C221, E19, F1, M444, M460, R92, S126, S227, Y11

GUTIÉRREZ, Benigno A.

G97

GUTIÉRREZ, Eduardo

—Gauchesca D64
—Periodismo A172
Juan Moreira B174

GUTIÉRREZ, Joaquín

—Narrativa M424
Murámonos, Federico M424
Puerto Limón M272

GUTIÉRREZ ALEA, Tomás

Memorias del subdesarrollo R168

GUTIÉRREZ NÁJERA, Manuel

C122, M49
—Crítica literaria S118
—Narrativa D49, K69, K70, M96, R205
—Periodismo R339
—Poesía C124, M208

GUZMÁN ALEMÁN, Juan Pablo

R56

GUZMÁN CRUCHAGA, Juan

T71
—Poesía A189

GUZMÁN, Luis Martín

—Narrativa H92

GUZMÁN, Nicomedes

E21

—Teoría literaria C199
—Traducciones R204
Memorias B99, H31, R247
"Notas de viaje" H30, R243

HENRÍQUEZ Y CARVAJAL, Federico

J45

HAHN, Oscar

Z35
Arte de morir C207

HERAUD, Javier

E93

HALL, Elisa

Ch10

HEREDIA, José María

A247, C128, H25, M373
—Poesía Ch47

HAMSUN, Knut

L213

HEREDIA (Y HEREDIA), José María

A222, C328, C330, Ch1, M259
Los últimos romanos M361

HARRIS, Tomás

G174

HEREDIA, José Ramón

HEINE, Heinrich

V72

—Traducido S180

HEREDIA, Severiano de

HENRÍQUEZ UREÑA, Max

H25

H20, H44

HERNÁNDEZ, Felisberto

HENRÍQUEZ UREÑA, Pedro

A224, B98, B100, Ch33, G124, G392, H1,
H28, H96, I9, I21, J38, J64, L48, L163,
N42, P3, P163, P198, R55, R287, S44,
S57, S267, T57
—Cartas H29, S149
—Filosofía R191
—Lingüística M458
—Prosa R204

F78, G353, G355, P211, R305
—Narrativa B78, R329
Las hortensias F258
"El acomodador" G353

HERNÁNDEZ, José

A178, D63, S83
—Poesía A264

Martín Fierro A64, A170, B111, B160, B176, D63, D123, G20, G148, G243, L10, L138, P8, R20, R165, R228, S76, S126

HERNÁNDEZ, Juan José

La ciudad de los sueños A108

HERNÁNDEZ CATÁ, Alfonso

B27, F144
—Narrativa B250, S150

HERNÁNDEZ NOVAS, Raúl

L102

HERNÁNDEZ Y HERNÁNDEZ, José Polonio

T24

HERRERA, Darío

S125

HERRERA, Flavio

E82, F190

HERRERA, Telmo

Papá murió hoy C270

HERRERA Y REISSIG, Julio

P140, P141
—Poesía J88, P152
La torre de las esfinges E95

HETEROGENEIDAD

A19, C262, Ch57, H34, M438, P131, R119, S111

HIBRIDEZ

B207, C255, C263, P36, P137, R307, S146, S270, T22, V89

HIDALGO, Alberto

G264

HIDALGO, Bartolomé

F161, M334

HIJUELOS, Oscar

S274

HILST, Hilda

Da morte. Odas mínimas J113

HISPANOAMÉRICA

A73, A175, B159, Ch38, C94, C134, C212, C265, C325, E27, E61, E66, F9, F97, F134, G76, H62, H70 J29, L11, L57, L58, L126, L249, M81, M263, M398, O12, P147, R38, R43, R233, R248, S220, V33, V81
—Americanismos R72
—Autoras Ch36, E43, H3, K69, M300, Q11, S28
—Bibliografías E55, E56, E57, F280, F281, F283, F285, H3, K23, L74, L77, L78, L149, M196, M412, R42, R75, R237
—Cine J22
—Como tema P150
—Crítica literaria C338, F48, G37, M342, M378
—Dictadura (como tema) A99
—Ensayo A68, E2, E62, G216, H100, J5, N47, S299, Z7
—España, y C139
—Folklore C296, F170, F173, S197
—Hispanoamericanismo E44, G30, M34, P53
—Indigenismo F282

—Influencia francesa, y H24
—Italia, e F3
—Lengua S289
—Lingüística F89, K22, M36, Z36
—Literatura L21, L146, M246, P71, S281
—Narrativa A80, A85, A99, A220, B122,
B197, B230, C67, Ch36, E28, F234,
K34, K42, L68, L79, M287, R208, S37,
S145, S197, W47
—Noticias R192
—Poesía C111, C121, C296, F70, J46,
S171, V76
—Revistas E54, E55, E56, E57, S102
—Teatro D35
Colonial A225, B144, C81, C215, C250,
P39
—Autoras Ch41
—Crónicas K57
—Historia G154, L45, V54
—Mujer (como tema) Ch41
—Música F148, R47
—Poesía C84, R245
—Prosa P13
—Teatro P79
Conquista A217
Contemporánea M39
—Cultura popular R151
—Ensayo A68
—Narrativa D5, F274, P190, R235, R322,
R325, S241, V32, W35
—Poesía R282
—Teatro B58, D32, D36, F301, M139,
M142, O84
Modernismo G155, H51, J118, L224, M81,
M95, M332, M342, P101, P103, P146,
S117, S222
—España, y N22
—Narrativa P100
—Poesía C29, c61, E52, F32, F210, G160,
G362, K2, K53, M338, P152, R80, S117,
S124
—Prosa G394
—Revistas C127
—Teatro S105
—Utopía R174
Romanticismo M340
Siglo XIX C260, Ch21
—Estados Unidos, y E51
—Narrativa L215, R272
Siglo XX C327, Ch22
—Editoriales P115
—Ensayo R68
—Historia O68

—Indigenismo G376
—Narrativa B52, C350, F237, G376, L252,
O70, Q10, R171
—Poesía E53, H61, R233, R280
—Revistas S36
Vanguardismo A18, O68
—Poesía C61, M473, P152
—Prosa V9

Historia y literatura

M51

Historiografía literaria

L216, M287, S218, U25

Hojeda, Diego de

La Cristiada A124

Holmberg, Eduardo L.

L244, M126

Homosexualidad

A232, C78, E79, G42, I23, K3, N58, R288,
R340

Horrach, Bernardo

F80

Hostos, Eugenio María de

B26, G90, R297, V106
—Pensamiento político P50
La peregrinación de Bayoán C230

Hudson, Guillermo Enrique

N10

Huerta, David

Incurable R343
Versión V37

Huerta, Efraín

—Poesía A39

Hugues, Langston

F76

Huidobro, Vicente

B64, B65, C45, C302, G196, G209, H7,
H53, H55, H56, L24, L33, P48, R240,
V101
—Ensayo N16
—Manifiestos E1
—Poesía B64, B66, B67, B68, C20, C43,
C71, C244, E38, G59, H47, K50, K56,
L33, M307, S122, S181
Altazor B69, B70, B190, C301, G58, G194,
H54, N15, S280, Y21
Canciones en la noche W53
Ecuatorial H5
El ciudadano del olvido F271
En la luna N29
Finis Britannia G173
Horizon Carré F272
Mío Cid Campeador W33
"Pasión, pasión y muerte" L147
Poemas árticos Y14
Sátiro o el poder de las palabras G118
Ver y palpar C171, F271
"El jardinero del castillo de medianoche"
A91

Hurtado, Gerardo César

—Narrativa M316

Huysmans, Karl-Joris

A rebours V105

I

IBÁÑEZ, Sael

M304

IBAÑEZ, Sara de

F109, M380

IBARBOUROU, Juana de

F137, K60

IBARGOYEN, Saúl

La sangre interminable M59

IBARGÜENGOITIA, Jorge

—Narrativa C33

IBARGÜENGOITIA, Juan

Los relámpagos de agosto P236

IBEROAMÉRICA

C149, C320, G69, G157, G369, L210, P53, R200
—Autoras F67
—Bibliografía L72
—Congresos C272, M207, S207
—Estados Unidos, y (intercambio académico) A59, E100, R147, S42, V2
—Filosofía V113

—Historia J36
—Historiografía literaria C335
—Literatura G271, J58
—Lingüística H52
—Narrativa G368, S145
—Noticias R197, R198
—Revistas G69, M75, M443, S39
—Teatro R259
Colonia C313
Emancipación
—Filosofía V49
Modernismo
—Crítica literaria R59

ICAZA, Jorge

Atrapados (Trilogía) S7
El chulla Romero y Flores R108, S7
Huasipungo L27

IDEOLOGÍA Y LITERATURA

P129, R5

INCAS

—Narrativa R18, Y10

INCHÁUSTEGUI CABRAL, Héctor

—Poesía E94

INCLÁN, Luis G.

G184

INDIGENISMO

A211, C110, C349, K13, L26, N54, R319, U17

INDOAMÉRICA

L106, L142, P206, V51
—Como tema C152, S299
—Lingüística M458
Colonial C167
Precolombina G152, L109

INFANTE, Ángel Gustavo

M304

INGLATERRA

P34
Contemporánea
—Crítica literaria F219
Siglo XIX
—Crítica literaria M343
—Viajes A176

IÑIGUEZ, Dalia

R91

IPUCHE, Pedro Leandro

F172

IRISARRI, Antonio José

El cristiano errante B235, M266

ISAACS, Jorge

M157
María C64, N2

ISTARÚ, Ana

La estación de fiebre R262

ITALIA

F3
Contemporánea B103
—Crítica literaria M450

IVO, Ledo

F176

J

Jacome, Gustavo
   Porque se fueron las garzas L212

Jaimes Freyre, Ricardo
   F127, G384, M333, R207
   "*Voz extraña ...*" R80

Jameson, Frederic
   E88

Jamis, Fayad
   Las grandes puertas F33

Japón
   —Poesía C61, G70

Jara Idrovo, Efraín
   —Poesía M405

Jaramillo, Marco Antonio
   W2

Jaramillo Agudelo, Darío
   La muerte de Alec M56

Jaramillo Escobar, Jaime
   —Poesía J13

Jeffers, Robinson
   O62

Jicoténcal
   L54

Jimenes Grullón, Juan Isidro
   Una gestapo en América L25

Jiménez, Juan Ramón
   J67, P150
   —Cartas F253
   —Poesía F53

Jiménez Borja, Arturo
   M227

Jiménez Rueda, Julio
   M366, M376

Jitrik, Noé
   B231

Joyce, James
   Finnegans Wake S6
   Ulysses J98, S128

Juarroz, Roberto
   —Poesía P28, R342

Judaísmo

C313, K73
—Historia A58
—Literatura C312, D56, G179, L156, M285, S146, S250

Junco, Alfonso

G5

K

Kerr, Lucille

    B7

Kleinburgh, Gerardo

    Tríptico S107

Koremblit, Bernardo Ezequiel

    Coherencia de la paradoja W8

Korn, Alejandro

    A134, B40, G252, R128, T31, V48
    —Filosofía R131

Kozer, José

    K73, S138
    —Poesía P119
    Bajo este cien L196
    Carece de causa G378
    La garza sin sombras L196

Kurlat, Ethel

    G276

Kusch, Rodolfo

    V89

L

Labrador Ruiz, Enrique

—Narrativa M143

Lacunza, Manuel

Venida del Mesías en gloria y majestad L140

Laforet, Carmen

Nada K75

Laforgue, Jules

—Poesía P56, P145

Lafourcade, Enrique

—Narrativa G191
Frecuencia modulada G192
Invención a dos voces G191

Lair, Clara

—Poesía F45

Landaluze, Víctor Patricio de

—Humor S55

Landívar, Rafael

Rusticatio Mexicana D138, K19

Lange, Norah

U15
—Poesía C108

Lara, Jesús

—Narrativa M482

Larra, Mariano José de

C99

Larrea, Juan

C63, Z24

Larreta, Enrique

F93

Lars, Claudia

C107

Lascano Tegui, Emilio

H33

Las Casas, Bartolomé de

A27, C287, D136, G24, M216, O71
Brevísima relación de la destrucción de Indias D136
Historia de las Indias G153

LASTARRIA, José Victorino

F35, S8, S290

LASTRA, Pedro

R76

LATCHAM, Ricardo

D131

LATINO

A204, M442
U.S.-latino studies B105

LATINOAMÉRICA

A19, A21, B3, C214, D89, F57, G98, H79,
H86, L66, L96, L108, L202, L216, L257,
M182, M442, N50, P108, R63, R209,
Z31
—Americanismo C51
—Animales (como tema) C317
—Autoras A22, B86, B148, C277, F233,
L102, M113, M131, R103, S29, S233
—Bibliografía sobre la imprenta V13
—Carnavalización R173
—Censura G330
—Cine R338
—Crítica literaria G36, L20, L216, U25
—Cuadros de costumbres P229
—Cultura F104, F295, L144
—Diccionarios R130
—Dictadura (como tema) M293, T61
—España, y A242
—Filosofía B213, B226, Ch9, H97, M25
—Francia, y N80
—Historia B208, C86, C136, C288, F223,
G272, V115
—Historia literaria A114, M432, V12
—Imprenta V12
—Lingüística S281
—Mestizaje N51
—Modernidad B219, G210, G317, G363
—Mujer (como tema)
—Narrativa C91, C152, F15, G227, M111,
P182, P229, T61, U23, V114

—Negritud (como tema) B140, H72
—Periodización S2
—Poesía B121, M225, M354, S221
—Policial C50
—Política P50, S215
—Revistas (general) G384, S36
—Sociología S162
—Teatro A132, J87
—Teoría literaria B55, B229, K72
—Traducciones N79
Colonial (ver Colonia, ver Barroco) C83,
C308, D134, R2, R139
—Bibliografías C284, G289
—Crónicas C65
—Historia O71
—Narrativa Ch39
—Negro (como tema) M339
—Poesía B143, C223, M339
Conquista C247
Colonia
—Barroco P52
Contemporánea F7, H81, K61, M177,
O52, R157, S82, V27
—Autoras F235, F289, G23, M130, R151,
R323, R335, V28
—Narrativa A248, B55, B76, B139, B141,
C202, C350, E22, F278, F293, G217,
J94, M14, M22, M130, M302, M466,
P188, R315
—Poesía F289, S295
—Política R146
—Teatro M138, P58, P69
Siglo XIX A20, B145, C260, L246, M234,
M247, Q6, R74, R316
—Cuadros de costumbres A191
—Narrativa Ch39
Siglo XX G295, R73, R223
—Autoras M426
—España, y A237
—Narrativa B156, C49, R171
—Poesía G70
Vanguardismo A18, Ch15, U14, V9, V70,
V82
—Poesía G362, M289, V114, Y23

LATINOAMERICANISMO

M442, R64

Latorre, Mariano

> A185, A186, A187, A188, C138, C143
> *La paquera* S177
> *La literatura de Chile* S173

Lautréamont, conde de (Isidore Ducasse)

> G314, R178
> *Les Chants de Maldoror* R164

Lavin Toro, César

> C164

Lawrence, D.H.

> F22

Lee, Muna

> F68

Leite, Ascendido

> F73

Lemos, Darío

> —Poesía J13

Leñero, Vicente

> —Narrativa A110
> *Los albañiles* R104

León, Trigueros de

> F70

Leonard, Irving A.

> Ch44, M200
> —Crítica literaria R239

Leroux, Pierre

> M65

Lesbianismo

> F47, U12

Letrado

> C307

Levinson, Luisa Mercedes

> —Narrativa J115, L157

Leverero, Mario

> L123
> *Espacios libres* F245

Lewis, Sinclair

> F76

Lezama Lima, José

> G298, K62, K64, M397, S86
> —Ensayo P64, S77
> —Poesía C22, P208, S297, U22
> "*Cangrejos, golondrinas*" U7
> *La expresión americana* Y26
> *Oppiano Licario* S78
> *Paradiso* A54, A226, B42, C21, C344,
> Ch56, F218, G166, G323, G340, K6,
> O47, R167, U5

Libro

> M386, O8

Lida, Raimundo

> B54

LIENHARD, Martin

R137

LIHN, Enrique

G205, L83, S90
El paseo Ahumada F240

LILLO, Baldomero

—Narrativa S137
Sub terra D139

LIMA, Jorge de

Invenção de Orfeu B222, F209

LIMA BARRETO, Alfonso Henrique de

—Narrativa A218
Triste Fim de Policarpo Quaresma S80

LINKE, Lilo

—Viajes M355

LINS, Osman

J106
—Narrativa A137

LIRA, Miguel N.

M369, M371

LISCANO, Juan

A223, E99

LISCANO, Carlos

El método carcelario y... R9
Memorias de la guerra reciente R9

¿Estarás nomás cargadas de futuro? R9
Agua estancada y otras historias R9

LISPECTOR, Clarice

A138, F242, F243, L156, R177
—Narrativa J102, J110, N72, S1, S210
Agua Viva A106
"Amor" J102
Onde estivestes de noite J112
Um sopro de vida J111
A Paixão Segundo G.H. B6

LISPECTOR, Elisa

A última porta J101

LIZASO, Félix

G243

LLEONART, Yolanda

W39

LOAYZA, Luis

—Narrativa Ch29

LOBATO, Monteiro

F294

LOERA Y CHÁVEZ, Agustín

J71

LONDON, Jack

—Narrativa E26

LONDOÑO, Víctor M.

E59

López, Luis Carlos

   G109
   —Poesía S95, V129

López-Adorno, Pedro

   Las glorias de su ruina C286

López Albújar, Enrique

   B85, N33, R335
   —Indio (como tema) G212
   —Narrativa G212
   La diestra de don Juan Ch27

López Ortega, Antonio

   L71, M304

López de Priego, Antonio

   —Poesía P164

López Portillo y Rojas, José

   —Bibliografía W20

López Velarde, Ramón

   J33, R233
   —Poesía E91, P148, P152
   —Prosa P148

López y Fuentes, Gregorio

   M277, W13
   Arrieros H19
   Huasteca G236

Losada, Alejandro

   —Crítica literaria L145

Loustaunau, Fernando

   Pot Pot V64

Lozzia, Luis Mario

   Domingo sin fútbol B89

Lucas, José

   —Poesía F62, F84

Luft, Lya

   B248

Lugo Filippi, Carmen

   —Narrativa U12

Lugones, Leopoldo

   A236, B223, P29, R212
   —Ensayo R22
   —Poesía F85, M244, P152
   "Himno a la luna" C70
   Las fuerzas extrañas S262
   Lunario sentimental C185, P145, R234
   Odas seculares C48

Lussich, Antonio D.

   Los tres gauchos orientales A53

Luz, Fabio

   C89

Lynch, Benito

   L114, O94
   —Narrativa N10

Lynch, Elisa Alicia

R199

M

Macías, Elva

   Imagen y semejanza M60

Machado de Assis, Joaquim Maria

   A30, F243, V92
   —Narrativa Ch12, D111
   Dom Casmurro C218, D98, L171, M462
   Helena L187
   Memórias postumas de Bras Cubas B63
   Yaya García G343
   Casa Velha A138

MacLeisch, Archibald

   O59

Madeiros, Aluzio

   F90

Magariños Cervantes, Alejandro

   B251

Magdaleno, Mauricio

   —Teatro S106

Mallarmé, Stephane

   —Poesía S6

Mallea, Eduado

   Ch46, Ch62, F120, P170, T28
   —Narrativa L133, L129, P184
   Historia de una pasión argentina P66
   La ciudad junto al río inmóvil M271
   Posesión L135
   Todo verdor perecerá C115

Mancisidor, José

   W15

Manns, Patricio

   E76, M421

Mansilla, Lucio V.

   Una excursión a los indios ranqueles I11, R317

Manso, Juana

   A194

Manzano, Juan Francisco

   B114, L1

Mañach, Jorge

   R71

Mapes, Erwin Kempton

   R210

Marchena, Julián

   B228

Marcos, Juan Manuel

   El invierno de Gunter S202
   Poemas y canciones B249

Marechal, Leopoldo

   F296
   Adán Buenosayres G383

Mariátegui, José Carlos

   L26
   —Indigenismo Ch25
   —Indio F42
   Siete ensayos de interpretación de la realidad peruana F42

Marín, Juan

   S11

Marinello, Juan

   G93

Marino, Giambattista

   La Galeria C224

Marino Palacio, Andrés

   Los alegres desahuciados 115

Mármol, José

   Amalia A170

Marqués, René

   B45, C225, G223, S62
   —Narrativa C231
   El juramento C3
   Peregrinación C160

Marques Pereira, Nuno

   O peregrino da América C318

Márquez, Selva

   —Poesía E104, F96

Márquez, Velia

   El Cuauhtémoc de plata R217

Marrero Aristy, Ramón

   Over S237

Marroquín, José Manuel

   G78

Marroquín, Lorenzo y José María Rivas Groot

   Pax M188

Martí, José

   B34, B87, C92, C93, C127, D12, E63, G81, G100, G158, G207, G238, G249, G253, J20, K31, L70, L161, L162, L166, L167, L219, L224, M209, M211, O28, P64, R53, R69, S120, T16, V19
   —Crónicas S224
   —Ensayo C220
   —Periodismo D52, L164, M52
   —Poesía C19, C123, C124, D52, F248, H18, J23, O16, O27, P152, R79, R241, S119
   —Prosa F28, M315, O16, R15
   —Traducido S214
   Amistad funesta M113, P219, R70
   Ismaelillo H11, S79, S124
   "La niña de Guatemala" D52
   Versos sencillos R5

Martín Gaite, Carmen

   —Narrativa D125
   El cuarto de atrás D125
   Usos amorosos del dieciocho en España
      V116

Martín-Santos, Luis

   Tiempo de destrucción S115
   Tiempo de silencio F23

Martínez, José Luis

   —Crítica literaria C76

Martínez, Juan de Dios

   M328

Martínez, Manuel

   Tiempo, lugares y sueños U30

Martínez, Tomás Eloy

   La novela de Perón F226

Martínez Estrada, Ezequiel

   C193, P29, R311, S139
   —Ensayo C220, M17, Z6
   —Teatro A129
   Muerte y transfiguración de "Martín Fierro" R165

Martínez Moreno, Carlos

   —Narrativa A51, F263

Martínez de la Rosa, Francisco

   —Poesía F311

Martínez Sotomayor, José

   El puente L53

Mártir de Anglería, Pedro

   Décadas del Nuevo Mundo G153

Massis, Mahfud

   Elegía bajo la tierra P185

Masters, Edgar Lee

   O60

Mastretta, Ángeles

   L103, M132
   Arráncame la vida L170

Mata, Humberto

   G99, M304, W16

Matas, Julio

   R118

Matei Cueva, Augusto

   L75

Matto de Turner, Clorinda

   M234

Mattos, Tomás de

   ¡Bernabé! ¡Bernabé! P10

MATUTE, Ana María

    La torre vigía E36

MAYA, Alcides

    G26

MAYA, Rafael

    S69
    —Poesía Ch48

MAYAS

    —Narrativa V52

MAZZANTI, Carlos

    El sustituto L105, M261

MEAD, Robert G.

    M186

MEDEIROS, Paulina

    F174

MEDINACELI, Carlos

    La Chaskañawi T83

MEIRELES, Cecilia

    M117, T72
    Mar Absoluto P54

MEJÍA, Epifanio

    G86

MEJÍA SÁNCHEZ, Ernesto

    —Poesía L172

MELÉNDEZ, Concha

    Entrada en el Perú M219, R60

MELGAR, Mariano

    —Poesía C257

MELLELA, Dora

    F202

MENCHÚ, Rigoberta

    A21, B146, B147, C189, H36

MENDES, Murilo

    A159, A160

MÉNDEZ BALLESTER, Manuel

    S62

MÉNDEZ DE CUENCA, Luisa

    M234

MÉNDEZ PEREIRA, Octavio

    G111

MENDIETA, Jerónimo de

    C188

MENDIOLA, Víctor Manuel

De Ausencia M42

MENDOÇA, Ana Amelia C. de

F67

MENDOZA, Héctor

A78

MENDOZA, María Luisa

De Ausencia F284

MENÉNDEZ, Miguel Ángel

Nayar A2, L178

MENÉNDEZ Y PELAYO, Marcelino

R304
—Historia literaria O12

MENESES, Guillermo

—Narrativa F256, I15, L30, S167

MERA, Juan León

Cumandá C348

MERCADO EDITORIAL

A245, D14, G349, H93, M46, M468

MERCADO, Tununa

G39

MERINO REYES, Luis

A77

MESTIZAJE

C263, S270

MÉXICO

A10, Ch67, C274, D88, D90, G337, H32, L55, L63, M389, N13, O55, S72, S197
—Autoras A13, L103, P60, S24, S73, T77
—Historia G321, G337, J59, P59, T73
—Historiografía literaria R12
—Indigenismo B95, V24
—Lingüística G371
—Narrativa G241, G326, K32, L56, L67, M368, S268, V24
—Bibliografía M411
—Cartografía C112
—Poesía A9, C10, L50, M38, T46, T69, W45
—Teatro A197
—Viajes M355
Colonial H58, O3, O4, O5, T78
—Barroco D15, C307, G359, L38, L252, M114, M391, P52, S5, S63, W19, W44
—Bibliografía G289
—Historia J80
—Literatura C112, C251, P51, V17
—Música popular H13
Conquista
—Crónicas A49, C252, C353, G201
Siglo XIX I6
—Narrativa G184
—Poesía Ch61, V14
—Teatro J84, S266
Contemporánea R233, Z4
—Autoras P68
—Historia M356
—Narrativa D103, F230, I18, J119, L204, M279, M299, Z28
—Poesía B184, D40, D122, G117, G325, V37, Z5
—Revistas B184, D127, G117
—Teatro R11, S106
Precolombina L109
Náhuatl A50

Modernismo M96
Revolución mexicana B97, P43
—Historia D81, V47
—Narrativa C322, G122, G182, L214
Siglo XX
—Historia G335
—Narrativa L222
—Poesía D27, F53
—Revistas M164
—Teatro D22, D31, L19
Vanguardismo
—Poesía G319, L226
—Revistas D126

MEYER, Augusto

F79

MEZA, Ramón

Mi tío el empleado A200

MIGNOLO, Walter

S270, V89

MIGRACIÓN

M442, S62

MILLAY, Edna

F68, O59

MIR, Pedro

—Poesía M149
Cuando amaban las tierras comuneras B136

MIRÓ DENIS, Ricardo

S47

MISTRAL, Gabriela

B221, C142, F178, F208, K60, L223, M365,
M375, S189, V45, Z30
—Bibliografía L43
—Cartas J30, L225
—Indio H10
—Poesía F72, H10, P167, O25, R266, V4
"Cima" G195
"La flor del aire" V108
"Poema de Chile" N27

MITRE, Eduardo

—Poesía Q8

MODERNISMO

G47, G55, G363, G384, M94, M95, M97,
M332, M400, P127, S125, V114
—Narrativa M76, M96, S222, U14
—Poesía G207, M360, S21

MOGROVEJO Y DE LA CERDA, Juan

"La endiablada" Ch28, M311, M439

MOLINA, Enrique

—Poesía O43, P136

MOLLOY, Sylvia

I12, M320
En breve cárcel G61, M84, M394, V31

MONAGAS, Aquiles

P83, P88

MONSERRAT, María de

El caballo azul C73

Monsiváis, Carlos

    D1

Montalvo, Juan

    N35

Montejo, Eugenio

    G391

Montello, Josué

    Os tambores de São Luis J104

Montenegro, Ernesto

    —Ensayo C158

Monterde, Franco

    A3

Monterde, Francisco

    G290, J69, J72, M93, R16, T79

Montero, Felipe

    Terra nostra P25

Montero, Mayra

    —Narrativa P126, R306

Monterroso, Augusto

    E77
    —Narrativa M79

Montes de Oca, Marco Antonio

    —Poesía F246
    Delante de la luz cantan los pájaros S144

Montes Huidobro, Matías

    Desterrados al fuego E90, R102
    Exilio E90

Montero Bustamante, Raúl

    F156

Monteverde, Francisco

    D100

Mora, José Joaquín de

    R295

Morábito, Fabio

    —Poesía M42

Morales, Jorge Luis

    G116

Morales Pino, Augusto

    B210

Morejón, Nancy

    P137

Moreno, Artemio

    B225

MORENO, Marvel

    En diciembre llegaban las brisas O34

MORENO-DURÁN, Rafael Umberto

    Feina suite (Trilogía) M456

MORO, Tomás

    Utopía D135

MOURÃO, Rui

    Cidade calaboço J99

MOURA, Reinaldo

    F111, F128

MOYANO, Daniel

    V23
    —Narrativa G162
    Libro de navíos y borrascas S277
    El fuego interrumpido C103
    Mujer M109

MUJICA LÁINEZ, Manuel

    —Narrativa F238
    El unicornio F34

MULTICULTURALISMO

    R119

MUÑOZ, Alicia

    —Teatro M30

MUÑOZ, Elías Miguel

    Crazy Love P216

MUÑOZ COTA, José

    Cielo sin ancla A1

MUÑOZ LARRETA, Helena

    P87

MURENA, H. A.

    J26, L8
    —Ensayo F299
    —Narrativa D62, F299
    Las leyes de la noche L134
    Relámpago de la duración L8

MURÚA, Martín de

    Historia general del Perú O26

MÚSICA Y LITERATURA

    B113, M448

MUTIS, Alvaro

    —Poesía C203, R277
    La última escala del Tramp Steamer O36

MUTIS DURÁN, Santiago

    La novia enamorada del cielo B135
    Tu también eres de lluvia B135

N

NABUCO, Joaquim
  E40

NACIÓN
  A29, A194, E79, F257, G142, G184, G208,
  G318, L4, M234, M247, M276, M442,
  N1, N63, P29, P65, R141, S160, V127

NÁHUATL
  S142

NALÉ ROXLO, Conrado
  G48

NANDINO, Elías
  T46
  Nocturno día R206

NARANJO, Carmen
  M253
  —Narrativa P160

NARRATIVA
  P229

NASCIMENTO, Abdias do
  Sortilégio C38

NAVARRETE, Manuel
  E87

NEALE-SILVA, Eduardo
  R249

NEBRIJA, Antonio de
  Ch59

NEGRISMO
  M255, P137

NEJAR, Carlos
  A árvore do mundo J105

NERUDA, Pablo
  A244, C60, C240, C241, C291, C293,
  C302, E29, F219, M100, M451, N36,
  R86, R163, V120
  —Cartas S51
  —Poesía A62, C242, F41, K52, L229,
  L232, M434, N19, P19, R163, S50
  "Alturas de Macchu Picchu" L227
  Canto general F240, K25, R87, Y18
  "El empalado" G284
  El habitante y su esperanza C289
  El hondero entusiasta L231
  Fin de mundo B104
  La barcarola A90, A167
  "La muerte" G284
  La rosa separada R85
  Memorial de Isla Negra G287, R84
  "Oda con un lamento" B217

Residencia en la tierra K81, P225
Tentativa del hombre infinito L230
Confieso que he vivido: memorias V5

NERVO, Amado

F155, L225
—Poesía L62
El estanque de los lotos D48

NEZAHUALCÓYOTL

L52

NICARAGUA

M455, S14
Conquista
—Crónicas R117
Ensayo C222
Mitología U29
Narrativa A199, L40
Poesía M329, U20
—Poesía "femenina" Z9
Teatro G3, L40, P116, V11

NIETO, Luis

F70

NODAU, Max

L249

NOGALES, Lydia

A82

NOGUERA CORREDOR, Vicente

M45

NOLLARE, Diego L.

F141

NOVÁS CALVO, Lino

D13
—Narrativa B116

NOVELA

E30, G341, L60, P131, S53, T47
Novela social G265 S137
Novela histórica P188 S223 S276 V127
Novela policial G43

NOVO, Salvador

D104, D124, M327
—Poesía F269, P3, T46
Yocasta, o casi F269

NÚÑEZ, Enrique Bernardo

R28
Cubagua C106

NÚÑEZ, Feliz Armando

G133

NÚÑEZ, J. Calixto

F115

O

O'Hara, Edgar

 Lengua en pena F44

Obeso, Candelario

 J21, P205

Obligado, Pastor S.

 Tradiciones argentinas A173

Ocampo, Silvina

 —Narrativa B17
 Poesía P75

Ocampo, Victoria

 K33, V68
 El archipiélago L245
 Testimonios B77, G16

Odio, Eunice

 Los elementos terrestres A72

Olavide y Jáuregui, Pablo de

 S49

Olmedo, José Joaquín de

 —Poesía G35, T59
 La victoria de Junín M343

O'Neil, Eugene

 O63

Onetti, Juan Carlos

 F298, V78, V84
 —Narrativa A14, C239, L13, M84
 "El infierno tan temido" R45
 Cuando entonces F24, M80
 Dejemos hablar al viento D84
 El astillero D70
 El pozo Y12
 Juntacadáveres F303
 La vida breve M282
 Los adioses P132

Onís, Federico de

 G55

Oña, Pedro de

 C161
 Arauco domado D132

Ordoñez, Monserrat

 R10

Oreamuno, Yolanda

 La ruta de su evasión V10

Orgambide, Pedro

 S146

ORIBE, Emilio

—Poesía A74, F135

OROZCO, Olga

—Poesía L153
En el revés del cielo M470

ORPHÉE, Elvira

Aire tan dulce D76, M310

ORTEGA, Julio

—Teatro F276

ORTEGA Y GASSET, José

G302

ORTIZ, Adalberto

O66, O67

ORTIZ, Fernando

—Etnología I3

ORTIZ, Juan L.

—Poesía S152

ORTIZ REYES, José

M233

ORTIZ VARGAS, A.

G96

OSORIO, Amílcar

—Poesía J13

OTERO SILVA, Miguel

L32, P1, P186
Lope de Aguirre, príncipe de la libertad M51

OTHÓN, Manuel José

M374
—Poesía M297
—Bibliografía U1

OVALLE, Alonso de

Histórica relación del reino de Chile D140

OVIEDO, Gonzalo Fernández de

Historia general G153

OWEN, Gilberto

—Poesía D39

P

PACHECO, José Emilio

   O24
   —Narrativa B199
   —Poesía G320
   El principio del placer P22

PADILLA, Heberto

   En mi jardín pastan los héroes R13
   Fuera del juego S20

PAGANO, Mabel

   Trabajo a reglamento F11

PAGANZA, Joaquín Arcadio

   Y6

PAIN, Alina

   F189

PALACIO, Pablo

   —Narrativa C269
   "Un hombre muerto a puntapiés" Q4

PALAFOX Y MENDOZA, Juan de

   G24

PALÉS MATOS, Luis

   Puerta al tiempo en tres voces M428

PALLA, Azarias

   En la nueva nicaragua U28

PALMA, Angélica

   B62

PALMA, Clemente

   W21
   —Ensayo C126

PALMA, Ricardo

   A126, C237, G115, N78, P178, X1
   "No hay trampa con el demonio" G33
   Tradiciones peruanas D137, G7, G34, Q10, T21

PALOMARES, Ramón

   A196

PALZA, Huberto

   T48

PANAMÁ

   S200
   —Autoras J2, L194
   —Narrativa B252, G111, M276, R144, W24
   —Modernismo S125
   —Dialectología C55, W49

PANAMERICANISMO

M34

PANÉ, Ramón

Relación acerca de las antigüedades de los indios G297

PARAGUAY

B36, B37, F195
—Exilio M478
—Indio L106
Contemporánea
—Narrativa M478
Siglo XIX
—Historia R199
Vanguardismo R134

PARAMO Y CEPEDA, Juan Francisco de

G364

PARDO GARCÍA, A.

G75

PARDO Y ALIAGA, Felipe

N33
El espejo de mi Tierra T11

PAREJA DIEZCANSECO, Alfredo

—Narrativa K41, R58

PARENTE CUNHA, Helena

Woman Between Mirrors B245

PARRA, Nicanor

C303

—Poesía B182, M61, M434, S30
La cueca larga A83
Poemas y antipoemas S114

PARRA, Teresa de la

B166, S99
Ifigenia A57

PARRA DEL RIEGO, Carlos

K38

PARTNOY, Alicia

The little school B124

PASO, Fernando del

S223
—Narrativa F54
José Trigo B71, L203

PASOS, Joaquín

—Poesía C174

PASTOR, Eduardo Martín

M229

PAZ, Octavio

B38, C9, C26, C217, E3, G373, J116, H99,
L90, M16, M352, R226, T74, U3, V77,
V85, V119, X6
—Crítica literaria L64
—Ensayo A68, F291, G54, G338, L55,
M9, P154, R166
—Poesía C66, D121, F288, F291, G256,
L99, L100, M20, M472, N25, S136,
S243, S295, Y2, Y17
"Aspa" L88
"Bajo tu clara sombra" G193
Blanco L87, P11, P135
"Concorde" L88

Children of the Mire M240
El arco y la lira R155
La hija de Rappaccini C75
"Máscaras mexicanas" A72
Pasado en claro L158, P155
Piedra de Sol F26, M128, P2
Primeras letras V80
Topoemas P153

Paz, Edmundo

   Las máscaras de la nada M485

Paz, Senel

   Un rey en el jardín M478

Pazos, Julio

   —Poesía J10

Pedreira, Antonio S.

   L2
   Insularismo C226, G140, R141

Pellicer, Carlos

   P61
   —Poesía M239, R213, Z1

Pemán, José María

   "*Homenaje a Antonia Mercé. 'La Argentina'*" A47

Peña, Edilio

   M304

Peralta, Alejandro

   —Poesía P12

Peralta Barnuevo, Pedro de

   R293

Pereda Valdéz, Ildefonso

   H72

Pereyra, Diómedes de

   L174

Pérez Galdós, Benito

   N38, U8
   Tormento A141

Pérez de Luján, Benito

   A49

Pérez Petit, Víctor

   A165, F122, F123, F124

Pérez Torres, Raúl

   —Narrativa P125

Peri Rossi, Cristina

   E78, O25, R320, S35
   El libro de mis primos V78
   Solitario de amor G189, R114
   Cosmogonía E104

Perlongher, Néstor

   K80

PERÚ

B117, B118, Ch60, P104, P203
—Historia D137
—Indigenismo Ch25, F146, R318, V53,
   Y10
—Indio F42
—Literatura A211, A212, A213, A214,
   N33, X3
—Neoindigenismo C258
—Poesía A215, M224
Colonial G141, M235, M344, M466, N55,
   V40
—Crónica Ch37
—Indio Ch37
—Plástica M213
—Poesía R136, R246, X5
—Revistas R294
Contemporánea P179
—Narrativa C262
—Poesía, E97, M159, N75, Z15
Emancipación C257
—Historia M341
Modernismo M336, M337, N77
—Revistas C126
— Revista Colónida T13
—Bibliografía Revista Colónida T13
Siglo XX
—Indigenismo W43
—Literatura T5

PETIT, Magdalena

La Qintrala L168

PETRARCA, Francisco

—Poesía C223

PEZOA VÉLIZ, Carlos

—Poesía T60
—Bibliografía P165

PEZZONI, Enrique

M324

PICÓN SALAS, Mariano

G82, G95, K43, L221, M71

PICHIA, Menotti del

F119

PIGLIA, Ricardo

A112, D68, P94, S227
Respiración artificial E10
Nombre falso G190

PIGNATARI, Décio

—Poesía M6

PINEDA BOTERO, Alvaro

Trasplante a Nueva York B242

PINEDA Y BASCUÑÁN, Núñez de

Cautiverio feliz A121

PINELO, Antonio de León

Epítome de la Bibliografía Oriental y
   Occidental, Náutica y Geográfica C284

PINTO, Gilberto

Los fantasmas de Tulemón D37

PINTO RODRÍGUEZ, Geraldo

F203

PIÑERA, Virgilio

—Narrativa F36, I4
—Teatro C120

PIÑEIRO, Miguel

S62

PIÑON, Nélida

—Narrativa P173
A casa da paixão M348
A força do destino N69
O calor das coisas N73

PIRANDELLO, Luigi

—Teatro K77

PITA, Juana Rosa

Viajes de Penélope B41

PITA RODRÍGUEZ, Félix

—Poesía G262

PITOL, Sergio

—Narrativa K74
Domar a la divina garza G65

PIZARNIK, Alejandra

—Poesía L28
"El hombre del antifaz azul" C25

PLANCHART M., Orlando

L101

PLÁSTICA Y LITERATURA

F221, G40

POE, Edgar Allan

J48
—Bibliografía V18

POESÍA

M118

POMBO, Rafael

B84, L127

POMPÉIA, Raúl

O Ateneu C238

PONIATOWSKA, Elena

—Narrativa K71
—Testimonio A110
Hasta no verte Jesús mío K84, L16, L94

PONFERRADA, Juan Oscar

F52

PONTE, Antonio José

R120

PORTOCARRERO, Elena

La multiplicación de las viejas Ch30

PORTUGAL, Enrique

F87, F168

PORTUGUESA, lengua

B11, Ch53

POSBOOM

D3, G235

POSCOLONIALISMO

A21, B148, C31, C161, G235, H34, L26,
M290, M291, S111, S270, V88, V116,
Z31

POSSE, Abel

—Narrativa D55, G64, M275

POSTMODERNIDAD

A204, C31, C189, C262, C236, C310, E88,
G199, H34, M450, N64, P203, R64,
S270, T33
—Narrativa M82

POTTS, René

G91

PRADA OROPEZA, Renato

—Narrativa T15
Los fundadores del alba E12, V71

PRADO, Pedro

M76, M359

PRATES PICCOLI, Elbio

De um Mealheiro de Histórias M350

PRENDES SALDÍA, Carlos

F139

PRICE, Cornelio

H25

PROUST, Marcel

—Narrativa V10
A la recherche du temps perdu D106

PUBLICACIONES

R49, R50

PUCCINI, Darío

C41

PUERTO RICO

B1, B26, C2, C234, C235, F50, O19, P50,
P161, R77, T24,
—Autoras A22, C68, G208, G226, O25,
R83, R310, S27, S259, U12
—Ensayo M218, R141
—Cultura F249
—Narrativa C3, C160, R299, V60
—Pensamiento V106
Contemporánea B2
—Narrativa A168, B101, C7, C345, D6,
D78, D109, F17, G140, G213, I16, R69,
S62
—Poesía A35, C184, T41
—Teatro A44, D238, T80
—Vida cultural A238
Modernismo
—Poesía R300
Vanguardia C183, D59

PUEYRREDÓN, Victoria

Acabo de morir R133

PUGA, María Luisa

P60

Puig, Manuel

    A112, A115, A117, B4, C253, G175, G198, L244, M73, R288, S82, Y5
    —Narrativa B192, G322, L188, L193, M178, M179, O76, P30
    Boquitas pintadas A141, S12, S85
    El beso de la mujer araña C206, E6, M477, R34
    La traición de Rita Hayworth B150, C100, M481, P30
    Pubis angelical B126, L130
    Sangre de amor correspondido B5, M476

Q

Quechua, lengua

—Española, y lengua H14, R6

Quechua, poesía

H14

Quieroz, Rachel de

F67

Quintalnilha, Dirceu

F200

Quintana

—Poesía T59

Quintero, Enodio

G143, M304, P227

Quiroga, Carlos B.

G246, L208

Quiroga, Facundo

K9

Quiroga de, Giancarla

De angustias e ilusiones M486

Quiroga, Horacio

A206, A239, U27
—Narrativa C197, C334, E26, F110, P35, R24
"El almohadón de plumas" G21
"El crimen del otro" G22

Quiroga Santa Cruz, Marcelo

Los deshabitados P200

R

Rabinowitz, Peter J.

M87

Radrigán, Eric

—Teatro P67

Rama, Ángel

A19, P131, S111, Z11
La cuidad letrada L144
—Crítica literaria M103

Ramos, José Antonio

G239, H26, O6, O10, P196, R41
—Bibliografía P72
—Narrativa R44
—Teatro A229, M404

Ramos, Lilia

C17

Ramos Otero, Manuel

C285, C345, G41
Poesía A232
El cuento de la mujer del mar B46

Ramos Sucre, J.A.

R267
—Poesía R341, S298, T20

Raudáles, Luis Amílcar

V21

Rayna, Ernesto

T8

Raza

G120, L2, L5, R77

Real De Azúa, Carlos

H9

Realismo mágico

D117, G294, M153

Réboli, Ida

F163

Rega Molina, Horacio

G279

Rein, Mercedes

Blues los domingos G121
El poder P112

Reis, Roberto

Ch14

Relación de un ciego

B240

RENE CORREA, Carlos

F143

REPÚBLICA DOMINICANA

—Poesía Q2
—Dictadura (como tema) K12
—Historia L25
—Lengua N18
—Mesianismo C6
—Narrativa P223
—Poesía B133, D45
—Teatro R258
Contemporánea
—Narrativa B49, D78, F39, O21
—Poesía B10, P221, P222
—Revistas O22

RESEÑAS LITERARIAS

C202

REVERDY, Pierre

—Poesía B68

REVISTA IBEROAMERICANA

A150, A151, A152, A154, M75, V33

REVUELTAS, José

K29
—Narrativa N31

REYES, Alejandro

C339

REYES, Alfonso

A243, B161, C9, C62, G255, H97, J29,
R98, R99, R100, R236, S58
—Autobiografía S98
—Bibliografía G242

—Cartas R97, Z2
—Ensayo R95
—Narrativa L59, R96
—Teoría literaria L59, M429, R220

REYES, Jaime

La oración del ogro V37

REYES, José Trinidad

V16

REYLES, Carlos

A49, F116, M444, R129
—Ensayo O72
—Narrativa T45, T49

RIANCHO, Providencia

S34

RIBEIRO, João Ubaldo

Vila Real S195

RIBEYRO, Julio Ramón

R115
Crónica de San Gabriel G150

RICARDO, Cassiano

F296

RICCI, Julio

—Narrativa M278, U4
Cuentos civilizados C211
El grongo V75

Rinza, Mirta

    P91

Ríos, Juan

    M44

Ripstein, Arturo

    G348

Riva Palacio, Vicente

    —Narrativa L49

Rivas, José Luis

    Tierra nativa V37

Rivas Groot, José María y Lorenzo Marroquín

    Pax M188

Rivera, Andrés

    A112

Rivera, José Eustasio

    M210, N20, O14
    La vorágine C42, Ch49, F266, M322, P47, Q3

Rivero, Eliana

    Cuerpos breves C179

Rivero Potter, Alicia

    F16

Roa Bastos, Augusto

    A75, D55, S209
    —Narrativa A143, A241, R278
    Hijo de hombre A142, F274, M392
    Moriencia L142
    Yo el supremo B8, M53
    El trueno entre las hojas R125

Robinson, Edwin Arlington

    F65

Rodó, José Enrique

    C300, F206, J29, L4, M327, R174
    —Cartas F253
    —Ensayo R161

Rodríguez, Ernesto

    F80

Rodríguez Alcalá, Hugo

    —Ensayo R202

Rodríguez Fabregat, Enrique

    H75

Rodríguez Freyle, Juan

    El Carnero G1 R139

Rodríguez Galván, Ignacio

    —Bibliografía M415
    Muñoz, visitador de México S266

Rodríguez Juliá, Edgardo

    P122, R66
    La noche oscura del Niño Avilés G224
    El entierro de Cortijo D109

RODRÍGUEZ MONEGAL, Emir

—Crítica literaria B154, R244

RODRÍGUEZ TORRES, Carmelo

La casa y la llama fiera O74

ROGGIANO, Alfredo

C264

ROJAS, Ángel E.

L32, P192

ROJAS, Gonzalo

C217, D8, P55
—Poesía B256, H95
La miseria del hombre D7
"La salvación" C291
Oscuro C205, J27

ROJAS, Jorge

B216

ROJAS, Manuel

R186, S190
Punta de rieles R109

ROJAS, Ricardo

C51, C320, Ch8, G179, H66, M465, P5,
P6, P29, T25
—Crítica literaria C130
—Ensayo S256
—Historia literaria M353
—Teatro C130

ROJAS GONZÁLEZ, Francisco

—Narrativa S240
La negra Angustias M260 P43

ROJAS HERAZO, Héctor

—Poesía R277
Respirando el verano M269

ROKHA, Pablo de

R256, S147

ROMBOL, Reinaldo

F309

ROMERO, Armando

E89, G2, P226
—Poesía E96
La casa de los vespertilios C18
Las combinaciones debidas V29

ROMERO, Denzil

B255

ROMERO, Emilio

A36

ROMERO, Francisco

—Filosofía T30
Teoría del hombre A235

ROMERO, José Rubén

J63
La vida inútil de Pito Pérez H84

Romero de Terreres, Manuel

—Teatro D23

Romero Nervegna, M. Inés

F95

Rose, Juan Gonzalo

Hallazgos y extravíos M214

Rossi, Alejandro

B28, O57

Rotker, Susana

M105, M303, S224

Rousseau, Jean Jacques

La Nouvelle Héloïse C85

Rovinski, Samuel

Ceremonia de casta C77

Rubião, Murilo

—Narrativa S127

Rubín, Ramón

El callado dolor de los tzotziles B95

Rugeles, Manuel F.

G130

Ruiz, José Fabián

R27

Ruiz de Alarcon, Juan

D15, D86, J34, S63, T19

Rulfo, Juan

F19, G260, G261, K16, M205, M206, R7
—Guiones de cine B183
—Narrativa B75, F6, H15, H64, J31, L213, R336
El gallo de oro B183, G259
El llano en llamas K68
"La vida no es muy seria en sus cosas" R314
"No oyes ladrar los perros" K10
Pedro Páramo B71, B74, C57, F6, F31, F307, G389, L117, U32, V126

Rusia

—Bibliografías E17

Russell, Dora Isella

Oleaje F187, P77, P90

Ruy Sánchez, Alberto

—Narrativa G123

S

SAAVEDRA MOLINA, Julio

—Cartas C200
—Teoría literaria C200

SABAT ERCASTI, Carlos

G51, M220

SÁBATO, Ernesto

B9, D66, H80, M21, M407
—Narrativa B204, D67, G168, K7, M151, M406, S148, S165, U18
Abaddón el exterminador F275, L173, S159
El túnel F46, M204, N14, S143, S275
Sobre héroes y tumbas C190, H82, H83, H90, M106, M471, S159, U21

SÁENZ, Jaime

—Narrativa T1
—Poesía T2

SAÉNZ, Vicente

—Ensayo O81

SAER, Juan José

A112, P204, R270
—Narrativa S279
El limonero real J74
Glosa G188

SAHAGÚN, Bernardino de

Historia general de las cosas de la Nueva España G156

SAINZ, Gustavo

D143
—Narrativa B239
La princesa del Palacio de Hierro N61

SALAVERRY, Augusto

T5

SALAZAR HERRERA, Carlos

F183

SALGUEIRO SILVEIRA, Roberto

F106

SALTERRAIN Y HERRERA, Eduardo de

F133, W22

SALVADOR, Humberto

B149

SALVI, Adolfo

G50

SAMPOL DE HERRERO, Ana

F129

SÁNCHEZ, Luis Alberto

Ch23, T67

SÁNCHEZ, Florencio

R65
—Teatro E4
—Vocabulario W50

SÁNCHEZ, Luis Rafael

R120, S82
—Narrativa C228
—Teatro G138
La guaracha del Macho Camacho A168,
B43, G140, L197
La importancia de llamarse Daniel Santos
C233
El cuerpo de camisa C7
La recién nacida sangre V60

SÁNCHEZ, Néstor

S53
Cómico de la lengua G14
El amhor, los Orsinis y la muerte B188

SÁNCHEZ PELÁEZ, Juan

M69

SANCHO, Mario

—Ensayo O81

SANDBURG, Carl

O61

SÁNDOR, Malena

Yo me divorcio, papá D47

SANÍN CANO, Baldomero

A157, A191, Ch4, G54, G177, G240, G243,
G254, H27, I2, I8, M66, M305, M458,
P162, P197, R148, R286, S23, S255,
T17

SANTA CRUZ, Joan de

S25
*Relación de antigüedades deste reyno del
Pirú* P234

SANTA RITA DURÃO, José de

B251

SANTIAGO, Silviano

Ch16
Em liberdade P94

SANTIVÁN, Fernando

—Memorias S179

SANTOS CHOCANO, José

N77

SANTO TOMÁS, Domingo de

A27

SANTOVENIA, Emeterio S.

Ch7

SARDUY, Severo

F40, G292, G293, G306, P212, S86
—Ensayo S87
—Narrativa G161, M396, V124
Barroco R271
Cobra L118, M70, R89

Colibrí M248, P213
De donde son los cantantes M245, M271, R89, U6
El Cristo de la Rue Jacob C297
"El seguro" G303
Maitreya L122, M116
Nueva inestabilidad C297

Sarmiento, Domingo Faustino

A178, A192, A195, B57, B83, C99, F35, F86, G25, G81, G120, G315, K8, L3, L82, L177, M211, N11, N41, N57, P65, R289, S8, T7
—Ensayo P62
—Indio Z8
Argirópolis R184
Facundo A174, B51, G304, G119, G248, L215, R14, S245, Z20
Las ciento y una P210
Recuerdos de provincia M323, N65
Viajes M327

Scalabrini Ortiz, Raúl

El hombre que está solo y espera L152

Scorza, Manuel

J92, G349, S133
—Narrativa C258
Cantar de Agapito Robles E23
El jinete insomne E23
Historia de Garabombo, el invisible E23

Schmidhuber, Guillermo

—Teatro R264

Schimidt, Affonso

S110

Schopenhauer

El mundo como voluntad y representación B109

Schopf, Federico

Escenas de peep-show N28

Segura, Manuel Ascencio

N33
—Teatro Z14

Selva, Salomón de la

—Poesía P3, W29

Semprún, Jorge

Autobiografía de Federico Sánchez A110

Sereno, Eugênia

O Pássaro da Escuridão (Romance antigo de uma cidadezinha brasileira) M463

Seri, José Eduardo

F164

Sepúlveda, Luis C.

N46

Serpa, Enrique

M26

Serrano, Marcela

Nosotras que nos queremos tanto M132

Serrano, Miguel

C133

SETTE, Mario

F192

SEXUALIDAD

A232, B22, E78, F55, G176, K3, O69

SHIMOSE, Pedro

—Poesía M308

SHUA, Ana María

D4

SIERRA, Justo

J42, J43

SIERRA, Malú

T39

SIERRA BERDECÍA, Fernando

M226, S62

SIEVERS, Hugo K.

P168

SIGÜENZA Y GÓNGORA, Carlos de

R3, R313, S109, S163

SILVA, Alfonso de

—Cartas M172

SILVA, Clara

F207

SILVA, José Asunción

A207, C113, G114, G220, G225, J16, M97, M401, O35
—Poesía A240, G159, M188, M189, R283, S134
—Narrativa R283
De sobremesa L220, V105
Intimidades M189

SILVA, Víctor Domingo

S175

SILVA BELINZÓN, Concepción

F184

SINÁN, Rogelio

C23, W24

SKARMETA, Antonio

S116, S157
Match Ball C216

SOCA, Susana

L218

SOLÁ, María M

M89

SOLARES, Ignacio

El árbol del deseo U9

SOLARTE, Tristán

B252

Soler Puig, José
—Narrativa R46

Solís y Valenzuela, Pedro de
F241, R138

Solórzano, Carlos
F27

Solórzano Pereira, Juan de
—Derecho C83

Sommer, Doris
T42

Sommers, Armonía
S236
La mujer desnuda R188

Soria Gamarra, Oscar
"Seis veces la muerte" C5

Sosa, Roberto
Hasta el sol de hoy (Antología) C175

Sosa López, Emilio
—Poesía Z23
Mundo de dobles C40, R25

Soto, Luis Emilio
F58, L228

Soto, Pedro Juan
M86

Soto Vélez, Clamente
C183

Sousa, Salomão
A moenda dos dias M349

Souto Mayor, Mario
F79

Spell, Jefferson Rea
S265

Stavans, Ilán
S238

Steimberg, Alicia
L156

Stevenson, Robert L.
A251

Storni, Alfonsina
B223, F67, K60, L17, M47
—Poesía C108
Cimbelina de 1900 y pico D47

Streponi, Blanca
Diario de JohnRobertson Z13

SUARDÍAZ, Luis

—Poesía L258

SUÁREZ, Marco Fidel

Los sueños deLucianoPulgar M154

SUÁREZ LYNCH, B.

Un modelo para la muerte M8

SUBALTERNO

B146, M445

SUBERCASEAUX, Benjamín

B234, G41
Loca geografía A79

SUBIELA, Eliseo

K4, R338

SUDAMÉRICA

N7
—Policial G288
Siglo XIX
—Filosofía O93
—Geografía D93

SURREALISMO

O46

SWEDENBORG, Emanuel

A164

T

TABLADA, José Juan

—Poesía D121, M244, M306, P152

TAGGARD, Genevieve

F68

TALCIANI, Jaime

La vida de nadie S193

TAMAYO, Franz

D94, G105
Scopas D91

TAMAYO, Rufino

S243

TARIO, Francisco

Una violeta de más M213

TAVARES, Eunice

S260

TEATRO

A132

TEHUELCHES

Contemporánea
—Narrativa V50

TEILLIER, Jorge

C271, O2

TELLERS, Lygia Fagundes

F47

TEORÍA LITERARIA

E39, F5, G203, G341, J76, J77, J96, K51, M64, M288, M289, M425, P98, P129, P208, R172, R173, S218, U22, U25, W7

TERRAZAS, Francisco de

M295

TESTIMONIO

A110, B146, E75, H36, L85, L144, M418, S93

THOREAU, Henry David

S43

TIBERTI María Dhialma

P74

TIEMPO, César (Israel Zeitlin)

F152, W12

Torre, Antonio de la

    G273

Torres, Alicia

    Fatal Z13

Torres, Anabel

    —Poesía A180

Torres Bodet, Jaime

    D124, M387, R219, T75
    —Poesía D25
    Sin tregua F252

Torres Rioseco, Arturo

    G110, R126, R227, T56
    —Poesía R216, T54
    Autobiografía R216
    Cautiverio P78
    Madurez de la muerte C148
    —Crítica Literaria O11, T55

Torri, Julio

    K54, Z2, Z3
    —Prosa K59

Toruño, Juan Felipe

    Un viaje por América. Itinerario A81

Traba, Marta

    P187

Transculturación

    D75

Trejo, Oswaldo

    —Narrativa B61

Trevisan, Dalton

    —Narrativa W10

Triana, José

    —Teatro E86, W28
    La noche de los asesinos N30

Troyo, Rafael Angel

    S123, S125

Truscott, Lucian K., IV

    Dress Gray D46

U

UBALLES, Roberto

F125

UBIDIA, Abdón

J12

ULACIA, Manuel

—Poesía M42

ULTRAÍSMO

V114

UMAÑA BERNAL, José

—Poesía Ch48

UMPIERRE, Luz María

... *Y otras desgracias. And Other Misfortunes* ... P118
The Margarita Poems C169

UNAMUNO, Miguel de

A237, A242, M35, M447
—Crítica literaria E45, M286

UNIÓN SOVIÉTICA

Contemporánea
—Crítica literaria V120

URBINA, Luis G.

B237, S10
—Reseñas F270

UREÑA, Salomé

—Poesía L18

URRUTIA, Alberto F.

G274

URUGUAY

B251, P93, V88, Z34
—Bibliografía S100
—Autoras C333, F67, G66, H73, S75
—Historia R113
—Narrativa C354, F258, G353, R305
—Poesía F62, R190
—Revistas literarias A60
Colonia C225, V86
—Gauchesca N9
Modernismo
—Poesía A15
Siglo XIX
—Gauchesca G26, M334, M459, W27
—Teatro D128
Siglo XX
—Narrativa A55, V83
—Poesía A15, P57
—Revistas P42
—Teatro A158, L84
Vanguardismo
—Poesía R176
—Revistas V102
Contemporánea
—Poesía M90

URZAGASTI, Jesús

   Tirinea G149, T1

URZÚA, María

   Altovalsol S106

USIGLI, Rodolfo

   —Teatro B93, G257, S160, S229
   El gesticulador M436
   Ensayo de un crimen S273

USLAR PIETRI, Arturo

   D114, E68, G243, L209, M294
   "El fuego fatuo" P41

VALDELOMAR, Abrahamm

    N33, N78, T4

VALDIVIESO, Mercedes

    Maldita yo entre las mujeres L168

VALENCIA, Guillermo

    M155, R40
    —Poesía S96

VALENTI, Roberto

    F70

VALENZUELA, Luisa

    V6
    —Narrativa C12, D77, O31
    Cambio de armas C15
    Cola de lagartija P24, U11
    Como en la guerra M107
    El gato eficaz M29

VALERA, Juan

    M445

VALÈRY, Paul

    B164
    L'Ame et la Danse A47

VALLBONA, Rima de

    —Narrativa Ch51

VALLE, Rafael Heliodoro

    T29

VALLE CAVIEDES, Juan del

    S38
    —Poesía X5

VALLE GOICOCHEA, Luis

    —Poesía Ch32

VALLE-INCLÁN, Ramón del

    —Narrativa E73

VALLEJO, César

    C90, L24, M18, M168, M171, M173, M174, M222, N24, O42, O87, R225, T38
    —Cartas M172
    —Ensayo C321, M170
    —Indigenismo P31, R182
    —Narrativa C131
    —Periodismo S48
    —Poesía B102, C321, F288, H63, M158, M165, M167, M169, M175, M176, M181, P120, Z17
    —Teatro C210, E24
    —Traducido M166
    Poemas humanos H60, M166
    Trilce C186, M165, M175, O45, O89
    Trilce LXIV N21
    Trilce LXXV N21
    Trilce XLIX N21
    Trilce XXV N23
    Tungsteno C131

Valverde, Umberto

   Celia Cruz: Reina Rumba M24
   En busca de tu nombre M24

Vanegas Filardo, Pascual

   G127

Van Steen, Edla

   F47

Vanguardismo

   B66
   —Poesía O51, Y23

Vargas, Germán

   —Periodismo G163

Vargas Llosa, Mario

   M72, M467
   —Narrativa E30, G322
   Conversación en la catedral F292
   La casa verde M408
   La ciudad y los perros D46
   La guerra del fin del mundo B128, M13, M257
   La tía Julia y el escribidor C262, P231, R34
   Los cachorros F216, O83
   Pantaleón y las visitadoras R322
   ¿Quién mató a Palomina Molero? O54
   El elogio de la madrastra R48

Vargas Valdés, Joaquín José

   V38, V39

Varona, Enrique José

   E64, J44, J47, V112

Varzi Ruis, Rosa

   P92

Vasconcelos, José

   G335
   La raza cósmica M199

Vasconcelos, Valdemar de

   S260

Vasseur, Alvaro Armando

   —Poesía A15

Vaz Ferreira, María Eugenia

   —Poesía K24

Vázquez, Juan Adolfo

   P206

Vázquez, María Esther

   Desde la niebla R250

Vázquez Cey, Arturo

   F81

Vázquez Díaz, René

   La era imaginaria M85

Vega, Ana Lydia

   A22, B48, G208
   Narrativa C68

Vega, Daniel de la

   Confesiones imperdonables S191

Vega, Garcilaso de la

    G29
    —Poesía L110

Vega, Inca Garcilaso de la

    K37, N67, T68
    Comentarios reales B125, B170, D82, D135, D140, O50, P230, R150, Z10
    La florida del Inca R187

Vega, Lope de

    "La Venus de mármol" C224

Vejarano, Jorge Ricardo

    N4

Vela, Arqueles

    Poemontaje M238

Vela, Eusebio

    J89

Vela Eguez, Pablo H.

    B138

Velarde, Fernando

    Las flores del desierto R135

Vélez de Piedrahita, Rocío

    La cisterna L128

Veloz Maggiolo, Marcio

    —Narrativa K12
    De abril en adelante L25

Venezuela

    C114, G45, G79, G204, L209, R284
    —Ensayo S74
    —Poesía M201, T20
    —Narrativa C106, F256, G83, Q5
    Contemporánea
    —Ensayo M71
    —Literatura B219, V34
    —Narrativa B61, G143, I15, K30, M304, R267
    —Poesía B186, L80, Z13
    —Teatro M138
    Siglo XIX G317, G318, L31
    Siglo XX M292
    Vanguardismo C79

Vera, Pedro

    El pueblo soy yo M124

Vera Cruz, Alonso de la

    B167

Vergés, Pedro

    Sólo cenizas hallarás (bolero) C343

Veríssimo, Erico

    F77, L180, W48

Verlaine, Paul

    "Crimen Amoris" Ch50

Vespucio, Américo

    F259, R111

Viana, Javier de

    "La tísica" K47

Victoria, Marcos

    G282

Victoria, Laura

    W38

Vicuña Cifuentes, Julio

    S174
    —Poesía V97

Vidales, Luis

    Suenan timbres Ch48

Viele-Griffin, Francis

    "Sainte Agnès" A47

Vieira, Maruja

    P86

Viera, Blanca Teresa

    F105

Vilariño, Idea

    No L195

Villarino, María de

    G247

Villalobos, Héctor Guillermo

    G135

Villaurrutia, Xavier

    —Poesía D21, I23, M284, T46
    —Teatro B92, K77, R81, S106, S155
    La hiedra M370
    Nostalgia de la muerte M78
    Reflejos M456

Villaverde, Cirilo

    G233, G379, L217, N74
    Excursión a Vueltabajo B115

Villegas, Víctor Hugo

    Chuño Palma, novela de cholos T83

Vinyes, Ramón

    G163
    Entre sambas y bananas A34

Viñas, David

    —Crítica literaria R21
    —Narrativa D62, R21
    Los años despiadados B88
    Los hombres de a caballo C59

Vitier, Cintio

    G72
    —Ensayo S77
    —Poesía H46
    La fecha al pie C182

Vitoria, Francisco de

    M216

Vodanovic, Sergio

    P172
    Deja que los perros ladren V98

Von Vacano, Arturo

Morder el silencio P199

W

Walsh, Rodolfo

   D68
   —Narrativa A109, A110

Wast, Hugo

   M132, W30

Whitman, Walt

   C110, E46, F64, M211, T51, T76
   —Recepción A80, M385

Wiethütcher, Blanca

   —Poesía O32

Wilcock, Juan Rodolfo

   B18
   —Narrativa B17

Wild Ospina, Carlos

   E81

Williams, Williams Carlos

   F71
   Spring and all C20

Wolff, Egon

   C356

Wolfe, Thomas

   F65

Woolf, Virginia

   Orlando L115

Wylie, Elinor

   F69

X

Xammar, Luis Fabio

    F66, M230, V100, Y7

Xirau, Ramón

    M351

Y

Yánez Cossío, Alicia

    Yo vendo unos ojos negros H12

Yáñez, Agustín

    A11, A97, L67
    —Narrativa B238, M264
    Al filo del agua B71, C248, J3, J70, M271
    La tierra pródiga G263
    Las tierras flacas A41

Yáñez, Ricardo

    Escritura sumaria V37

Yunque, Álvaro

    C87, G275

Yupanqui, Titu Cusi

    Relación de la Conquista del Perú P234

Yurkievich, Saúl

    —Narrativa Y19

Z

ZALAMEA, Jorge

> J11
> —Poesía Ch48

ZAMBELLI, Hugo

> *De la mano del tiempo* C208

ZAMORA, Bernice

> *Restless Serpents* N62

ZAPATA, Luis

> R340

ZAPATA OLIVELLA, Manuel

> *La calle 10* H42

ZAVALA, Iris M.

> A26

ZEA, Leopoldo

> M25
> —Ensayo R146

ZENEA, Juan Clemente

> —Poesía V111

ZEPEDA, Eraclio

> *Andando el tiempo* M58

ZOLÁ, Emile

> —Narrativa S137
> —Influencia L3, O40

ZUM FELDE, Alberto

> B224

ZURITA, Raún

> E74

NÚMEROS ESPECIALES DE
REVISTA IBEROAMERICANA

[volumen/número, fecha, título, editor del número]

RI XII/24 (junio 1947) *Homenaje al escritor cubano, José Antonio Ramos, 1885-1946* (Manuel Pedro González)

RI XIII/26 (febrero 1948) *Homenaje a Baldomero Sanín Cano* (Carlos García-Prada)

RI XXI/41-42 (enero-diciembre 1956) *Homenaje a Pedro Henríquez Ureña: a diez años de su muerte* (Alfredo Roggiano)

RI XXIV/46 (julio-diciembre 1958) *Homenaje a Ricardo Rojas* (Alfredo Roggiano)

RI XXX/57 (enero-junio 1964) *Homenaje a Leopoldo Lugones* (Alfredo Roggiano)

RI XXXIII/64 (julio-diciembre 1967) *Homenaje a Rubén Darío, 1867-1967* (Alfredo Roggiano)

RI XXXIV/66 (julio-diciembre 1968) *Homenaje a Max Henríquez Ureña*

RI XXXV/67 (enero-abril 1969) *Homenaje a Miguel Ángel Asturias* (Alfredo Roggiano)

RI XXXVI/71 (abril-junio 1970) *César Vallejo* (Alfredo Roggiano, Keith McDuffie)

RI XXXVII/74 (enero-marzo 1971) *Octavio Paz* (Alfredo Roggiano)

RI XXXVIII/78 (enero-marzo 1972) *Homenaje a Arturo Torres Rioseco*

RI XXXIX/82-83 (enero-junio 1973) *Pablo Neruda*

RI XXXIX/84-85 (julio-diciembre 1973) *Julio Cortázar* (Alfredo Roggiano)

RI XL/87-88 (abril-septiembre 1974) *José Hernández, Martín Fierro* (Alfredo Roggiano)

RI XLI/92-93 (julio-diciembre 1976) *Literatura y revolución en las letras cubanas* (Emir Rodríguez Monegal)

RI XLIII/98-99 (enero-junio 1977) *Las letras brasileñas* (Emir Rodríguez Monegal)

RI XLIII/100-101 (julio-diciembre 1977) *Jorge Luis Borges: 40 inquisiciones* (Alfredo Roggiano y Emir Rodríguez Monegal)

RI XLIV/104-105 (julio-diciembre 1978) *Irving A. Leonard* (Alfredo A. Roggiano y Raquel Chang-Rodríguez)

RI XLV/106-107 (enero-junio 1979) *Vicente Huidobro y la vanguardia* (Rene de Costa)

RI XLVII/114-115 (enero-junio 1981) *Ideología y crítica literaria en la América de habla española* (John Beverley, Alfredo Roggiano y Hugo Achugar)

RI XLVII/116-117 (julio-diciembre 1981) *La novela en español, hoy: Carlos Fuentes, Juan Goytisolo, Mario Vargas Llosa* (José Miguel Oviedo y Maryellen Bieder)

RI XLVIII/118-119 (enero-junio 1982) *Movimientos literarios del siglo XX en Iberoamérica: teoría y práctica* (Alberto Blasi)

RI XLIII/120-121 (julio-diciembre 1982) *La literatura colonial*

RI XLIX/122 (enero-marzo 1983) *José María Arguedas* (Julio Ortega)

RI XLIX/125 (octubre-diciembre 1983) *La literatura argentina: los últimos cuarenta años* (Sylvia Molloy)

RI L/126 (enero-marzo 1984) *La literatura brasileña* (Maria Luisa Nunes)

RI L/127 (abril-junio 1984) *Proyección de lo indígena en las literaturas de la América Hispánica* (Eugenio Chang-Rodríguez y Alfredo Roggiano)

RI L/128-129 (julio-diciembre 1984) *La literatura colombiana de los últimos sesenta años* (Armando Romero)

RI LI/132-133 (julio-diciembre 1985) *La 'literatura femenina' en América Latina* (Rose Minc)

RI LII/134 (enero-marzo 1986) *Letras bolivianas y cultura nacional* (Alba María Paz Soldán)

RI LIII/138-139 (enero-junio 1987) *Literatura de Costa Rica* (Juan Durán Luzio)

RI LIV/142 (enero-marzo 1988) *La literatura dominicana en el siglo XX* (Rei Berroa)

RI LIV/143 (abril-junio 1988) *Domingo Faustino Sarmiento, 1811-1888* (Beatriz Sarlo)

RI LIV/144-145 (julio-diciembre 1988) *La literatura ecuatoriana de los últimos cincuenta años* (Gerardo Luzuriaga)

RI LV/146-147 (enero-junio 1989) *El modernismo. (Centenario de* Azul. *1888-1988)* (Alfredo Roggiano)

RI LV/148-149 (julio-diciembre 1989) *Alfonso Reyes y la literatura mexicana del siglo XX* (Julio Ortega y Alfredo Roggiano)

RI LVI/150 (enero-marzo 1990) *Las letras mexicanas del siglo XX* (Alfredo Roggiano)

RI LVI/152-153 (julio-diciembre 1990) *Letras cubanas de los siglos XIX y XX* (Alfredo Roggiano y Enrico Mario Santí)

RI LVII/154 (enero-marzo 1991) *Proyección internacional de las letras cubanas: Lezama Lima, Carpentier, Cabrera Infante, Sarduy, Arenas*

RI LVII/157 (octubre-diciembre 1991) *La literatura de Nicaragua* (Jorge Eduardo Arellano)

RI LVIII/158 (enero-marzo 1992) *Ernesto Sábato* (Alfredo Roggiano)

RI LVIII/159 (abril-junio 1992) *La literatura hispanoamericana vista desde España* (Carmen Ruiz Barrionuevo)

RI LVIII/160-161 (julio-diciembre 1992) *La literatura uruguaya* (Lisa Block de Behar)

RI LIX/162-163 (enero-junio 1993) *La literatura puertorriqueña* (Eliseo Colón Zayas)

RI LIX/164-165 (julio-diciembre 1993) *La literatura hispanoamericana de los años 70 y 80* (Keith McDuffie)

RI LXI/166-167 (enero-junio 1994) *La literatura venezolana* (Armando Romero)

RI LXI/168-169 (julio-diciembre 1994) *La literatura chilena del siglo XX* (Oscar Hahn)

RI LXI/170-171 (enero-junio 1995) *La literatura colonial: identidades y conquista en América* (Mabel Moraña)

RI LXI/172-173 (julio-diciembre 1995) *La literatura colonial: sujeto colonial y discurso barroco* (Mabel Moraña)

RI LXII/176-177 (julio-diciembre 1996) *Crítica cultural y teoría literaria latinoamericana* (Mabel Moraña)

RI LXIII/178-179 (enero-junio 1997) *El siglo XIX: fundación y fronteras de la ciudadanía* (Susana Rotker)

RI LXIV/182-183 (enero-junio 1998) *O Brasil, a América Hispánica e o Caribe: abordagens comparativos* (Lucía Helena Costigan y Leopoldo Bernucci)

RI LXIV/184-185 (julio-diciembre 1998) *1898-1998: balance de un siglo* (Aníbal González)

RI LXV/187 (abril-junio 1999) *Erotismo y escritura* (Daniel Balderston)

RI LXV/188-189 (julio-diciembre 1999) *Literatura afro-hispánica* (Dolores Aponte-Ramos)

RI LXVI/191 (abril-junio 2000) *Literatura judía en América Latina* (Alejandro Meter)

RI LXVII/193 (octubre-diciembre 2000) *América Latina: agendas culturales para el nuevo siglo* (Mabel Moraña)

RI LXVII/197 (octubre-diciembre 2001) *Mercado, editoriales y difusión de discursos culturales en América Latina* (María Julia Daroqui y Eleonora Cróquer)

RI LXVIII/199 (abril-junio 2002) *Literatura y cine en América Latina* (Laura Podalsky)

RI LXVIII/200 (julio-septiembre 2002) *La* Revista Iberoamericana *1939-2002: Antología conmemorativa* (Gerald Martin)

www.ingramcontent.com/pod-product-compliance
Lightning Source LLC
Chambersburg PA
HW071357300426
14CB00016B/2090